Reli Real Schule

9

Lehrerkommentar

Herausgegeben von
Prof. Dr. Georg Hilger und Prof. Dr. Elisabeth Reil

Erarbeitet von
Thomas Henn
Ruth Iff
Andrea Peters-Daniel

Kösel

Reli Realschule

Unterrichtswerk für katholische Religionslehre an Realschulen in den Klassen 5-10

Herausgegeben von
Prof. Dr. Georg Hilger und Prof. Dr. Elisabeth Reil

Reli Realschule 9 – Lehrerkommentar

Erarbeitet von
Thomas Henn, Ruth Iff, Andrea Peters-Daniel

ISBN 3-466-50685-9

1. Auflage 2004

© 2004 by Kösel-Verlag GmbH & Co., München. Printed in Germany.

Rechtschreibreformiert, sofern keine urheberrechtlichen Gründe dagegenstehen.
Alle Rechte vorbehalten. Das Werk und seine Teile sind urheberrechtlich geschützt.
Jede Nutzung in anderen als den gesetzlich zugelassenen Fällen bedarf deshalb der
vorherigen schriftlichen Einwilligung des Verlages.
Hinweis zu § 52 a UrhG: Weder das Werk noch seine Teile dürfen ohne eine solche
Einwilligung eingescannt und in ein Netzwerk eingestellt werden. Das gilt auch für
Intranets von Schulen oder sonstigen Bildungseinrichtungen.

Satz: Kösel-Verlag, München
Druck und Bindung: Kösel, Krugzell
Notensatz: Christa Pfletschinger, München
Umschlag: Kaselow Design, München

Der Kösel-Verlag ist Mitglied im »Verlagsring Religionsunterricht (VRU)«.

Vorwort

Liebe Kollegin, lieber Kollege,

dieser **Lehrerkommentar** zum Schulbuch **Reli Realschule 9** will Ihnen eine Hilfe sein: informierend, inspirierend und entlastend.

Informieren will der **Lehrerkommentar** über den Aufbau und die religionsdidaktische Ausrichtung des jeweiligen Kapitels. Vor allem bietet er notwendiges Hintergrundwissen zu den Einzelelementen des Schulbuchs, seien es Bilder, Lieder, erzählende Texte oder theologische Sachinformation. Absicht der Autorinnen und des Autors ist es, solche Informationen zur Verfügung zu stellen, die das Konzept und die Elemente des Schulbuches transparent machen und die hilfreich sind, mit dem Thema und dem Schulbuch eigenständig umzugehen.

Inspirieren und keineswegs gängeln wollen die vielen methodischen Anregungen zur Unterrichtsgestaltung mit recht unterschiedlichem Anspruch je nach Lernmöglichkeiten der Schülerinnen und Schüler des 9. Schuljahres und mit recht unterschiedlichem Zeitbedarf. Auch hierfür, wie auch für die Elemente des Schulbuchs und die unterrichtlichen Vorschläge auf den Ideenseiten, gilt: Weniger kann mehr sein. Setzen Sie sich nicht unter Druck, möglichst allen Vorschlägen zu folgen. Wählen Sie aus und lassen Sie sich durch die Angebote im **Lehrerkommentar** dazu anregen, für Ihre konkrete Situation eventuell angemessenere Unterrichtsschritte zu planen. Was in der einen Klasse nicht durchführbar erscheint, kann in einer anderen Klasse sinnvoll und produktiv sein.

Entlasten wollen sowohl die komprimierten informativen Texte und Unterrichtsskizzen im **Lehrerkommentar** als auch die zahlreichen Kopiervorlagen für Lied-, Text- und Arbeitsblätter. Welche davon übernommen, vergrößert und modifiziert werden, das bleibt natürlich Ihre Entscheidung.

Noch ein Wort zu dem denkbar knappen und sachlichen Titel der Reihe **Reli Realschule**. Verlag und Herausgeber haben sich anregen lassen von einem Werbeprospekt der katholischen und der evangelischen Kirchen zur Bedeutung des Religionsunterrichts heute. Auch dieses Schulbuch will werben für einen Religionsunterricht, der seinen spezifischen Beitrag zum Bildungsauftrag der Schule leistet und der die jungen Menschen bei ihrer religiösen Entwicklung begleitet unter anderem dadurch, dass er ihre religiöse Wahrnehmungs-, Gestaltungs- und Urteilsfähigkeit stärkt.

Wir hoffen, dass das Schulbuch **Reli Realschule 9** und der von den Autorinnen und dem Autor mit viel Engagement erstellte **Lehrerkommentar** Ihnen eine echte Hilfe sind, Sie entlasten und Sie inspirieren.

Die Herausgeber von Reli Realschule
und das Schulbuchlektorat des Kösel-Verlags

Inhalt

1 Sinn suchen – das Leben finden

Das Thema im Schulbuch	11
Verknüpfungen mit anderen Themen im Schulbuch	11
Verbindungen mit anderen Fächern	11

Titelseite 7: Sinn suchen – das Leben finden ... 12
    1. Hintergrund ... 12
    2. Einsatzmöglichkeiten im RU ... 14
    AB 9.1.1 *Umrisszeichnung*: Toyen, Die Schläferin ... 13

Themenseite 8-9 ... 14
    1. Hintergrund ... 14
    2. Einsatzmöglichkeiten im RU ... 16
    3. Weiterführende Anregungen ... 18
    AB 9.1.2 *Arbeitsblatt*: Suchtverhalten ... 17
    AB 9.1.3 *Textblatt*: Mein Körper war mein Kunstwerk ... 19

Ideenseite I 10-11 ... 20
    AB 9.1.4 *Arbeitsblatt*: Labyrinth ... 21

Infoseite I 12-13: Fragwürdige Sinnangebote: Esoterik ... 20
    1. Hintergrund ... 20
    2. Einsatzmöglichkeiten im RU ... 22
    AB 9.1.5 *Kopiervorlage*: Pendelexperiment ... 23
    AB 9.1.6 *Textblatt*: Wie lassen sich okkulte Phänomene erklären? ... 25
    AB 9.1.7 *Textblatt*: Und das Glas beantwortet wichtige Fragen ... 27

Deuteseite I 14-15: Möglichkeiten, das Leben zu deuten: Buddha und Franziskus ... 24
    1. Hintergrund ... 24
    2. Einsatzmöglichkeiten im RU ... 26

Deuteseite II 16-17: Zu Gott rufen – Halt suchen ... 26
    1. Hintergrund ... 26
    2. Einsatzmöglichkeiten im RU ... 29

Deuteseite III 18-19: Wo ist Gott? ... 29
    1. Hintergrund ... 29
    2. Einsatzmöglichkeiten im RU ... 31

Infoseite II 20-21: Da sein bis zum Ende 32
    1. Hintergrund ... 32
    2. Einsatzmöglichkeiten im RU ... 33
    AB 9.1.8 *Textblatt*: Vor dem Tod habe ich keine Angst ... 35

Infoseite III 22-23: Einsatz für das Leben ... 33
    1. Hintergrund ... 33
    2. Einsatzmöglichkeiten im RU ... 34
    3. Weiterführende Anregungen ... 36

Stellungnahmen 24 ... 36
    1. Hintergrund ... 36

2. Einsatzmöglichkeiten im RU	36
3. Weiterführende Anregung	37
Literatur	37

2 Nach Gott fragen – ein Leben lang

Das Thema im Schulbuch	38
Verknüpfungen mit anderen Themen im Schulbuch	39
Verbindungen mit anderen Fächern	39
Titelseite 25: Nach Gott fragen – ein Leben lang	39
1. Hintergrund	39
2. Einsatzmöglichkeiten im RU	40
AB 9.2.1 *Umrisszeichnung*: Paul Klee, Scheidung abends	41
3. Weiterführende Anregung	42
Themenseite 26-27: Ein Gespräch über Gott	43
1. Hintergrund	43
2. Einsatzmöglichkeiten im RU	44
AB 9.2.2 *Textblatt*: Gott in unserer Sprache	45
AB 9.2.3 *Textblatt*: Das Begräbnis	47
Ideenseite 28-29	46
Infoseite I 30-31: Vorstellungen entwickeln	46
1. Hintergrund	46
2. Einsatzmöglichkeiten im RU	49
AB 9.2.4 *Bilderbogen*: Wie sie sich Gott vorstellen	51
Deuteseite I 32-33: … das Unsagbare ausdrücken	50
1. Hintergrund	50
2. Einsatzmöglichkeiten im RU	52
Deuteseite II 34-35: Gott bekennen …	54
1. Hintergrund	54
2. Einsatzmöglichkeiten im RU	55
AB 9.2.5 *Textblatt*: Vergleich zweier Glaubensbekenntnisse	53
Deuteseite III 36-37: Menschen erfahren Gott	56
1. Hintergrund	56
2. Einsatzmöglichkeiten im RU	58
AB 9.2.6 *Arbeitsblatt*: Variationen zum Horeb	57
AB 9.2.7 *Arbeitsblatt*: In Gottes Hand	59
Deuteseite IV 38-39: … wie eine Mutter	60
1. Hintergrund	60
2. Einsatzmöglichkeiten im RU	62
AB 9.2.8 *Liedblatt*: O komm herab, du Heiliger Geist	61
Stellungnahmen 40: Gott erfahren	62
1. Hintergrund	62
2. Einsatzmöglichkeiten im RU	62
AB 9.2.9 *Arbeitsblatt*: Möge Gott …	63
Literatur	64

3 Sich entscheiden – verantwortlich handeln

Das Thema im Schulbuch	65
Verknüpfungen mit anderen Themen im Schulbuch	65
Verbindungen mit anderen Fächern	65
Titelseite 41: Sich entscheiden – verantwortlich handeln	66
1. Hintergrund	66
2. Einsatzmöglichkeiten im RU	66
AB 9.3.1 *Bildvorlage:* Zwiespalt	67
Themenseite 42-43	68
1. Hintergrund	68
2. Einsatzmöglichkeiten im RU	70
AB 9.3.2 *Karikatur:* Ich	71
3. Weiterführende Anregung	72
AB 9.3.3 *Arbeitsblatt:* Erlebniswelten	73
Ideenseite 44-45	72
Deuteseite I 46-47: Generalvertreter Ellebracht begeht Fahrerflucht	72
1. Hintergrund	72
2. Einsatzmöglichkeiten im RU	74
Infoseite I 48-49: Was ist das Gewissen?	74
1. Hintergrund	74
2. Einsatzmöglichkeiten im RU	76
AB 9.3.4 *Arbeitsblatt:* Entwicklung der moralischen Urteilsfähigkeit	77
Infoseite II 50-51: Sich orientieren	78
1. Hintergrund	78
AB 9.3.5 *Liedblatt:* Jetzt ist die Zeit	79
2. Einsatzmöglichkeiten im RU	80
AB 9.3.6 *Arbeitsblatt:* Menschenrechte	83
Deuteseite II 52-53: Wieder diese Angst	82
1. Hintergrund	82
2. Einsatzmöglichkeiten im RU	84
3. Weiterführende Anregung	85
AB 9.3.7 *Textblatt:* Zwei Seiten in mir	87
Infoseite III 54-55: Hinschauen – sich einmischen	85
1. Hintergrund	85
2. Einsatzmöglichkeiten im RU	88
AB 9.3.8 *Liedblatt:* Steh auf!	89
3. Weiterführende Anregungen	90
Stellungnahmen 56-57: Inneres von außen betrachten	91
1. Hintergrund	91
2. Einsatzmöglichkeiten im RU	92
3. Weiterführende Anregung	92
AB 9.3.9 *Textblatt:* Meditation zur Maske	93
Literatur	94

4 Tod – Ende und Anfang

Das Thema im Schulbuch 95
Verknüpfungen mit anderen Themen im Schulbuch 95
Verbindungen mit anderen Fächern 96

Titelseite 57: Tod – Ende und Anfang 96
    1. Hintergrund 96
    2. Einsatzmöglichkeiten im RU 97

Themenseite 58-59 97
    1. Hintergrund 97
    2. Einsatzmöglichkeiten im RU 99
    AB 9.4.1 *Textblatt:* Interview mit dem Fotografen Rudolf Schäfer ... 101
    3. Weiterführende Anregungen 102
    AB 9.4.2 *Kopiervorlage:* Der »Wondreber Totentanz« 103
    AB 9.4.3 *Arbeitsblatt:* Es ist alles eitel 105

Ideenseite 60-61 104

Deuteseite I 62-63: Von Beileidsbekundungen keinen Abstand nehmen 106
    1. Hintergrund 106
    2. Einsatzmöglichkeiten im RU 108
    3. Weiterführende Anregungen 108
    AB 9.4.4 *Arbeitsblatt:* Fragebogen für einen Friedhofsbesuch 107
    AB 9.4.5 *Kopiervorlage:* Wesentliche Elemente eines Friedhofs ... 109
    AB 9.4.6 *Kopiervorlage:* Todesanzeige 111

Infoseite I 64-65: Jenseitsvorstellungen der Religionen 110
    1. Hintergrund 110
    2. Einsatzmöglichkeiten im RU 114
    AB 9.4.7 *Arbeitsblatt:* Was kommt nach dem Tod? 115

Deuteseite II 66-67: Verwandlungen 116
    1. Hintergrund 116
    2. Einsatzmöglichkeiten im RU 120
    AB 9.4.8 *Textblatt:* Ein Brief an ein Kind mit Krebs 119
    3. Weiterführende Anregungen 120
    AB 9.4.9 *Arbeitsblatt:* Wenn das Weizenkorn 121
    AB 9.4.10 *Textblatt:* Epistulae morales ad Lucilium 123

Deuteseite III 68-69: Ich glaube an die Auferstehung der Toten 122
    1. Hintergrund 122
    2. Einsatzmöglichkeiten im RU 124
    3. Weiterführende Anregungen 125
    AB 9.4.11 *Textblatt:* Hurra, wir leben! 127

Deuteseite IV 70-71: Leibhaftige Auferstehung 126
    1. Hintergrund 126
    2. Einsatzmöglichkeiten im RU 129
    3. Weiterführende Anregung 130

Deuteseite V 72-73: Mitten im Leben 130
    1. Hintergrund 130
    2. Einsatzmöglichkeiten im RU 131

    3. Weiterführende Anregung 131
    AB 9.4.12 *Textblatt:* Feuerritual 133

Infoseite II 74-75: Leben über den Tod hinaus 132
    1. Hintergrund 132
    2. Einsatzmöglichkeiten im RU 132

Stellungnahmen 76: Im Blickkontakt 134
    1. Hintergrund 134
    2. Einsatzmöglichkeiten im RU 134

Literatur 134

5 Die Bibel – ein Buch zum Leben

Das Thema im Schulbuch 135
Verknüpfungen mit anderen Themen im Schulbuch 135

Titelseite 77: Die Bibel – ein Buch zum Leben 136
    1. Hintergrund 136
    2. Einsatzmöglichkeiten im RU 136

Themenseite 78-79 137
    1. Hintergrund 137
    AB 9.5.1 *Textblatt:* Sie werden lachen 139
    2. Einsatzmöglichkeiten im RU 137

Ideenseite 80-81 138

Infoseite I 82-83: Die Bibel teilen 140
    1. Hintergrund 140
    2. Einsatzmöglichkeiten im RU 140
    3. Weiterführende Anregung 142
    AB 9.5.2 *Textblatt:* Taizé 141

Deuteseite I 84-85: Auf Adlerflügeln 142
    1. Hintergrund 142
    2. Einsatzmöglichkeiten im RU 144
    AB 9.5.3 *Arbeitsblatt:* Adler 143
    AB 9.5.4 *Textblatt:* Fantasiereise zu einem Adler 145

Infoseite II 86-87: Zurückfragen – die ursprüngliche Absicht 146
    1. Hintergrund 146
    2. Einsatzmöglichkeiten im RU 146
    AB 9.5.5 *Arbeitsblatt:* Synoptischer Vergleich: Das Vaterunser 147
    AB 9.5.6 *Textblatt:* Anleitung zum Bibellesen 149
    3. Weiterführende Anregung 146

Infoseite III 88-89: Den eigenen Augen trauen – die Struktur des Textes 148
    1. Hintergrund 148
    2. Einsatzmöglichkeiten im RU 150
    AB 9.5.7 *Arbeitsblatt:* Die ideale Phasenfolge einer Bibelbetrachtung 151

Infoseite IV 90-91: Dahinter steigen – den Text psychologisch deuten 152
    1. Hintergrund 152
    2. Einsatzmöglichkeiten im RU 154
    AB 9.5.8 *Umrisszeichnung:* Anne Seifert: Lea und Rachel 153
    3. Weiterführende Anregung 154

Stellungnahmen 92: Die kürzeste Bibel der Welt 155
    1. Hintergrund 155
    2. Einsatzmöglichkeiten im RU 155
    3. Weiterführende Anregung 155

Literatur 156

6 Kirche in bewegten Zeiten

Das Thema im Schulbuch 157
Verknüpfungen mit anderen Themen im Schulbuch 158
Verbindungen mit anderen Fächern 158

Titelseite 93: Kirche in bewegten Zeiten 158
    1. Hintergrund 158
    2. Einsatzmöglichkeiten im RU 159
    AB 9.6.1 *Arbeitsblatt:* Elemente des Titelbildes 161

Themenseite 94-95 159
    1. Hintergrund 159
    2. Einsatzmöglichkeiten im RU 160

Ideenseite 96-97 163

Infoseite I 98-99: Krieg im Namen des Evangeliums 164
    1. Hintergrund 164
    2. Einsatzmöglichkeiten im RU 166
    AB 9.6.2 *Arbeitsblatt:* Der heilige Franziskus vor dem Sultan von Ägypten 167
    3. Weiterführende Anregung 168

Infoseite II 100-101: Mutig gegen den Hexenwahn 168
    1. Hintergrund 168
    2. Einsatzmöglichkeiten im RU 171
    AB 9.6.3 *Textblatt:* Ich bin kein Drudner, sondern ein Märtyrer! 169
    3. Weiterführende Anregungen 172

Infoseite III 102-103: Kirche im Nationalsozialismus 172
    1. Hintergrund 172
    2. Einsatzmöglichkeiten im RU 174

Infoseite IV 104-105: Widerstehen 174
    1. Hintergrund 174
    2. Einsatzmöglichkeiten im RU 175
    3. Weiterführende Anregungen 175
    AB 9.6.4 *Arbeitsblatt:* Dietrich Bonhoeffer: Wer bin ich? 177

Infoseite V 106-107: Neue Wege – sprechende Gebäude 178
    1. Hintergrund 178

    2. Einsatzmöglichkeiten im RU 180
    AB 9.6.5 *Kopiervorlage:* Bilder für die Kirche 179
    AB 9.6.6 *Textblatt:* Der Leib Christi 181
    AB 9.6.7 *Liedblatt:* Ein Schiff, das sich Gemeinde nennt 183
    AB 9.6.8 *Kopiervorlage:* Kirchenarchitektur im Wandel der Zeiten 185

Deuteseite 108-109: MOBS – da bin ich Mensch 184
    1. Hintergrund 184
    2. Einsatzmöglichkeiten im RU 186
    3. Weiterführende Anregung 188
    AB 9.6.9 *Textblatt:* Aus einem Compassion-Bericht einer Schülerin 187

Infoseite VI 110-111: Wie sich die Kirche organisiert 189
    1. Hintergrund 189
    2. Einsatzmöglichkeiten im RU 189

Stellungnahmen 112: Totgesagte leben länger! 190
    1. Hintergrund 190
    2. Einsatzmöglichkeiten im RU 190
    AB 9.6.10 *Textblatt:* Brief von Bischof Kamphaus 191

Literatur 192

Projekt: Lebensraum Kirche

Titelseite 113: Projekt: Lebensraum Kirche 193
    1. Hintergrund 193
    2. Einsatzmöglichkeiten im RU 193
    3. Weiterführende Anregungen 193
    AB 9.7.1 *Arbeitsblatt:* Das Vaterunser mit Gebärden gebetet 195
    AB 9.7.2 *Arbeitsblatt:* Getanztes Friedensgebet 197

Projekt 114-115 194
    1. Hintergrund 194
    2. Einsatzmöglichkeiten im RU 194
    AB 9.7.3 *Fantasiereise:* Die Kirche meiner Kindheit 198
    AB 9.7.4 *Arbeitsblatt:* Fragebogen zur Kirchenerkundung 199

Quellenverzeichnis 200

Sinn suchen – das Leben finden ①

Das Thema im Schulbuch

Die Frage nach dem Sinn des Lebens ist ein existenzielles Lebensthema für jeden Menschen, gleich welchen Alters. Gerade Jugendliche der angesprochenen Altersstufe bringen jedoch eine besondere Offenheit in der Beschäftigung mit der Sinnfrage mit und sind bereit, sich auf Sinn versprechende Lebensentwürfe einzulassen und sich mit ihnen auseinander zu setzen. Manche dieser Lebensentwürfe entpuppen sich jedoch als Sackgassen, die Sinn versprechen, den Menschen jedoch nicht frei sondern, abhängig von verschiedensten Süchten oder okkulten Praktiken machen.

Radikal infrage gestellt werden menschliche Sinnentwürfe durch die Erfahrung von eigenem oder die Begegnung mit fremdem Leid. Diese Begegnung führt zur Auseinandersetzung mit einem Gott, der solches Leiden nicht verhindert, und mit den Antwortversuchen der christlich-jüdischen sowie anderer religiöser Traditionen. Letztlich stellt sich jedoch die Frage nach einer lebenspraktischen menschlichen und christlichen Bewältigung des Leids. In der Zuwendung zum leidenden Menschen wird – christlich gedeutet – Christus sichtbar.

Das *Titelbild* **7** eröffnet das Kapitel mit einer klassischen Darstellung von Sehnsucht: eine Figur, deren Blick auf den Horizont, in die Unendlichkeit gerichtet ist, eingebettet in eine traumverlorene Szene.

Die *Themenseite* **8-9** schlüsselt beide Aspekte des Themas auf: die Suche nach Sinn in den unterschiedlichen Lebensentwürfen und die Infragestellung jeden Sinnes durch das Leiden. Sie lädt ein, sich mit verschiedenen Antworten auf die Sinnfrage auseinander zu setzen, verweist auf Sackgassen bei der Suche nach Sinn und stellt die Frage nach der Tragfähigkeit menschlicher Antworten angesichts des sinnlosen Leidens.

Die *Ideenseite* **10-11** bietet verschiedene Handlungsimpulse, mit denen sich Sch dem Thema annähern können.

Die *Infoseite I* **12-13** setzt sich mit den fragwürdigen Sinnangeboten des Esoterikmarktes auseinander und hinterfragt einige grundlegende Züge des esoterischen Weltbildes. Das Bildmaterial bietet Anknüpfungspunkte zur Beschäftigung mit den Themen Aberglaube und Okkultismus.

Die *Deuteseite I* **14-15** beschäftigt sich mit Antworten auf die Frage nach Sinn und auf die Frage nach Leid, indem sie einen klassischen buddhistischen Text mit dem Sonnengesang des Hl. Franziskus konfrontiert.

Einen biblischen Zugang zur Frage nach dem scheinbar sinnlosen Leid eröffnet *Deuteseite II* **16-17**. Sie zeigt den Gerechten Ijob, der sich, ohne den Sinn seines Leidens zu kennen, dennoch in Gottes Hand geborgen weiß, und verortet die Antwort auf die Frage nach dem Sinn des Leids jenseits der Kategorien von Belohnung oder Strafe.

Ähnlich versucht *Deuteseite III* **18-19** die Frage nach der scheinbaren Abwesenheit Gottes angesichts des Leides zu erklären: Elie Wiesels Text sowie die »weiße Kreuzigung« Marc Chagalls identifizieren den leidenden Menschen mit dem leidenden Gott.

Ein praktisches Beispiel für einen christlich inspirierten Umgang mit Leid bringt *Infoseite II* **20-21**. Sie stellt die Arbeit in einem Hospiz für Sterbende dar.

Ebenso stellt *Infoseite III* **22-23** mit einem Bericht über das Leben und Wirken der Ärztin Ruth Pfau und des Priesters Dominikus Ringeisen Menschen vor, die sich getragen von ihrem Glauben in besonderer Weise für Leidende einsetzen.

Die *Stellungnahmen* **24** schließlich laden zur Meditation über eigene Leiderfahrungen ein und versuchen Sch das Symbol des Kreuzes zu erschließen.

Verknüpfungen mit anderen Themen im Schulbuch

Kap. 2 Sich Gott vorstellen: Der Vergleich der verschiedenen Gottesvorstellungen der Weltreligionen (*Deuteseite I* **32**) behandelt u. a. auch das buddhistische Gottesbild und lässt sich ausweiten zu einer Besprechung der buddhistischen Weltsicht und der buddhistischen Deutung von Sinn und Leid. (*Deuteseite I* **14**).

Kap. 4 Tod – Ende und Anfang: Anknüpfend an die Auseinandersetzung mit eigenen Erfahrungen von Tod und Sterben (*Ideenseite* **61**) bietet sich die Vertiefung der Aspekte menschenwürdig gestorben – Umgang mit Sterbenden (*Infoseite II* **20-21**) an.

Verbindungen mit anderen Fächern

Der Themenbereich Sinn suchen – das Leben finden ist eng an das pädagogische Leitthema der 9. Jahrgangsstufe »Lebensperspektiven entwickeln« angebun-

den. Von daher ergeben sich vielfältige Verknüpfungsmöglichkeiten mit anderen Fächern:
Evangelische Religionslehre: Meine Lebenswünsche und Ziele (9.3); Ziele und Ideale im Gemeinschaftsleben (9.4).
Ethik: Sinn des Lebens (9.2); Religionen und Lebensperspektiven (9.4).

Wirtschaft/Recht: Berufsfindung und Berufsausbildung.
Denkbar ist in diesem Zusammenhang auch die Durchführung eines fächerverbindenden Unterrichtsvorhabens wie z. B. die Gestaltung eines oder mehrerer Orientierungstage.

Sinn suchen – das Leben finden

Titelseite (7)

1. Hintergrund

Toyen (1902-1980)
Toyen wurde als Marie Cerminova am 21. September 1902 in Prag geboren und gehört zu den bedeutendsten und bekanntesten tschechischen Künstlerinnen des 20. Jahrhunderts. Sie verbrachte die meiste Zeit ihres Lebens in Paris, wohin sie 1946 endgültig übersiedelte. Zusammen mit Jindrich Styrsky entwickelte sie die Kunstform des »Artifizialismus«, einer lyrisch-abstrakten Malerei. Unter dem Einfluss von André Breton und Max Ernst entwickelte sich ihr Stil hin zum Surrealismus; sie gehörte zu den Gründungsmitgliedern einer Gruppe surrealistischer Künstler in Prag. Ihre Bilder beschwören Traumwelten, in denen sie »eintauchte in die tiefgründigen Räume der Nacht ...« Sie starb am 9. November 1980 in Paris.

Toyen: »Die Schläferin«, 1937
Das querformatige Bild zeigt auf der rechten Bildhälfte eine Mädchen- oder Frauenfigur vor braunem und schwarzem Hintergrund. Sie steht mit dem Rücken zum Betrachter, das rotbraune Haar fällt ihr auf die Schultern. Das Gesicht ist vom Betrachter abgewandt, ja es bleibt offen, ob die Gestalt überhaupt ein Gesicht besitzt. Ihre Kontur wird markiert von einem bodenlangen, hellgelben Kleid, das von den Schultern bis zum Boden kegelförmig geschnitten ist. Das Kleid steht am Boden kreisförmig auf. Unklar bleibt, ob die Figur steht oder schwebt. Auf der dem Betrachter zugewandten Rückseite springt der Verschluss des Kleides nach unten hin weit auf und bietet dem Betrachter einen Blick in das hohle schwarze Innere. Das Kleid wirkt wie eine kreisrunde Gussform aus Ton mit Rissen und Sprüngen und es scheint, als ob die Figur nur von dieser Form gehalten würde.
In der Hand trägt sie ein Schmetterlingsnetz aus leuchtendem Gelbgrün, das sie links von sich hält. Sie steht in einer leeren Landschaft auf einem braunen, plastisch strukturierten Untergrund, der zwei Drittel der Bildfläche füllt. Die Figur blickt auf eine grüne, am linken Bildrand ins Gelbe übergehende Linie, den Horizont oder vielleicht ein Seeufer. Darüber wölbt sich ein schwarzer Himmel.
Das gesamte Bild vermittelt durch Farbgebung und Anordnung der Bildelemente eine eigentümlich unwirkliche Atmosphäre. Die körperlose Figur scheint über dem Boden zu schweben. Sie wirkt seltsam unpersönlich wie eine Puppe oder Spielfigur. Das Gelb ihres Kleides findet sich mit Grün durchsetzt auf ihrem Kescher und auf der linken Seite des Horizontes wieder und bildet einen starken Kontrast zum Dunkelbraun des Bodens und zum Schwarz des Himmels. Die Blickrichtung des Betrachters folgt derjenigen der Figur von ihrem Standort rechts unten nach links oben zum gelben Teil des Horizonts.
Das Bild – eine surrealistische Darstellung von Motiven der Sinnsuche und Sehnsucht – greift eine klassisch romantische Darstellungsweise auf, wie sie sich etwa bei Caspar David Friedrich (z. B. Der Mann auf dem Felsen) findet: Der helle Streifen am Horizont, der den Blick des Betrachters in die Ferne zieht, eine Figur, die ihm den Rücken zuwendet und mit ihm zusammen ins Weite blickt. Das Schmetterlingsnetz könnte als Symbol für die Jagd nach Glück und Sinn stehen. Schmetterlinge zu fangen bedeutet auch: auf Illusionen aus zu sein. Etwas Melancholisches bekommt das Bild durch die Farbwahl: aus den Dämmerungs- oder Nachtlandschaften der Romantiker wird ein schwarzer Himmel über einem kahlen braunen Feld. Einzig der helle Streifen am Horizont weckt Hoffnung. Ebenso befremdlich wirkt die Figur auf dem Bild. Ein kegelförmiger Hohlraum ohne Gesicht signalisiert einen Nobody oder Everybody. Die Anonymität erlaubt Identifikation. Die Figur ist innen hohl – etwa Symbol für die Leere des Lebens oder Unausgefülltsein? Die Leere der Landschaft spiegelt sich in der Leere der Figur wieder. Nur ihre äußere Hülle hält sie überhaupt zusammen und auch diese weist Risse und Sprünge auf. – Symbol für die Vergänglichkeit der äußeren Hülle der Dinge? Ihr Schmetterlingsnetz ist nur ein Kinderspielzeug, mit dem sie das Glück zu fangen versucht. Auch das Netz trägt die Hoffnungsfarben Grün und Gelb. Doch statt auf das Ufer des Sees oder den Horizont zuzugehen und mit dem Netz zu jagen, bleibt die Figur träumerisch passiv stehen und wartet. Worauf?

Toyen: »Die Schläferin« (1937)

2. Einsatzmöglichkeiten im RU

Dem Bild begegnen
- Sch beschreiben Gesamteindruck, Atmosphäre und Wirkung des Bildes. Sie achten auf Details wie die Farbwahl, den hell-dunkel Kontrast, Blickrichtung und Bildaufbau.
- Dann betrachten und deuten sie weitere Details, wie das Schmetterlingsnetz der Figur und ihre hohle Form, und geben dem Bild eigene Bildtitel. Im Gespräch begründen sie ihre eigenen Bildtitel mit Bezug auf Elemente des Bildes.
- Sch deuten das Bild im Zusammenhang mit der Kapitelüberschrift.

Sich in das Bild einfühlen
- Sch denken sich in das Bild hinein:
- Wovon träumt die Figur in dem Bild wohl?
- Was könnte sich hinter diesem Horizont verbergen?
- An welche Stelle des Bildes würdest du dich selbst stellen?
- Sch beschreiben ihre Gefühle und Eindrücke angesichts der leeren Landschaft des Bildes.
- Sch deuten das Hohl-Sein der Figur:
- Man spricht in der Umgangssprache davon, dass jemand »hohl« sei. Was bedeutet dies für euch? Beziehet diese Bedeutung auf die hohle Figur des Bildes.

Das Bild verfremden
- Sch erhalten **AB 9.1.1, Lehrerkommentar S. 13** oder fertigen selbst eine Umrisszeichnung des Bildes an. Dann experimentieren sie mit der Veränderung einzelner Gestaltungselemente:
- Sie stellen die Figur in eine andere, neue Umgebung (z. B. ein Werbeprospekt).
- Sie verändern die Farben von Himmel, Horizont und Hintergrund.
- Sie lassen die grüne Horizontlinie weg.
- Sie füllen das Schmetterlingsnetz der Figur mit »Glück« und Sinn, d. h. mit Symbolen für Begriffe und Dinge, die dem Leben Sinn geben können.

Themenseite 8 9

1. Hintergrund

Die *Themenseite* verknüpft verschiedene Aspekte des Themas Sinn und Leid miteinander. *Themenseite* 8 beschäftigt sich mit verschiedenen Sinnentwürfen und der Suche des Menschen nach Sinn im Allgemeinen; *Themenseite* 9 konfrontiert mit Irrungen, sinnlosem Morden und mit verzweifeltem Suchen nach Sinn angesichts sinnlosen Leidens.

Das erste Foto zeigt eine Szene der **Love Parade**: Große, mit Fahnen und Luftballons geschmückte Umzugswagen fahren durch das dichte Gedränge von Tanzenden auf der Straße des 17. Juni in Berlin. Im Hintergrund ist die Quadriga des Brandenburger Tores zu erkennen. Auf dem vordersten Wagen tanzt eine junge Frau im Sambakostüm.
Das Bild vermittelt die Suche nach Spaß und intensivem Lebensgefühl, nach Ekstase und rauschhaftem Erleben in der Menge. Vielfältige Anknüpfungspunkte aus der Erfahrungswelt der Schüler ergeben sich hier: Tanzen in der Disco, auf einem Rave, Aufgehen in einer großen Menschenmenge und sich frei und selbstbestimmt fühlen. Sicher wird es Sch nicht schwer fallen, hier einen Anknüpfungspunkt an eigene Sinnerfahrungen zu finden.

Anders ist dies vermutlich mit dem daneben stehenden Bild: Es zeigt einen **jungen Steinmetz**, der eine Madonna in einen Grabstein eingraviert. Er scheint ganz in seinem Tun aufzugehen, sein Blick richtet sich auf das Werkstück, das er höchst konzentriert bearbeitet.
Sinn finden in der eigenen Arbeit, im kreativen selbstbestimmten Tun – vermutlich ein für Sch ungewohnter Gedanke, widerspricht er doch allzu oft ihrer Erfahrung im Schulalltag und unserem landläufigen Bild von Arbeit als notwendigem Übel, als Job zum Geldverdienen. Dem gegenüber stehen Freizeit und Urlaub als »richtiges Leben«. Dass, bzw. ob Sinn nicht nur in der Freizeit, sondern auch in der alltäglichen Arbeit zu finden ist, dazu will dieses Foto Diskussionsanregungen liefern.

Nachvollziehbar dürfte für Sch dagegen das darunter stehende **Foto eines Liebespaares** sein. Es ist das Bild eines jungen Paares vor dem Hintergrund der Lagune von Venedig. Der junge Mann ruht lang ausgestreckt auf einer Brüstung und hat den Kopf in den Schoß seiner hinter ihm sitzenden Freundin gelegt. Sie blickt aufs Wasser hinaus. Das Bild vermittelt eine Atmosphäre entspannter, verträumter Zärtlichkeit und wortloser Vertrautheit der beiden – Sinnfindung in der Beziehung zu einem Partner.
Dies entspricht einer in den Medien weit verbreiteten Vorstellung von Glück: Es ist etwas höchst Privates, das in der Beziehung zu einem Partner zu finden ist. Dieser wird zum Sinn- und Lebensmittelpunkt, von ihm erwartet man das große Glück. Das Foto könnte ein Anknüpfungspunkt sein, diese Haltung bewusst zu machen und kritisch zu hinterfragen.

Diese Bilder finden eine Ergänzung in zwei **Texten**: einem Auszug aus dem Kleinen Prinzen von Saint-Exupéry und einem Gedicht Bertolt Brechts.

Antoine de Saint-Exupéry (1900-1944)

Der 1900 in Lyon geborene französische Schriftsteller Antoine de Saint-Exupéry wurde einem großen Publikum vor allem durch sein Märchen »Der kleine Prinz« bekannt.

Der Autor war seit 1921 Pilot der französischen Luftwaffe und arbeitete ab 1926 im Dienst verschiedener privater Luftfahrtgesellschaften. Während des Zweiten Weltkrieges flog er Einsätze für die französische Luftwaffe. 1944 wurde er bei einem Aufklärungsflug von deutschen Soldaten abgeschossen. Seitdem gilt er als vermisst.

In seinen Werken spiegelt sich seine Erfahrung als Flieger, oft in lebensbedrohlichen Grenzsituationen. Sie zeugen von einer humanistischen Lebensphilosophie. »Der kleine Prinz« übt in Form eines Märchens Kritik an der rationalistisch geprägten modernen Massengesellschaft und ihren Werten. Ihr stellt er die Weltsicht des kleinen Prinzen mit ihrer Hinwendung zum Wesentlichen, Verborgenen und Individuellen entgegen.

Auf seiner Reise auf die Erde begegnet der kleine Prinz einem Weichensteller und beobachtet ihn bei seiner Arbeit. Der Weichensteller sortiert »die Reisenden nach Tausenderpaketen« – Menschen verlieren ihre Individualität und werden zur anonymen Masse. Die Faszination der Technik, sichtbar in den funkelnden schnellen Zügen, hinterfragt der kleine Prinz nach ihrem Sinn. Das scheinbar so geschäftige und zielstrebige Treiben der Erwachsenen entpuppt sich als ziel- und kopfloses Hin- und Herhetzen, immer auf der Suche nach einer besseren Zukunft. »Man ist nie zufrieden, wo man ist ...«. Die Gegenwart, das eigentliche Sein im Hier und Jetzt wird in Langeweile und Bedeutungslosigkeit verschwendet. Nur die Kinder erfassen den wahren Wert des Lebens. In scheinbar sinnlosen und ineffektiven Tätigkeiten wie Spielen oder Aus-dem-Fenster-Gucken leben sie ganz in der Gegenwart und wissen, dass nur die Dinge, zu denen eine Beziehung aufgebaut wird, indem man sich um sie bemüht und Zeit investiert, das Leben sinnvoll machen.

Der Text wirkt wie eine grundsätzliche Kritik der modernen Lebensverhältnisse und eines technokratischen Lebensstils. Reisen und Unterwegssein, ein altes Symbol für die Suche nach Sinn, werden zur hektischen Jagd nach Effektivität durch optimales Zeitmanagement. Das Ziel der Reise ist beliebig. Der Text entlarvt diese Lebensweise als sinn- und inhaltslos und lädt Sch ein, innezuhalten und nach den wahren Werten ihres Lebens zu fragen.

Das Gedicht »Vergnügungen« von Bertolt Brecht gibt für Sch überraschende und unerwartete Antworten auf die Frage: Was ist Glück?, bzw. Was macht Sinn? Der Autor nennt Alltagserfahrungen wie Duschen oder Aus-dem-Fenster-Blicken, findet Sinn in der Natur, dem Menschen und der von ihm geschaffenen Kultur. Es sind nicht die großen Dinge, die der Autor als Antworten auf die Frage nach dem Glück nennt. Er fordert vielmehr dazu auf, in der Gegenwart zu leben und das Glück in den kleinen Dingen des Alltags zu genießen.

Bertolt Brecht (1898-1956)

Bertolt Brecht gilt als der bedeutendste deutsche Dramatiker und Schriftsteller des 20. Jahrhunderts. Standen seine Frühwerke noch unter dem Einfluss des Expressionismus (z. B. »Trommeln in der Nacht«, 1919), so wandte er sich mehr und mehr dem politischen Theater zu. 1924 übersiedelte er nach Berlin und arbeitete als Dramaturg am Deutschen Theater unter Max Reinhardt. In Zusammenarbeit mit dem Komponisten Kurt Weill entstand dort 1928 die »Dreigroschenoper«. Die Zusammenarbeit wurde in mehreren weiteren Werken fortgesetzt.

Brecht arbeitete seit 1926 auf Grundlage der Weltanschauung des Marxismus, dessen Weltsicht er in den so genannten »Lehrstücken« dem Publikum zu vermitteln sucht. Er entwickelt in diesem Zusammenhang die Theorie des epischen Theaters. Dessen Ziel ist es, die Identifikation des Zuschauers mit den Akteuren auf der Bühne aufzulösen und den Betrachter zu einer kritisch-beobachtenden Haltung hinzuführen. Die Methode der Distanzierung vom Bühnengeschehen ist der so genannte Verfremdungseffekt, der z. B. durch kommentierende Songs, Beiseitesprechen, Spruchbänder u. ä. ausgelöst wird.

Nach der Machtergreifung Hitlers 1933 emigrierte Brecht zunächst nach Dänemark, später in die USA, wo er bis 1947 lebte. Dort entstanden viele seiner wichtigsten Werke, wie z. B. »Das Leben des Galilei« (1938/39) oder »Mutter Courage und ihre Kinder« (1938/39).

1948 kehrte Brecht nach Deutschland zurück und ließ sich in Ostberlin nieder, wo er zusammen mit seiner Frau, der Schauspielerin Helene Weigel, das Berliner Ensemble gründete.

Sein Werk umfasst eine Fülle dramatischer Werke, erzählend-didaktische Kurzprosa, Lyrik, theoretische Abhandlungen über das Theater und vieles mehr.

Themenseite 9 thematisiert Erfahrungen von Leid und Sinnlosigkeit bzw. von fehlschlagender Sinnsuche.

Die **Zeichnung** bietet Anknüpfungspunkte zum Gespräch über das Thema Sucht. Ein Heranwachsender, halb noch Kind, steht mit gebeugtem Kopf in einem kahlen Zimmer. Über ihm ragt die riesenhafte Gestalt seines eigenen Schattens vor einem giftig-orangen Hintergrund, der ihn fest im Griff hat. Der Schatten seiner Sucht umgibt ihn von drei Seiten; sein Blick geht zum Boden. Er hat keine Perspektive, vor ihm ist nur eine schwarze Wand. Dazu die Bildunterschrift am linken Rand: Aus ganz normalen Familien kommen ganz normale Suchtkranke. Sie räumt auf mit der Vorstellung, Sucht komme in »normalen« Familien nicht vor und beschränke sich auf Familien mit desolaten Verhältnissen. So öffnet die Zeichnung den Blick für alltägliches Suchtverhalten.

Das Foto rechts zeigt **»Ground Zero«** in New York, den Platz, auf dem bis zum 11. September 2001 das »World Trade Center« in den Himmel ragte. Die Lücke wirkt wie ein Grab zwischen den umliegenden Wolkenkratzern. Das World Trade Center – Symbol für Geld, Erfolg und Macht als treibende Werte der kapitalistischen Gesellschaft – liegt in Trümmern. Der Anschlag des 11. September 2001 ist nicht nur als menschliche Tragödie, sondern auch als gezielter Angriff auf das Wertesystem der westlichen Welt zu verstehen.

Albert Camus (1913-1960)

Albert Camus gilt als einer der bedeutendsten Vertreter des literarischen Existenzialismus. Dieser besagt, dass sich der Mensch in einer absurden Situation befindet: Er sei dazu verdammt, ohne Gott oder eine andere Heilslehre mit der Sinnlosigkeit seiner Existenz zu leben.
In dem Roman »Die Pest« entwirft Camus in dem sich aufopfernden, nicht gläubigen Arzt Dr. Rieux das existenzialistische Weltbild. Trotz der Sinnlosigkeit seiner Existenz, bemüht sich der Mensch um die Gestaltung einer humanen, menschenwürdigen Welt. Er kämpft so in einer »Revolte« gegen die Sinnlosigkeit wie der Sisyphos der antiken Mythologie. Dieser ist dazu verurteilt, in der Unterwelt einen Felsblock auf einen Berg hinaufzuwälzen. Kurz bevor er am Gipfel des Berges angekommen ist, rollt ihm der Felsen wieder herunter und er muss von vorne anfangen. In den Augen Camus' wird Sisyphos zum Symbol für den modernen Menschen: Da er nicht mehr an Gott glauben kann, weil das Leiden der Existenz Gottes widerspricht, ist er dem Bewusstsein der Sinnlosigkeit seines Daseins voll ausgeliefert. Um trotzdem leben zu können, muss er immer wieder versuchen, seinem Leben Sinn zu geben und sich in kleinen Schritten gemeinsam mit anderen um die Vermenschlichung der Welt zu mühen.

Das Bild hebt die Frage nach Sinn und Sinnlosigkeit noch einmal auf eine andere Ebene. Beschäftigten sich die Bilder bisher mit individuellen Aspekten des Themas, so erweitert sich jetzt der Horizont zur gesellschaftlichen Perspektive und stellt die Frage nach der Sinnlosigkeit von Terror und Gewalt.

Ein Textauszug aus **Albert Camus'** Roman »Die Pest« thematisiert die absolute Sinnlosigkeit: das Leiden und Sterben eines Kindes an der Pest.

Im Verlauf einer Pestepidemie in der nordafrikanischen Stadt Oran wird ein kleiner Junge in ein Behelfslazarett gebracht. Er hat der Krankheit nichts entgegenzusetzen; es ist klar, dass er sterben wird. Der Autor beschreibt anschaulich den Todeskampf, das äußerst qualvolle Sterben des Jungen, in dessen Verlauf dieser schließlich zum Ebenbild des Gekreuzigten wird. Angesichts solchen Leidens stellen die Anwesenden, der Arzt Dr. Rieux und Pater Paneloux die Frage nach Gott, der so etwas zulässt. Während der Pater sich mit dem Sinnlosen im Vertrauen auf Gott aussöhnt, begehrt der Arzt gegen diese Unmenschlichkeit auf. Das Leiden des Kindes wird für ihn zum Beweis der Nicht-Existenz Gottes. Den Pater dagegen fordert es heraus, an der Unbegreiflichkeit Gottes festzuhalten.

2. Einsatzmöglichkeiten im RU

Bilder deuten

- Sch beschreiben die Bilder der *Themenseite* **8** und deuten sie im Zusammenhang des Kapitelthemas.
- Was erwarten diese Menschen vom Leben, worauf kommt es ihnen an?
- Auf welchem Bild würdet ihr gerne dabei sein? Begründet eure Antwort.

»Glück ist für mich wie …« IDEENSEITE (10)

- Sch formulieren ihre eigenen Vorstellungen von Glück und vergleichen sie mit den Bildern auf der Buchseite.
- Dann gestalten sie eine Collage, in der sie ihre eigenen Glücksvorstellungen zum Ausdruck bringen.

»Nach dem Sinn des Lebens IDEENSEITE (10)
fragen«

Sch nehmen Stellung zu gesellschaftlichen Wertmaßstäben und vergleichen sie mit ihren persönlichen Maßstäben anhand der Anregung auf der *Ideenseite*.

»Meine Pyramide der Bedürfnisse IDEENSEITE (10)
bauen«

Ausgehend von der eigenen Wertepyramide vergleichen Sch ihre zentralen Werte miteinander und deuten Bilder und Texte auf *Themenseite* **7-8** in Hinblick auf die dahinter stehenden Werte.

Fragebogen zum Suchtverhalten

1. Rauchst du?
- Ja – Nein
- Falls ja: wie viele Zigaretten rauchst du täglich?
- Seit wann?
- In welchen Situationen greifst du zur Zigarette?
- Hast du schon einmal versucht mit dem Rauchen aufzuhören?

2. Trinkst du Alkohol?
- Nie – sehr selten – nur in Gesellschaft – regelmäßig relativ wenig (z. B. ein Bier am Abend) – in unregelmäßigen Abständen ziemlich viel – regelmäßig und viel
- In welchen Situationen und aus welchen Gründen trinkst du Alkohol?
- In Gesellschaft – bei Ärger und Problemen – um zu feiern – um locker und entspannt zu werden – um »gut drauf« zu sein – Sonstiges

3. Fernsehen:
- Siehst du:
- selten bzw. nie fern?
- Häufig bis täglich?

Falls Letzteres zutrifft:
- Wie viele Stunden täglich siehst du fern?
- Wählst du bewusst aus oder zappst du einfach herum?
- Könntest du dir vorstellen, drei Monate auf den Fernseher zu verzichten?

4. Computer:
- Sitzt du regelmäßig bzw. sehr häufig vor dem Computer und spielst?
- Wie lange jeweils?
- Kommt es vor, dass du häufiger dabei bleibst, als du eigentlich wolltest?
- Könntest du dir vorstellen, drei Monate auf den Computer zu verzichten?

5. Musik hören:
- Hörst du täglich Musik?
- Bewusst – nebenbei als Hintergrund?
- Radio – eigene Kassetten oder CDs?
- Könntest du dir vorstellen, eine Woche lang bewusst auf das Musikhören zu verzichten?

6. Essen:
- Naschst/Isst du häufig, obwohl du gar kein körperliches Hungergefühl spürst?
- Denkst du häufig über dein Essverhalten nach?
- In welchen Situation isst du, obwohl du keinen Hunger hast?
- Wiegst du dich täglich?
- Findest du dich zu dick – zu dünn?
- Hast du schon einmal eine Diät ausprobiert?
- Sind in deiner Familie eines oder mehrere Familienmitglieder über- oder untergewichtig?

Das Gedicht interpretieren

- Sch lesen das Gedicht »Vergnügungen« langsam und lassen es auf sich wirken (oder L trägt das Gedicht vor).
- Dann diskutieren sie, worin für den Autor Glück besteht und konfrontieren seinen Entwurf mit ihren eigenen Vorstellungen vom Glück (siehe Lehrerkommentar S. 16 »Glück ist für mich wie ...«).
- Bei welchen Anlässen ist für den Autor das Glück zu finden? Unter welchen Voraussetzungen ist es zu finden?
- Warum nennt der Autor sein Gedicht »Vergnügungen« und nicht »Glück«?
- Sch schreiben in Anlehnung an das Gedicht Bertolt Brechts ein eigenes Gedicht über Alltagsvergnügungen.

Den Text vom kleinen Prinzen deuten

- Sch beschreiben das Bild, das sich dem kleinen Prinzen an der Weiche bietet. Sie erkennen den Gegensatz zwischen scheinbarer Wichtigkeit des geschäftigen Treibens und seiner Absurdität.
- Sch deuten das Bild des Textes vom Unterwegssein und Reisen auf das Kapitelthema hin (vgl. dazu auch Themenseite 42-43).
- Sch vergleichen den Weichensteller-Text mit dem Gedicht Bertolt Brechts und entdecken die Langsamkeit, die Muße und das Achten auf die kleinen Dinge erst ermöglicht.
- Sch stellen sich die Szene der Geschichte bildlich vor und beobachten dabei ihre Eindrücke und Empfindungen.
- Folgendes Tafelbild könnte erarbeitet werden: s. u.

3. Weiterführende Anregungen

Ein Projekt zum Thema: Sinn – Sehnsucht – Sucht

Anhand des **AB 9.1.2** und **AB 9.1.3, Lehrerkommentar S. 17** und **19** erarbeiten Sch den oben genannten Themenbereich. Sie werden anhand des Fragebogens aufmerksam auf alltägliches Suchtverhalten (Konsum von Genussmitteln und zwanghafte Handlungen) und informieren sich bei geeigneten Ansprechpartnern (Bundes- und Landesgesundheitszentralen, Krankenkassen, Gesundheitsämter u. Ä.) über Suchtgefahren und Therapiemöglichkeiten. Die Ergebnisse können z. B. in Form einer Wandzeitung präsentiert werden.

Die Geschichte eines magersüchtigen Mädchens kennen lernen

- Sch betrachten und deuten die Karikatur auf *Themenseite* 9 und bringen sie in Zusammenhang mit dem Text in **AB 9.1.3, Lehrerkommentar S. 19**.
- Welche Gründe gibt es für Gesas Magersucht?
- Beschreibt Gesas Selbsteinschätzung und ihr Verhältnis zu ihrem Körper.
- »Aus ganz normalen Familien kommen ganz normale Suchtkranke«. Deutet diese Aussage der Karikatur auf *Themenseite* 9 in Bezug auf Gesas Krankheit.
- »Hinter Gesas Sucht steckt die Suche nach Sinn.« Nehmt Stellung zu dieser Aussage.

Ein Buch zum Thema lesen

Fächerübergreifend zum Deutschunterricht kann das Jugendbuch »Und jeden Tag ein Stück weniger von mir« von Gerhard Eikenbusch (Ravensburg 1999) gelesen werden.
(Materialien für den RU an Gymnasien 1/2000: Hunger nach Leben)

Vorschlag für TA:

Auf der Suche nach Sinn	
Antoine de Saint-Exupéry: Der kleine Prinz und der Weichensteller	**Bertolt Brecht: Vergnügungen**
Unterwegssein und Reisen als Bilder für die Sinnsuche • Reisende werden als Masse verschickt, nicht als Individuen (Tausenderpakete). • Unterwegssein ist alles, die Richtung ist egal. • Donner und Geschwindigkeit des Schnellzuges weisen auf scheinbare Wichtigkeit der Reise hin, die sich bei näherem Hinsehen als Langeweile entpuppt. • Nur die Kinder »wissen, 2wohin sie wollen«, d. h. das Leben im Augenblick zählt, wertvoll ist nur das, wofür man sich selbst müht. → Vordergründige Betriebsamkeit überdeckt Sinnleere.	Sinn finden im bewussten Erleben des Alltags Voraussetzungen: • in der Gegenwart leben, • Aufmerksamkeit für Kleinigkeiten, • sich Zeit nehmen um Alltagsvergnügungen zu genießen.

Mein Körper war mein Kunstwerk

Mein Körper war meine Leistung, mein »Kunstwerk«. Ich liebte ihn, denn er war das, worauf ich mich fast zwei Jahre lang, wenn auch in selbstzerstörerischer Weise, konzentriert hatte. Gleichzeitig hasste ich ihn, denn er war hässlich, schwach, unfähig, Leistung zu erbringen. Ich verurteile und verabscheue Schwäche; Schwäche des Charakters. Einerseits.

Andererseits ist das aber genau ein Teil dessen, was ich durch meine Krankheit endlich sichtbar machen wollte. So offensichtlich wie nur irgend möglich wollte ich meiner Familie, meinen Freunden zeigen: Ich bin schwach, ich bin verletzlich und unsicher. Mein dünnes Äußeres sollte sicherlich auch das verletzliche Innere schützen; denn jemand, der so zerbrechlich aussieht, wird nicht ohne weiteres angegriffen, wird nicht mit Forderungen gequält. Niemand wagt es mehr, Ansprüche zu stellen.

Meine Krankheit war ein Hilferuf ...

ZWEI JAHRE lang hat die Waage mein Leben bestimmt. Was sie beim allmorgendlichen Wiegen anzeigte, war maßgebend dafür, ob ein Tag erfolgreich sein würde oder von vornherein verloren war. Zeigte sie ein paar Gramm mehr an als am Tag zuvor, geriet ich unter einen unglaublichen inneren Druck: Ich hatte mich nicht genug unter Kontrolle gehabt, war nicht fleißig, nicht diszipliniert genug gewesen. Solange ich das nicht gutgemacht hatte, war alles düster, grau und sinnlos. Nichts hätte mich dann glücklich stimmen können. Erst eine positive Botschaft der Waage am nächsten Morgen machte mich wieder froh. Bis dahin gestattete ich mir nicht einmal, überhaupt an Nahrungsaufnahme zu denken.

Ich fühlte mich im Vergleich mit anderen sehr dumm, einfallslos, wertlos; allerhöchstens war ich mittelmäßig. Ich wollte aber auch etwas haben, worin ich ganz besonders gut war, etwas, das nur ich konnte; wo ich erfolgreich sein konnte und Anerkennung fand. Hungern ...

DIE PORTIONEN, die ich aß, wurden im Lauf der Zeit immer kleiner und kalorienärmer. Wie alles andere auch, geschah dies nicht gezielt, nicht bewusst. Ich hatte keinen Vorsatz. Es ging mir ja nicht wirklich darum, »schlank um jeden Preis« zu sein ...

Fast ein halbes Jahr lang bestand meine Tagesration aus einer Tasse Suppe. Auf diese eine Mahlzeit am Abend freute ich mich den ganzen Tag lang. Ich zögerte die Nahrungsaufnahme so lange wie möglich hinaus. Ich genoss die Vorfreude. Damit der eigentliche Akt des Essens möglichst lang andauerte, tat ich mir nie mehr als eine Kelle auf, legte Pausen ein, um dann später noch einmal an den Topf gehen zu dürfen. Ich genoss jeden Löffel.

MEINE FAMILIE setzte große Hoffnungen in mich. Sie sprachen mir Fähigkeiten zu, die ich selbst nicht in mir fand. Ich fühlte mich zutiefst schuldig, denn ich wollte dem Bild, das viele von mir hatten, gern entsprechen, wollte gut und erfolgreich sein, aber wie hätte ich das erreichen können, wo ich mir doch selbst nicht das Geringste zutraute?

Ich war überfordert und der Anspruch, den andere an mich zu haben schienen, blockierte mich. Ich fühlte mich allein gelassen, begann, mich vor dem Leben zu fürchten.

So erschuf ich mir eine kleine Welt, in der ich mich zurechtfand. Die vertraute Welt des Hungerns gab mir Halt und Sicherheit. Auf die Aufforderungen und Bitten von Familienangehörigen und Freunden doch zuzunehmen, mich in therapeutische Behandlung zu begeben, sprich: den Kampf gegen meine Krankheit aufzunehmen, reagierte ich lange Zeit sehr aggressiv und abwehrend, denn ich sah meine Welt bedroht. Ich wollte sie nicht aufgeben, wollte das, was ich so mühsam geschaffen hatte, nicht hergeben ...

WÄHREND ich anfing, mich mit der Krankheit zu beschäftigen, noch nicht als selbst Betroffene, sondern als »Interessierte«, verschlimmerte sich meine körperliche Verfassung immer mehr. Ich konnte nicht einmal mehr durch den Stadtpark spazieren, ohne nach ein paar hundert Metern eine Pause zu machen; ich hatte einfach keine Kraft mehr. Irgendwann hatte wohl auch mein Gehirn nicht mehr genug Nährstoffe um einwandfrei zu funktionieren. Ich wurde vergesslich, wusste nach einer Minute nicht mehr, was ich vor zwei Minuten gesagt hatte. Meine Reserven waren restlos aufgebraucht ...

Es war nicht leicht, die ersten Schritte zu tun. Wohin würde mich der Weg aus der Krankheit führen? Für die anderen war klar, dass das erste und wichtigste Ziel das Essen und Zunehmen sein musste. Für mich ist das bis heute jedoch zweitrangig. Mein Ziel ist es, herauszufinden, wer ich bin und zu wem ich gehöre. Was sind meine Eigenschaften? Wo liegen meine Stärken, meine Schwächen? Es war wichtig für mich, den Zeitpunkt, an dem ich wieder zu essen begann, selbst zu bestimmen. Hilfsangebote lehnte ich ab; lange hatte ich noch den Anspruch, es allein zu schaffen ...

Die Schritte, die ich mache, sind klein und ich kann den Weg, den ich zu gehen habe, manchmal nur sehr schwer erkennen. Ich weiß nicht, wohin er mich führen wird. Ich hoffe zu mir selbst zu finden und wie lange es auch dauert, ich weiß, dass sich diese Suche lohnt.

Gesa Herbst

Ideenseite (10)(11)

Folgende Impulse der *Ideenseite* werden im Lehrerkommentar besprochen:
Glück ist (für mich) wie ...: S. 16
Meine Pyramide der Bedürfnisse bauen: S. 18
Nach dem Sinn des Lebens fragen: S. 16

Ansonsten bietet die *Ideenseite* Sch in vielfältiger Weise die Möglichkeit, sich ihre Wertmaßstäbe bewusst zu machen und sie mit denen ihrer Mit-Sch und den in der Gesellschaft geltenden Werten zu vergleichen. Sie stellt Bilder vor, die in unserer Kultur die Sinnsuche veranschaulichen, wie z. B. das Labyrinth oder die Sprichworte vom Himmel. Außerdem wird Wert gelegt auf die Entwicklung von Sprachkompetenz durch das Umschreiben des Märchens »Hans im Glück«, durch die Sensibilisierung für Wortspiele und Redewendungen.

Labyrinth

Das Labyrinth findet sich in allen Kulturen und bereits in vorhistorischer Zeit. Es ist kein Irrgarten, sondern führt auf verschlungenen Wegen stets in eine Mitte hinein und wieder hinaus. So ist es ein vielschichtiges Symbol mit starker Ausdruckskraft.

Zum Symbolgehalt des Labyrinths:
Die Konstruktion des Labyrinths vereint Quadrat – Sinnbild für die Erde – und den Kreis – er steht für den Himmel – miteinander und symbolisiert so die Ganzheit des Kosmos. Das christliche Labyrinth führt diese Verbindung fort: Es wird von einem Kreuz durchzogen und vereint so Welt und Mensch mit Gott.

Der Weg ins Labyrinth hinein kann in seiner Ausweglosigkeit den Tod bedeuten, während der Weg aus dem Labyrinth hinaus etwas von Verwandlung und Wiedergeburt an sich hat. Um aus dem Labyrinth wieder hinauszugelangen, muss man umkehren. Das Labyrinth weist damit auch auf Umkehr und Neubeginn hin. Durch seinen vorgegebenen Weg und den abgeschlossenen Raum entsteht Konzentration und Sammlung auf die eigene Mitte.

Der Weg des Labyrinths kann schließlich gedeutet werden als Lebensweg – ethymologisch eng verwandt mit dem Begriff »Sinn« (= Reise, Weg). Das vor Augen stehende Ziel ist nur eine kurze Distanz entfernt, es gibt jedoch keinen direkten Weg zum Ziel und keine Abkürzungen. Auf verschlungenen Wegen führt der Gang durchs Labyrinth auf scheinbaren Umwegen um das Ziel herum. Fortschritt scheint ihm fremd, der Gehende meint sich immer weiter von der Mitte zu entfernen, bevor der Weg sich überraschend in die Mitte wendet. Er zwingt zu ständigen Richtungswechseln.

Gerade diese Dimension des scheinbaren im Kreis oder des in die Irre Gehens oder der ständigen Umwege stellt unsere Sicht des Lebens, in dem alles glatt gehen sollte und Ziele auf den direktesten Weg erreicht werden sollen, infrage.

Unterwegs im Labyrinth

Die intensivste Form, ein Labyrinth zu erschließen, besteht darin, es zu begehen oder zu tanzen. Im schulischen Rahmen wird dies nur in Ausnahmefällen wie etwa bei Orientierungstagen o. Ä. möglich sein. Hier bietet sich eher an, das Labyrinth auszumalen oder mit den Fingern abzufahren. Dies kann zum meditativen Tun werden, wenn Sch durch einzelne gezielte Impulse dabei zum Nachdenken über ihr Leben angeleitet werden wie in der Labyrinthmeditation auf **AB 9.1.4, Lehrerkommentar S. 21**.

Frag-würdige Sinnangebote: Esoterik — Infoseite I (12)(13)

1. Hintergrund

Diese Seite im Schulbuch setzt sich am Beispiel der Esoterikszene mit fragwürdigen Sinnangeboten auseinander. Die Fotos geben Anstöße zu einer weiterführenden Beschäftigung mit Phänomenen wie Aberglaube und Okkultismus.

In der **Karikatur** wird der Esoterikmarkt ironisch überspitzt dargestellt: Auf einer belebten Straße finden sich in Hinweisschildern, Reklametafeln und Plakaten eine Überfülle von Hinweisen auf religiöse, therapeutische und sonstige weltanschauliche Sinnangebote. Zu erkennen sind u. a. das Yin/Yang-Zeichen, das Bild eines Gurus, Hinweise auf Reinkarnation, Horoskope u. v. a. Die Menschen in der Fußgängerzone, die daran

Labyrinth

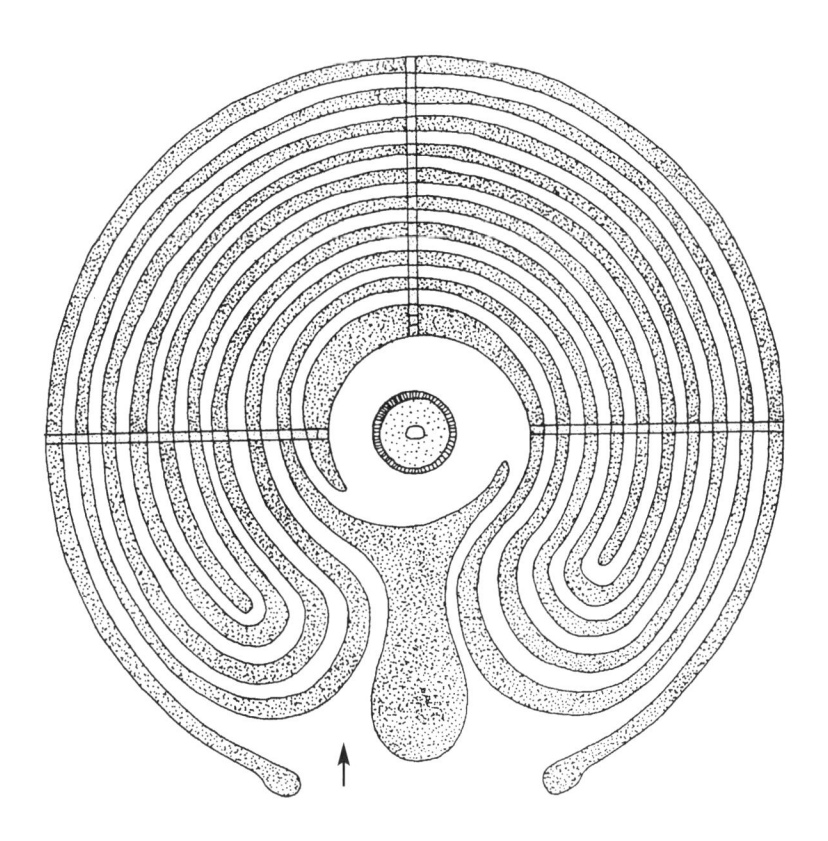

Meditation:

Ihr alle kennt Labyrinthe.
Mit ihren Wendungen, Gabelungen sind sie ein Symbol für unseren Lebensweg. Auch in unserem Leben kennen wir Unsicherheit, Ungeduld, Hoffnung auf einen Ausweg und das Glück des Ankommens.

Ihr bekommt jetzt zwei Blätter. Ein Labyrinth und darüber ein Blatt mit einem Loch. (Austeilen der Blätter) Legt das Loch so auf das Labyrinth, dass es über dem Eingang liegt. (Eventuell am Eingang einen roten Punkt anbringen).

Wie in eurem Leben geht ihr mit dem Stift jetzt einen Weg, von dem ihr nicht genau wisst, wohin er euch führt. Lasst euch Zeit dabei! Geht euren Weg entschieden, zieht eure Lebenslinie sorgfältig und sicher. Doch bedenkt, ihr seid im Labyrinth.

Geht immer weiter mit eurem Stift. Durchlauft alle Gänge, bis ihr ans Ziel kommt. Auch im Leben können wir nicht einfach stehen bleiben, nicht dorthin zurückkehren, wo wir hergekommen sind.

Wenn ihr am Ziel seid, nehmt das durchlöcherte Blatt weg und schaut auf den Weg, den ihr gegangen seid.

Die Linie, die zu eurer Mitte führt, ist vielleicht manchmal zittrig, zögernd, stößt vielleicht an die Labyrinth-Wände oder ist kurz abgebrochen.
Auch in eurem Leben gibt es Zittriges, Zögerndes, Anstößiges und Abgebrochenes. Es gibt aber auch Klares, Geradliniges, Starkes und Vorwärtsstrebendes. Das alles gehört zu euch, und ihr könnt es am besten sehen, wenn ihr in eurer Mitte seid.

Es folgt eine Austauschrunde über Erfahrungen, Gedanken, Eindrücke, die jede/r bei der Reise durch das Labyrinth gemacht hat.

vorbeigehen, bleiben auf der Karikatur weitgehend anonym, zu erkennen sind lediglich eine Frau im Hippie-Look, die gerade von einer Therapiesitzung zu kommen scheint und ein Wünschelrutengänger im Vordergrund des Bildes.

Gezeigt wird also ein »Marktplatz der Sinnangebote«, auf dem die einzelnen Angebote um die Aufmerksamkeit der Passanten miteinander konkurrieren. Ihre Fülle und unterschiedliche Herkunft verweist auf ihre Austauschbarkeit und Beliebigkeit. Der Wünschelrutengänger wird zum Symbol des Sinnsuchers: Mit seiner Rute versucht er sich durch das Dickicht der Angebote seinen Weg zu bahnen.

Der **Text** stellt aus der Perspektive einer Insiderin des Esoterikmarkts verschiedene gängige Grundannahmen eines esoterischen Weltbildes dar. Die Autorin, Inhaberin einer Esoterikbuchhandlung, ist unzufrieden mit der »organisierten« kirchlichen Religionspraxis. An ihre Stelle tritt eine vage, suchende Religiosität, verbunden mit dem Glauben an einen nicht-personalen Gott, der als göttliche Kraft wahrgenommen wird.

Die spirituelle Suche besteht ganz pragmatisch im Ausprobieren verschiedener Lebensentwürfe und Meditationstechniken und bezieht die Traditionen anderer, vorwiegend fernöstlicher Religionen mit ein. Sie werden ohne Rücksicht auf ihren Zusammenhang und ihre ursprüngliche Bedeutung miteinander kombiniert. Die eigene Erfahrung ist der Maßstab für Wahrheit. Es entsteht eine als Toleranz verkleidete Beliebigkeit der persönlichen Überzeugungen.

Die Esoterikszene geht von einer weitgehenden Entsprechung zwischen subjektiver Innen- und objektiver Außenwelt aus. Daraus ergibt sich die Psychologisierung von Krankheit, die nur noch Ausdruck persönlicher Probleme ist. Dazu kommt eine weitgehend unpolitische, individualistische Haltung, die auf Protest verzichtet. Stattdessen zieht sie sich lieber in die eigene Innenwelt zurück und sorgt vordringlich für das eigene Wohlbefinden.

Auch die Empfänglichkeit für Orakeltechniken wie Kartenlesen o. Ä. resultiert daraus. Sie sollen das eigene Unbewusste anregen, sich über Bevorstehendes zu äußern.

Auf den **Fotos** sind verschiedene Orakeltechniken dargestellt: Pendeln, Tischerücken, Kartenlegen und Kristallsehen. Die beigefügte Anzeige eines Esoterikbuchladens führt die Vielfalt und somit die Beliebigkeit des Esoterikmarktes noch einmal vor Augen.

2. Einsatzmöglichkeiten im RU

Esoterische Phänomene erkennen und verstehen

- Sch betrachten die Karikatur und überlegen:
  – Welche dieser Angebote kennt ihr aus eurer eigenen Umgebung? Woher?
- Sch erarbeiten anhand des Textes verschiedene Grundannahmen eines esoterischen Weltbildes; L erklärt dabei unbekannte Begriffe.
- Sch diskutieren über Nachvollziehbarkeit des esoterischen Weltbildes und seine Problematik.

Pendeln

- Anhand des Pendelns lässt sich ohne besonderen Aufwand die Funktion angeblich okkulter Phänomene wie Gläser- oder Tischerücken erklären. Als beliebter Einstieg in okkulte Praktiken ist es Sch geläufig und wird von ihnen häufig als »spielerische« Entscheidungshilfe eingesetzt.

  Das folgende Pendelexperiment kann auf verschiedene Weisen durchgeführt werden:

  – Für jede/n Sch sollte ein Pendel zur Verfügung stehen. Dies lässt sich am leichtesten aus einer schweren Schraubenmutter und einer ca. 25 cm langen Schnur herstellen. Zum Pendeln wird der Ellbogen des rechten Arms aufgestützt, die Schnur wird locker um den Zeigefinger gewickelt und mit dem Daumen gehalten. Jede Anspannung vermeiden!

  – Sch sollen je ein Bild eines Mannes und ein Bild einer Frau in den Unterricht mitbringen (Fotos, Zeitschriften u. Ä.). L erklärt Sch, das Pendel könne das Geschlecht einer Person auf einem Bild erkennen. Die Klasse wird dazu in zwei verschiedene Gruppen eingeteilt, jeweils mit dem Auftrag, das Geschlecht der Person auf dem Bild auszupendeln. Die beiden Gruppen erhalten schriftlich unterschiedliche Anweisungen, wie das Pendel sich zu bewegen hat (vgl. **AB 9.1.5, Lehrerkommentar S. 23**). Nach einiger Zeit werden beide Gruppen feststellen, dass das Pendel tatsächlich das Geschlecht einer Person zu erkennen scheint! Erst im gemeinsamen Unterrichtsgespräch wird deutlich, dass das Pendel sich je nach Anweisung unterschiedlich verhält, also durch die Anweisung von L und die Vorstellungskraft der Sch gesteuert wurde. (Vgl. Hund 1991.)

  – Eine andere Möglichkeit ist es, ohne Unterteilung der Klasse nach einem Pendel-Durchlauf mit Anweisung von L die Bilder gemeinsam verdeckt auf einen Tisch zusammenzulegen und das Pendelexperiment noch einmal mit einem verdeckten Bild zu machen. Zu beachten ist hier, dass die Trefferwahrscheinlichkeit für eine richtige Antwort des Pendels 50% beträgt. Dies sollte vorher mit den Sch besprochen werden und genau mitprotokolliert werden, ob sich eine Abweichung von der stati-

Ein Pendel-Experiment *(Gruppe 1)*

Legt euch ein Bild von einem Mann und einer Frau bereit. Es kann ein Foto, ein aus einer Zeitschrift ausgeschnittenes Bild o. Ä. sein.

Baut euch ein Pendel, indem ihr an eine ca. 20 cm lange Schnur eine schwerere Schraube oder einen Ring befestigt.

Das Pendel kann das Geschlecht der Person erkennen: Wenn ihr es ganz ruhig über das Bild haltet ohne zu zittern oder eure Hand absichtlich zu bewegen, wird es bei der Frau einen Kreis beschreiben, bei dem Bild des Mannes hin- und herschwingen.

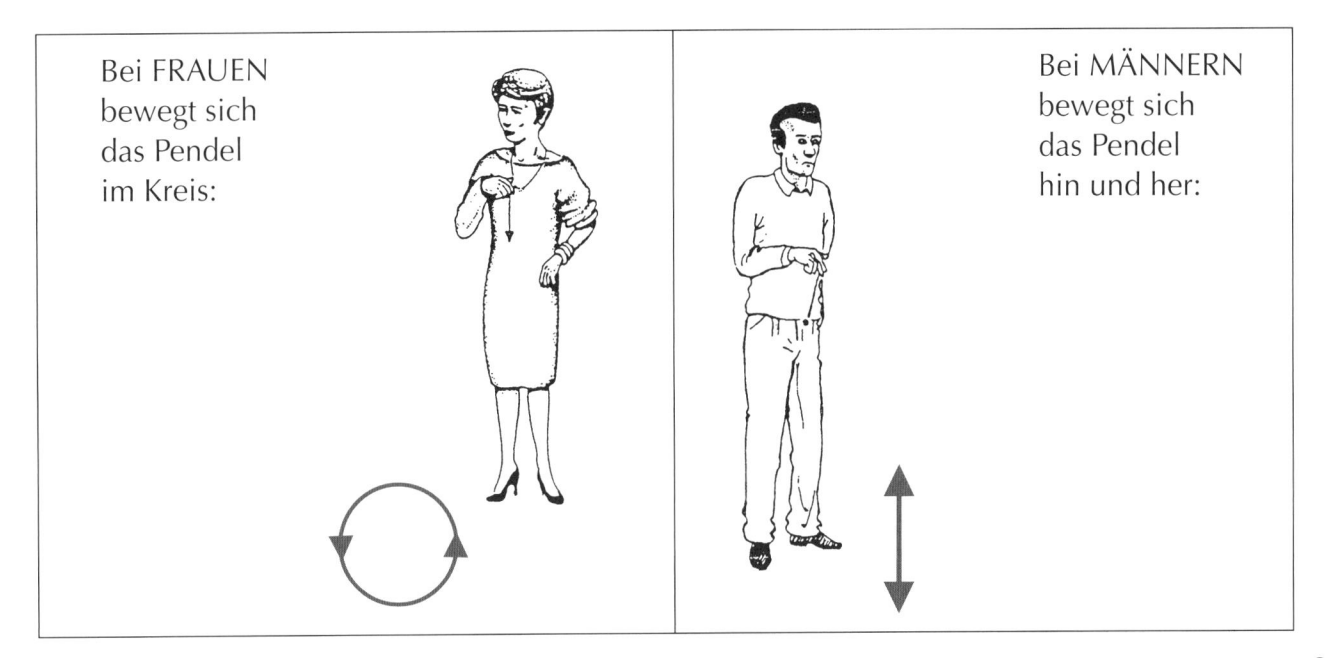

Bei FRAUEN bewegt sich das Pendel im Kreis:

Bei MÄNNERN bewegt sich das Pendel hin und her:

Ein Pendel-Experiment *(Gruppe 2)*

Legt euch ein Bild von einem Mann und einer Frau bereit. Es kann ein Foto, ein aus einer Zeitschrift ausgeschnittenes Bild o. Ä. sein.

Baut euch ein Pendel, indem ihr an eine ca. 20 cm lange Schnur eine schwerere Schraube oder einen Ring befestigt.

Das Pendel kann das Geschlecht der Person erkennen: Wenn ihr es ganz ruhig über das Bild haltet ohne zu zittern oder eure Hand absichtlich zu bewegen, wird es bei der Frau hin- und herschwingen, bei dem Bild des Mannes einen Kreis beschreiben.

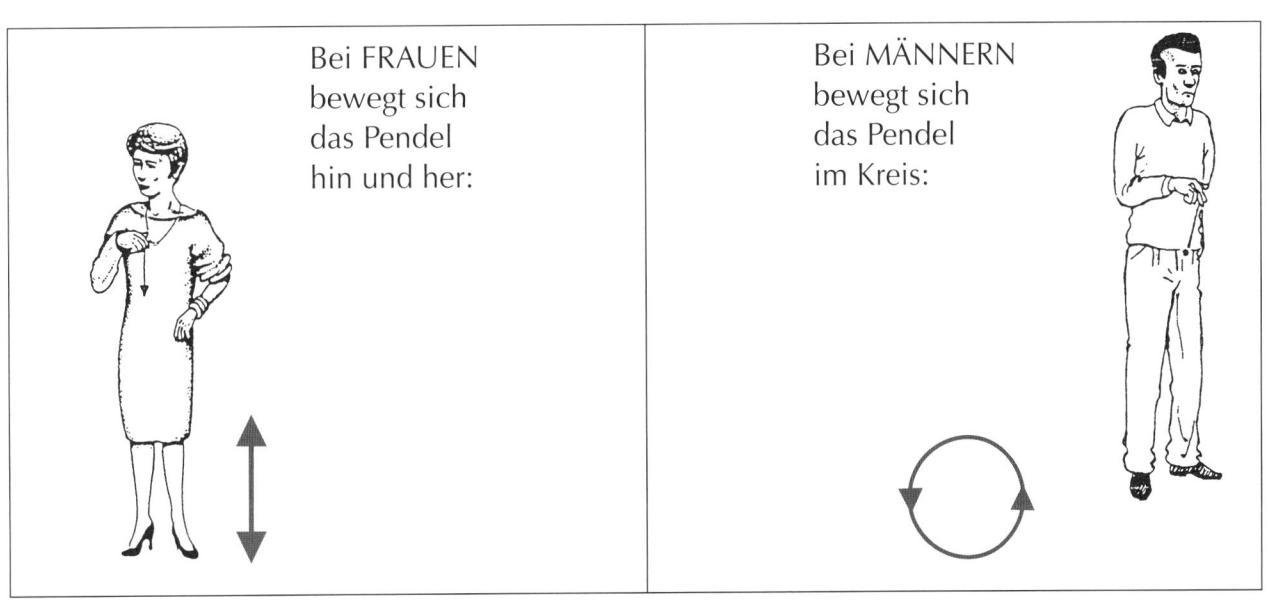

Bei FRAUEN bewegt sich das Pendel hin und her:

Bei MÄNNERN bewegt sich das Pendel im Kreis:

stisch zu erwartenden Häufigkeit ergibt. Notwendig ist es, darauf zu achten, dass Sch bei der verdeckten Verteilung der Bilder nicht schummeln (evtl. selbst verteilen oder Karten in neutrale Briefumschläge stecken lassen).
- Anschließend erarbeiten Sch die Erklärung des Pendelexperiments anhand der Lektüre des Arbeitsblattes über den Carpenter-Effekt beim Pendel oder Tischerücken (**AB 9.1.6, Lehrerkommentar S. 25**).

Gemeinsam einen Roman zum Thema lesen
- Sch vertiefen die Auseinandersetzung mit dem Thema Okkultismus durch die Lektüre eines Romanauszugs aus Ralf Thenior, »Die Fliegen des Beelzebub« (**AB 9.1.7, Lehrerkommentar S. 27**). Eventuell kann in Zusammenarbeit mit dem Deutschunterricht der gesamte Roman als Klassenlektüre gelesen werden.
- Beschreibt die Stimmung der Jugendlichen während des Gläserrückens. Wodurch kommt sie zustande?
- Sprecht über die Fragen, die die Jugendlichen dem Glas stellen und über die Antworten des Glases. Wie beurteilt ihr Beates Aussage und ihren Beweis, Satan sei überall?

Möglichkeiten, das Leben zu deuten: Buddha und Franziskus Deuteseite I (14)(15)

1. Hintergrund

Deuteseite I stellt die buddhistische Philosophie von der Leidhaftigkeit des Lebens einem klassischen christlichen Text gegenüber – dem Sonnengesang des Franziskus.

Während für den Buddhisten die Frage nach dem Leid und seiner Überwindung zur zentralen Frage seiner Existenz wird, ist sie im Sonnengesang des Hl. Franziskus eingebunden in den Lobpreis von Gottes Schöpfung, in dem auch Leid und Tod aufgehoben sind im Vertrauen zu Gott.

Der Text formuliert in vier Strophen die zentralen **Grundaussagen des Buddhismus**:
1. Alles im Leben ist vergänglich und damit leidhaft.
2. Leid hat seinen Ursprung in der Begierde des Menschen nach Leben und Lust.
3. Es wird überwunden durch die Vernichtung der Begierde, die zu Leidenschaftslosigkeit des Herzens und zum Nichts-Haben-Wollen führt.
4. Der Weg, auf dem solches erreicht werden kann, ist der »achtfache Pfad«, der den Weg zum rechten Leben weist.

Die **Abbildung eines Rades** ist dem Text unterlegt. Es ist eine weit verbreitete Darstellung des achtfachen Pfades – des Weges, den der Buddhist gehen soll, um das Leid zu überwinden und ins Nirvana einzugehen.

Buddhismus
Der Buddhismus entstand im 5. Jh. v. Chr. im Nordosten Indiens und fand von dort ausgehend Verbreitung in ganz Asien. Sein Stifter ist Siddharta Gautama genannt Buddha (= der Erleuchtete, ein Ehrentitel). Der Überlieferung zufolge lebte er von 624 bis 544 v. Chr.

Zentrales Thema des Buddhismus ist das Leid und seine Überwindung, wie in den »Vier edlen Wahrheiten« formuliert. Durch die Erfahrung der Erleuchtung wird der Mensch befreit und überwindet dadurch auch den Kreislauf der Wiedergeburten.

Im Laufe der Zeit entstanden unterschiedliche Ausprägungen des Buddhismus:
Der »Theravada-Buddhismus«, auch polemisch *Hinayana* (= kleines Fahrzeug) genannt, bewahrt das monastische Ideal der Anfangszeit. Dagegen stellt die Tradition des *Mahayana* (= großes Fahrzeug) die Laien in den Mittelpunkt und entwickelt eine reiche kultische Praxis. Sie betont altruistische Vorstellungen und entwickelt verschiedene philosophische Richtungen. Auch der im Westen inzwischen sehr verbreitete »Zen-Buddhismus« zählt zum Mahayana. Im Zen ist im Gegensatz zu anderen Richtungen des Buddhismus das Streben nach Meditation und Erleuchtung zentral.

In Tibet und der Mongolei schließlich entstand aus der Verbindung des Volksglaubens mit dem Buddhismus der *Vajrayana* (= Diamantfahrzeug)-Buddhismus. Er ist geprägt durch vielfältige sakramentale Handlungen, rituelle Gesten und die Rezitation von Mantras.

Man schätzt die Anzahl der Anhänger des Buddhismus heute auf ca. 350 Millionen Menschen. 99 Prozent von ihnen leben in Asien, jedoch finden einzelne Gedanken und Praktiken des Buddhismus auch in der westlichen Welt mehr und mehr Anhängerinnen und Anhänger.

Wie lassen sich okkulte Phänomene erklären?

Als »Okkultismus« (lat. *occultus* = verborgen) bezeichnet man die Beschäftigung mit einer Reihe von Phänomenen, die sich außerhalb unseres »normalen« Erfahrungsbereiches befinden und sich scheinbar auch nicht naturwissenschaftlich erklären lassen. Sie sollen durch eine jenseitige »verborgene« Geisterwelt verursacht sein. Diese wirkt über Medien (Menschen mit der Gabe, Kontakt zur jenseitigen Welt aufzunehmen) und bestimmte okkulte Techniken, z. B. beim Pendeln, Gläserrücken, Befragen von Tarotkarten, Horoskopen u. Ä., in unsere Welt ein. Bei näherer Betrachtung lassen sich jedoch wesentlich einfachere und natürlichere Erklärungen für diese Erscheinungen finden. Dies sei am Beispiel des Pendelns und des Gläserrückens kurz dargestellt.

1. Warum bewegen sich das Pendel oder das Glas beim Gläserrücken überhaupt?

Das Pendel bewegt sich nur, wenn es in der Hand gehalten wird. Wird es an einem festen Punkt wie z. B. einem Haken aufgehängt, bewegt es sich nicht.

Auch das Glas bewegt sich nur, wenn die Teilnehmenden an einer spiritistischen Sitzung (= Geisterbeschwörung) ihre Finger leicht auf das Glas legen. Diese Bewegung ist nicht durch das Eingreifen irgendwelcher Geister verursacht, sondern schlicht durch die Muskelbewegungen der Teilnehmenden. Auch wenn sich jede/r Pendelnde sicher ist, das Pendel nicht bewusst gelenkt zu haben, oder alle Teilnehmenden betonen, das Glas nicht »geschoben« zu haben, kommt es doch zu unwillkürlichen Bewegungen der Finger. Sie werden hervorgerufen durch das Ermüdungszittern der Muskeln, die bewegungslos in einer festen Position verharren müssen und die winzigen Bewegungen von Pulsschlag und Atmung. Dadurch ist es möglich, dass sich Pendel und Glas überhaupt bewegen. Dazu kommt, dass sich beim Gläserrücken in der Gruppe die Bewegungen der Teilnehmenden unwillkürlich aufeinander einstellen und verstärken.

2. Warum scheinen Pendel und Glas tatsächlich sinnvolle Antworten zu geben?

Bei jeder gestellten Frage hat der/die Fragende bereits eine oder mehrere erwünschte oder befürchtete Antworten im Hinterkopf. Jede geistige Vorstellung von einer Antwort (z. B. hin zu einem Ja oder Nein) löst eine minimale tatsächliche Bewegung aus, die Pendel und Glas unwillkürlich zur »richtigen« Antwort schieben. Man bezeichnet dies auch als Carpenter-Effekt (so genannt nach W. B. Carpenter, 1813-1885): Wer sich z. B. beim Sport die notwendigen Bewegungsabläufe »im Kopf« vorstellt, löst dadurch die Nervenimpulse zur tatsächlichen Ausführung dieser Bewegung aus, wobei sich sehr kleine Bewegungen nachweisen lassen. Ebenso geschieht dies beim Pendeln und Gläserrücken. Das Glas gibt nur deshalb scheinbar »richtige« oder sinnvolle Antworten, weil die Teilnehmenden es in die richtige Richtung lenken, auch wenn diese sich vollkommen sicher sind, nicht bewusst »geschoben« zu haben. Die einzige Antwort, die das Glas also gibt, kommt aus dem Unterbewussten der Teilnehmenden, ist Ausdruck ihrer Ängste, Befürchtungen und Erwartungen. Dreht man z. B. die Karten mit dem Alphabet für das Gläserrücken um und bringt sie durcheinander, so wird es unmöglich, sinnvolle Antworten zu erhalten. Beim Pendeln kommt die simple Tatsache dazu, dass bei einer einfachen Alternative wie den zwei Bewegungsformen des Pendels die Möglichkeit einer zufällig »richtigen« oder sinnvollen Antwort von vornherein bei 50 Prozent liegt.

All dies gilt sinngemäß ebenso für das Kartenlegen und andere Methoden, die die Zukunft vorhersagen sollen: Der menschliche Geist versucht stets Bedeutungen aus scheinbar zufälligen Ergebnissen herauszulesen und diese zu deuten. Sie werden jedoch immer nur das zum Ausdruck bringen, was der/die Fragende denkt oder befürchtet. Hinzu kommt bei professionellen Medien die Gefahr einer Wahrnehmungs- oder Sinnestäuschung oder schlicht und einfach die des Betrugs.

Okkulte Techniken eröffnen also keineswegs den Blick auf eine verborgene Geisterwelt, sondern spiegeln lediglich Gedanken, Gefühle und Erwartungen des/der Okkultgläubigen.

Der **Sonnengesang** des Franziskus wendet sich – im Gegensatz zum buddhistischen Text – gerade den vergänglichen Geschöpfen, der Schöpfung, zu und findet Glück in der Freude daran. Die Geschöpfe sind wie z. B. die Sonne ein Gleichnis für ihren Schöpfer, der eine letztlich gute und erlöste Welt geschaffen hat. Im Vertrauen auf diesen Schöpfer finden auch Tod und Krankheit und das Ertragen von Leid ihren Platz. Leid ist also letztlich nicht sinnlos, sondern kann aus einer Haltung der Geborgenheit in Gott heraus akzeptiert und angenommen werden. In diesem Vertrauen zu Gott endet auch der Schrecken des Todes. Das Einzige, was der Mensch noch fürchten müsste, ist der »zweite Tod«, d. h. die endgültige Trennung von Gott. Der Lobpreis des Schöpfers und der Schöpfung wird so zur Grundhaltung, die sich diametral von der buddhistischen Grundhaltung unterscheidet. Während der Buddhist versucht, sich von der materiellen Welt abzuwenden und ihr leidenschaftslos gegenüberzutreten, sieht der Beter des Sonnengesanges den Sinn gerade in der Zuwendung zur Welt, in der er ihren Schöpfer findet.

2. Einsatzmöglichkeiten im RU

Die Texte erschließen

Sch bringen als Hausaufgabe Bilder von Leid, aber auch von Schönem und Gutem in den Unterricht mit. Sie erkennen so die Polarität des Lebens zwischen Leid und Freude und ordnen die Bilder den beiden Texten der Doppelseite zu. Folgendes Tafelbild kann bei der Texterschließung erarbeitet werden:

Die Texte kreativ erarbeiten

Sch übertragen den buddhistischen Text in ihr Heft oder auf ein Plakat. Sie schreiben Beispiele, die die Aussagen des Textes erläutern, zur jeweiligen Strophe dazu.

Vorschlag für TA:

Zwei Sichtweisen auf das Leben		
Leben ist Leiden		**Das Leben ist Teil der guten Schöpfung Gottes**
Gründe: Begierde, das Hängen an der Welt und ihren Erscheinungen sind die Ursache für Leid.	**Überwindungsmöglichkeiten:** Überwindung der Leidenschaften bringt die Überwindung des Leidens; Leben nach dem »achtfachen Pfad«.	Lobpreis der Schöpfung Gottes; auch das Leid hat seinen Sinn und ist aufgehoben im Vertrauen zu Gott.

Sie gestalten den Text des Sonnengesanges kalligrafisch.

Dias zu den Texten gestalten

Die Methode des Dia-Malens oder -Ritzens erlaubt auch Klassen, die im Umgang mit gestalterischen Methoden unerfahren sind, mit verhältnismäßig wenig Aufwand die Gestaltung erfolgreicher und wirkungsvoller Ergebnisse. Beim Dia-Malen bekommt jede/r Sch ein gerahmtes Glasdia, das sie/er mit Folienstiften nach eigenen Vorstellungen gestaltet.
Beim Dia-Ritzen bereitet L die Glasdias vor, indem er/sie vorher die Glasfläche mit schwarzer oder dunkelblauer Plakafarbe bestreicht. Sch ritzen mit einem Zahnstocher Motive auf die dunkle Fläche; zusätzlich können die freigeritzten Flächen noch mit Folienstiften bemalt werden. Die Ergebnisse werden als Dia-Serie gemeinsam betrachtet und die Texte dazu gelesen.
Sch gestalten so einzelne Strophen des Sonnengesangs in der Methode des Dia-Malens oder -Ritzens.

Den Text weiterschreiben

Sch schreiben neue Strophen des Sonnengesangs zu einem Teil der Schöpfung, der ihnen besonders dankenswert erscheint (z. B. Lieblingsort, Haustier ...).

Zu Gott rufen – Halt suchen   Deuteseite II (16)(17)

1. Hintergrund

Das alttestamentliche Buch **Ijob** gehört zweifellos zu den großen Werken der Weltliteratur. In einfachen und ergreifenden Worten spricht es ein Grundthema der Menschen an. Es stellt mit der Frage nach dem Warum von Leid und Tod, nach der Ungerechtigkeit im menschlichen Leben, letztlich die Frage nach dem Wesen Gottes selbst, die Theodizeefrage: Warum lässt der gute Gott das Leiden zu? Innerhalb des Kapitels wird sie auf der *Themenseite* **9** im Text Camus' vom Arzt Dr. Rieux angesichts des Sterbens eines Kindes an der Pest gestellt, sowie auch im Text Elie Wiesels auf *Deuteseite III* **18**, der angesichts des Leidens Unschuldiger in der Shoa explizit fragt: Wo ist Gott? Weitere Verknüpfungsmöglichkeiten ergeben sich mit der *Deuteseite I* **14**, die die Frage nach dem Leiden aus buddhistischer Sicht aufgreift, und zur *Infoseite III* **22-23** über Ruth Pfau und Dominikus Ringeisen, die beide nach Wegen suchten und suchen, wie mensch-

Und das Glas beantwortet wichtige Fragen

In dem Jugendroman »Die Fliegen des Beelzebub« von Ralf Thenior verliebt sich der Ich-Erzähler Zacharias, genannt Zak, in Beate. Beate trägt schwarze Kleider, hat ihr Zimmer schwarz gestrichen und umgibt sich gern mit okkulten Gegenständen, wie Pentagrammen, Totenköpfen u. v. m. Bei einem Besuch bei Beate gerät Zak in eine Seance (Sitzung); Beate und ihre Freundinnen Lilo und Kiki wollen Gläser rücken.

... Und dann saß ich mit den drei Mädchen bei Kerzenschein im dämmerigen schwarzen Würfel (Beates Zimmer) um den Tisch und wurde auf das Gläserrücken und den damit verbundenen Geisterkontakt vorbereitet. Beate hatte für jeden eine Kerze auf den Tisch gestellt und ich musste die Kerze selbst anzünden. Lilo erklärte, dass das für die Schwingungen besser sei. Kiki nickte dazu mit ernstem Gesicht. Es ist nicht leicht zu sagen, wie mir zumute war: ... Ein Teil meines Wesens grinste unentwegt und sagte: Na, nun spiel mal schön Geisterstunde mit den Mädchen! Andererseits aber, das muss ich ehrlich sagen, war die Stimmung, in der wir uns befanden, ziemlich unheimlich. Die Ernsthaftigkeit, mit der die Mädchen die Vorbereitungen trafen, verstärkte diesen Eindruck noch. Ich hatte ein flaues Gefühl in der Magengrube, und mein Herz schlug laut und schnell.

»Welchen Geist wollen wir anrufen?«, fragte Lilo ... Wir einigten uns nach einigem Hin und Her auf den Geist von Beates Patentante. Beate hatte sehr an ihr gehangen und war traurig über den Verlust. Die Tante war vor kurzem bei einem Autounfall auf furchtbare Weise ums Leben gekommen ... Die Zeit schien still zu stehen. Wir saßen da und hörten uns atmen. Dann gab Lilo das Zeichen. Vier Zeigefingerspitzen legten sich auf den Fuß des Weinglases. »Geist von Tante Angie, wir rufen dich«, sagte Beate monoton. Ihre Stimme klang merkwürdig hohl in dem stillen Raum. Eine Kerze zischte, ein Rauchwölkchen stieg auf und kringelte sich in der Luft ... Es war so still im Raum, dass ich Kikis Lider flattern hörte. Die Zeit dehnte sich. Nichts geschah. Ich wusste nicht mehr, wie lange ich schon dort saß und auf die Erscheinung des Geistes wartete ... Es war wie ein Zauber, der uns alle in unsere Positionen bannte, sodass wir wie versteinert um den Tisch saßen und das Glas anstarrten ... Und dann dachte ich, mein Herz bleibt stehen. Das Glas begann sich zu bewegen. Ganz langsam glitt es auf den Rand des Kreises zu, weiter und weiter, bis es vor dem Wort JA stehen blieb ... Jeder sollte dem Glas nur eine Frage stellen. Kiki hatte gebettelt, anfangen zu dürfen. »Geist von Tante Angie«, stieß Kiki atemlos hervor, »was habe ich in der Englischarbeit?« Das Glas glitt über den Tisch, ich konnte von keiner Seite, von keinem der Mädchen einen Druck auf das Glas spüren, es bewegte sich unter unseren ruhenden Fingerspitzen über den Tisch und blieb vor der Ziffer 4 stehen. Kiki strahlte ...

»Geist von Tante Angie, sage mir«, sagte Lilo mit fast tonloser Stimme, »werde ich meinem Stiefvater seine Gemeinheiten heimzahlen können?«. Wieder begann das Glas von der Mitte aus langsam über das Papier zu gleiten und blieb am Rand vor dem Wort JA stehen ... »Geist von Tante Angie, liebe Tante Angie, bitte sage mir«, flüsterte Beate fast unhörbar, »wann werde ich sterben?!« ... Langsam glitt das Glas in die Mitte des Kreises zurück, als ob es sich orientieren wolle, und verharrte dort eine Weile. Dann bewegte es sich zögernd auf den Rand zu und blieb vor dem B stehen. Vier schreckgeweitete Augenpaare starrten gebannt auf das Glas. Es fing wieder an sich zu bewegen und glitt mit einem kleinen Ruck rüber zum A. Pause. Langsam schob sich das Glas fast quer: rüber auf die Seite hin zum L. Das Blut stieg mir in den Kopf. Ich ahnte, was jetzt kam. Das Glas schob sich wieder über den Tisch und blieb vor dem D stehen ... Beate saß schreckensbleich am Tisch und rührte sich nicht. Kiki rutschte zu Beate rüber und nahm sie in den Arme. »Ist doch alles Quatsch!«, sagte sie.

Im weiteren Verlauf der Geschichte gerät Beate immer stärker in satanistische Kreise, weil sie hofft, dass Satan sie vor ihrem baldigen Tod retten kann. Zak begegnet Beate nach geraumer Zeit wieder.

»Beate, ich ..., wir müssen reden ...«. Sie sah mir nicht in die Augen. »Ich will nicht, dass man uns zusammen sieht!« »Warum?« »ER will es nicht.« »ER will es nicht.« ...

»ER. Der Meister. (Satan) Er weiß alles. Er ist überall.« Beate sprach leise und mit monotoner Stimme ... Wir gingen nebeneinander her. Am Straßenrand stand ein großer blauer Lieferwagen mit der Aufschrift Franz Lautenschütz SANITÄR-Anlagen ... Beates Blick war auf die Beschriftung des Lieferwagens gefallen. Sie schrie auf und schlug sich mit der Hand vor den Mund. »Er ist überall!«, flüsterte sie dann entsetzt. »Was ist los?« »Die Schrift! In der Schrift! Er hat seinen Namen in die Schrift geschmuggelt.« Ich sah sofort, was sie meinte. Der Satan steckte in den Sanitär-Anlagen.

liches Leid zu lindern ist. Im Buch Ijob geht es in diesen Zusammenhang sowohl um Gottes Ehre, als auch um den Glauben und die Treue Ijobs. Und es geht um die Frage, wie das Leiden in die menschliche Existenz zu integrieren ist. Im konkret-menschlichen Schicksal Ijobs werden die abstrakt-allgemeingültigen theologischen Aussagen vermittelt.

Das Buch Ijob
Das Buch Ijob bildet den Höhepunkt der alttestamentlichen Weisheitsliteratur. Sie will den Menschen helfen, ihre konkreten Erfahrungen im Angesicht Gottes zu begreifen und ihre Lebensprobleme zu meistern. Das Buch Ijob entstand in nachexilischer Zeit zwischen dem 5. und 3. Jh. v. Chr., greift aber wohl auf vor- bzw. außerisraelische Traditionen zurück. Es vereint verschiedene literarische Gattungen: das Streitgespräch der Weisen, den Prozess vor Gericht, Klagelied und Hymnus. Es ist kein Lehrgedicht, aber die Tendenz ist lehrhaft; es ist kein Drama, aber es zeigt dramatische Züge.
In einer etwas gekürzten, Sch-gerechten Fassung bietet die *Deuteseite II* **16-17** den Prolog der Rahmenerzählung der legendären Novelle von Ijob 1,2-2,10. In der Bibel folgen die Streitreden mit den Freunden (Ijob 2,11-27,23), ein Weisheitslied (Ijob 28) und Ijobs Schlussrede (Ijob 29-31). Die Reden des Elihu (Ijob 32-37) wurden wohl später eingefügt; sie unterscheiden sich sprachlich, stilistisch, strukturell und vor allem inhaltlich, indem sie den erzieherischen Wert des Leidens betonen. Die Antwort Gottes, seine Verurteilung der Erklärungsversuche der Freunde und Ijobs Umkehr (Ijob 38,1-42,6), seine Rechtfertigung und sein neues, doppeltes Glück (Ijob 42,7-17) schließen das lehrhafte, mythische Buch ab.
Schon der Name Ijob ist Programm. Er wird gedeutet als »Wo ist der Vater?« oder »Der Angefeindete«.

Ijob ist ein wohlhabender und gottesfürchtiger Mann. Seine Herkunft aus Uz stellt ihn in eine Reihe mit Abraham. Die symbolisch zu verstehenden Zahlen seiner Kinder und seines Viehs weisen auf das Übermaß des Reichtums und Glücks hin. Trotzdem bleibt Ijob bescheiden, freundlich und gottesfürchtig. Diese Einstellung wird dadurch besonders deutlich, dass er selbst für die Kinder Opfer darbringt. Gott lässt es zu, dass dieser Fromme unverdient bis aufs Äußerste geprüft wird. Ijob verliert in einer dramatischen Steigerung der Erzählung Hab und Gut und schließlich seine Kinder. Ihn drückt der Schmerz zu Boden, aber er nimmt ihn, ebenso wie vorher sein Glück, aus Gottes Hand an.
Doch damit ist es nicht genug. Der Satan, der Prüfer, darf ihm auch noch an Gesundheit und Leib gehen. Ijob erkrankt an einem Ekel erregenden, unheilbaren Aussatz. Selbst seine Frau verspottet ihn und fordert ihn auf, seinem Glauben und seinem Leben ein Ende zu machen. Ijob klagt Gott in kühnen Worten an, weil sein Leben ungerecht und sinnlos ist. Dagegen verteidigen die Freunde Gott mit traditionellen Erklärungen für das Leiden (als Strafe für begangene Sünden, als Prüfung der Frömmigkeit, als Erziehungsmittel Gottes zur Umkehr und zur Ergebung in Gott, weil der Mensch in seiner Beschränkung Gottes Willen nicht erkennen kann).
Doch Ijob widerspricht dem alten Denkmuster des Zusammenhanges von Tun und Ergehen, demzufolge es für jedes Unglück einen Grund im Handeln der Menschen geben soll. Wieder nimmt er die Prüfungen an und stellt sich nicht gegen Gott. Gott ist für ihn der über und außerhalb allem Stehende. Letztlich kann der Mensch mit seiner begrenzten Sicht die Gedanken und Wege Gottes nicht ergründen. Er kann sich im gläubigen Vertrauen auf die grundsätzliche Güte und Liebe Gottes verlassen. So ist Ijob der alttestamentliche Idealtyp des Menschen, der auch in extremen Grenzsituationen grenzenlos Gott vertraut.
Gott andererseits begegnet uns ebenfalls als der Vertrauende. Souverän kann er Satan freie Hand lassen; Satan erscheint in untergeordneter Stellung als Teil der Engel, des Gefolges Gottes. Ebenso überlässt Gott dem Menschen in absoluter Freiheit die Entscheidung für oder gegen den Glauben. Die Frage, warum Gott das Leid in der Welt zulässt, ist damit nicht beantwortet. Sie wird in den größeren Rahmen des Lebens mit Gott gestellt.

Hanns H. Heidenheim: »Hiob«, o. J.
Hanns H. Heidenheim, geb. 1922 in Düsseldorf und seit 1950 wieder dort lebend, drückt in seinen Bildern sich selbst mit seiner jüdischen Existenz aus. Mit »Hiob« hat der Künstler einen Holzschnitt mit schwarz-weißen, klaren, groben Linien geschaffen. In einem kräftigen Rahmen, dessen Fläche mit feinen Querstrichen gefüllt ist, strecken sich von oben zwei geöffnete Hände dem/der Betrachtenden entgegen. Sie halten einen Rahmen oder Kasten. Darin sitzt ein gebeugter Mensch. Er trägt am ganzen Körper Beulen. Mit seinem Körper bildet der Mensch eine Harfe, die er mit den Händen spielt. Mund und Augen sind weit geöffnet. Die Zehen hält er gespreizt.
Ijob ist dargestellt als Doppelwesen von Mensch und Harfe. Er selbst spielt auf der Harfe seines Körpers das Klagelied über seine Leiden. Aus vollem Mund scheint er es hinauszuschreien. Schmerz und Entsetzen stehen ihm ins Gesicht geschrieben. Er sitzt im Rahmen wie ein Gefangener seiner Existenz. Aber in seinem Leid ist er, anscheinend ohne dies selbst zu merken, gehalten von großen Händen. Es könnten die Hände

Gottes sein. Je nach der persönliche Situation oder Überzeugung kann der Betrachter mehr Ijobs Verzweiflung oder sein Gehalten-Sein erkennen. (Vgl. Birkholz, 272ff.)

2. Einsatzmöglichkeiten im RU

Die Geschichte von Ijob kennen lernen
- Die Geschichte von Ijob wird im Buch gemeinsam erlesen und bearbeitet. Als Leitfragen können dienen:
- Was für ein Mensch war Ijob?
- Warum änderte sich Ijobs Leben?
- Welche Schicksalsschläge trafen Ijob?
- Wie reagierte Ijob auf sein Unglück, wie seine Umgebung?
  Auf Folie oder als TA vorgegeben, können sich Sch anhand dieser Fragen den Text auch in EA erarbeiten.
- Mit den Anregungen auf *Deuteseite II* **16** können Sch gut weiterarbeiten. Die Ergebnisse werden jeweils in und mit der Klasse ausgewertet und besprochen. Auf jeden Fall sollten Sch auch mit dem guten Ausgang des Buches (Ijob 42,7-17) vertraut gemacht werden.

Den Holzschnitt »Hiob« betrachten und auf das eigene Leben beziehen
- In einer ruhigen Bildbetrachtung setzen sich Sch dem Holzschnitt aus. Sie erkennen die einzelnen Elemente in ihrer Eigenart, sehen sich beschreibend ein, fühlen sich dann ein, deuten und geben ihren Empfindungen in Worten Ausdruck.
- Leitimpulse zur Betrachtung (nach den spontanen Äußerungen der Sch):
- Lassen wir uns etwas Zeit und schauen uns das Bild zunächst in Ruhe an.
- Wir beschreiben gemeinsam das Bild. Alles, was uns ins Auge fällt, wird ausgesprochen. Beginne mit: »Ich sehe ...«
- Wie hat der Künstler das Thema dargestellt? (Reduziert auf Wesentliches, plakativ, in der Kraft erfordernden Arbeit am Holz) Was kannst du aus dem Holzschnitt herauslesen?
- Anschließend setzen Sch die Aussagen des Bildes mit ihrem Leben und ihren Erfahrungen in Beziehung. Dabei helfen ihnen Satzanfänge und Vergleichsmuster wie »Der ist eingespannt wie ...«, »Der sieht aus wie ...« oder »An seiner Stelle würde ich ...«.

Einen Klagepsalm dichten
- Sch leihen Ijob ihre Stimme und lassen ihn zu Wort kommen. Sie verfassen z. B. einen Klagepsalm Ijobs oder eines anderen Menschen, der sich in einer ähnlichen Lage befindet.
- Der Psalm besteht aus einer Überschrift und drei Abschnitten. Die Einleitungen der einzelnen Abschnitte werden den Sch jeweils vorgegeben:
  Überschrift: Psalm eines/einer/des/der ...
  1. Abschnitt: Ich bin ...
  2. Abschnitt: Du aber: ...
  3. Abschnitt: Darum Herr ...
- Im ersten Abschnitt beschreiben Sch die ausgewählte Person, dann geht es um die Hinwendung zu Gott, um im dritten Abschnitt mit Lob und Dank zu enden.

Wo ist Gott? Deuteseite III ⑱ ⑲

1. Hintergrund

Die Frage nach Gott, der sinnloses Leiden des Menschen nicht verhindert, ist von jeher der »Fels des Atheismus« (Büchner, Dantons Tod). Weigert sich bei Camus der Arzt Dr. Rieux eine Schöpfung, in der das Leiden des Menschen anscheinend dazugehört, und ihren Schöpfer zu akzeptieren (vgl. *Themenseite* **9**), so wird auf *Deuteseite III* **18-19** eine ganz andere, genuin christliche Antwort gegeben: In Jesus leidet Gott mit dem Menschen mit; er wird zum Sinnbild des leidenden Menschen überhaupt.
Die hier erzählte (gekürzte) **Erzählung** aus Elie Wiesels autobiografischem Buch »Die Nacht«, beschreibt die Verurteilung und Ermordung dreier KZ-Häftlinge stellvertretend für drei Flüchtlinge. Alle Häftlinge müssen zur Abschreckung dabei zusehen. Unter

Elie Wiesel (*1928)
Elie Wiesel wurde 1928 in Sighet, Rumänien, geboren. Zusammen mit seinen Eltern wurde er 1944 nach Auschwitz deportiert, später nach Buchenwald verlegt und dort 1945 befreit. Sein autobiografisches Werk »Die Nacht« gehört zu den beeindruckendsten Zeugnissen über die Shoa. Er erhielt für sein breit gestreutes Engagement den Friedensnobelpreis und gilt als einer der geistigen Führer des heutigen Judentums.

diesen drei zum Tode Verurteilten ist ein unschuldiges Kind – der kleine Pipel. Er schweigt, während die Erwachsenen ihr Leben dem Kampf für die Freiheit widmen und so ihrem Tod Sinn geben wollen – ein weiterer Hinweis auf den völlig sinnlosen und willkürlichen

Mord, der hier geschieht. Der Autor beschreibt den Gegensatz zwischen der gefühllosen Tötungsmaschinerie der SS und den weinenden Häftlingen, die in ihrer Not die Frage nach Gott stellen. Der Todeskampf des Kindes zeigt noch einmal die Grausamkeit der Mörder, sein Gesicht klagt sterbend die Überlebenden an, ist Anklage gegen die Sinnlosigkeit seines Leidens. Überraschenderweise wird dies für den Autor zum Ausgangspunkt eines anderen Gottesbildes: An die Stelle des allmächtigen, großen Gottes, der es zulässt, dass ein Kind qualvoll ermordet wird, wird Gott schwach und ohnmächtig. Er identifiziert sich bis zur Selbstaufgabe mit den Schwächsten und lässt sich von dem Menschen töten.

Marc Chagall (1887-1985)

Marc Chagall wurde am 7. Juli 1887 in Witebsk (Weißrussland) geboren. Nach der Auseinandersetzung mit den Strömungen des Expressionismus und des Kubismus entwickelte Chagall seinen eigenen unverwechselbaren Stil, in dem sich u. a. viele Elemente der russischen Volkskunst finden. Szenen und Motive seiner poetischen Traumszenen wurden stark von den für ihn prägenden Traditionen des chassidischen Judentums seiner Heimat und seiner dörflichen Herkunft bestimmt. Themen seines Werkes sind u. a. russisch-jüdische Dorfszenen, vitale und tragische Aspekte des jüdischen Lebens, eigene Erlebnisse und Erfahrungen sowie biblische Themen.
1923 übersiedelte er nach Frankreich, wo er mit Unterbrechungen bis zu seinem Tode 1985 in Saint-Paul-de-Vence (Südfrankreich) lebte.

Marc Chagall: »Weiße Kreuzigung«, 1938

Die »Weiße Kreuzigung« aus dem Jahre 1938 zeigt wie in einem Bilderbogen Szenen der Verfolgung und Klage des jüdischen Volkes. Die Einzelszenen sind rund um die Darstellung des Gekreuzigten angeordnet.

Links oben ist ein zerstörtes Dorf zu sehen. Die Häuser sind umgestürzt, eine Tür aus den Angeln gerissen und Flammen dringen aus einem Haus. Ein Mensch liegt verwundet oder tot auf der Straße, darüber ein einzelner Stuhl und eine davor kauernde Ziege. Eine Familie sitzt vor den Häusern; sie verfolgen in sich zusammengekauert das Schreckliche. Von links kommend stürmen Soldaten mit roten Fahnen und Waffen in den Händen über Häuser und Menschen hinweg.

Unter dieser Szene befindet sich ein überfülltes Boot voller Flüchtlinge, die hilfesuchend die Arme in die Luft reißen oder bereits erschöpft über die Reling des Schiffes sinken. Ein Zufluchtsort, den das Flüchtlingsboot anstreben könnte, ist nicht zu sehen.

Links unten wird die Bildfolge fortgesetzt von fünf Juden, die ebenfalls aus der Szene fortstreben.

Ein alter Mann am linken unteren Bildrand wischt sich die Tränen angesichts der Zerstörung aus den Augen. Rechts über ihm steht ein Mann im blauen Kittel mit einem Schild um den Hals. Als Aufschrift hatte der Künstler ursprünglich »Ich bin Jude« auf das Schild geschrieben. Daneben trägt einer eine Torarolle, die er anscheinend gerettet hat. Sein Blick wendet sich zur brennenden Synagoge rechts oben zurück, von der er fortstrebt. Am unteren Bildrand wird die Folge fortgesetzt im gramerfüllten Gesicht einer Frau, die einen Säugling auf dem Arm trägt.

Daneben in der rechten Bildecke noch ein Fliehender: Im grünem Kaftan mit einem Sack voller Habseligkeiten strebt er aus dem Bild heraus. Er hat die Augen geschlossen und wirkt seltsam unbeteiligt angesichts der ganzen Vernichtung. Wie im Traum wandert er durch den weißen Rauch, der von einer brennenden Schriftrolle aufsteigt. Unter seinen Füßen liegt ein verstreutes Buch.

Rechts oben ist eine brennende Synagoge zu erkennen. Am Türstock sind die Löwen Judas und der Schild Davids, darüber die Gesetzestafeln angebracht. Feuer schlägt aus dem Gebäude, ein SA-Mann mit rotem Kopf und Armbinde steht davor und scheint die Torarollen stehlen zu wollen. Das Haus stürzt in sich zusammen, die Tür ist aufgebrochen und der Vorhang, der die Tora verhüllte, entzweigerissen. Davor sind ein umgestürzter Stuhl, Gebetbücher und anderes Inventar willkürlich verstreut.

Über der gesamten Szenerie schweben vier Klagegestalten in langen Gewändern, die in Gesten der Klage auf das Entsetzliche deuten – die Stammväter und die Stammmutter des jüdischen Volkes.

Die Düsternis der Zerstörung spiegelt sich wider in den dunklen Wolken, die die Synagoge und die Klagegestalten einhüllen, ein grauer Nebel, der sich über alle dargestellten Szenen ausbreitet.

Im Zentrum des Bildes steht die Darstellung des Gekreuzigten. Jesus trägt um die Lenden den Gebetsschal eines gläubigen Juden mit den eingewebten schwarzen Streifen und Fransen und auf dem Kopf ein Tuch, das sein Haupt verhüllt, wie es für gläubige Juden im Gottesdienst vorgeschrieben ist. Das Gesicht ist ruhig und friedvoll, der Gekreuzigte scheint zu schlafen und hat den Kopf etwas gesenkt. An das Kreuz, das die Form des griechischen Buchstaben *Tau* hat, ist eine Leiter gelehnt – Hinweis auf die Leidenswerkzeuge Christi oder eine Art »Himmelsleiter« nach Gen 28,10-19? Die Inschrift über seinem Kopf lautet in hebräischen Schriftzeichen: INRI und darunter noch einmal »Jesus der Nazarener, der König der Juden«. Helles weißes Licht fällt von oben auf das Kreuz, trübt sich ein, je weiter es nach unten kommt und auf die Szenerie der Verfolgung und Vertreibung scheint. Dasselbe helle Licht findet sich im Lichtschein des ungetrübt brennenden sechsarmigen Leuchters zu Füßen des Kreuzes.

Die Darstellung des gekreuzigten Jesus findet sich immer wieder im Werk des Künstlers. Er verknüpft sie häufig mit zeitgeschichtlichen und autobiografischen Ereignissen. Jesus der Jude wird dabei gedeutet als der leidende Gottesknecht (vgl. Jes 53), der das Volk Israel vertritt.

Das fast prophetisch zu nennende Werk der »weißen Kreuzigung« entstand 1938 und weist ebenfalls vielfältige zeitgeschichtliche Bezüge auf: Pogrome und die Vertreibung der Juden aus ihren Dörfern im russischen Reich während der Revolution, die brennenden Synagogen der »Reichskristallnacht« vom 9. November 1938 und die vielen Flüchtlinge, die aus dem Einflussbereich des deutschen Reiches fliehen. Das Bild schildert auch das Schicksal vieler osteuropäischer Juden, die in anderen Ländern Asyl suchten, oftmals abgewiesen und einer ungewissen Zukunft ausgeliefert wurden. Die Darstellung Christi als Juden mit Gebetsschal, Bart und Kopfbedeckung zeigt die Identifikation Jesu mit dem jüdischen Volk. Die Leiden der Juden sind die Leiden des Gottesknechtes mit seinem Volk.

Durch das Übermalen der Inschrift: »Ich bin Jude« auf dem Schild, das der alte Mann mit dem blauen Gewand am linken unteren Bildrand um den Hals tragen muss, öffnet sich die Deutung noch weiter: Die Leiden des jüdischen Volkes werden zum Symbol für die Leiden vieler Völker unter Krieg, Terror und Verfolgung.

Das reine Weiß des göttlichen Lichtes, das auf den Gekreuzigten fällt, lässt sich in verschiedener Weise deuten: Ist es Gottes Versprechen, sein Volk auch in der größten Not nicht allein zu lassen? Das Licht des Glaubens und der Hoffnung auch angesichts größter Schrecknisse? (vgl. hierzu auch die Wandinschrift aus dem Warschauer Getto auf *Themenseite* 27). Der Betrachtende ist aufgefordert, eine eigene Antwort auf die Frage nach dem Sinn des im Bild dargestellten Leidens und der Frage nach einem Gott, der dies zulässt, zu geben.

2. Einsatzmöglichkeiten im RU

Stellung nehmen zum Text
- L erklärt die Hintergründe des Textes: Informationen über das Lager Auschwitz, Lagerleben, Vergeltung für Fluchtversuche (Warum die drei Häftlinge ermordet werden), den Autor Elie Wiesel und seinen Roman »Die Nacht« (Bild- und Textmaterial in: Gerhard Schoenberner, Der gelbe Stern, München 1998).
- L liest die Geschichte vor bis zur zweiten Frage »Wo ist Gott?« und lässt den Schluss offen.
- Sch diskutieren mögliche Antworten (an der Tafel sammeln).
- Sch lesen den Text vollständig im Buch und vergleichen die Antwort des Autors mit den eigenen Antworten.
- Schließlich hinterfragen sie die gegebenen Antworten auf das dahinterstehende Gottesbild und arbeiten das Gottesbild des Autors heraus.

Bezüge herstellen
Sch lesen noch einmal den Textauszug aus Camus' Roman »Die Pest« auf *Themenseite* 9 und setzen ihn mit dem vorliegenden Text Wiesels in Beziehung:
- Vergleicht die Situation in beiden Texten miteinander. (Camus: sinnloses Leid eines kleinen Jungen durch Krankheit – Wiesel: sinnlose Ermordung eines Jungen im KZ.)
- Welche verschiedenen Antwortversuche auf die Frage, warum Gott das Leid zulässt, geben beide Texte? (Camus: Dr. Rieux lehnt einen Schöpfer ab, der eine Welt voll sinnlosem Leid schafft; Einsatz für die Leidenden; Pater Paneloux akzeptiert das Leiden und die Unbegreiflichkeit Gottes; Wiesel: Gott steht auf Seiten der Leidenden, er identifiziert sich mit ihnen.)

Das Bild deuten und aktualisieren
- Sch betrachten das Bild von Chagall zunächst in Ruhe und beschreiben ihre Eindrücke.
- Sie achten auf Details (vgl. Bildbeschreibung) und versuchen die Szenen, die um das Kreuz herum angeordnet sind, zeitgeschichtlich zu deuten.
- Sie interpretieren das Motiv der Kreuzigung:
- Wie ist die Person Jesu dargestellt? Bringt die Darstellung in Bezug zu den anderen Szenen und überlegt, welche Absicht der Maler damit verfolgt.
- Deutet die Farbsymbolik und den Hell-dunkel-Kontrast des Bildes. Welche Bedeutung hat der von oben auf das Kreuz fallende Lichtstrahl?
- Sch bringen Text und Bild miteinander in Verbindung. Bei der Deutung des Bildes kann folgendes Tafelbild erarbeitet werden:

TA:

Marc Chagall: die weiße Kreuzigung (1938)
- Soldatenhorde mit roten Fahnen
- Klagegestalten
- Lichtstrahl
- Christus als leidender Jude
- brennendes Dorf
- brennende Synagoge
- Boot mit Flüchtlingen
- Jude rettet die Tora
- 6-armiger Leuchter
- Frau mit Säugling
- der „ewige Jude"

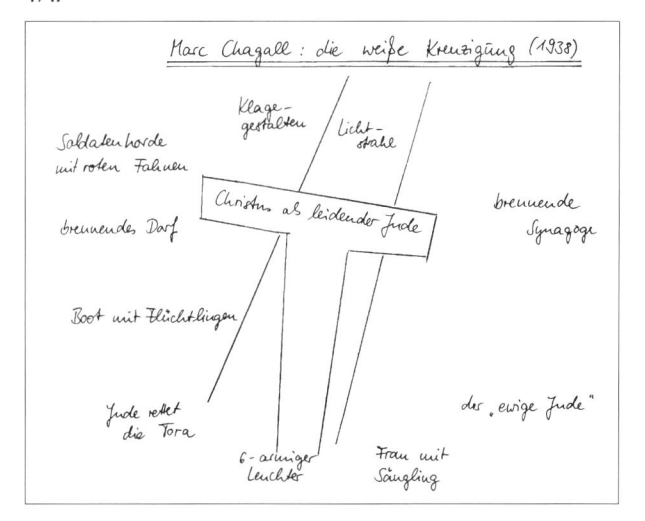

- Sch gestalten eine Collage nach dem Formschema des Bildes: In der Mitte bleiben Kreuz und der helle Lichtstrahl auf das Kreuz vorgegeben. Darum herum ordnen Sch Kreuz-Situationen unserer Zeit an. (Schwarzer Plakatkarton, Kreuz und Lichtstrahl mit Wachsmalkreiden zeichnen lassen.)

Da sein bis zum Ende ...

Infoseite II [20] [21]

1. Hintergrund

Angesichts des Todes stellt sich im Kontext der Sinnfrage das Problem eines menschenwürdigen und sinnerfüllten Leidens und Sterbens. Die *Infoseite II* **20-21** konkretisiert dies am Beispiel der Hospizbewegung. Gerade in letzter Zeit wird – im Zusammenhang mit der Neuregelung der gesetzlichen Vorschriften über aktive Sterbehilfe in den Niederlanden – vermehrt über aktive Sterbehilfe diskutiert. Die auch eng mit Kapitel 4 (Tod – Ende und Anfang) verknüpfte *Infoseite II* bietet Material zur Auseinandersetzung mit diesem Fragenkomplex. Sie zeigt, wie das Sterben als erfüllter, sinnvoller Abschnitt des eigenen Lebens angenommen und gestaltet werden kann.

Der Infotext zur **Hospizbewegung** beschreibt knapp Ziele und Grundsätze der Hospizbewegung. Die in den 60er Jahren in England entstandene Hospizbewegung wendet sich gegen die weit verbreitete Verdrängung des Todes. Anstatt den Tod als »medizinischen Unfall« zu betrachten, will sie Sterbenden und ihren Angehörigen helfen, ihn als unvermeidliche letzte Lebensstufe zu akzeptieren und bewusst und wach zu erleben.
Hospizteams aus Ärztinnen und Ärzten, Schwestern und Pflegern, sowie Seelsorgerinnen, Seelsorgern und Ehrenamtlichen bieten Sterbenden und ihren Angehörigen Begleitung in verschiedensten Formen an. Die Unterbringung des/der Sterbenden im Hospiz oder die Ermöglichung des Sterbens zu Hause sind einige davon.
Folgende Grundsätze leiten die Arbeit der Hospizvereine:
– Sterbenden soll bestmögliche Pflege und Schmerzlinderung zuteil werden. Dahinter steht die Erfahrung, dass der Ruf nach aktiver Sterbehilfe in vielen Fälle nichts anderes ist, als der verzweifelte Wunsch, die mit der Krankheit einhergehenden ständigen Schmerzen nicht mehr aushalten zu müssen. Durch wirksame Schmerzlinderung soll dem Patienten Lebensqualität auch in der letzten Lebensphase ermöglicht werden.
– Menschlicher Beistand gehört zu einem Sterben in Würde. Keine/r soll im Sterben allein gelassen werden, sondern jede/r die Möglichkeit haben, mit anderen die letzte Lebensphase zu erleben. Gemeinsam kann sie im Gespräch bewältigt werden und der/die Kranke kann sich der Anteilnahme seiner/ihrer Mitmenschen sicher sein.
– Sterbenden soll weiterhin geholfen werden ihr »Haus zu bestellen«, d. h. wichtige Angelegenheiten zu regeln und zu ordnen: Sorge zu tragen für die Zurückbleibenden, Beziehungen zu klären etc.
– Schließlich gehört zu einem bewussten Umgang mit dem Tod auch die Auseinandersetzung mit religiösen Fragen, die sich angesichts des Todes stellen. Die Frage nach dem Sinn des eigenen Lebens, nach dem Nachher sollten bei der Sterbebegleitung nicht ausgeklammert werden.

Die Fallbeispiele aus der **Arbeit eines Hospizteams** zeigen konkret, wie Sterbebegleitung aussehen kann. Im ersten Fall kommt es vorwiegend darauf an, Schmerzen zu lindern und bewusst von Freunden und Angehörigen Abschied zu nehmen. Das zweite Beispiel zeigt, wie sich hinter dem Wunsch nach aktiver Sterbehilfe Einsamkeit und der Wunsch nach Zuspruch und menschlicher Begleitung verbergen. Klar wird hier auch, dass der Wunsch nach aktiver Sterbehilfe mit der Wahrnehmung des eigenen Lebens als sinn- und wertlos verbunden ist. Die Ablehnung aktiver Sterbehilfe durch die Hospizvereine soll statt einer schnellen Lösung eine echte Auseinandersetzung mit dem Sterben ermöglichen und fordert von den Angehörigen bzw. der Umgebung des/r Sterbenden den Mut mit dem Sterben umzugehen. Das dritte Beispiel verdeutlicht, wie das Hospizteam das Umfeld des/r Kranken mitgestaltet und Begleitung ermöglicht.

Das **Foto** zeigt ein Krankenzimmer, in dem jemand sterbend im Krankenbett liegt. Sichtbar sind nur die abgezehrten, ausgetrockneten Hände, die ein rosa Stofftier festhalten. Ein kleiner Bär aus rosa Plüsch mit rundem Kopf und niedlichen Ohren blickt mit großen Knopfaugen den sterbenden Menschen an. Aus dem Bild ergeben sich verschiedene Impulse: Das putzige Stofftier und die alten, ausgemergelten Hände stehen einander wie die Pole von Tod und Leben gegenüber. Das Stofftier spendet am Ende des Lebens wieder wie in der Kindheit Geborgenheit und Trost. Ist es Ersatz für menschliche Zuwendung, letzter Trost in der Einsamkeit? Oder ist es das Geschenk eines guten Freundes, Ausdruck und Symbol für Zuwendung? Das Foto lässt all das offen; weder das Gesicht des Kranken noch der Hintergrund sind zu sehen. Es wirft so die Frage nach menschenwürdigem Sterben und Begleitung in der letzten Lebensphase auf.

Die an die »Allgemeine Erklärung der Menschenrechte« angelehnte **Deklaration der Menschenrechte Sterbender** beschreibt die Bedürfnisse, deren Erfüllung es Todkranken ermöglicht, die letzte Lebensphase menschenwürdig zu durchleben. Der Text nennt klar und präzise die Bedingungen eines »guten Todes« und wendet sich so gegen eine vorschnelle »Euthanasie«, die einer echten Auseinandersetzung mit dem Sterben ausweicht. Deutliche Parallelen zu den Grundsätzen der Hospizbewegung werden sichtbar. Auch hier spielen medizinische Versorgung, insbesondere Schmerzbekämpfung und menschlicher Beistand im Sterben eine wesentliche Rolle. »Wie ein lebendiges menschliches Wesen behandelt zu werden« bedeutet vor allem auch Gefühle ausdrücken zu dürfen, den Tod anzunehmen und dabei Nähe und Begleitung zu erfahren.

2. Einsatzmöglichkeiten im RU

Das Foto beschreiben
- Sch lassen das Foto zunächst stumm auf sich wirken und beschreiben ihre Eindrücke und Gefühle angesichts des Bildes. Sie formulieren den Gegensatz zwischen Ende und Anfang des Lebens und gehen der Frage nach: »Warum braucht der Kranke dieses Tier?«

Die eigenen Vorstellungen formulieren
- Sch formulieren eigene Vorstellungen von einem menschenwürdigen Tod und vergleichen diese mit der »Deklaration der Menschenrechte Sterbender«.

Im Unterrichtsgespräch erarbeiten sie, weshalb die einzelnen Punkte für Sterbende so wichtig sind.
- Sch überlegen mit welchen Gefühlen wir Sterbenden begegnen (z. B. Scheu, Unsicherheit, Verharmlosung). Dann formulieren sie von da ausgehend Fragen an Hospiz-Mitarbeiter/innen.

Sich informieren
- Anhand des Infotextes erarbeiten Sch Grundsätze und Idee der Hospizbewegung.
- Erklärt den Begriff »Hospiz«. Stellt den Bezug zwischen der ursprünglichen Bedeutung dieses Begriffs und der Sterbebegleitung her.
- Warum wenden sich die Hospizvereine ausdrücklich gegen aktive Sterbehilfe?
- Welche Vorstellung vom Umgang mit dem Tod prägt die Arbeit der Hospizvereine?
- Sch suchen im Internet (z. B. unter www.hospize.de oder den online-Archiven großer Tageszeitungen) nach weiteren Artikeln zum Thema Sterbehilfe und informieren sich über die aktuelle Diskussion.

Sich einfühlen
- Sch beschäftigen sich mit dem Bericht, den ein sterbender junger Mann über sein Leben im Hospiz gibt (**AB 9.1.8, Lehrerkommentar S. 35**). Sch soll daran die Nähe des Themas »Hospiz« auch zu ihrem Alltag bewusst werden. Sie lesen den Text still für sich.
- Beschreibt, wie Tobias sein Sterben erlebt.
- Das Hospiz erleichtert es ihm, von seinen Eltern, Geschwistern und Freunden Abschied zu nehmen und das Sterben in Würde auf sich zu nehmen. Findet Beispiele dafür.
- Versucht euch in die Situation von Tobias zu versetzen. Was wäre euch wichtig?

Einsatz für das Leben   Infoseite III ㉒ ㉓

1. Hintergrund

Die *Infoseite II* stellt zwei Persönlichkeiten vor, die sich beispielhaft für Leidende eingesetzt haben und einsetzen. Sie versuch(t)en aus dem christlichen Glauben heraus menschliches Leid zu lindern.

Über den Kampf der Ärztin Ruth Pfau gegen die Lepra und ihren Einsatz für die Menschenwürde der Leprakranken berichtet der Infotext **Ruth Pfau – Ein Leben gegen die Hoffnungslosigkeit**. Er beschreibt in einem eröffnenden Zitat der Ärztin deren Motivation für ihren Einsatz. Es ist die Betroffenheit vom unsäglichen Leid der Leprakranken, die aus Angst vor der Krankheit aus der Gesellschaft ausgeschlossen und verstoßen werden. Das Zitat vermittelt etwas von der zupackenden Art der Ärztin, die mit scheinbar unlösbaren Problemen und gesellschaftlichen Zwängen umzugehen weiß, und stellt ihr Engagement in einen weiteren Zusammenhang mit dem Kampf für die Würde des Menschen.

Ihre Vita lädt ein zur Identifikation und zeigt, wie Ruth Pfau die Suche nach Sinn und Orientierung schließlich zum christlichen Glauben und zum Eintritt in einen Orden führt, der es der Ärztin erlaubt, in Alltagskleidung ohne spezielles Ordensgewand ihrem Beruf nachzugehen. Während man in der Bundesrepublik der 50er Jahre sein Glück in materiellem Wohlstand und Wirtschaftswunder zu finden scheint, trifft sie auf ihre ganz persönliche Bestimmung, ihr großes Ziel: den Einsatz für Leprakranke in Pakistan. Trotz widrigster Umstände gelingt es ihr, ein beispielhaftes Krankenhaus für die Behandlung Leprakranker aufzubauen und von dort ausgehend die Krankheit mehr und mehr im ganzen Land zu bekämpfen. Dazu kommt das Bemühen, die Leprakranken, die vorher dazu verurteilt waren als Aussätzige außerhalb der Gesellschaft dahinzuvegetieren, wieder einzugliedern, sowie die Gesundheitsvorsorge und Früherkennung von Lepra und Tuberkulose.

Das **Bild** zeigt die Ärztin bei der Untersuchung eines kleinen Jungen mit dem Stethoskop. Fürsorglich hat sie den Arm um ihn gelegt und hört mit der anderen Hand seine Lunge ab. Sie scheint ganz auf ihre Arbeit und ihren Patienten konzentriert. Gesicht und Gestik vermitteln Wohlwollen und Zuneigung. Körperliche Gesundheit ist ein wichtiger Teil des ganzheitlich verstandenen Wohlergehens der Menschen, für die sie sich einsetzt. Das Tuch auf ihrem Kopf ist Teil der landesüblichen Kleidung; sie trägt keine besondere Ordenskleidung oder einen Arztkittel, sondern solidarisiert sich auch in ihrer Kleidung mit ihren Patienten.
Auch der Hintergrund zeigt keine gekachelten Krankenhausflure, sondern eine Hauswand – ein Beispiel für medizinische Vorsorge auf einfachster, aber für die Menschen lebensnotwendiger Stufe.
Der kleine Patient folgt der Untersuchung ernsthaft und still.

Der Text **Dominikus Ringeisen – für Menschen mit Behinderungen** beschreibt, ausgehend von der Situation der Behinderten im 19. Jahrhundert, das Wirken des Priesters. Für Menschen mit Behinderung war es in der damaligen Gesellschaft unmöglich, den alltäglichen Daseinskampf zu bestehen. Sie waren ganz auf die Hilfe ihrer Familien angewiesen, für die ein behindertes Familienmitglied eine große Belastung darstellte. Erst Ringeisens mit großem organisatorischem und finanzpolitischem Geschick geführter Einsatz für die Gründung einer Pflege- und Förderungseinrichtung im Kloster Ursberg trug zu einem Umdenken in der Arbeit mit behinderten Menschen bei. Statt sie einfach sich selbst zu überlassen, wird es zum Ziel der Arbeit in Ursberg, Menschen mit Behinderung entsprechend ihrer Fähigkeiten zu schulen und zu fördern um sie in die Gesellschaft einzugliedern. Auch heute sind die von Ursberger Schwestern geleiteten Einrichtungen Modell für die vielfältige Arbeit in sonderpädagogischen Förderzentren, Behindertenwerkstätten und anderen Behinderteneinrichtungen.
Die Person Ringeisens ermöglicht einen lokalen Bezug zu Schwaben und den in Ursberg ansässigen Einrichtungen sowie die Anknüpfung an Behinderteneinrichtungen wie Lebenshilfe, Sonderschulen etc. im Umfeld der Sch.

2. Einsatzmöglichkeiten im RU

Ruth Pfau und die Leprakranken in Pakistan
- Sch informieren sich über die Krankheit Lepra und das Land Pakistan um sich die Arbeit Ruth Pfaus besser vorstellen zu können. Folgendes Zitat kann von L zur Veranschaulichung der Situation Leprakranker eingesetzt werden:
»Ich ging 1960 mit 31 Jahren und begann mit der Arbeit unter den Leprakranken. Inmitten von Massen ausgehungerter Elendsgestalten ohne Arbeit und Zukunft. Überall Gestank, Lärm, zahllose Fliegen, dreckverkrustete Körper. Und niemand regte sich über diese entwürdigenden Lebensumstände auf.« (Hoffnung auf Partnerschaft. Informationen für Freunde und Förderer des DAHW Nr.3/Sept.1999.)

Steckbriefe schreiben
- Sch fassen den Text über Ruth Pfau in PA stichpunktartig zusammen und erstellen einen Steckbrief.
- Anschließend beschäftigen sie sich eingehender mit den beiden im Text angeführten Zitaten der Ärztin:
- Welche Folgen hat Lepra für die Betroffenen?
- Beschreibt die Beweggründe, die Ruth Pfau veranlasst haben, ihr Leben unter Leprakranken zu verbringen.
- Ruth Pfau vergleicht ihren Besuch in einer Leprakolonie mit der Begegnung mit der »großen Liebe«. Nehmt Stellung zu dieser Formulierung.
- Analog zum obigen Arbeitsauftrag erarbeiten Sch einen Steckbrief Dominikus Ringeisens und informieren sich über seine Arbeit anhand folgender Leitfragen:
- Beschreibt die Situation von Menschen mit Behinderung im 19. Jahrhundert.
- Welche Grundsätze gelten für die von Ringeisen gegründeten Behinderteneinrichtungen?
- Informiert euch im Internet über die Ursberger Behinderteneinrichtungen und Förderzentren.

Zusammenhänge herstellen
- Sch lesen die Perikope Mk 1,40-44 und ziehen Parallelen zur Arbeit Ruth Pfaus.
- Informiert euch (z. B. in einem Bibellexikon), welche Folgen Aussatz zur Zeit Jesu für den Betroffenen hatte.
- Was bedeutet die ausdrücklich im Text erwähnte Berührung des Aussätzigen durch Jesus?
- Zieht Parallelen zur Arbeit Ruth Pfaus.

Vor dem Tod habe ich keine Angst

Ein junger Mann beschreibt sein Leben im Hospiz

Tobias wurde in Korea geboren und kam mit zwei Jahren aus einem Waisenhaus in Seoul zu seinen Adoptiveltern nach Deutschland. Mit 21 Jahren erkrankte er unheilbar an Magenkrebs und lebte nach seinem letzten Krankenhausaufenthalt noch knapp zwei Monate bis zu seinem Tod im Hospiz. Tobias wollte seinen Eltern die Sorge der häuslichen Pflege und der komplexen medizinischen Betreuung ersparen. Er meinte, seine Eltern hätten schon genug für ihn getan. So könnten sie ihn im Hospiz jeden Tag so oft besuchen, wie sie wollten, müssten aber nicht die volle Verantwortung für alles übernehmen.

Tobias hat seine Erfahrungen im Hospiz beschrieben:
»Obwohl ich es nicht erwartet hatte, fühle ich mich im Hospiz eigentlich sehr wohl. ... Vorher hatte ich noch nie etwas von einem Hospiz gehört – woher auch? ... Jetzt bin ich hier und will ehrlich gesagt auch gar nicht mehr weg. In meinem Zimmer unterm Dach habe ich alles, was ich brauche. Und die Freunde besuchen mich hier sogar lieber als im Krankenhaus, habe ich den Eindruck. Über mangelnden Besuch kann ich mich hier nicht beklagen. Im Gegenteil – meine neue Bleibe ist so etwas wie 'ne sturmfreie Bude, könnte man sagen. Ich glaube, wenn ich eine Party geben möchte, hätte kein Mensch etwas dagegen.« Auf Tobias Wunsch hin, wurde ihm ein ISDN-Anschluss in sein Zimmer gelegt, so dass er im Internet surfen konnte, wenn ihm danach war.
Die Ruhe und das Gefühl von Sicherheit ist aber das, was Tobias im Hospiz besonders wichtig war. Er hat gespürt, dass das Personal schon tiefe Erfahrungen mit Sterbenden gemacht hatte, das gab ihm selbst Ruhe. Er sagte, es sei immer jemand da, wenn er Hilfe brauche. Er fühle sich auch sicher, denn er habe erfahren, wenn die Schmerzen wiederkommen, wird sofort etwas unternommen. Er könne ganz offen über seine Ängste sprechen und spüre, dass er hier nicht nur eine Krankenakte ist.

Besonders beschäftigten Tobias Gedanken über seinen frühen Tod. Es bedrückte ihn, dass er nicht miterleben würde, wie seine Nichte Elena aufwächst, und dass die Kleine nie eine Erinnerung an ihn haben werde. Es machte ihn traurig, dass er einige Zeit falsch behandelt wurde. Nun aber war nichts mehr rückgängig zu machen.
Tobias meinte einmal: »... ständig großartig rumzuheulen, bringt mich auch nicht weiter, das zieht mich eher runter. Nun muss ich mich von immer mehr Menschen und Dingen verabschieden.« Die Zeit im Hospiz zeige ihm, dass seine Werte sich verschöben. Er habe beobachtet, dass ihm der Elan für vieles fehle, was ihm zuvor noch wichtig war. So hingen seine letzten neuen »Klamotten« noch mit dem Preisschild im Schrank.

Tobias sah seinem Tod gefasst ins Auge.
»Wenn ich einen Wunsch frei hätte, würde ich sagen: noch ein, zwei Jahre Gesundheit ... Noch ein bisschen von der Welt sehen, zum letzten Mal USA wäre schön ... Ich hab' schöne Dinge erlebt. Die Eltern haben mir vieles ermöglicht und es hat mir nie an etwas gefehlt ... Wenn ich zurückblicke bin ich dankbar, dass sie (die Eltern) mir die Chancen hier (in Deutschland) zu leben ermöglicht haben.«

- Sch vergleichen andere Beispiele aus dem Kapitel (Camus: Textauszug aus »Die Pest«; Franz von Assisi: Sonnengesang) mit dem Bericht über die Arbeit von Ruth Pfau. Sie stellen Gemeinsamkeiten und Unterschiede einander gegenüber.
- Anhand des folgenden Zitates stellen Sch Bezüge zu ihrer eigenen Lebenswelt her und überlegen, was »Aussatz« bei uns bedeuten könnte:
»Es gilt die Botschaft weiterzutragen, dass unser Kampf nicht nur dem Lepra-Bazillus gilt, sondern all dem, was ›Aussatz‹ an Leid für den Betroffenen bedeutet. Aussätzige, bis heute, standen zu allen Zeiten und in allen Kulturen exemplarisch für die Randgruppen unserer Gesellschaft: für Behinderte, überzählige Kinder, Asylsuchende, Obdachlose, Sucht- und Aidskranke. Wir dürfen nicht aufhören, darüber nachzudenken, was es für einen Menschen bedeutet, ungewollt und unerwünscht zu sein.«
(Miteinander. Zeitschrift des Deutschen Aussätzigen-Hilfswerks, 2-99, 12)

3. Weiterführende Anregungen

Gemeinsamkeiten entdecken
- Sch besuchen eine Behinderteneinrichtung, Lebenshilfe, Behindertenwerkstatt, Förderschule für Körperbehinderte in ihrer Umgebung und führen mit den Behinderten zusammen ein gemeinsames Unterrichtsvorhaben durch (z. B. Wandertag, Sporttag ...).

Einen Film zum Thema ansehen
Gemeinsam wird der Film »Mein linker Fuß« angesehen. Er beschreibt das Leben des bis auf den linken Fuß spastisch gelähmten Christie Brown, der schließlich seine malerische Begabung entwickelt und Künstler wird. (Mein linker Fuß (My left foot), Irland/Großbritannien 1989, Regie: Jim Sheridan, Laufzeit: 98 Minuten, FSK: 12, erhältlich in den Medienstellen)

Stellungnahmen (24)

1. Hintergrund

In den *Stellungnahmen* wird Sch ermöglicht, eigene Erfahrungen von Leid und Sinnlosigkeit und damit ihr eigenes Leben im Symbol des Kreuzes wiederzufinden. Gleichzeitig wird das Kreuz als Zeichen für Hoffnung und Solidarität gedeutet und kann so Sinnperspektiven im Leid aufzeigen. All dies geschieht in Form einer meditativen Übung mit einem Weidenzweig.

Der glatte Weidenzweig steht zunächst für das – auch medial vermittelte – Ideal eines ungebrochenen, perfekten Lebens. Probleme sind unerwünscht; treten sie auf, sollten sie schnellstmöglich gelöst und vor anderen möglichst verborgen werden. Genauso wie dieses Ideal durch die Alltagserfahrungen von Stress, Anspannung, Misserfolg und Überforderung infrage gestellt wird, zerbricht der Weidenzweig, wenn er zu sehr gebogen wird. Doch anstatt diese Erfahrungen von Misserfolg und Sinnlosigkeit zu verdrängen und vor anderen zu verbergen, fordert der Text dazu auf, sie mit anderen zu teilen und durch gegenseitige Offenheit und Mitleiden zu bewältigen. So ergibt sich die Chance für einen anderen Umgang mit Leid, der dieses als zum Leben dazugehörend in Gemeinschaft zu bewältigen versucht.

2. Einsatzmöglichkeiten im RU

Einen meditativen Rahmen schaffen
- Die vorgeschlagene Erschließung des Kreuz-Symbols ist inhaltlich eng verknüpft mit *Deuteseite III 18-19*. Findet dort die theologische Deutung des Kreuzes als Zeichen des mit-leidenden, solidarischen Gottes statt, so geht es hier um die Verzahnung des Kreuzsymbols mit den Alltagserfahrungen der Sch. Deshalb bietet sich methodisch zunächst ein Wiederaufgreifen jener Doppelseite an, bevor die meditative Übung der *Stellungnahmen* durchgeführt wird.
- Sodann müssen einige Rahmenbedingungen geschaffen werden:
- Eine ruhige, störungsfreie Atmosphäre im Raum (evtl. Schild an die Tür; Schulleitung und Sekretariat bitten, Durchsagen zu verschieben). Der Einsatz leiser, ruhiger Musik kann kleinere Hintergrundgeräusche überdecken und die Entspannung der Sch verstärken.
- Die Beteiligung an der meditativen Übung sollte freiwillig sein. Sch, die nicht daran teilnehmen, haben jedoch die Pflicht zu absoluter Ruhe.
- Vor dem Vorlesen des Textes durch den L sollte die Aufmerksamkeit der Sch nach Innen gelenkt werden. Dies kann geschehen durch die Konzentration auf Atmung und Körperwahrnehmung (entspannte Haltung, Augen schließen, Schwere- und Wärmegefühl erspüren).
- Der Text wird vom L langsam und mit den nötigen

Pausen zum eigenen Nachsinnen und meditativen Tun vorgelesen. Insgesamt muss genügend Zeit eingeplant werden um den Sch Raum zu geben, die Übung in Ruhe abzuschließen, ihre Gedanken und Eindrücke auszutauschen und sich wieder dem »normalen« Unterricht zuzuwenden. Sollte die Durchführung dieser Übung im Rahmen des normalen RU nicht möglich erscheinen, so lässt sie sich evtl. in einen Fastengottesdienst oder bei Besinnungstagen einbauen.

3. Weiterführende Anregung

Ein Kreuz gestalten
- Anstelle der im Buch beschriebenen naturalen Meditation zum Kreuz können Sch in PA oder GA ein Kreuz aus Alltagserfahrungen gestalten. Dazu notieren sie auf Zettel in zwei verschiedenen Farben Erfahrungen von Leid und Sinnlosigkeit einerseits und positive, Mut machende Erfahrungen andererseits, z. B.

– Ein sinnloser, vertaner Tag ist für mich, wenn ...
– Ein sinnvoller, aufbauender Tag ist für mich, wenn ...

- Aus den Zetteln mit den Leiderfahrungen wird der Querbalken, aus den Zetteln mit Sinnerfahrungen wird der Längsbalken des Kreuzes auf Plakatkarton geklebt; in die Mitte wird ein Blatt mit der Aufschrift »sinnlos – sinnvoll?« gelegt. Die entstandenen Kreuze werden zunächst in Ruhe betrachtet, bevor es evtl. zum gemeinsamen Austausch darüber kommen kann.

Literatur

Birkholz, Siegfried, Die Heidenheim-Grafik »Ijob« im Religionsunterricht von Sonderschulen und Sekundarstufe I (Klassen 9 und 10), in: der evangelische erzieher 38 (1986)

Candolini, Gernot, Die Faszination der Labyrinthe, München 2004

Hintersberger, Benedikta, Mit Jugendlichen meditieren, München ⁵1991

Nach Gott fragen – ein Leben lang ②

Das Thema im Schulbuch

Das zweite Thema des Schulbuches greift das Thema »Menschen fragen nach Gott: Gottesvorstellungen der Religionen« aus dem Lehrplan (LP 9.2) und gleichzeitig ein existenzielles Thema der Religiosität auf. So werden Sch auf der *Themenseite* dieses Kapitels mit der Frage, »ob es Gott gibt und wie man ihn sich vorstellen kann« (ebd.), konfrontiert. Zu Beginn wird eine selbstkritische Begegnung mit dem Thema angebahnt. Eine Auseinandersetzung mit verschiedenen traditionellen »Gottesbildern« soll dazu anregen, sich der eigenen Gottesvorstellung bewusst zu werden. Dabei können die Lernenden auf die Begrenztheit und Kontextabhängigkeit von »Gottesbildern« aufmerksam werden. Darüber hinaus wird auf die Gottesvorstellungen der Sch und die Entwicklung solcher Vorstellungen eingegangen. Sch lernen so »Gottesvorstellungen in verschiedenen Altersstufen, Weltanschauungen und Religionen kennen« (ebd.). Sie werden durch die unterschiedlichen Materialien aufgefordert »ihre eigene Einstellung zu überprüfen und weiterzuentwickeln« (ebd.).

Durch die Vorstellung der Gottesbilder aus anderen Religionen und deren zentralen Glaubensaussagen wird Sch noch einmal die existenzielle Bedeutung der Auseinandersetzung mit der Gottesvorstellung bewusst, da sie in jeder Religion geschieht und jede Religion hier an ihre Grenzen stößt. Die »vertiefende Auseinandersetzung mit dem christlichen Gottesglauben« (ebd.) ist durch das moderne Credo gegeben. Hier sollen Sch erkennen, dass die Zeugnisse des Glaubens sich weiterentwickeln und somit auch eine neue sprachliche Gestalt finden. Sch sollen den unterschiedlichen Spuren Gottes nachgehen, dabei kann die Elija-Geschichte ein alttestamentliches »Zeugnis der Gottesferne und -nähe« (ebd.) zugleich darstellen. In den Gedichten von Andrea Schwarz und Dietrich Bonhoeffer ist die Gottesnähe »in Taten der Mitmenschlichkeit« (ebd.) angesprochen. Die *Stellungnahmen* greifen die Spuren Gottes dann »in sakramentalen Feiern« (ebd.) und durch die Idee des Segnens auf.

Das zweite Kapitel des Schulbuches ist geprägt von einer Vielzahl unterschiedlicher und sich ergänzender Bilder, welche die Gottesvorstellungen verschiedener Religionen, verschiedener Altersstufen und geschichtlicher Epochen repräsentieren. Hier sollen Sch vergleichen, Unterschiede und Gemeinsamkeiten erarbeiten und, durch die abgedruckten Bilder angeregt, über eigene Vorstellungen sprechen und diese auch mithilfe der Darstellungen weiterentwickeln (siehe auch Impuls »Vorstellungen entwickeln« *Ideenseite 29*).

Das *Titelbild* 25 von Paul Klee kann das Aufeinanderverwiesen-Sein von Gott und Mensch aufgreifen. Das Bild fordert durch seine Vielschichtigkeit zu weiteren Deutungsmöglichkeiten heraus.

Die *Themenseite* 26-27 eröffnet das Thema mit unterschiedlichen gedanklichen Impulsen: Das Gespräch aus dem Roman »Die Farbe Lila« greift das traditionelle Gottesbild des alten, weißen Mannes auf. Dem gegenüber beschreibt Shug ihr Gottesbild, das sich weiterentwickelt hat und das eine abstraktere Gottesvorstellung beinhaltet. Auf der *Themenseite* 27 wird dann die Problematik der Gottesvorstellung mithilfe von einzelnen Aussagen angesprochen: das Bilderverbot, die Sprachlosigkeit bei der Gottessuche im Bild von Rupprecht Geiger, die Suche oder Nicht-Suche nach Gott, die Rede vom »Tod Gottes« und die Anfrage an den Gottesglauben angesichts der Theodizee-Frage im Warschauer Getto.

Ideenseite 28-29 regt einerseits dazu an, biblische Gottesbilder zu suchen, Lieder aus dem Gotteslob auf ihr Gottesbild hin zu analysieren, unsere Alltagssprache auf Spuren Gottes hin zu untersuchen, andererseits werden aber auch unterschiedliche gestalterische Vorschläge (grafische Gottesbildgestaltung, Gedicht umschreiben, Gottesplakat) zum Thema gemacht.

Die *Infoseite* 30-31 greift Kinderbilder von Gott auf und weist auf die entwicklungsbedingte Abhängigkeit von subjektiven Gottesvorstellungen hin. Dazu kommen ein Textauszug aus »Hallo, Mister Gott«, der die Entwicklung des Gottesbildes aus Annas Sicht beschreibt, und Äußerungen von Schülerinnen und Schülern unterschiedlichen Alters, welche die Thematik der Entwicklung des Gottesbildes ergänzen.

Die Gottesvorstellungen der großen Weltreligionen (Buddhismus, Hinduismus, Judentum und Islam) greift *Deuteseite I* 32-33 jeweils mit einer bildlichen Darstellung und einem zentralen Glaubenstext auf.

Die *Deuteseite II* 34-35 widmet sich der christlichen Gottesvorstellung und stellt ein modernes Credo vor. Dieses Bekenntnis aus unserer Zeit wird in Beziehung gesetzt zu einer mittelalterlichen Darstellung aus dem Hildegard-Kodex.

Die *Deuteseite III* 36-37 präsentiert Elemente aus dem Elija-Zyklus und einzelne Gedichte. Hier wird die Erfahrbarkeit der Nähe Gottes aus unterschiedlichen Perspektiven in den Mittelpunkt gerückt.

Auf *Deuteseite IV* **38-39** wird eine einseitige Fixierung auf männliche Eigenschaften Gottes aufgebrochen und mit dem Jesaja-Text, der Pfingstsequenz und der Darstellung einer »Heiligen Geistin« (Trinitätsdarstellung auf dem Deckenfresko in Urschalling) auf weibliche Attribute christlicher Gottesvorstellungen hingewiesen.

Das Segnen als eine Möglichkeit, Gottes Begleitung zu erfahren, wird in den *Stellungnahmen* **40** aufgegriffen und in Verbindung gebracht zu alltäglichen Freundschaftsbekundungen von Jugendlichen.

Verknüpfungen mit anderen Themen im Schulbuch:

Kap. 1 Sinn suchen – Das Leben finden: Eine Gegenüberstellung der beiden Weltreligionen Christentum und Buddhismus erfolgt auch auf der *Deuteseite I* **14-15** »Möglichkeiten, das Leben zu deuten: Buddha und Franziskus«. Die Theodizee-Frage wird auf *Deuteseite III* **18-19** »Wo ist Gott?« mit einem Text von Elie Wiesel und einem Bild von Marc Chagall aufgegriffen.

Auch der Text aus Albert Camus' Roman »Die Pest« auf *Themenseite* **9** setzt sich mit dieser Frage auseinander.

Kap. 4 Tod – Ende und Anfang: Angesichts der existenziellen Bedeutung der Frage nach dem Tod und der Hoffnung auf die Auferstehung wird auch hier das Fragen nach Gott aufgegriffen. Hierzu eignet sich die Verknüpfung mit »Ich glaube an die Auferstehung der Toten« (*Deuteseite III* **68-69**) und »Leibhaftige Auferstehung« (*Deuteseite IV* **70-71**). Darüber hinaus werden auch in diesem Kapitel die »Jenseitsvorstellungen verschiedener Religionen« (*Infoseite I* **64-65**) vorgestellt, die auch mit den Gottesvorstellungen dieses Kapitels in Beziehung gesetzt werden können.

Verbindungen mit anderen Fächern:

Evangelische Religionslehre: Glauben hat viele Gesichter (9.2); Judentum: Achtung vor dem Verwandten und doch Anderen (9.3).
Ethik: Religionen und Lebensperspektiven (9.4).

Nach Gott fragen – ein Leben lang

Titelseite (25)

1. Hintergrund

Paul Klee (1879-1940)
Paul Klee wurde am 18.12.1879 in Münchenbuchsee bei Bern geboren. Er wollte an der Münchener Akademie Malerei studieren, wurde aber zunächst abgewiesen. Zahlreiche Reisen folgten, u. a. nach Paris und Italien. Klee setzte sich intensiv mit dem Impressionismus auseinander und malte selbst v. a. Aktzeichnungen und Radierfolgen. Im April 1914 brach er zu seiner Tunesienreise auf, bei der ihn Künstler des »Blauen Reiters« begleiteten. Im Ersten Weltkrieg wurde Klee zur deutschen Armee eingezogen. Ab 1918 lebte er in München. Im Oktober 1920 wurde er an das staatliche Bauhaus in Weimar berufen. 1926 war Klee auf der ersten Gruppenausstellung der Surrealisten in Paris vertreten. Klee beschäftigte sich in seiner Malerei mit dem Ausdruck des »Unsichtbaren« und so zeigt sein Werk eine lyrische und fantastische Innerlichkeit. Allerdings hieß das für Klee nicht, sich einer weltfremden und zeitlosen Transzendenz hinzugeben, da er sich mit den aktuellen politischen Entwicklungen beschäftigte und seine Arbeit am Bauhaus als Teil eines pädagogischen und gemeinschaftsbildenden Zukunftsprojektes sah. Dieses Engagement und die Neuartigkeit seine Bilder machten ihn bei den Nazis verhasst und so emigrierte er 1933 in die Schweiz. In der Ausstellung »Entartete Kunst« 1937 in München wurden 17 Werke von Klee gezeigt, 102 seiner Arbeiten wurden aus öffentlichen Sammlungen beschlagnahmt. Nach einem Besuch von Kandinsky und Picasso nahm Klee seine Arbeit wieder auf, konnte diese aber durch seine schwere Krankheit (progressive Sklerodermie) nur eingeschränkt ausführen. Er starb am 29. Juni 1940 in Locarno-Muralto in der Schweiz. In der letzten Phase seines Schaffens gestaltete Klee vor allem Bilder, die sich mit der elementaren Neugestaltung des Verhältnisses von Linie und Fläche beschäftigten und die durch ihre formale Verdichtung zukunftsweisend wurden.

Paul Klee: »Scheidung abends«, 1922
Klees Aquarell hat die Maße 33,5 x 23,5 cm und zeigt im Hintergrund elf horizontale Streifen, wovon der oberste und der unterste die gleiche Breite aufweisen und etwas breiter als die restlichen Streifen sind. Die Farbnuancen der Streifen gehen von unten aus gesehen von einem intensiven Orange-Gelb über Goldgelb zu Hellgelb und schließlich fast Weiß über. Von diesem mittleren Streifen aus werden die Farben dunkler. Sie wechseln in die Farbskala der Blautöne und schließen mit einem fast schwarzen Streifen ab.

Im Ganzen betrachtet, wechselt durch diese unterschiedlichen Bildstreifen die Farbskala von warmen Orangetönen zu eher kalten Blautönen. Blau und Orange gelten zudem als Komplementärfarben.

Über diesen Farbstreifen hat Klee zwei vertikal angeordnete Pfeile gemalt, die mit ihren Pfeilspitzen zueinander zeigen. Der untere Pfeil liegt auf dem dritten bis fünften Streifen von unten. Zwischen den Pfeilen ist ein freigelassener Streifen und der obere Pfeil liegt auf dem siebten und achten Streifen. Beide Pfeile liegen in der Mitte des Aquarells und greifen Farbnuancen ihrer Umgebung auf.

Der Titel des Aquarells »Scheidung abends« lässt darauf schließen, dass es dem Künstler um die Darstellung der Dämmerung geht. Dabei beschreibt sein Bild die unterschiedlichen Verfärbungen des Himmels, bei denen nicht auszumachen ist, wann der Nachmittag aufhört und der Abend beginnt. Die Scheidung zwischen Nachmittag und Abend wird durch die aufeinander verweisenden Pfeile und den mittleren Streifen angedeutet, da dieser Streifen durch seine Anordnung in der Bildmitte wie der Horizont wirkt. Über der Horizontlinie liegt der sich verfärbende Himmel, darunter die Erde. Trotz des zentralen mittleren Farbstreifens gleiten die Farben jedoch ineinander über, sodass die dargestellte Trennung fließend und harmonisch wirkt.

Im Kontext des Kapitels »Sich Gott vorstellen« können die Pfeile des Aquarells als die Beziehung zwischen Gott und Mensch gedeutet werden. Der Mensch, repräsentiert durch den unteren Pfeil, ist ausgestreckt auf das Göttliche hin. Gott, symbolisiert durch den oberen Pfeil, weist auf den Menschen. Trotz dieses Aufeinander-Ausgerichtet-Seins von Gott und Mensch treffen sich die Pfeilspitzen nicht, d. h. die Grenzen der menschlichen Vorstellungskraft und der menschlichen Erkenntnis- und Wahrnehmungswelt lassen die unmittelbare Berührung mit Gott nicht zu. So symbolisiert der Abstand zwischen den Pfeilen die Herausforderung des Kapitels »Sich Gott vorstellen«, denn trotz aller intensiven Bemühungen werden die Vorstellungen der Sch nur vorläufig, erahnend und immer offen bleiben müssen. Diese Spannung innerhalb der Themenreihe aufrecht zu erhalten, ist ein wesentliches Anliegen der Kapitelkonzeption.

Ähnlich wie bei der durch den Titel des Aquarells nahe liegenden Deutung der Dämmerung zwischen Nachmittag und Abend könnte sich im Kontext der Gottesvorstellung die Deutung der unterschiedlichen Streifen als »göttlicher und menschlicher Bereich« anbieten. Wobei hier die Farbwahl der Bereiche interessant ist: Der »menschliche Bereich«, also die unteren fünf Streifen, wird durch gelb-orange Streifen dargestellt. In der archetypischen Farbsymbolik steht Orange für warme Lebensenergie und Freude, greift als lichtnahe Farbe auch die Feuersymbolik auf und symbolisiert die Liebe und Leidenschaft (vgl. Riedel, 125, 127, 129). Die oberen Streifen, die man dem »göttlichen Bereich« zuordnen kann, bestehen hauptsächlich aus blauen und violetten Farbtönen. Blau ist die Farbe der Transzendenz und gilt als Spiegelungsfarbe zwischen Himmlischem und Irdischem. So wird Blau oft als Farbe des Glaubens und der Sehnsucht über sich hinauszugehen gedeutet (vgl. a. a. O., 58f.). Ein weiterer Deutungsansatz stellt das Bild in den Kontext der Schöpfungsgeschichte. In diesem Kontext könnte Klees Bild jenen Schöpfungsakt beschreiben, in dem Gott am ersten Tag die Urelemente scheidet, da die Farbnuancen wie eine Farbaufsplittung wirken.

2. Einsatzmöglichkeiten im RU

Pfeile deuten

Nach einer möglichst genauen Beschreibung, bei der auch auf die Farben eingegangen werden sollte, wenden sich Sch einer Deutung der beiden Pfeile zu.

- Sch lassen in einem ersten deutenden Schritt die Pfeile Fragen stellen oder ordnen den Pfeilen Aussagen zu, z. B. unterer Pfeil: Ich strecke mich aus, komme aber nicht an den anderen Pfeil heran!
- Angesichts der Kapitelüberschrift werden Sch die Pfeile sicherlich schon bald als Symbole für Gott und die Menschen interpretieren. Welche der zuvor gesammelten Äußerungen und Fragen passen auf die Beziehung Gott – Mensch?

Mit dem Bild experimentieren/ Figuren zeichnen   IDEENSEITE (28)

- Mithilfe der Umrisszeichnung **AB 9.2.1, Lehrerkommentar S. 41** experimentieren Sch mit den Farbnuancen und probieren die Wirkung unterschiedlicher Farben und deren Bezug zueinander aus. Somit können sie die Bedeutung und die Symbolik des Originalbildes noch stärker nachempfinden.

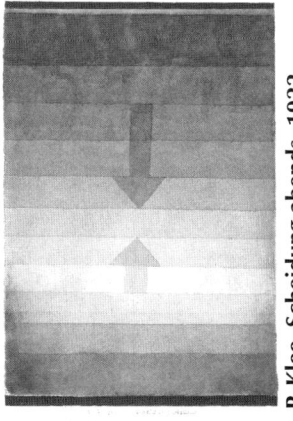

P. Klee, Scheidung abends, 1922

- Sch beschriften die Pfeile mit den Worten »Gott« und »Ich« und füllen den Streifen zwischen den Pfeilen mit einem entscheidenden Stichwort aus, z. B. »Beziehung« oder »Fragen«.

Paul Klee, Scheidung abends

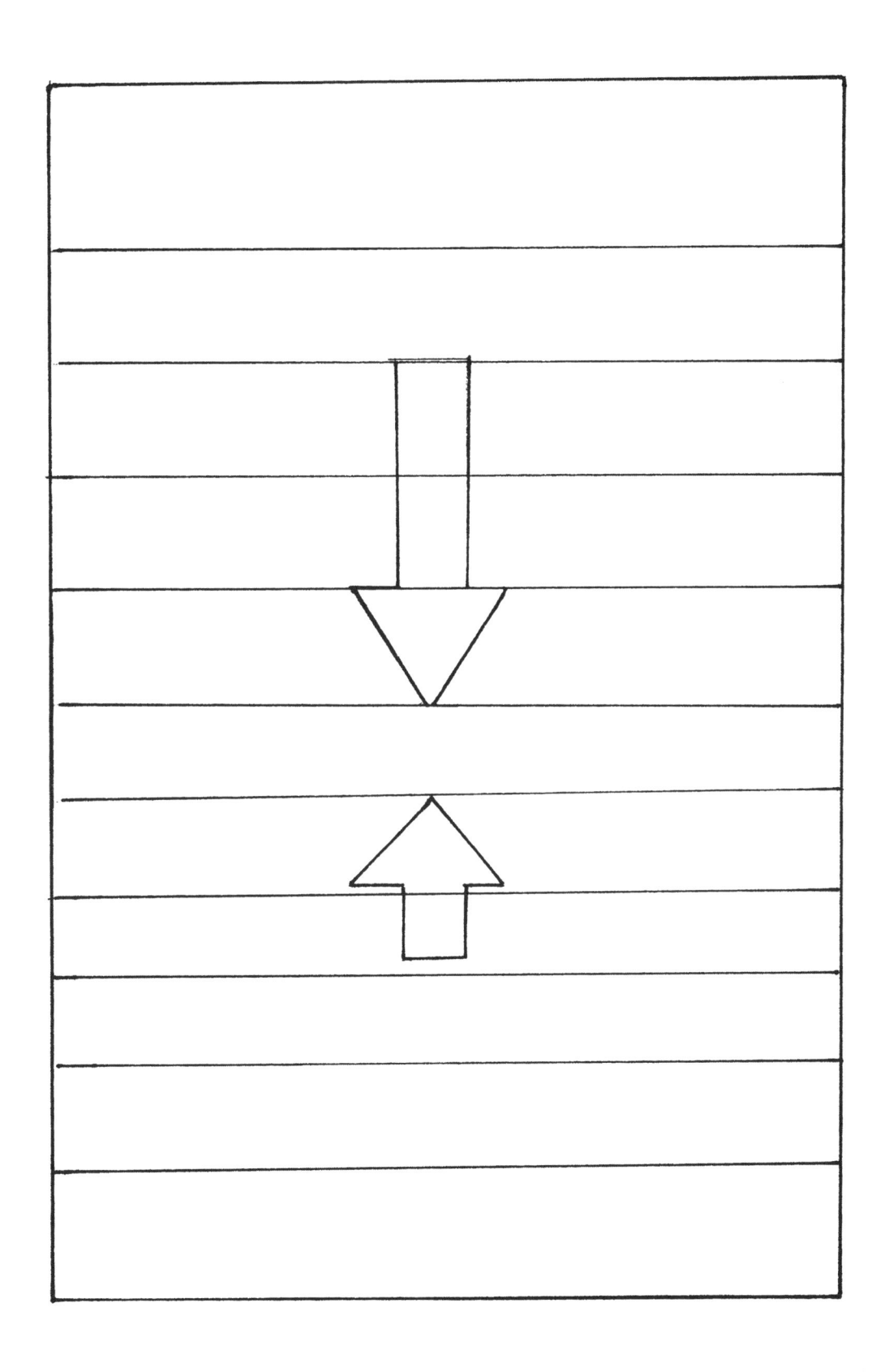

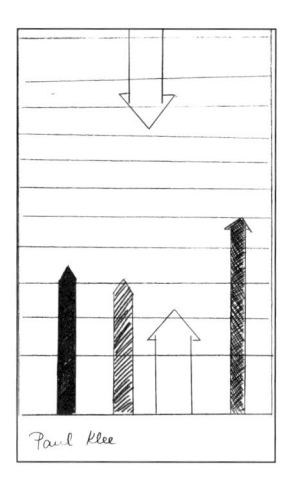

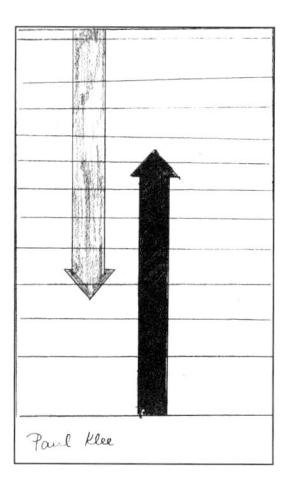

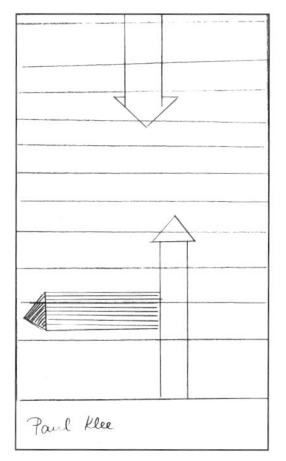

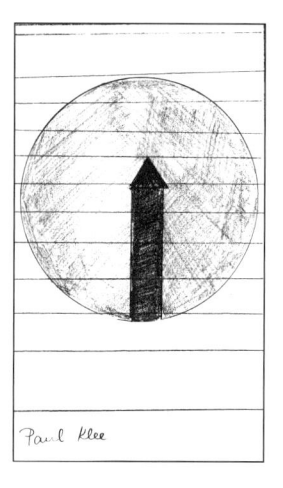

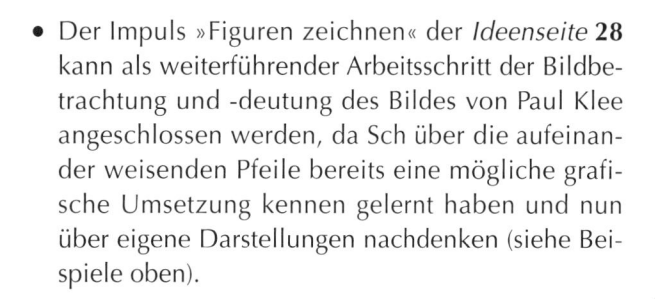

- Der Impuls »Figuren zeichnen« der *Ideenseite* **28** kann als weiterführender Arbeitsschritt der Bildbetrachtung und -deutung des Bildes von Paul Klee angeschlossen werden, da Sch über die aufeinander weisenden Pfeile bereits eine mögliche grafische Umsetzung kennen gelernt haben und nun über eigene Darstellungen nachdenken (siehe Beispiele oben).

Ein Gottesplakat erstellen IDEENSEITE (29)
- Da durch die Auseinandersetzung mit dem Bild von Paul Klee auch der Einstieg in das Thema »Gottesvorstellungen« erfolgt ist und sich Sch kritisch mit der Beziehung der Pfeile auseinander setzen konnten, ist an dieser Stelle die Gestaltung des Gott-Plakates nach der Beschreibung von *Ideenseite* **29** sinnvoll. Somit können auch kritische Sch-Äußerungen, welche die Pfeilsymbolik ablehnen, aufgegriffen werden.

3. Weiterführende Anregung

Darstellungen und Symbole zur Gottesbeziehung vergleichen

Die Symbolik der beiden Pfeile in Paul Klees Aquarell lässt sich in ganz unterschiedlichen Symbolen und Kunstwerken wieder entdecken:

- Das Motiv der zwar in enger Beziehung stehenden, sich aber doch nicht berührenden Pfeile findet sich z. B. auch in den Händen Gottvaters und Adams auf der Darstellung »Erschaffung Adams« von Michelangelo in der Sixtinischen Kapelle. Ähnlich wie die beiden Pfeile bei Klee stehen die Hände in enger Verbindung zueinander, berühren sich jedoch nicht.
- Der Davidstern mit seinen beiden übereinander liegenden Dreiecken symbolisiert nach jüdischer Tradition ebenfalls die Beziehung zwischen Gott und Mensch: Das nach unten weisende Dreieck stellt den auf die Menschen ausgerichteten Jahwe dar. Das nach oben zeigende Dreieck verweist auf die Menschen, die sich auf Gott hin ausrichten.
- Sch betrachten das Bild von Paul Klee, »Die Erschaffung Adams« von Michelangelo und den Davidstern.
– Zunächst werden die Unterschiede (Kunstwerk, Symbol/Logo, abstrakte/konkrete Darstellung) im UG erarbeitet und die Frage erörtert, ob es überhaupt Vergleichspunkte gibt.
– Anhand der oben beschriebenen Motive zu den Themen Beziehung und Spannung, welche die drei Darstellungen verbindet, kann sich ein Gespräch mit Sch zum Thema Gottesbeziehung entwickeln.

Ein Gespräch über Gott Themenseite 26 27

1. Hintergrund

Unser Bild von Gott ist geprägt durch unsere Erziehung, unseren Kulturkreis und unsere religiöse Sozialisation. Um diese Prägungen bewusst zu machen, bietet die *Themenseite* unterschiedliche inhaltliche Zugänge zum Thema »Gott« an:

Der **Romanausschnitt** »Die Farbe Lila« von der afroamerikanischen Autorin Alice Walker beschreibt die Geschichte der schwarzen Celie. Celies Leben ist geprägt von der Unterdrückung der Schwarzen, der sexuellen Ausbeutung durch ihren Mann und der rollenspezifischen Festlegung auf die sich unterordnende Frau durch ihre Familie. Erst im Laufe ihres Lebens nimmt Celie diese Bedingungen kritisch wahr und beginnt sie als veränderbar und nicht gottgegeben wahrzunehmen. So schafft sie es langsam und in vielen inneren Prozessen sich aus den unterschiedlichen Unterdrückungen und der Armut zu befreien. Die Gegenfigur zu Celie stellt die selbstbewusste und selbstständige Shug dar, durch die Celie in ihren Befreiungsprozessen unterstützt wird.
Die Autorin versucht auch sprachlich die Lebenswelt der schwarzafrikanischen Bevölkerung aufzugreifen und benutzt folglich stark umgangssprachlich gefärbte Ausdrücke und eine entsprechende Syntax.
Im abgedruckten Gespräch unterhalten sich die beiden Frauen über ihre Gottesvorstellungen. Dabei wird deutlich, dass Celie ein sehr traditionelles Gottesbild besitzt, das geprägt ist von dem alten, weißen, blauäugigen Mann, der mächtig, graubärtig und barfuß ist. Celies Gottesbild ist umso erschreckender, als es alle sie unterdrückenden Strukturen aufweist. Ihr Gott ist weiß und symbolisiert somit den Rassismus. Er ist männlich, d. h. auch hier schwingt die Unterdrückung durch die Männer mit. Außerdem wird im ersten Absatz des Gesprächs deutlich, dass Celie meint, man müsse Gott durch gute Taten (in die Kirche gehen, im Chor singen, dem Prediger Essen bringen) gnädig stimmen.
Mit der Person von Shug wird ein anderes Gottesbild verdeutlicht. Shug fühlt sich Gott nah, wenn sie die Schöpfung genießt und wenn es ihr gut geht. Außerdem lehnt sie die auf ein bestimmtes Menschenbild fixierte Gottesvorstellung ab und beschreibt darum Gott als zeit- und geschlechtsunabhängig. Diesem Gott kann man in inneren Prozessen begegnen, denn er ist mit den Menschen verbunden.

Das biblische Bilderverbot **Ex 20,1-5a** bezieht sich nicht auf den Bereich der sprachlichen Bilder Gottes, sondern darauf, dass keine Kultgegenstände, die Gott darstellen, angebetet werden sollen. Diese würden Gott festschreiben und »ihn zum Gegenstand degradieren. Das biblische Bilderverbot soll die Bilder von Gott am Leuchten halten« (Zenger 381). Der Sitz im Leben dieses Bilderverbotes ist im Kontext des Fremdgötterverbotes anzusiedeln. Das Bilderverbot will, dass das Volk Israel offen bleibt für Gott und in einer lebendigen und dynamischen Beziehung zu ihm steht. Dies gilt auch für uns, denn wenn wir Gott nicht auf ein Bild festlegen, sind wir fähig immer neue Erfahrungen mit »ihm« zu machen.

Das **Ölbild** 598/70 des Münchener Künstlers Ruppert Geiger (geb. 1908) vermittelt eine Atmosphäre von Erhabenheit und unzugänglichem Geheimnis. Das passt zu der Tatsache, dass es statt eines Titels nur lapidar eine Nummer trägt. Das Frappierende (oder auch Irritierende) an dem Bild ist, dass es auf den ersten Blick wie ein Kreis erscheint, aber doch kein Kreis ist, da der Kreisbogen an den vier Seiten leicht gestaucht ist. Der Künstler selbst sagt dazu, dass er »eine schwebende, gerundete, ruhige Form« gesucht hat, »die in sich gerichtet ist«. In ihrer schwebenden Unbestimmtheit korrespondiert sie mit Aussagen, deren sich Mystiker bedient haben, wenn sie die Unaussprechlichkeit Gottes ins Wort zu bringen suchten. So schreibt Meister Eckehard: »Gott ist weder dies noch das. Wer da glaubt, dass er Gott erkannt habe, und dabei irgendetwas erkennen würde, der erkennte Gott nicht« (Deutsche Predigten und Traktate, Zürich 1979, 196). In einer ähnlichen schwebenden Unbestimmtheit ist auch die Farbgebung zu sehen. So erinnert das leuchtende Gelb an die Sonne, allerdings ist sie auf einen feurigen Ring reduziert. Das Zentrum der Sonne ist durch ein schlichtes Grau ersetzt. Auch in dieser Hinsicht setzt das Bild etwas frei und nimmt es sofort wieder zurück. Inszenierung des Göttlichen und gleichzeitig Bilderverbot? Freigabe und gleichzeitig Zensur eines Gottesbildes? So gesehen stellt das Bild ein ständiges Korrektiv seiner selbst dar und fordert damit zu einer permanenten Korrektur aller von Menschen gemachten Gottesbilder heraus.

In der **Anekdote von Elie Wiesel** wird auf das Nicht-Erkennen Gottes durch die Menschen eingegangen. Wiesel betont dabei einerseits, dass Gott schwer zu entdecken sei, da er sich gut verstecke. Andererseits beschreibt er aber auch, dass die Menschen aufgegeben haben nach Gott zu suchen, da diese Suche beschwerlich sei. Dabei werden Gott in dieser Geschichte fast menschliche Züge zugesprochen. So wird von seinem Schmerz berichtet, den er ertragen muss, weil die Menschen nicht mehr nach ihm suchen.

Der **Text von Wolfdietrich Schnurre** verkündet in Form einer Todesanzeige den Tod Gottes, der nach langem, mit himmlischer Geduld ertragenem Leiden verstarb. Gleichzeitig sind bereits die Reaktionen auf bzw. die Ursachen für diesen Tod implizit dargestellt: »Von keinem geliebt, von keinem gehasst.« Die Todesanzeige wirkt provokativ und greift zugleich die Frage danach auf, ob es Gott überhaupt gibt oder ob er nicht vielmehr durch die Vorstellungen und Bedürfnisse der Menschen entsteht und so auch durch die Gleichgültigkeit der Menschen nicht existiert bzw. sterben kann.

Die **Wandschrift aus dem Warschauer Getto** scheint zunächst widersprüchlich. So wird hier an Dinge oder Inhalte geglaubt, die der unmittelbaren Erfahrungswelt nicht zugänglich sind bzw. im Gegensatz zur Ratio zu stehen scheinen. Mit dem letzten Satz wird die Theodizee-Frage aufgegriffen, da Gott angesichts des Elends und der Not des Warschauer Gettos schweigt. Gleichzeitig betont der Text die Bedeutung des »Ich glaube«, da ein solcher Glaube eben nicht immer aus unmittelbaren Erfahrungen gespeist werden kann. Gerade diese Polarität macht den Text aus und lässt erkennen, in welcher tiefen Religiosität die Zeilen verfasst worden sind.

2. Einsatzmöglichkeiten im RU

Das Gespräch über Gott untersuchen
- Sch lesen den Romanausschnitt zunächst still und versuchen ihn dann mit verteilten Rollen zu lesen.
- Nach einer Phase für spontane Äußerungen, in der Sch evtl. bereits auf die unterschiedlichen Gottesbilder zu sprechen kommen, erarbeiten sie nun die beiden unterschiedlichen Beschreibungen Gottes und stellen sie einander gegenüber.
- In einer Weiterführung schreiben Sch einer der Frauen einen Brief, in dem sie Fragen oder ihre eigene Meinung zu dem geäußerten Gottesbild formulieren.
- Natürlich kann auch die Verfilmung des Romans gemeinsam betrachtet werden, wobei dann zu bedenken ist, dass v. a. die Unterdrückung von schwarzen Frauen thematisiert wird, aufgezeigt am Beispiel von Celie. (USA 1985, The Color Purple Regie: Steven Spielberg, Musik: Quincy Jones, 145 min, FSK: ab 12 Jahre.)

Sich mit dem Bilderverbot auseinander setzen
- Sch wird im UG über das Bilderverbot die Spannung deutlich, dass wir Menschen einerseits Bilder von Gott brauchen, uns aber andererseits der Begrenztheit dieser Bilder bewusst werden müssen, um Gott nicht auf ein bestimmtes Bild festzulegen.

Gerade in der Pubertät ist diese Weiterentwicklung des persönlichen Gottesbildes von großer Bedeutung. Deshalb ist das Gespräch so wichtig, damit nicht mit dem kindlichen Gottesbild auch die Auseinandersetzung mit Gott im Ganzen verloren geht.
- Sch durchdenken die Folgen eines festgelegten Gottesbildes und erkennen die Dimension der Freiheit durch das Bilderverbot.

Über Gott sprechen   IDEENSEITE (29)
- Sch erhalten **AB 9.2.2, Lehrerkommentar S. 45**.
- Im UG wird erarbeitet, wie unachtsam oft der Begriff »Gott« in Redewendungen gebraucht wird. Vor dem Hintergrund des Bilderverbots (vgl. oben »Sich mit dem Bilderverbot auseinander setzen«) erhält das Gespräch seinen besonderen Akzent.

Den gelben Kreis deuten
- Sch beschreiben und deuten das Bild von Rupprecht Geiger. Dabei wird eher das Nicht-Gesagte zur Sprache kommen.
- Warum lässt der Künstler die Aussage seines Bildes so offen?
- Welche Problematik spricht der Künstler durch diese Offenheit an?
- In welchen Zusammenhang steht Ex 20,1-5a zu dem Bild?

Elie Wiesels Text verstehen
- Beschreibt Situationen, in denen man sagen könnte: Gott hat sich versteckt!
- Was ist das Verblüffende an diesem Text?
- Auf welche Art könnte sich Gott verstecken?
- Sch stellen die Beziehung zwischen Elie Wiesels Text und der Wandinschrift aus dem Warschauer Getto her.

Sich mit der Provokation der Todesanzeige auseinander setzen
Sicherlich ergibt sich nach der Lektüre der Todesanzeige ganz von selbst ein offenes UG, da Sch entweder die Position der Anzeige im Sinne von »Gott ist tot!« oder »Es gibt keinen Gott« aufgreifen oder sich durch diese radikale Äußerung provoziert fühlen.
- Sch führen eine Pro- und Contra-Diskussion zu der Todesanzeige, in der sie diskutieren, ob die Aussage der Anzeige stimmen kann oder nicht.
- Woran könnte Gott gestorben sein?
- Welche Reaktionen wird eine solche Anzeige hervorrufen?
- Anschließend wird der komplette Schnurre-Text gelesen (**AB 9.2.3, Lehrerkommentar S. 47**). Interessant ist hier die Darstellung der Gleichgültigkeit, die auf die Nachricht vom Tode Gottes folgt. Offen bleibt, aus welchem Motiv der Ich-Erzähler zur Beerdigung geht.

Gott in unserer Sprache

o**gott**ogott
gottseidank
allmächtiger**gott**
himmelherr**gott**
um**gott**eswillen
gottlos
mein**gott**
herr**gott**nocheinmal
gegen**gott**unddiewelt
gottlob
ach**gott**chen
leider**gott**es
gottbewahre
von**gott**undallerweltverlassen

– Untersucht die unterschiedlichen Reaktionen der Menschen auf die Nachricht von Gottes Tod.
– Aus welchem Motiv geht der Ich-Erzähler zur Beerdigung?
– Wie wirkt die dargestellte gottlose Welt auf dich? Wie gehen die Menschen in ihr miteinander um?

Sich die Frage nach Gott angesichts des Warschauer Gettos stellen

- Sch lesen den Text still und versuchen die Stimmung des Schreibers in Worte zu fassen um sich dem Text inhaltlich zu nähern.
– Denke über die Bedeutung der Worte »Ich glaube ...« nach.
– Verfasse eigene scheinbar widersprüchliche Aussagen, die deiner Vorstellung und deinem persönlichem Erleben nahe kommen. Du kannst dabei die Struktur »Ich glaube ...., auch wenn ...« aufgreifen.
- Durch zusätzliches Material kann die Situation des Warschauer Gettos stärker in das Bewusstsein der Sch gerückt werden, um die tiefe Religiosität der Aussage noch einmal zu vertiefen (*Literaturhinweis*: Leon Uris, Mila 18, München 2001, Roman über das Leben im Warschauer Getto).

Ein Gedicht schreiben   IDEENSEITE 29

Das Gedicht »Keine Antworten« (*Ideenseite* 29) greift Schwierigkeiten auf, die Menschen haben, wenn sie über Gott nachdenken. Deshalb schließt es sich gut an die Auseinandersetzung mit der Wandschrift des Warschauer Gettos an.

- Eine inhaltlich kritische Vertiefung ist möglich durch die Untersuchung des Gottesbildes, das diesem Gedicht zugrunde liegt.
– Welche Eigenschaften werden Gott in diesem Gedicht zugeschrieben?
– Wie greift Gott in das Leben der Menschen ein?
– Welches Menschenbild ergibt sich folglich aus diesem Gottesbild?
– Nimm kritisch Stellung zu diesem Gottes- und Menschenbild.

Ideenseite 28 29

Folgende Impulse der *Ideenseite* werden im Lehrerkommentar besprochen:

Gottes Nähe ausdrücken: S. 60
Vorstellungen aufspüren – frühere und heutige: S. 49
Figuren zeichnen: S. 40
Über Gott sprechen: S. 44
Ein Gedicht schreiben: S. 46
Vorstellungen entwickeln: S. 55
Ein Gott-Plakat erstellen: S. 42

Vorstellungen entwickeln   Infoseite 30 31

1. Hintergrund

Das **Bild von Markus** (11 Jahre) zeigt Gott in einer überdimensionierten menschlichen Gestalt mit einem wallenden Gewand und einem Heiligenschein. Der Körper Gottes ist so groß, dass er die gesamte Weltkugel ausfüllt und sozusagen auf allen Kontinenten zugleich gegenwärtig sein kann. Das Gesicht Gottes wurde von Markus freundlich gestaltet, die einzelnen Kontinente sind schemenhaft auf der Weltkugel angedeutet.
Im Sinne der Theorie von Fowler kann man hier noch die Auseinandersetzung mit einer mystisch-wörtlichen Gottesvorstellung entdecken. Weil Markus daran glaubt, dass Gott überall sei, lässt er Gottes Gestalt überall auf der Weltkugel gleichzeitig sein. Der Junge nimmt die Aussage, dass Gott überall sei, wörtlich und deutet diese eindimensional, d. h. Gottes Gestalt muss überall auf der Weltkugel gleichzeitig sein. Dies zeigt sich auch in Markus' Bildtitel »Gott ist wie der Wind – überall«. Der Junge übernimmt die Metapher des Windes und stellt seine Gottesgestalt auch durch den dargestellten Schwung windähnlich dar (vgl. Fowler, 83-110).

Jessica (12 Jahre) beschreibt mit ihrem Bild eine Gottesbegegnung in der Natur. Dabei sitzt ein Mensch an einen Baumstamm gelehnt und betrachtet den Sonnenuntergang, der mit sehr eindrucksvollen und intensiven Farben gestaltet wurde.
Die dargestellte Gottesvorstellung scheint nach Fowlers »Stufenmodell des Selbst und des Glaubens« eine

Das Begräbnis

Liegt'n Brief auf'm Tisch; weiß mit schwarzem Rand. Muss einer gestorben sein, denk ich. Reiß den Brief auf, setz mich, putz mir die Brille. So. Richtig, eine Traueranzeige. Ich buchstabiere.

> **Von keinem geliebt, von keinem gehasst, starb heute nach langem, mit himmlischer Geduld ertragenem Leiden: Gott**
>
> Die Beisetzung findet heute in aller Stille auf dem St. Zebedäus-Friedhof statt.

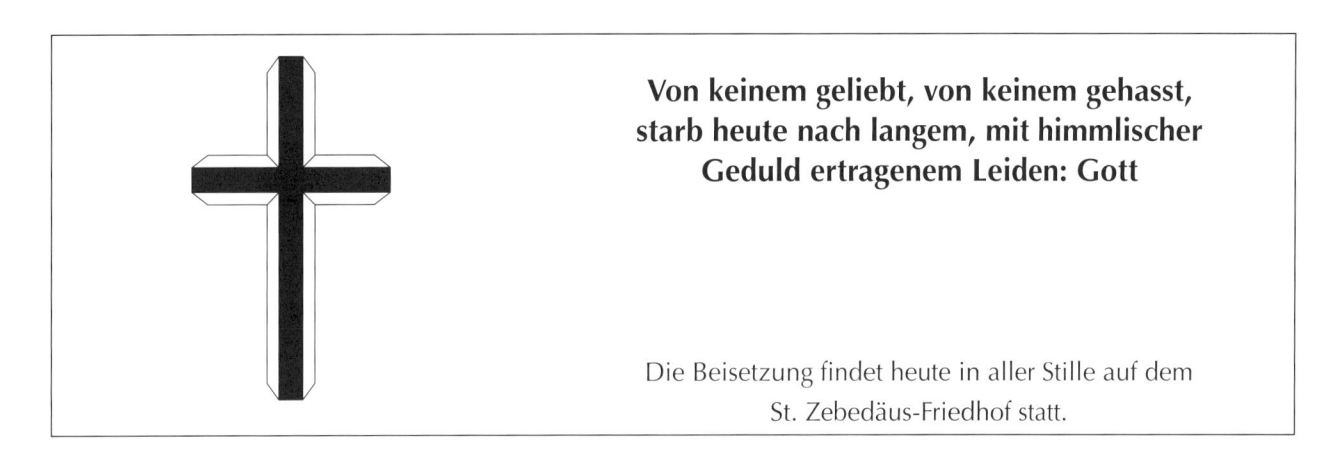

Siehste, denk ich, hat's ihn auch geschnappt, den Alten; nu ja. Steck die Brille ins Futteral und steh auf. »Frau!«, ruf ich, »'n Mantel!« »Wieso'n?«, brummt sie von oben. »Frag nicht so blöd«, sag ich, »ich muss zur Beerdigung.« »Kenn ich«, greint sie, »Skat kloppen willste.« »Quatsch«, sag ich, »Gott ist gestorben.« »Na und – ?«, sagt sie, »vielleicht noch'n Kranz kaufen, hm?« »Nee«, sag ich, »aber Franzens Zylinder könnste rausrücken. Wer weiß, wer alles da is.« »Ach, nee«, sagt sie, »auch noch'n dicken Willem markieren? Nee, is nich. Außerdem duster; sieht sowieso keiner, dass de'n Zylinder aufhast.« Schön, denk ich; denn nich, liebe Tante. Zieh mein Paletot an, klapp'n Kragen hoch und geh runter zur Tür. 's pladdert. Den Schirm, denk ich. Aber den Schirm hat Emma. »Nacht«, sag ich und mach zu hinter mir.

Alles wie immer draußen. Glitschiger Asphalt, bisschen Laternenlicht; paar Autos, paar Fußgänger, auch die Straßenbahn fährt. Frag ich einen: »Schon gehört – Gott is gestorben?« Sagt der: »Nanu, heut erst?« Der Regen nimmt zu. Vor mir taucht ein Kiosk auf mit ner Karbidlampe drin. Halt, denk ich, musst doch sehn. Beug mich rein, blättere, such. HEUTE: nicht. MORGEN: nicht. NEUE WELT: nicht. Keine Zeile; nicht mal unter Kurznachrichten. Frag ich: »Sonst noch was?« »Anzeigenblatt!«, sagt der Zeitungsmann. »Moment«, sag ich. Such; find's: Letzte Seite; reiner Zufall. Unter klitzeklein:

Von keinem geliebt, von keinem gehasst, starb heute nach langem, mit himmlischer Geduld ertragenem Leiden: GOTT

Aus, alles. Zeig's dem Zeitungsmann: »Na – ?« Sagt der: »Armer Deubel. Kein Wunder.« Auf'm Paradeplatz, mitten im Nebel, steht'n Schutzmann. Frag ich: »Nich was durchs Radio gekommen?« »Krieg«, sagt der. »Nee«, sag ich, »was Besonderes.« »Nee«, sagt er. »Kein Todesfall? Gott soll gestorben sein.« Zuckt er die Schultern: »Hat er davon.« Wird dunkler. Die Straßen verengen sich. Ecke Kadettenweg renn ich einen an. Sagt der »Geht's hier zum Zebedäus-Friedhof?« »Pfarrer?«, frag ich, »Beerdigung?« Er nickt. »Wen denn?« Sagt er: »'n gewissen Klott oder Gott oder so ähnlich.« Gehen wir zusammen. Fragt der Pfarrer: »Verwandt mit dem Toten?« »Nee«, sag ich, »bloß so.«

Vorm Friedhof steht was. 'n Wagen mit 'ner Kiste drauf. Paar Leute. 'n Pferd. »'n Abend«, sag ich. »Biste der Pfarrer?« »Nee«, sag ich, »der.« »Los, pack mit an.« Der Pfarrer greift zu, schweigend. Sie heben sich die Kiste auf die Schulter und schwanken durchs Tor. Langsam schlendere ich hinter den Männern her. »Woran is er'n gestorben?«, frag ich. »Soll ich'n das wissen.«

Wolfdietrich Schnurre

Weiterentwicklung zu Markus' Bild zu sein. Für Fowler beginnt mit dem 11.-13. Lebensjahr die Phase des »interpersonalen Selbst«, in der sich das Bewusstsein entwickelt, mit Gott und in ihm mit anderen verbunden zu sein. Diese Verbundenheit wird in Jessicas Bild durch das Eintauchen und Eins-Sein mit dem Naturerlebnis verdeutlicht. Im Sinne Piagets stellt Jessicas Zeichnung den Übergang von dem konkret-operativen zum formal-operativen Denken dar, da erste Hinweise auf Abstraktheit und eine Beschäftigung mit dem Möglichen vorliegen (vgl. Fowler, ebd.; Trautner, 177-185).

Michaelas Zeichnung ist charakterisiert durch einen großen gelben Kreis, in dessen Mitte sich ein schwarzer dicker Punkt befindet. In dem gelben Kreis fallen zahlreiche kleine Fragezeichen auf. Unter das Bild hat die 15-Jährige das Wort »Gott« geschrieben und mit einem großen Fragezeichen versehen. Die Schülerin stellt mit diesem offenen Bild entweder viele Fragen an bzw. über Gott oder die Fragezeichen können so interpretiert werden, dass sie Gottes Existenz im Ganzen infrage stellen. Diese kritische Auseinadersetzung mit dem Thema Gottesvorstellungen wurde bewusst in das Schulbuch aufgenommen, um Sch auch zu einer kritischen Auseinandersetzung und zum Fragenstellen zu ermutigen.

Nach Fowler lassen sich in dieser thematischen Auseinandersetzung bereits Elemente des »institutionellen Selbst« erkennen, da hier »individuierende und reflektierende Aspekte des Glaubens« enthalten sind, die sich in der kritischen Überprüfung der Überzeugungen und Traditionen zeigen (vgl. Fowler, ebd.).

Das **Bild von Johannes** (16 Jahre) ist das abstrakteste der dargestellten Bilder. Die Gottesvorstellung ist hier bereits von einer an eine (menschliche) Gestalt gebundene Darstellung befreit. Stattdessen stellt Johannes Gott in unterschiedlichen gelben und grünen Farbfeldern dar. Diese Farbfelder haben eine leicht aufsteigende Tendenz und sind in ihrer Schraffur von unten links nach oben rechts gearbeitet. Diese Aufwärtsbewegung und auch die Farbwahl lassen das Bild freundlich und angenehm wirken.

Nach Fowler sind hier bereits Elemente des verbindenden Glaubens zu erkennen, der »den dialektischen Charakter von Symbolen erfasst, die die Heiligkeit Gottes erschließen und verhüllen«. So stellt Johannes durch sein Bild seine Gottesvorstellung dar, die freundlich und vertraut wirkt. Andererseits lässt er durch die Abstraktion seine Aussage in der Schwebe.

Der Autor Fynn beschreibt in seinem Werk **Hallo, Mister Gott, hier spricht Anna** die Freundschaft zwischen dem Erwachsenen Fynn und der kleinen Anna. Innerhalb dieser Beziehung stellt Anna Fragen zu Gott, und Fynn versucht diese zu beantworten. Der Erwachsene stößt dabei an die Grenzen der Erklärbarkeit Gottes, aber auch seiner eigenen Fantasie. Anna hingegen vermag in einfachen Worten tiefe Einsichten und Weisheiten zu vermitteln und greift in ihren Fragen trotzdem Kindergedanken auf.

In dem vorliegenden Textauszug beschreibt Anna zunächst ein für Kinder typisches Gottesbild »Mister Gott sitzt auf einem goldenen Thron, er hat einen langen weißen Bart und einen Schnurrbart und eine Krone auf dem Kopf.« Zu diesem Gottesbild gehört, dass man Gott um etwas bittet, vor allem in Notsituationen. Weiterhin beschreibt Anna, dass sich dieses kindliche Gottesbild im Zuge des Erwachsen-Werdens wandelt, wenn die vor Gott gebrachten Alltagswünsche nicht mehr in Erfüllung gehen. »Dann kommt einem plötzlich vor, als wenn er uns nicht mehr verstehen will. Jetzt hört er einfach nicht mehr zu. Er sieht plötzlich nicht ein, dass man unbedingt ein neues Fahrrad braucht.« Der Text erklärt weiterhin, dass Gott während dieses Prozesses für den erwachsen werdenden Menschen immer kleiner und unwichtiger wird und der Zugang zu ihm immer schwieriger, bis schließlich ein Umschwung erfolgt, bei dem einem Menschen klar wird, dass Gott unendlich groß und unerklärlich ist.

Sascha (10 Jahre) macht in seinem **Gedicht** deutlich, dass er zwischen Glauben und Zweifeln »wandert«. Dabei geht er auf Situationen ein, die seinen Glauben unterstützen, z. B. ein Gottesdienst. Gleichzeitig betont er jedoch, wie schwer es sei, im Alltag an Gott zu glauben. Auch an den biblischen Geschichten und ihren Deutungen äußert er Zweifel. Er erwähnt konkret die Geschichte von Daniel in der Löwengrube.

Sascha zeigt ein ambivalentes Bekenntnis und eine erste kritische Auseinandersetzung mit biblischen Texten. »Aber andersrum glaube ich an Gott.« Eigentlich könnte er, wenn Gott »nur eine Sage ist«, nicht an ihn glauben, aber »andersrum« tut er es doch.

Sascha hat zwei Seiten in sich, zwischen denen er »hin und her wandert«. Die eine Seite begreift Gott »nur« als Bestandteil eines erzählerischen Sprachcodes, d. h. in einer relativierten, vom Sprachcode abhängigen Weise; die andere Seite »glaubt« an ihn, jenseits von Relativierung und Eingrenzung. Beide Seiten stehen in Dissonanz, ja in einer Antithese zueinander und erzeugen eine ambivalente Dynamik. »Das wandert in mir hin und her!« Der zweite Abschnitt zeigt, dass Sascha diese Widersprüchlichkeit in seinem »Wissen« nicht auflösen kann: »Ich weiß gar nicht, was ich zum Thema Gott sagen soll.« Er kann sein ambivalentes Bekenntnis authentisch beschreiben, nicht jedoch kognitiv integrieren (vgl. Schmid, 224-237).

Die **Worte des Berufsschülers** (18 Jahre) machen deutlich, dass er auf der Suche ist nach einem Anhaltspunkt, der einen Glauben an Gott rechtfertigen könnte. In diesem Zusammenhang betont er, dass die Bibel von Menschen verfasst sei und deshalb nicht als »Gottesbeweis« gelten könne. Gleichzeitig geht der Schüler darauf ein, dass Gott ein von Menschen erdachtes Konstrukt sei, das den Alltag oder auch die Zukunft zu gestalten hilft und das als Vorbild dient.
Hier finden sich bereits kritische Gedanken auf einem höheren Abstraktionsmodell: So fragt der Schüler nach dem psychologischen Nutzen, den der Glaube an Gott haben kann.

Die **16-jährige Gymnasiastin** betont, dass sie sich von einem kindlichen Gottesbild, in dem sie sich Gott menschenähnlich vorstellte, verabschiedet habe. Sie vergleicht Gott jetzt mit einem Gefühl wie Liebe und betont zugleich, dass die zwischenmenschlichen Komponenten eine wesentliche Rolle spielen. Deutlich wird an ihrer Äußerung, dass das personale Gottesbild verloren gegangen ist.
Hier sind Elemente des synthetisch-konventionellen Glaubens zu sehen, da das Bewusstsein beschrieben wird mit und in Gott mit anderen Menschen verbunden zu sein (vgl. Schmid, 83-110).

Die **Aussage des Studenten** (19 Jahre) kommt einer Glaubensaussage gleich. Er beschreibt seine Erfahrung, sich von einer großen und allmächtigen Hand gehalten zu wissen. Eindrucksvoll wird die Erfahrbarkeit Gottes mit Metaphern der Geborgenheit und Zuwendung umschrieben.

2. Einsatzmöglichkeiten im RU

In Bildern Entwicklungen entdecken

- Sch betrachten die einzelnen Bilder und gehen dann zu einer detaillierten Bildbeschreibung über. Dann wird im UG das Gottesbild, das hinter den einzelnen Bildern steht, erarbeitet:
  (siehe Tafelbild, Lehrerkommentar S. 50).
- Welche Vorstellung von Gott verbirgt sich hinter den Bildern der Doppelseite? Welche Gemeinsamkeiten und Unterschiede könnt ihr entdecken?
- Jede/r sucht sich nun ein Bild der Doppelseite aus, das ihm/ihr besonders gut gefällt. Begründet eure Auswahl.
- Überlegt euch, was ihr dem Maler/der Malerin eures »Lieblingsbildes« oder eines der anderen Bilder in einer E-Mail schreiben würdet. Schreibt, was euch an dem entsprechenden Bild gefällt, aber auch eure Kritikpunkte.
- Welche Veränderungen in Bezug auf die Gottesvorstellung kann man auf den Bildern erkennen?
- Erzählt euch in KG, wie sich euer eigenes Gottesbild von eurer kindlichen Vorstellung bis jetzt verändert hat.

Vorstellungen aufspüren – frühere und heutige   IDEENSEITE 28

Nachdem sich Sch mit der Entwicklung der Gottesvorstellung zunächst persönlich und dann anhand der Bilder von anderen Jugendlichen auseinander gesetzt haben, ist es sinnvoll, den genannten Arbeitsimpuls der *Ideenseite* 28 aufzugreifen. Er geht einen Schritt weiter und fragt nicht mehr nach der individuellen Entwicklung der Gottesvorstellung, sondern bezieht das Gottesbild unterschiedlicher Generationen ein. Auch hier können Sch zunächst aus dem eigenen Umfeld berichten, da ihre Großeltern vermutlich andere Gottesvorstellungen haben als sie selbst. Die Arbeit mit den Gottesbildern in Kirchenliedern schafft darüber hinaus auch eine Sensibilisierung für den Inhalt von geistigem Liedgut.

In Texten Entwicklungen entdecken

- Ähnlich wie die Bilder greifen auch die Texte der *Infoseite* unterschiedliche Entwicklungsstufen der Gottesvorstellung auf. Hier können Sch sich einerseits wiederfinden, andererseits aber auch weiterdenken.
- Der Textauszug aus »Hallo Mister Gott, hier spricht Anna« bietet sich an, um darin den Prozess vom kindlichen Gottesbild über die scheinbare Gottesferne bis hin zu einem tieferen Erfassen der göttlichen Wirklichkeit zu erarbeiten.
- Sucht im Text die Stellen, die ein Bild von Gott beschreiben.
- Versucht diesen unterschiedlichen Gottesbildern ein Alter zuzuordnen.
- Welche Stellen kommen eurer jetzigen Auseinandersetzung mit Gott am nächsten?

Texte in Gruppen erarbeiten

Die Texte der Jugendlichen auf *Infoseite* 31 werden zunächst still gelesen. Dann setzen sich Sch in Gruppen zusammen, in denen jeweils einer dieser Texte genauer besprochen wird. Die wichtigsten Gesprächsinhalte werden später allen von einem Sch aus der Lerngruppe vorgestellt.

- Impulse für die arbeitsteilige Gruppenarbeit:
- Welche Schwierigkeiten von Gott zu sprechen, beschreibt der/die jugendliche Autor/in des Textes?
- Wie stellt sich der/die jeweilige Sch Gott vor?
- Was gefällt dir an der vorliegenden Aussage, was möchtest du ergänzen?
- Einen weiteren Gesprächsimpuls können die Karikaturen auf **AB 9.2.4, Lehrerkommentar S. 51**, bieten.

TA zum Arbeitspuls »In Bildern Entwicklungen entdecken« (Lehrerkommentar S. 49).

	Was ist auf dem Bild zu sehen?	Wie wird Gott dargestellt?	Welche Vorstellung von Gott steckt dahinter?
Markus, 11 Jahre **Gott ist wie der Wind**	• Weltkugel • schwebende, lange Gestalt, sie ist gebogen und berührt so jeden Kontinent • Gesicht der Gestalt lächelt freundlich	• Gott gleicht einer menschlichen Gestalt, ist so groß wie die Erdkugel • Gott ist freundlich • Titel: Gott ist wie der Wind	• Gott gleicht einem Menschen mit einem großen menschlichen Körper. • Gott ist überall. • Vergleich: Gott – Wind
Jessica, 12 Jahre	• menschliche Gestalt sitzend an einen Baum gelehnt • Person betrachtet einen Sonnenauf- oder -untergang • Naturereignis in eindrucksvollen und intensiven Farben	• Gott begegnet der Mensch in dem Naturereignis des Sonnenauf- oder -untergangs. • Gott ist (in der) die Natur: durch ein besonders intensives und schönes Erlebnis in der Natur. • Gott = Schöpfung	• Gottesverständnis ist nicht mehr an eine menschenähnliche Gestalt gebunden, sondern Gott ist in der Natur. • Gott ist Schöpfung.
Michaela, 15 Jahre **Gott?**	• gelber Kreis mit einem schwarzen, dicken Punkt in der Mitte • In dem gelben Kreis schweben viele kleine Fragezeichen. • Unter dem Kreis steht »Gott«. • »Gott« ist ebenfalls mit einem dicken Fragezeichen versehen.	• Gottesbild ist abstrakt und offen. • Ist Gott der gelbe Kreis oder vielleicht die schwarze Mitte? • Sollen die Fragezeichen bedeuten, dass Michaela Fragen *an* Gott hat? Oder bedeuten sie, dass er Fragen *zu* Gott hat?	• Viele Fragen zu oder an Gott • Vielleicht beziehen sich die Fragezeichen auch darauf, dass die Existenz Gottes infrage gestellt wird.
Johannes, 16 Jahre	• Feld mit bunten kleinen Farbfeldern • Strichführung von unten links nach oben rechts • freundliche und heitere Strichführung und Farben	• völlig abstrakt • Gott ist freundlich und offen.	• offene Form, die aber wichtige Merkmale Gottes, wie Freundlichkeit, verdeutlicht

... das Unsagbare ausdrücken

Deuteseite I (32) (33)

1. Hintergrund

Auf der *Deuteseite I* werden zentrale Aussagen über Gott aus den Weltreligionen Buddhismus, Hinduismus, Judentum und Islam gegenübergestellt: Jeweils ein kurzer Text, der wesentliche Elemente des Glaubensbekenntnisses dieser Religion aufgreift, und eine passende bildliche Darstellung.
Entscheidend sind hier die Unterschiedlichkeiten der einzelnen Bilder und Aussagen, die zentralen und teilweise ähnlichen Aussagen über Gott und die gemeinsame Einsicht in die Begrenztheit der Sprache.

Buddhismus: Das Göttliche, leer und doch nicht leer

Text: Der klassische Zen-Text beschreibt die göttliche Gestalt als leer und nicht-leer zugleich. Der Text greift so die buddhistische Tradition der Rede in »Koans« (Rätseln) auf, die durch scheinbare Paradoxien geprägt sind. Mit dieser Art über Gott zu sprechen wird einerseits deutlich, dass man sich dem Göttlichen nicht zufriedenstellend durch unsere begrenzte Sprache nähern kann, andererseits wird aber auch betont, um wie vieles das Göttliche die Vorstellungskraft des Menschen übersteigt. Wesentlich ist für das Verständnis dieses Textes, dass sich der/die Gläubige ihm nicht über seinen/ihren Verstand nähern kann, denn der Gegensatz von leer und nicht-leer ist gedanklich nicht aufzulösen. Die scheinbaren Gegensätze dieses Textes können sich für Buddhisten durch die Erfahrungen der Meditation und Versenkung erschließen.
Darstellung: Die Darstellung stammt von Guido Joos (Würzburg) und ist eingebettet in die buddhistischen Erzählung »Der Ochs und sein Hirte«. In ihr wird beschrieben, wie ein Hirte (der Glaubende) einen Ochsen (die Meditation und in ihr die Erleuchtung) suchen und zähmen will. Nach einem langen und schmerzhaften Prozess findet der Hirte den Ochsen und schließlich kommt es dazu, dass er den Ochsen als sein Ziel vergisst und sich dem Augenblick hingibt. Diese Szene wird mit dem abgebildeten Bild des leeren Kreises erschlossen. Es gibt nur den leeren Kreis. Das soll heißen, dass alle Gegensätze (leer und doch nicht leer, Ochs und Hirte) aufgehoben sind. Dies ist der eigentliche Zustand der Erleuchtung; der Augenblick, in dem es weder Erleuchtung noch Nicht-Erleuchtung gibt. Die Gegensätze sind aufgelöst und alles ist für den Glaubenden eins geworden. Der leere Kreis bedeutet auch, dass der Mensch inhaltlich an nichts mehr hängt, denn in der Leere gibt es weder Irrtum noch Sinn, weder das Göttliche noch den Menschen. In diesem Sinn unterstützen sich Text und bildliche Darstellung in ihren Aussagen. Der Buddhismus betont, dass im Göttlichen die Gegensätze aufgelöst sind und so scheinbar Paradoxes gleichzeitig gültig sein kann.

Wie sie sich Gott vorstellen

Der Pastor	**Der Politiker**	**Der Marxist**
Der Furchtsame	**Der Anarchist**	**Der Spekulant**

Die Schriftzeichen rechts unten benennen den Titel des Bildes »Die vollkommene Vergessenheit von Ochs und Hirte«. Unten links findet man das Signum des Künstlers.

Hinduismus: Der Eine und die Vielen

Text: Der hinduistische Text von der Spiegelung des Mondes im Wasser und dem einen Mond, der alle Spiegelungen vereint, thematisiert die Vorstellung des Göttlichen in unterschiedlichen Göttergestalten. Im Hinduismus werden fast 10 000 unterschiedliche Manifestationen des Göttlichen verehrt. Allerdings gibt es drei zentrale göttliche Eigenschaften: das Schöpferische symbolisiert durch die Gottheit Brahma, das Erhaltende, symbolisiert durch Vishnu, und das Zerstörende, dargestellt durch Schiva. Diese zentralen Aussagen über Gott liegen den Hunderten von Göttern zugrunde. Dem gläubigen Hindu ist klar, dass es nur eine Gottheit gibt, diese aber in mannigfaltigen Namen und Gestalten verehrt werden kann. Daraus ergibt sich ein unbefangener Umgang mit Götterabbildungen im täglichen Leben, denn die religiösen Symbole, Bilder oder Statuen werden als ein Hinweis auf die eigentliche Gottheit gesehen.

Darstellung: Die »Vishvarupa« (die allgestaltige Gottheit) zeigt unterschiedliche Gottheiten, die alle in die eine, im Vordergrund stehende Gottheit zu münden scheinen. Dabei stellen die unterschiedlichen Köpfe jeweils wichtige Gottheiten aus dem alltäglichen Leben der Hindus dar. Zum Beispiel stellt der Elefantenkopf (der dritte Kopf rechts von der Mitte aus betrachtet) »Genescha« dar, der als Schutzgottheit vor Unglück und Unfällen schützt. Die Attribute all dieser Gottheiten vereinigen sich in der einen Gottheit. Gleichzeitig gehen alle Gottheiten aus der einen Gottheit hervor und leiten sich von ihr ab. Alle Götterfiguren sind mit einem Punkt auf der Stirn dargestellt. Hier befindet sich nach hinduistischer Vorstellung das dritte Auge, also ein wesentliches spirituelles »Chakra«. Links neben der allgestaltigen Gottheit steht ein Mann in einer Anbetungsgebärde. Er streckt sich gerade zur Anbetung nach der Gottheit aus, um sich dann in Erfurcht und Demut vor ihr niederzuwerfen.

Judentum: JAHWE: Der Ich-bin-da

Text: Mit dem Vers aus Dtn 6 wird eine zentrale Bekenntnisformel des Judentums aufgegriffen. Hier wird die monotheistische Sicht des Judentums, der Glaube an den *einen* Gott, betont. Gleichzeitig bedeutet JAHWE »Ich bin da«. Diese Aussage über Gott schließt das Unsagbare genauso mit ein wie das Sagbare. Es wird lediglich das göttliche Attribut des »Es gibt ihn« und »Er ist erfahrbar« ausgesagt. Alle weiteren Fragen danach, *wie* Gott da sei und *worin* dieses Da-Sein bestehe, bleiben offen. Anders als im Buddhismus und im Hinduismus wird im jüdischen Glaubensbekenntnis die Position des Menschen einbezogen. So ist es seine Aufgabe, diesen Gott JAHWE zu lieben mit ganzem Herzen, mit ganzer Seele und mit ganzer Kraft.

Darstellung: Um dem alttestamentlichen Bilderverbot und der Liebe der Juden zur Tora gerecht zu werden wurde in das Schulbuch lediglich ein Schriftzug aufgenommen, auf dem »JHWH von Teman« steht. Diese Inschrift mit dem Tetragramm befand sich an einer Wand des Hauptgebäudes von »Kuntillet Adschrud« im östlichen Sinai, 65 km nordwestlich von Elat. Sie entstammt der ersten Hälfte des 8. Jahrhundert v. Chr. und ist somit die älteste Inschrift, auf der man die Bezeichnung JAHWE gefunden hat. Sie zeigt mit dieser Inschrift, welche Bedeutung die Verehrung des Namen JAHWE für die Juden hat. Diese Verehrung, die so stark ist, dass später der Name JAHWE durch ER ersetzt wird.

Islam: Es gibt keinen Gott außer Gott

Text: Die abgedruckte Sure stellt das zentrale Glaubensbekenntnis des Islam dar. Sie betont ebenfalls die monotheistische Ausprägung des Islam und nennt den Begründer der Religion in Muhammad als den Gesandten Allahs. Der wichtigste Glaubenssatz des Islam ist das Bekenntnis zum einen und einzigartigen Gott: »*la ilala illa-allah*« – Es gibt keinen Gott außer Gott! Diesen Satz ruft der Muezzin vom Minarett und dieser Satz wird in den täglichen Gebeten zehnfach wiederholt. Der Koran kennt darüber hinaus »99 schöne Namen Gottes«, der hundertste Name Gottes hingegen bleibt ein Geheimnis. Damit wird verdeutlicht: Man kann Gott nicht in einen Namen pressen. Jeder Name ist zu eng für ihn. Es ist jedoch zu bedenken, dass in vielen der anderen Suren Allah »der Barmherzige« genannt wird (»Fürwahr, weit gemacht hat er sein Herz gegen euch«, Sure 102).

Darstellung: Die Kalligrafie stellt das Glaubensbekenntnis des Islam in künstlerischer Form dar. Sie verdeutlicht die Liebe des arabischen Menschen zur Kalligrafie, die durch das Bilderverbot begünstigt wurde. Um Sch den Zugang zu einer Kalligrafie zu ermöglichen, ist darauf hinzuweisen, dass es dabei nicht einfach um das künstlerische Abschreiben einer Sure geht. Das Erstellen einer Kalligrafie ist gleichbedeutend mit einem Gebet. Der Schreiber gibt sich den Worten des Korans hin. Er meditiert schreibend jedes einzelne Wort und nimmt es so gläubig in sich auf.

2. Einsatzmöglichkeiten im RU

Darstellungen betrachten

- Sch setzen sich intensiv mit den Darstellungen der *Deuteseite I* auseinander und vergleichen sie miteinander – ohne die Texte zu lesen! (Evtl. Darstel-

Vergleich zweier Glaubensbekenntnisse

Apostolisches Glaubensbekenntnis

Ich glaube an Gott, den Vater,
den Allmächtigen,
den Schöpfer des Himmels und der Erde.

Und an Jesus Christus,
seinen eingeborenen Sohn, unseren Herrn,
empfangen durch den Heiligen Geist,
geboren von der Jungfrau Maria,
gelitten unter Pontius Pilatus,
gekreuzigt, gestorben und begraben,
hinabgestiegen in das Reich des Todes,
am dritten Tage auferstanden von den Toten,
aufgefahren in den Himmel;
er sitzt zur Rechten Gottes,
des allmächtigen Vaters;
von dort wird er kommen zu richten
die Lebenden und die Toten.

Ich glaube an den Heiligen Geist,
die heilige katholische Kirche,
Gemeinschaft der Heiligen,
Vergebung der Sünden,
Auferstehung der Toten
und das ewige Leben.

Amen

Modernes Credo

Ich glaube
an den Schöpfer des Universums
den Herrn der Weltgesetze
den Gott der Menschenherzen
der alles in allem ist
Heiliger Geist
Brennende Mitte
Fleischgewordenes Wort
Alpha und Omega

Ich glaube
dass Jesus durch sein Leben
die Menschenfreundlichkeit Gottes
verkündet hat
und seine Botschaft
uns die Richtung zu wahren
Menschwerdung aufzeigt

Ich glaube
an ein ewiges Leben
und dass der Mensch auch im Tod
nicht tiefer fallen kann
als in Gottes Hände
und dort ist Leben *Amen*

Magdalena Marx

lung ohne Text auf eine Folie kopieren.) Dabei fällt auf der einen Seite das Nichts des Buddhismus und die vielen Gottheiten des Hinduismus auf. Die monotheistischen Darstellungen des Judentums und des Islams sind durch die Darstellung der Schrift geprägt. Alle vier Darstellungen geben einen ersten Einblick in die jeweilige religiöse Praxis der Religionen. Die Spannung, die durch die sehr unterschiedlichen Darstellungen erzeugt wird, wird dann bei der Behandlung der Texte noch einmal aufgegriffen.

- Betrachtet die einzelnen Darstellungen. Es sind Darstellungen Gottes in den großen Weltreligionen. Beschreibt, was ihr seht. Erarbeitet dann die Unterschiede.
- Was sagen die einzelnen Darstellungen über Gott aus?
- Schlagt in den Religionsbüchern/Heften der letzten beiden Jahrgangsstufen nach, um euch an die wesentlichen Inhalte der vorgestellten Religionen zu erinnern.

Unterschiedliche Aussagen über Gott vergleichen und in einem Gespräch darstellen

- Die einzelnen Texte werden im UG verständlich und ggf. mit zusätzlichen Informationen von L nachvollziehbar gemacht. Dann werden Unterschiede und Gemeinsamkeiten herausgearbeitet.
- Bildet Vierergruppen. Stellt euch vor, vier Menschen aus unterschiedlichen Religionen treffen aufeinander und kommen ins Gespräch über Gott und die Welt. Sie erklären sich gegenseitig ihr Glaubensbekenntnis und unterhalten sich über Unterschiede und Gemeinsamkeiten. Jede/r von euch vertritt nun eine andere Religion.
- Um dieses Gespräch führen zu können helfen euch auch die Informationen im *Lexikon* **120** zum Stichwort »Gottesbilder«.

Gott bekennen ...
Deuteseite II ㉞ ㉟

1. Hintergrund

Das **Credo von Magdalena Marx** steht stellvertretend für das christliche Glaubensbekenntnis und schließt die Glaubensbekenntnisse der großen Weltreligionen von *Deuteseite I* **32-33** ab. Gleichzeitig wird die christliche Gottesvorstellung dargestellt, die hier in einer für Sch unbekannten Sprache gehalten ist und deshalb zum genauen Lesen anregen soll.

Die erste Strophe greift das Bild von Gottvater auf, der als Schöpfer des Universums und als Herr der Weltgesetze beschrieben wird. Ferner wird die Trinität angesprochen, da Gott zugleich Vater, Heiliger Geist und durch Jesus Christus fleischgewordenes Wort ist. Die erste Strophe enthält neben diesen traditionellen christlichen Aussagen auch Neues und Unbekanntes. So kann durch die Aspekte »Gott der Menschenherzen« und »brennende Mitte« eine neue Auseinandersetzung in Gang kommen, die sich mit der Bedeutung Gottes für die Menschen beschäftigt.

In der zweiten Strophe geht es um die Person Jesus und ihre Bedeutung für heutige Christen. Hier sind vor allem die Formulierungen »Menschenfreundlichkeit Gottes« und »seine Botschaft Menschwerdung aufzeigt« neu für ein Credo. Betont wird dadurch das zutiefst menschliche Anliegen der Botschaft Jesu, die nicht nur im Wort sein Leben prägte, sondern auch in der helfenden Tat ihre Umsetzung fand.

Die dritte Strophe spricht Glaubensinhalte an, die sich mit der Auferstehung beschäftigen und hier betonen, dass wir im Tod der offenen Hand Gottes begegnen werden.

Hildegard von Bingen (1098-1179)

Hildegard von Bingen war deutsche Dichterin, Komponistin und Benediktinerin. Sie gilt als eine der bedeutendsten Mystikerinnen des Mittelalters. 1098 wurde sie als jüngstes von zehn Kindern geboren und mit acht Jahren in die Obhut einer Verwandten und ihres Klosters gegeben. 1136 wurde sie Äbtissin und gründete ein Kloster auf dem Rupertsberg bei Bingen am Rhein. Unter der Förderung durch Bernhard von Clairvaux begann sie ab 1141 ihre Visionen und theologischen Gedanken aufzuschreiben. In den Quellen wird sie oft als »Prophetin« bezeichnet, sie selbst nannte sich »Posaune Gottes«.

Hildegard von Bingen: »Die wahre Dreiheit in der wahren Einheit«, Rupertsberger Kodex, um 1180 (verschollen)

In ihrer Schrift »*Scivias* – Wisse die Wege« beschreibt Hildegard von Bingen ihre Vision. Der Rupertsberger Meister hat sie später in Bilder umgesetzt.
Hildegards Vision lautet so:
»Alsdann sah ich ein überhelles Licht und darin eine saphirblaue Menschengestalt, die durch und durch im sanften Rot funkelnder Lohe brannte. Das helle Licht durchflutete ganz die funkelnde Lohe, und die funkelnde Lohe ganz das helle Licht. Und beide, das helle Licht und die funkelnde Lohe, durchfluten ganz die Menschengestalt, alle drei als eine einzige Lichtfülle wesend in einer Kraft und Macht.« (Halbfas, 401)
Das Bild ist umgeben von einem ornamentalen Rah-

men, der grün umrandet ist und goldene und blaue Kreisornamente aufweist. In ihm befindet sich ein Doppelkreis, der auf einem tiefblauem Hintergrund liegt. Der Hintergrund des äußeren Kreises ist grau und mit fünf wellenähnlichen, goldenen Linien durchsetzt. Diese Linien stellen konzentrische Lichtkreise dar, die den ornamentalen Rahmen rechts und links sprengen. Der goldene Innenkreis weist zwölf konzentrische Wellenlinien auf, die durch ihre Dichte dynamisch wirken und als Ausdruck höchster Intensität verstanden werden können. In der Mitte dieses feurigen Zentrums steht eine Menschengestalt, die ohne ikonografisches Vorbild ist. Der dargestellte Mensch in der Mitte steht aufrecht, seine Füße sind nackt, die Hände hält er mit den Handflächen nach vorn geöffnet auf der Höhe des Herzens. Seine ganze Gestalt ist von einem safirblauen Gewand umhüllt. Die langen schwarzen Haare hängen über die Schulter hinunter. Das Gesicht ist ernst und die Augen schauen den Betrachter direkt an. Umgeben ist diese Gestalt von einer hellen Hülle, die sie vor dem pulsierenden Lichtkern zu schützen scheint. Die Gestalt ist androgyn, sie könnte sowohl Mann als auch Frau sein. Sie repräsentiert die Gesamtheit der Menschen und mit ihr die Schöpfung schlechthin.

Das Bild entspricht in seiner formalen Gestaltung einem Mandala und kann durch seine Abstraktion und die elementare Konkretheit auch als solches meditativ erschlossen werden. Diese Deutung liegt vor allem deshalb nahe, weil es die mystischen Erfahrungen Hildegard von Bingens repräsentiert.

Hildegard selbst deutet ihre Vision im Kontext der christlichen Lichtsymbolik und auf die Trinität hin. So schreibt sie: »... das bedeutet, dass der Vater, die gerechteste Gerechtigkeit, nicht ohne den Sohn und den Heiligen Geist, dass der Heilige Geist, der Herzensanzünder, nicht ohne den Vater und den Sohn, und dass der Sohn, die Fülle aller Fruchtbarkeit, nicht ohne den Vater und den Heiligen Geist ist ... Und diese drei Personen sind Ein Gott in der einen und ungeteilten hochherrlichen Gottheit.« (Halbfas, 403)

2. Einsatzmöglichkeiten im RU

Dem Text auf den Grund gehen

- Sch paraphrasieren einzelne Textpassagen des Credos von Magdalena Marx mit eigenen Worten oder finden Beispiele für Textpassagen. So werden sie zu einer intensiven Auseinandersetzung mit dem Text geführt.
– Sucht aus dem Glaubensbekenntnis Formulierungen heraus und erklärt sie mit euren eigenen Worten.
– Was könnte in der zweiten Strophe mit folgenden Formulierungen gemeint sein: »dass Jesus durch sein Leben die Menschenfreundlichkeit Gottes verkündet hat« und »seine Botschaft uns die Richtung zu wahren Menschwerdung aufzeigt«? Gebt Beispiele für diese Aussage aus dem Leben Jesu.
– Vergleicht das Credo von Magdalena Marx mit dem Apostolischen Glaubensbekenntnis im Gotteslob 2,5 und untersucht dabei vor allem die Textpassagen zu Jesus Christus. (Beide Credos finden sich auch auf **AB 9.2.5**, Lehrerkommentar S. 53.)

Ein eigenes Credo verfassen/ Vorstellungen entwickeln   IDEENSEITE 29

- Überlegt, woran ihr glaubt und wie ihr euch Gott vorstellt! Verfasst ein eigenes Glaubensbekenntnis. Beginnt mit den Worten »Ich glaube ...«.

Gottesbilder vergleichen

- Das moderne Credo von Magdalena Marx wird im Kontext der Glaubensbekenntnisse der vorhergehenden Seite betrachtet. Interessant ist es dann zu untersuchen, worin sich das christliche Gottesbild von den Gottesbildern der anderen Weltreligionen unterscheidet.
– Wie wird Gott im Credo von Magdalena Marx beschrieben? Welche Unterschiede findet ihr im Vergleich zu den Gottesbildern der anderen Weltreligionen (siehe *Deuteseite I* **32-33**)?

Das Bild kennen lernen

- Sch betrachten das Bild, zunächst jede/r still für sich. Dadurch wird ein meditativer Zugang ermöglicht, der erst im zweiten Schritt in eine beschreibende und analysierende Form übergeht.
– Geht mit euren Augen im Bild spazieren. Betrachtet jede Einzelheit und achtet dabei auf Formen und Farben.
– Erklärt euren Mit-Sch in PA möglichst genau, was ihr seht und lasst euch erzählen, was die anderen entdeckt haben.

Die Bilder des Kapitels vergleichen

- Sch vergleichen die anderen Bilder des Kapitels, die eine ähnliche Mandalaform aufweisen mit dem Bild aus dem Hildegard-Kodex. Hier können interessante Gemeinsamkeiten zwischen den Religionen (siehe buddhistische Darstellung *Deuteseite I* **32**), den unterschiedlichen Epochen (moderne Darstellung von Rubert Geiger *Themenseite* **27**) und Künstlern/Theologen und Laien/Schülern (siehe Michaelas Bild *Infoseite* **31**) entdeckt werden.

1. Hintergrund

Die Doppelseite bietet durch die Medien Bild, biblischer Text und Gedicht die Möglichkeit der Nähe Gottes nachzuspüren und dieser im Unerwarteten und Alltäglichen zu begegnen.
Um die Perikope **1 Kön 19,5b-13** in ihrer ganzen Dimension zu verstehen ist es entscheidend, dass Sch über den Propheten Elija informiert werden.

Der Prophet Elija
Elija kämpft kompromisslos für den JAHWE-Glauben (um 870 v. Chr.). Elijas Name ist Programm, denn er bedeutet »Mein Gott ist JAHWE«. Durch sein Verhalten gerät Elija in Konflikt mit den Königen von Israel. Heftigen Widerstand erfährt er beim König Ahab (874-853) und dessen Frau Isebel, die den Baalkult in Israel eingeführt hat. Die Frage lautet: JAHWE oder Baal? Nach einigen Erfolgen (1 Kön 18,20-40) reagiert das Volk Israel zuerst begeistert auf Elija, doch der Einfluss der Königin Isebel wird immer stärker und der Baalkult setzt sich durch.
Nach den erfolglosen Mühen im Kampf gegen die Verehrung des Gottes Baal flieht Elija in die Wüste südlich von Beerscheba. Er ist resigniert und bittet um das Ende seiner Propethentätigkeit durch seinen Tod. In der Wüste, dem Ort der Einsamkeit und der Gottesbegegnung, zeigt sich Gott: Ein Engel berührt Elija und fordert ihn zwei Mal auf zu essen. Gestärkt durch die Speise macht sich Elija auf den Weg zum Gottesberg Horeb, dem Berg, auf dem sich Gott seinem Volk geoffenbart hatte. Hier kommt es zur Gottesbegegnung: »Elija schaut Gott nicht, er hört ihn als eine ruhige, dünne, schwache ... Stimme, als ›Flüstern eines leisen Wehens‹, als ein ›still sanftes Sausen‹, wie Martin Luther verdeutscht.« (Zenger, 387). Martin Buber übersetzt diese zentrale Stelle mit »eine Stimme verschwebenden Schweigens«. Weil Elija so zerbrechlich ist, nähert sich Gott ihm ganz behutsam. JAHWE ist ein mitfühlender Gott. Durch die Begegnung wird Elija gestärkt.

Jutta Boxhorn: »In Gottes Hand – Elija (1 Kön 19,4-8)«, 1995
Das Bild ist in erdigen Braun- und Beigetönen gehalten. Im Zentrum steht ein alter Baum, der an eine Weide oder an einen Olivenbaum erinnert. Die Zweige erstrecken sich nach links und sind so eine Art Schutz für die darunter kauernde Gestalt. Der Mensch liegt auf den Knien, seine Hände sind offen nach oben gerichtet und sein Gesicht schaut zu Boden. Klein und verzweifelt wirkt diese Gestalt, ihr Rücken ist von Sorgen gekrümmt. Beim genaueren Hinsehen entdeckt der Betrachter zwei Hände, die als weiße Konturen dargestellt sind. Die linke Hand scheint die menschliche Gestalt von unten zu halten. Sie ist wie eine Schale geöffnet, die dem Verzweifelten zarten, aber zuverlässigen Halt gibt. Die rechte Hand befindet sich oberhalb der Gestalt und weist mit einem ausgestreckten Zeigefinger auffordernd nach links.
Beide Hände symbolisieren einen Teil der Gottesbegegnung Elijas. Der Prophet fühlt sich durch die Begegnung am Horeb gestärkt und von Gott gehalten. Das symbolisiert auch die Berührung durch den Engel. Es wird aber auch deutlich, dass Elija sein Prophetenamt nicht einfach so aufgeben kann. Die rechte, nach vorn weisende Hand symbolisiert Gottes Auftrag für Elija. Durch die Botschaft beider Hände wird seine Situation klar: Elija kann sich in Gott gehalten wissen. Er macht eine unerwartete, aber sanfte Gottesbegegnung und ist in einen Auftrag gestellt, der ihn fordert. Über diese Deutung hinaus weist das Bild die symbolischen Elemente Sturm und Wüste auf, die ebenfalls auf Elijas inneren Zustand hinweisen.

Kurt Marti: großer gott klein
Kurt Marti spielt in diesem Gedicht mit dem Gegensatz von groß und klein, nah und fern. Er holt die Leserinnen und Leser bei der Gottesvorstellung des »großen Gottes« ab. Dann aber benutzt er Bilder, in denen die Nähe Gottes mit für uns lebensnotwendigen Organen (Haut, Halsschlagader, Zwerchfell oder Herzmuskel) verglichen wird. Diese Bilder münden in die Frage: »Wozu dich suchen?« Als Antwort hierauf erklärt der Autor, dass die Menschen Gottes Versteck seien.
Auffällig bei der Form des Gedichtes ist die durchgängige Kleinschreibung und der Verzicht auf einen Reim. Dies dürfte Sch von anderen Gedichten her bekannt sein. Besonders auffällig ist das Spielen mit den Wörtern »großer« und »klein« in der Überschrift und der ersten Zeile. In den folgenden Zeilen wird die Nähe Gottes durch »näher«, »zu nah« und »zu klein« charakterisiert. Erst am Schluss werden die Menschen durch das »wir« eindeutig in eine Beziehung mit Gott gestellt. Wir werden als Gottes »Verstecke« bezeichnet. Damit wird auch deutlich, dass Gott im Menschen ist.

Andrea Schwarz: Absage
Die Autorin beschreibt in ihrem Gedicht einen Gott, der seinen Himmel verlässt, um die Nähe zu den Menschen zu suchen. Wahrscheinlich meint sie damit

Variationen zum Horeb

Nicht im Sturm
nicht im Wind
im leisen Säuseln
Gottes Stimme hören

Nicht im Feuer
nicht im Lodern
in der sanften Glut
seine Gegenwart

Nicht auf Alleen
nicht auf Autobahnen
auf dem schmalen Weg
begegnen die Boten

Nicht der Beton
nicht der Asphalt
gibt dir die Stärke
Gras durchbricht Mauern

Nicht mit Macht
nicht mit Ellbogen
bahnt sich der Weg
dem Boten folgen

Nicht auf Posaunen
nicht auf Trompeten
hör auf das Leise
dort findest du Antwort

Sigrid Berg

Jesus Christus (dies wird aus dem Zusammenhang mit Lk 4,18-19 deutlich). Der die Menschen suchende Gott wendet sich Kranken, Toten, Besessenen, Gefangenen, Aussätzigen und Bettlern zu, d. h. er sucht Menschen, die am Rande der Gemeinschaft stehen: Menschen, deren Leben von Unglück, Krankheit, Leid und Not geprägt ist. In diesem Sinne ist auch die Überschrift »Absage« zu verstehen. So scheint Andrea Schwarz betonen zu wollen, dass der Gott, den sie beschreibt, bestimmten Erwartungen nicht entspricht. In den abschließenden Zeilen betont die Schriftstellerin, dass Gott bei denen lebt, die hungrig sind. Hier wird der Personenkreis ausgeweitet, da das Hungrig-Sein eine Metapher für all jene Menschen sein kann, die in diesem Leben nicht endgültig und bis in die tiefste Faser ihres Lebens satt werden. Es wird eine spirituelle Suche nach dem Sinn des Lebens und nach Gott angesprochen.

Auffällig bei der Gestaltung des Gedichtes ist die Betonung von »Als Gott« und »um die Menschen« durch den Zeilenumbruch. Auch die Charakterisierung der Menschen (siebte bis neunte Zeile) ist in doppelter Nennung parallel aufgebaut. Beim Lesen des Gedichtes fällt außerdem eine bestimmte Dynamik auf: so liest man die ersten Zeilen automatisch langsamer als die folgenden, bevor das Lesetempo am Ende des Gedichtes wieder abnimmt.

Dietrich Bonhoeffer: Menschen gehen zu Gott

Bonhoeffer beschreibt in der ersten Strophe das Anliegen der Menschen, die sich in Fürbitten an einen mächtigen Gott wenden. Dabei betont er, dass dieses Fürbitte-Halten für Christen und Heiden gleichermaßen gilt. In der zweiten Strophe begegnen Menschen Gott, aber in einer völlig unerwarteten Form: Riefen sie mit ihren Fürbitten einen mächtigen und alles regelnden Gott an, so begegnen sie hier einem schwachen und armen Gott. Unklar bleibt in dieser Strophe zunächst noch, ob es sich um die Beschreibung eines Gottesbildes handelt oder ob zum Ausdruck gebracht werden soll, dass Gott bei den schwachen und armen Menschen präsent ist. Am Ende der zweiten Strophe wird dann aber deutlich, dass die Menschen bei Gott in seinem Leiden stehen. In der dritten Strophe wird Gottes Zugewandtheit zu den Menschen betont. So verdeutlicht Bonhoeffer, dass Gott den Menschen Brot für die Seele und den Leib schenkt. Er wendet sich also ihren physischen, psychischen und spirituellen Bedürfnissen zu.

Im Vergleich zu den anderen Gedichten dieser Seite weisen Bonhoeffers Zeilen typische Gedichtmerkmale auf: So gibt es drei Strophen mit jeweils vier Versen. Die ersten drei Verse reimen sich jeweils. Die jeweils letzte Zeile der einzelnen Strophen reimen sich ebenfalls untereinander (Heiden – Leiden – beiden).

2. Einsatzmöglichkeiten im RU

Elijas Wanderung nachspüren

- Sch suchen in 1 Kön 19,5b-8 die Verben aus der Elija-Geschichte heraus. So erkennen sie die Wortparallelität und die entscheidende Stelle des Aufbruchs: »er aß und trank und legte« später »da stand er auf, aß und trank und wanderte«.
- Sch erarbeiten Elijas Wegstationen, bei denen der äußere Weg einem inneren entspricht.
- Lest euch den Elija-Text genau durch und schreibt euch die Wegstationen heraus. Versehet jede Wegstation mit einer Gedankenblase oder Sprechblase Elijas, in der ihr die zentralen Gedanken und Gefühle Elijas festhaltet.

Über die Gottesbegegnung Elijas staunen

Für Sch ist die beschriebene Gottesbegegnung genauso unerwartet wie für Elija selbst. So kann man die Erwartungen, die Sch an eine solche Begegnung haben, erarbeiten.

- Bevor Sch den zweiten bis letzten Abschnitt des Elija-Textes lesen, bearbeiten sie folgende Fragen: Wie würdest du dir eine Begegnung mit Gott vorstellen? Wie glaubst du, könntest du Gott erfahren?
- *Nach der Textlektüre*: Wie erfährt schließlich Elija Gott? Wie schätzt du diese Gottesbegegnung ein?
- Wir stellen uns eine Gottesbegegnung oft sehr gewaltig vor. Elija erlebt etwas ganz anderes. Diesen Gegensatz von Erwartung und tatsächlicher Gottesbegegnung am Horeb hat die Schriftstellerin Sigrid Berg in einem Gedicht zum Ausdruck gebracht (vgl. **AB 9.2.6, Lehrerkommentar S. 57**).
- Gestaltet auf dem AB je ein Bild zu den genannten »gewaltigen Erwartungen« und überlegt euch auch, wie die leisen, unerwarteten Gottesbewegungen dargestellt werden können.

Elijas Erfahrung aktualisieren

- Verfasst eine Parallelgeschichte zu Elija. Hierbei könnt ihr Stationen des Lebensweges eines Menschen aus unserer Zeit beschreiben, der ebenfalls die Stationen »Verzweiflung und Todessehnsucht«, »Ausruhen und Stärkung«, »unerwartete (Gottes-) Begegnung« und »Weg zurück ins Leben« erlebt.

In Gottes Hand – das Bild vergegenwärtigen

- Schreibt in die Gedankenblasen auf **AB 9.2.7, Lehrerkommentar S. 59** Gedanken und Assoziationen zu den Händen, dem Baum und zu Elija.
- Fertigt Cluster zu den Symbolen des Bildes (Wüste, Sturm und Baum) an. Schreibt dazu, wo euch diese Symbole begegnen und für welche Situationen im Leben sie stehen könnten.
- Denkt euch gemeinsam Fragen aus, die ihr der

In Gottes Hand

Künstlerin stellen könntet. Ihr könnt auch eure Eindrücke und Gedanken zu ihrem Bild beschreiben.

Gedichte vergleichen/   **IDEENSEITE** (28)
Gottes Nähe ...
- Die drei Gedichte auf dieser Doppelseite beschreiben die Nähe Gottes sehr unterschiedlich. Vollendet zu jedem Gedicht den Satz »Gottes Nähe ist erfahrbar, durch/in ...«. Schlagt die auf *Ideenseite* 28 angeführten Bibelstellen nach und vergleicht die unterschiedlichen Aussagen.

... wie eine Mutter

Deuteseite IV (38) (39)

1. Hintergrund

Ikonografische und archäologische Forschungen der letzen Jahre geben Aufschluss darüber, dass manche alttestamentliche Attribute, die dem Gott Israels zugesprochen werden, ursprünglich Göttinnenattribute sind.

Die Anfänge der Entwicklung einer »Weisheitstheologie« fallen zeitlich zusammen mit dem fast völligen Verschwinden von Göttinnendarstellungen im Judäa der Perserzeit (vgl. Wacker, 8). Diese werden in die Gestalt der göttlichen Weisheit transformiert, integriert und ausgeschmückt (vgl. a. a. O., 10). In sprachlicher Hinsicht weist das Gottesbild des AT noch weibliche Züge auf, z. B.:

Gott als Mutter: Hos 11; Dtn 32,18; Jes 42,14; Jes 49,14-15
Gott als Hebamme: Ps 22,10; Ps 71,6
Mütterlicher Trost: Ps 17,8; Ps 91,4 (Bild der Vogelmutter); Jes 66,13; Jes 49,15
Mütterliches Erbarmen: Jes 49,10; Jes 54,10; Ps 24 u. a. (Dass es sich hier speziell um das mütterliche Erbarmen handelt, wird aus dem Wortgebrauch des Urtextes deutlich, der die Form *rahamin* (Plural für hebr. *rehem* = Mutterschoß) gebraucht.)

Das Gottesbild Jesu lässt sich aus seinen Worten und Taten erschließen. Es ist tief in der alttestamentlichen Tradition verwurzelt, wobei für Jesus der Aspekt der vertrauensvollen Beziehung zum »Abba«, dem Vater, besonders wichtig ist, der sich den Menschen liebevoll und gütig zuwendet. Hier können auch weibliche Aspekte des alttestamentlichen Gottesbildes Berücksichtigung finden. Am Handeln Jesu jedenfalls wird deutlich, dass er – den damaligen Vorstellungen und Konventionen zum Trotz – Frauen und Männer gleichermaßen anspricht, heilt und in sein Gefolge aufnimmt. Auch die frühe Kirche bekennt Gott als »mütterlichen Vater«. Im Nizäno-Konstantinopolitanischen Glaubensbekenntnis heißt es, dass der Sohn »aus dem Mutterschoße des Vaters, d. h. aus dessen Wesen, gezeugt und geboren ist«. (Herzig, Anneliese: Der dreifaltige Gott als lebensbestimmende Wirklichkeit, in: Jetzt 2/1997, 7). Diese Formulierungen legen die Rede vom mütterlichen Vater nahe.

Allerdings sollte bei der Durchführung der Unterrichtseinheit darauf geachtet werden, dass sowohl »Vater« als auch »Mutter« lediglich Bilder sind und dass Gott letztlich jedes Bild transzendiert.

Der abgedruckte Textauszug **Jesaja 66** wird »Tritojesaja« zugeschrieben. In den Kapiteln 56-66, die er zusammenstellte, ist das Volk aus dem Babylonischen Exil zurückgekehrt und die Texte richten sich an die Heimgekehrten. Dieser Teil des Jesaja-Buches enthält in loser Anordnung Heils- und Gerichtsworte. Das Kapitel 66 schließt mit einem Blick auf den neuen Himmel und die neue Erde das Jesajabuch ab.
Die Verse 10-13 betonen nach dem Babylonischen Exil die Heilsbedeutung der Stadt Jerusalem, die zum Bild für göttliche Heimat und somit für den Himmel schlechthin wird. Die Stadt wird mit den Attributen »tröstende Brust«, »mütterlicher Reichtum« und »Friedensstrom« umschrieben. Dieses himmlische Jerusalem wird von JAHWE gespendet, der selbst als Mutter beschrieben wird, die ihren Sohn (das Volk Israel) auf den Knien schaukelt und ihn tröstet. Hier wird also der mütterliche Trost als Attribut Gottes betont.

Die **Pfingst-Sequenz** beschreibt die Attribute des Heiligen Geistes: das Trösten, Heilen, Pflegen, Reinigen, Wärmen und Erwecken. Das hebräische Wort für Geist ist die *ruach* (weiblich!) und repräsentiert als »Heilige Geistin« in vielen modernen Theologien die weibliche Seite der Trinität. Dadurch ergibt sich eine Möglichkeit, nicht nur die weiblichen Attribute des alttestamentlichen Gottes in das Christentum zu integrieren, sondern auch die weiblichen Züge des Gottesbildes in der erneuernden und erweckenden »Geistin« zu sehen. Doch auch diese Tradition knüpft an die alttestamentliche Weisheitstheologie an.
Interessant ist ebenfalls, dass die Attribute des beschriebenen Geistes Teile der sieben Gnadengaben aufweisen.

Das **Deckenfresko aus Urschalling**, das im 14. Jahrhundert entstand, stellt den einen Gott in drei Personen dar. Dabei steht rechts Gottvater, dargestellt mit einem weißen Vollbart, links Jesus Christus mit schulterlangem, hellbraunem Haar und in der Mitte der Heilige Geist, der hier als Frau dargestellt ist. Gottva-

O komm herab, du Heiliger Geist

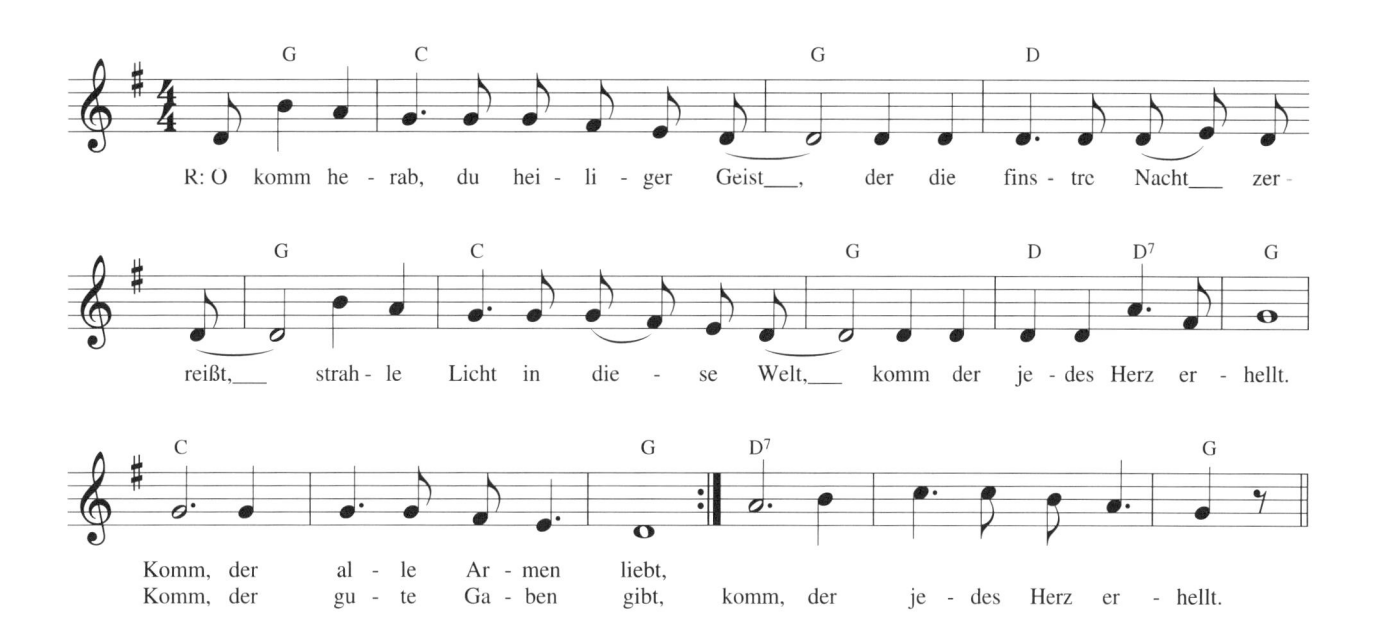

R: O komm herab, du heiliger Geist, der die finstre Nacht zerreißt, strahle Licht in diese Welt, komm der jedes Herz erhellt.

Komm, der alle Armen liebt,
Komm, der gute Gaben gibt, komm, der jedes Herz erhellt.

2. Höchster Tröster in der Zeit, Gast der Herz und Sinn erfreut, köstlich Labsal in der Not.

3. In der Unrast schenkst du Ruh, hauchst in Hitze Kühlung zu, spendest Trost in Leid und Tod.

4. Komm, o du glückselig Licht, fülle Herz und Angesicht, dring bis auf der Seele Grund.

5. Ohne dein lebendig Wehn kann im Menschen nichts bestehn, kann nichts heil sein noch gesund.

6. Was befleckt ist, wasche rein, Dürrem gieße Leben ein, heile du, wo Krankheit quält.

7. Wärme du, was kalt und hart, löse, was in sich erstarrt, lenke, was den Weg verfehlt.

8. Gib dem Volk, das dir vertraut, das auf deine Hilfe baut, deine Gaben zum Geleit.

9. Lass es in der Zeit bestehn, deines Heils Vollendung sehn und der Freuden Ewigkeit.

ter und Jesus Christus tragen weiße, wallende Gewänder und ihre Augen sind auf die »Heilige Geistin« gerichtet. Beide berühren mit der jeweils äußeren Hand die Gestalt der »Geistin« und betonen so die Verbundenheit und die Einheit der drei Gestalten. Die »Heilige Geistin« selbst ist in ein erdfarbenes Gewand gehüllt, dieses ist nicht ganz zu sehen, da es unten von den Gewändern von Gottvater und Jesus Christus überdeckt wird. Sie sieht den Betrachter direkt an. Alle drei Personen tragen einen Nimbus, wobei jeder nur einen dunkelgoldenen Lichtstrahl besitzt. Auch dieses Detail weist auf die Einheit der drei Gestalten hin.

Die unterschiedlichen Erfahrungen mit dem vorliegenden Materials zeigen, dass Sch zunächst Schwierigkeiten haben, sich auf ein weibliches Gottesbild einzulassen. Dies liegt zum Teil an der Bildtradition unsere Kirchenräume, die ein männliches, oft kindliches Gottesbild vermittelt. Aber auch das Abstraktionsvermögen der Sch ist noch nicht allen Gedankenspielen gegenüber offen. Aus diesem Grund steht das weibliche Gottesbild auch am Abschluss des Kapitels, da bis dahin doch ein Prozess der Sensibilisierung beim Reden über Gott stattgefunden hat und Sch erkannt haben, dass alles Reden oder Vorstellen zu diesem Thema nur vorläufig und metaphorisch bleibt. Die Konfrontation mit den unterschiedlichen weiblichen Gottesattributen aus der Bibel sollte von Sch selbstständig erarbeitet werden, damit diese die Erfahrung des eigenen Entdeckens machen.

2. Einsatzmöglichkeiten im RU

Die Gnadengaben des Heiligen Geistes entdecken
- Welche der sieben Gnadengaben findest du in der Pfingstsequenz?
- Erstellt eine Collage aus Zeitungsbildern zu den sieben Gnadengaben.
- Durch das Singen des Liedes zur Pfingstsequenz auf **AB 9.2.8, Lehrerkommentar S. 61** entsteht ein neuer, unmittelbarer Zugang zum Text.

Bilder der Trinität vergleichen
- Vergleicht das Bild auf der *Deuteseite II* 35 mit der Darstellung der Dreieinigkeit aus Urschalling.

Gott erfahren — Stellungnahmen (40)

1. Hintergrund

Die *Stellungnahmen* thematisieren einerseits den Bezug des Segens zum Gottesdienst und verdeutlichen andererseits den Lebensbezug für Sch:
Der Text **Einander segnen** soll Sch bewusst machen, was »Segnen« bedeutet, nämlich jemandem etwas Gutes zusprechen. Damit wird das Segnen aus dem rein gottesdienstlichen Kontext herausgenommen und in den Alltag gestellt. Aus diesem Grund sind alltägliche »Segenssituationen« aufgelistet, die Sch auch aus ihrem Leben kennen.

Das **Gedicht von Pierre Stutz** beschreibt unterschiedliche Wünsche. Dabei werden zentrale Lebenssituationen mit Segenswünschen bedacht und die Nähe Gottes für diese Situationen gewünscht. In der ersten Strophe geht es um das Unterwegssein im Leben. Die zweite Strophe wünscht Mut zur Versöhnung. Die dritte Strophe wünscht mit der Lichtsymbolik Hoffnung, die vierte ein Leben in Gemeinschaft und im Bewusstsein, Gottes Volk zu sein. Die letzte Strophe beschreibt die Bitte um Begeisterung beim Aufbruch. Interessant ist die Beobachtung, dass in allen Strophen von »dir« gesprochen wird und in der letzten Strophe von »wir«.
Alle Strophen sind parallel aufgebaut. So gibt die erste Zeile jeweils an, worauf sich der Wunsch bezieht. »Wünsch ich dir« wiederholt sich dann in jeder Strophe in der zweiten Zeile und in der dritten Zeile wird die Art, wie Gott begleiten möge, beschrieben.

2. Einsatzmöglichkeiten im RU

Eigenen Segenssituationen nachspüren
- Sch sammeln nach dem Vorbild der Texte weitere Segenssituationen in ihrem Alltag und tauschen ihre Erfahrungen damit aus.
- Überlegt euch, in welchen Situationen ihr von jemand anderem gesegnet oder mit guten Wünschen bedacht werdet. Wann und wie segnet ihr andere?
- Wie fühlt ihr euch, wenn ihr gesegnet werdet? Vielleicht ist eurer Empfinden abhängig von der segnenden Person?

Irische Segenswünsche kennen lernen und selbst formulieren
- Sch setzen sich mit der eindrucksvollen Einfachheit der irischen Segenswünsche auseinander (siehe **AB 9.2.9, Lehrerkommentar S. 63**).
- Sucht selbst die rechten Worte für gute Wünsche oder einen Segen für eine Person in eurer Klasse

Möge Gott ...

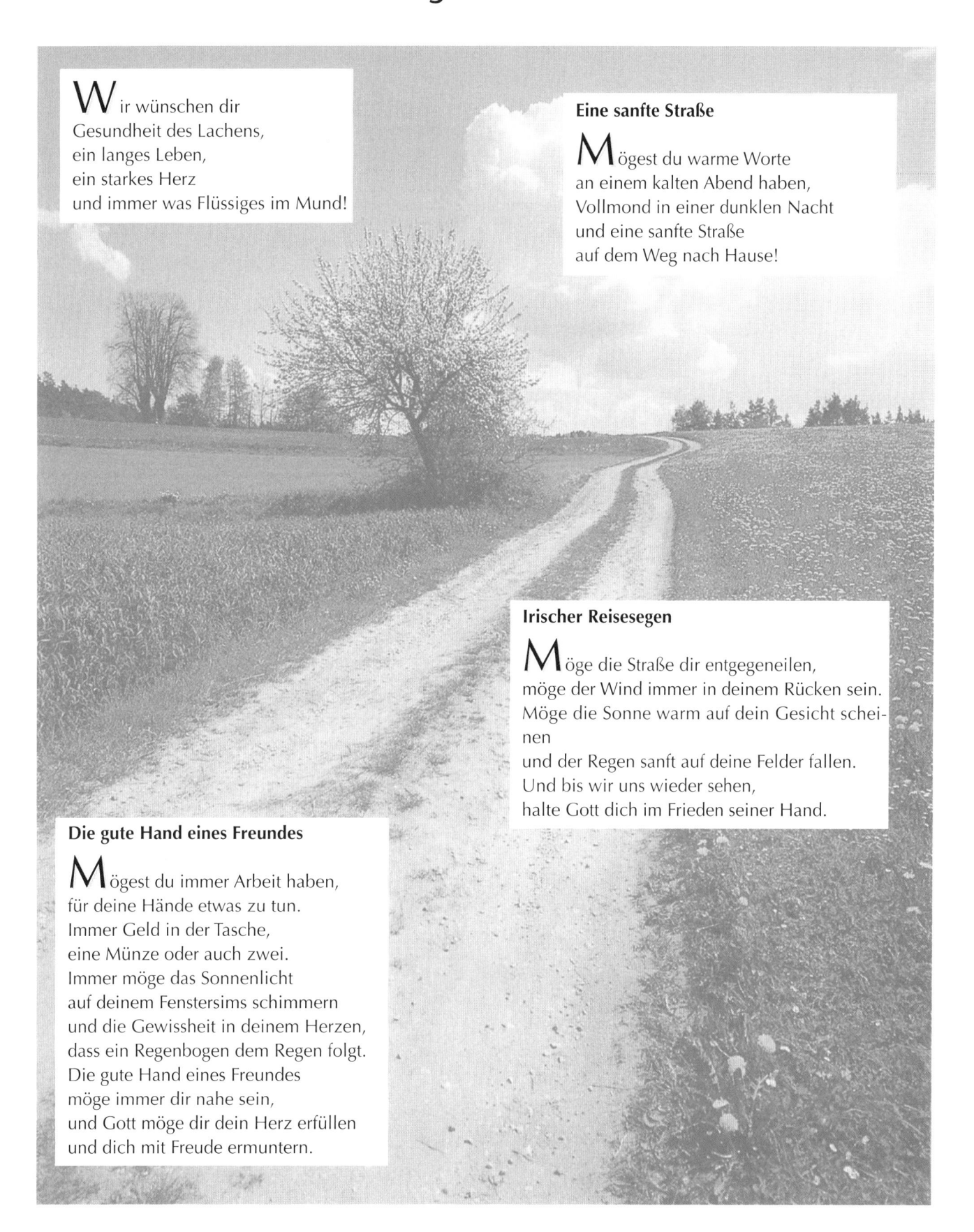

Wir wünschen dir
Gesundheit des Lachens,
ein langes Leben,
ein starkes Herz
und immer was Flüssiges im Mund!

Eine sanfte Straße

Mögest du warme Worte
an einem kalten Abend haben,
Vollmond in einer dunklen Nacht
und eine sanfte Straße
auf dem Weg nach Hause!

Irischer Reisesegen

Möge die Straße dir entgegeneilen,
möge der Wind immer in deinem Rücken sein.
Möge die Sonne warm auf dein Gesicht scheinen
und der Regen sanft auf deine Felder fallen.
Und bis wir uns wieder sehen,
halte Gott dich im Frieden seiner Hand.

Die gute Hand eines Freundes

Mögest du immer Arbeit haben,
für deine Hände etwas zu tun.
Immer Geld in der Tasche,
eine Münze oder auch zwei.
Immer möge das Sonnenlicht
auf deinem Fenstersims schimmern
und die Gewissheit in deinem Herzen,
dass ein Regenbogen dem Regen folgt.
Die gute Hand eines Freundes
möge immer dir nahe sein,
und Gott möge dir dein Herz erfüllen
und dich mit Freude ermuntern.

In diesen alten irischen Segenswünschen hat Gott unmittelbar etwas mit dem Leben der Menschen zu tun. Sie danken ihm für Alltägliches oder richten ihre Wünsche an ihn. Verfasse auch du einen Segen oder gute Wünsche für einen anderen Menschen.

oder in eurer Umgebung. Ihr könnt dazu auch eine Karte kreativ gestalten.

Literatur

Baumann, Christoph Peter, Begegnung mit dem Hinduismus. Am Beispiel der Tamilen, Hamburg ²1996

Fowler, James W., Glaubensentwicklung. Perspektiven für Seelsorge und kirchliche Bildungsarbeit, München 1989

Halbfas, Hubertus, Religionsunterricht in Sekundarschulen. Handbuch 8, Düsseldorf 1996

Partsch, Susanne, Paul Klee. 1879-1940, Köln 1990

Riedel, Ingrid, Farben, in: Religion, Gesellschaft, Kunst und Psychotherapie, Stuttgart ⁹1991

Schmid, Hans, »Was dir das Leichteste dünket ...«. Erschließung der Lebenswelt – Korrelation – Religionsunterricht, in: Georg Hilger/Georg Reilly (Hg.), Religionsunterricht im Abseits, München 1993

Snela, Bogdan (Hg.), Der Ochs und sein Hirte. Zen-Augenblicke. Mit Kommentaren und ausgewählten Texten von Hugo M. Enomiya-Lassalle, München ²1994

Trautner, Hanns Martin, Lehrbuch der Entwicklungspsychologie, Bd. 2: Theorien und Befunde, Göttingen u. a. 1991

Wacker, Marie-Theres, Göttinnenverehrung im Alten Israel, in: Welt und Umwelt der Bibel 4 (1999), Nr. 11

Zenger, Erich, Das biblische Bilderverbot – Wächter der biblischen Gotteswahrheit, in: KatBl 11 (1991)

Sich entscheiden – verantwortlich handeln ③

Das Thema im Schulbuch

Das dritte Kapitel des Schulbuches »Sich entscheiden – verantwortlich handeln« greift das Lehrplanthema »Sich entscheiden können: Gewissen und Verantwortung« (LP 9.3) auf. Neben dem Entscheidungsprozess legt das Kapitel auf das verantwortliche Handeln z. B. anhand von aktuellen politischen Herausforderungen wert. Zunächst gibt es Sch mehrfach die Möglichkeit sich mit dem Gewissen allgemein und mit ihrem eigenen Gewissen auseinander zu setzen. Dabei werden z. B. Dilemmageschichten ausgewertet und Entscheidungssituationen gespielt. Bei der Auswahl dieser Entscheidungssituationen wurde auch auf die Situation der Berufswahl und -ausübung eingegangen. Andererseits werden innerhalb dieses Kapitel Gewissenserlebnisse durch beispielhafte Geschichten (Ellebracht und Petrus) beschrieben, die Sch Einblicke in die »Arten und Aufgaben des Gewissens« (ebd.) geben.

Um Sch Hilfen für eigene Entscheidungssituationen zu geben und christliche Motive für ihr eigenes Verhalten vorzustellen, werden Werte aus unterschiedlichen ethischen Richtungen (jüdisch-christliche und humanistische Tradition) vorgestellt. Auch biblische Weisungen als Richtschnur für richtiges, verantwortungsbewusstes Handeln und Lebensbeispiele von Christen (Dietrich Bonhoeffer, Franz Jägerstetter und Johann Maier), »die in Konfliktsituationen ihrem Gewissen treu geblieben sind« (ebd.) greift das Kapitel auf.

Die *Titelseite* **41** zeigt das Bild »Hat Kopf, Fuß und Hand« von Paul Klee. Da im Mittelpunkt das Herz steht, das mit seiner Farbe die anderen Körperteile berührt, regt das Bild ein Gespräch über die Bedeutung des Herzens an. Dabei kann auch die Kapitelüberschrift »Sich entscheiden – verantwortlich handeln« thematisiert werden unter dem Aspekt »Logik des Herzens« bei Entscheidungsfragen.

Auf *Themenseite* **42-43** erhalten Sch unterschiedliche Möglichkeiten und Materialien sich dem Thema zu nähern.

Das Thema »Zivilcourage« begegnet Sch auf *Ideenseite* **44-45**. Darüber hinaus werden Sch zur handlungsorientierten Auseinandersetzung eingeladen.

Die Geschichte des Generalvertreters Ellebracht auf *Deuteseite I* **46-47** eröffnet die Beschäftigung mit Prozessen der Entscheidung und des Gewissens.

Die *Infoseite I* **48-49** bietet einerseits Zitate, die klären, was mit Gewissen gemeint sein kann. Andererseits wird über die Entwicklung der Urteilsfähigkeit informiert und vermittelt, dass die Bildung des Gewissens als lebenslange Aufgabe zu begreifen ist (vgl. LP 9.3).

Die *Infoseite II* **50-51** greift unterschiedliche Aspekte auf, woran sich das Gewissen und die Wertvorstellungen orientieren können. Auf der linken Seite sind dies Orientierungshilfen aus der jüdisch-christlichen, auf der rechten Seite aus der humanistischen Tradition.

Mit dem Text von Werner Laubi »Wieder diese Angst« wird auf *Deuteseite II* **52-53** der Gewissenskonflikt einer biblischen Person vorgestellt. Das Bild auf der Seite 53 »Francisco Goya« von Leonhard Baskin lädt zur intensiven Betrachtung der hellen und dunklen Seiten eines Menschen ein.

Die *Infoseite III* **54-55** greift mit dem Rechtsradikalismus ein aktuelles politisches Thema auf und ermutigt Sch durch unterschiedliche Texte, Stellungnahmen und einen Popsong eine eigene Position zu finden.

Durch die Anregung, eine eigene Maske zu gestalten, ein Gedicht und das Hundertwasser-Bild (*Stellungnahmen* **56**) werden Sch dazu animiert, das Thema noch einmal individuell und mit künstlerischen Mitteln zu reflektieren.

Verknüpfungen mit anderen Themen im Schulbuch

Kap. 1 Sinn suchen – das Leben finden: Eine Gewissensentscheidung ist auch in der Diskussion um aktive Sterbehilfe gefragt. Dieses Thema wird auf *Infoseite II* **21** thematisiert.

Kap. 6 Kirche in bewegten Zeiten: Weitere »Lebensbeispiele von Christen, die in Konfliktsituationen ihrem Gewissen treu geblieben sind« (LP 9.3) finden sich auf *Infoseite II* **100** (Meinolf von Spee) und *IV* **104-105** (Bernhard Lichtenberg, Franz Jägerstetter, Dietrich Bonhoeffer).

Verbindungen mit anderen Fächern

Je nachdem, wo der Schwerpunkt einer fächerübergreifenden Zusammenarbeit gesehen wird, ergeben sich vielfältige Möglichkeiten:

Evangelische Religionslehre: Meine Lebenswünsche und Ziele (9.4, Anknüpfung: Werte und Normen für sein Leben finden).
Ethik: Selbstfindung und Autorität (9.1, Anknüpfung: eigene Maßstäbe finden).
Wirtschafts- und Rechtslehre: Berufsfindung und Berufsausbildung (9.3, Anknüpfung: Berufsfindung unter christlichen Wertmaßstäben).
Sozialkunde: Soziale Aspekte der Arbeitswelt (9.2, Anknüpfung: Gewissenskonflikte innerhalb des Berufsalltags).

Sich entscheiden – verantwortlich handeln Titelseite (41)

1. Hintergrund

Anmerkung: Das Kapiteleingangsbild mag einigen Sch, die in der Grundschule mit dem Unterrichtswerk *fragen – suchen – entdecken* gearbeitet haben, bereits bekannt sein. In *Reli Realschule 9* steht das Bild aber in einem neuen Zusammenhang und die Wahrnehmung der Sch hat sich weiterentwickelt, sodass die Wiederbegegnung sicher fruchtbar sein wird. Zur Biografie des Künstlers siehe Lehrerkommentar S. 39.

Paul Klee: »hat Kopf, Hand, Fuß und Herz«, 1930
Auf dem *Titelbild* von Paul Klee (Aquarell und Feder auf Baumwolle, auf Karton und auf Hartfaserplatte, 41,5 x 29 cm, Düsseldorf, Kunstsammlung NRW) sieht man Körperteile, die um das Zentrum – ein Herz – angeordnet sind.

Das Gesicht in der oberen linken Bildecke besteht aus einem Balken, der die Augenbrauen darstellt. Außerdem stehen zwei dunkelgraue Kreise für die Augen, ein schmaler vertikaler Strich für die Nase und zwei kleine horizontale Doppelstriche für den Mund. Die Augen sind proportional zu Nase und Mund besonders groß angelegt. In der rechten oberen Bildecke sieht man einen Arm mit einer Hand. Der Arm ist diagonal nach oben rechts ausgerichtet, sodass die Hand mit ihren fünf Fingern in die rechte obere Bildecke weist. In der rechten unteren Bildecke befindet sich die »Fuß-Hand«: Sie wird gebildet durch einen Fuß, der mit seinen Zehen auf die Bildmitte zeigt, einem Verbindungsstück, das senkrecht nach unten verläuft, und einer Hand an dessen Ende. In der linken Bildecke befindet sich ein Bein mit einem Fuß. Das Bein steht etwas diagonal (von links nach rechts unten) im Bild. Der Fuß ist unten rechts angebracht und steht horizontal. Die einzelnen Körperteile sind vor einem blass-beigen Hintergrund angeordnet. Lediglich hinter den Körperteilen befinden sich hellblaue bis graue Schatten.

Im Zentrum des Bildes sieht man ein kleines rotes Herz. Der Hintergrund um das Herz herum ist in einem warmen Rotton gestaltet. Dieser Rotton breitet sich vom Zentrum des Bildes kreuzförmig auf die Bildränder hin aus und verfließt ins Beige.

Auf den Betrachter/die Betrachterin wirkt das Herz im Zentrum pulsierend und lebendig. Vom Herzen aus scheint – verdeutlicht durch die Farbe – das Leben in die anderen Körperteile zu fließen und diese mit Leben zu erfüllen.

Das Herz des Menschen, verstanden als Sitz der Seele, des Gemüts oder des Gewissens, stellt das Zentrum des Menschen dar. Von diesem Zentrum aus werden die anderen Körperteile mit Leben versorgt. Auf das Thema des Kapitel bezogen kann das Herz im Zentrum des Bildes als das Gewissen oder als das Verantwortungsgefühl gedeutet werden. Dieses Zentrum pulsiert und lebt. Rot ist dann nicht nur Farbe der Wärme und Geborgenheit, sondern steht auch für Schmerz und Gefahr, denn die Aktivitäten des aufmerksamen Herzens können auch schmerzhafte Entscheidungssituationen und unschlüssiges Hin-und-hergerissen-Sein beinhalten. Diese Unschlüssigkeit wird in den großen fragenden Augen des Gesichtes deutlich. Interessant für die Deutung auf das Kapitelthema hin ist die Verbindung des Herzens zu den anderen Körperteilen. Das Herz als Gewissen steht nicht nur für sich selbst, sondern es gehen von ihm Entscheidungen und Handlungsimpulse aus. Diese Entscheidungen, die in Handlungen münden, werden durch die Aktivität der anderen Körperteile repräsentiert. So nimmt das Bild nicht nur das Gewissen und die Herzensmitte als Entscheidungsinstanz in den Blick, sondern zeigt auch, dass Entscheidungen zu verantwortlichem Handeln führen können.

2. Einsatzmöglichkeiten im RU

Das Titelbild deuten IDEENSEITE (44)
- Da das Bild durch seine Abstraktion viele Deutungsmöglichkeiten zulässt, ist es wünschenswert, bei einer ersten Betrachtung und Deutung die Kapitelüberschrift noch nicht einzubeziehen. Wichtig ist hier die Auseinandersetzung mit dem Symbol des Herzens und der roten Farbe. Entscheidend wird sein, dass Sch nach einer ersten Assoziation mit Liebe und Zuneigung das Herz als innere Instanz deuten. Erst in einem zweiten Schritt sollte überlegt werden, welchen Bezug das Bild zum Thema des Kapitels haben kann.
– Geht mit euren Augen im Bild spazieren und beschreibt euren Mit-Sch, was ihr seht.

Zwiespalt

– Versucht die einzelnen Bildelemente und die Farben zu deuten.

Mit den Elementen des Bildes spielen
- Sch bekommen eine Schwarz-Weiß-Kopie des Bildes, das in die einzelnen Elemente zerschnitten wird. Nun können sie die Bildelemente durch Verschieben unterschiedlich anordnen. Die Wirkung und die Deutungsmöglichkeiten der unterschiedlichen Anordnungsvariationen werden sehr unterschiedlich sein und die Kraft des ursprünglichen Klee-Bildes noch einmal unterstreichen.
– Schneidet die einzelnen Bildelemente eurer Schwarz-Weiß-Kopie aus.
– Ordnet die Bildelemente neu an. Durch Verschieben könnt ihr immer neue Anordnungen ausprobieren. Entscheidet euch schließlich für eine Möglichkeit und klebt diese in euer Heft.
– Jetzt könnt ihr eure Anordnung noch farbig gestalten.
– Vergleicht das so entstandene Bild mit dem Bild von Paul Klee. Wie unterscheiden sich die Wirkungen?

Gewissen darstellen   IDEENSEITE (44)
Nachdem ausführlich auf das Herz als innere Instanz eingegangen wurde, gestalten Sch ein eigenes Bild zum Thema »Gewissen« (siehe nebenstehendes Sch-Beispiel).

Schülerzeichnung »Mein Gewissen«

Eine andere Darstellung für das Gewissen kennen lernen
- Ein/e Sch erhält **AB 9.3.1**, Lehrerkommentar S. 67 ohne Überschrift und Titel (der Holzschnitt »Zwiespaltag« wurde von Wolfgang Mattheuer, geb. 1927, im Jahre 1979 angefertigt).
- Der/die Sch beschreibt der Klasse, was er/sie auf dem Bild wahrnimmt, die anderen fertigen nach der Beschreibung eine Skizze an.
- Anschließend werden die angefertigten Skizzen mit dem Original von Wolfgang Mattheuer verglichen.
- Ausgehend von den Bildern wird gemeinsam der Weg einer ethischen Entscheidungssituation von der inneren Diskussion bis hin zur Entscheidung erarbeitet.

Themenseite (42) (43)

1. Hintergrund

In Bertolt Brechts Text »**Was ein Kind gesagt bekommt**« werden typische Erziehungssätze, die Kinder oft zu hören bekommen, wiedergegeben. Dabei geht es um die religiöse Erziehung (»Der liebe Gott sieht alles«), um Tugenden wie das Sparen (»Man spart für den Fall des Falles«) und die Höflichkeit (»Zum Alter ist man ehrerbötig«), bis hin zu Verhaltensregeln beim Essen und bei Tisch (»Man greift nicht zuerst in die Schüssel bei Tisch«). Deutlich wird durch diese Maßregelungen, dass Kinder in die Rolle von Befehlsempfängern geraten. Die letzte Zeile (»Ein Kind hält den Mund«) unterstreicht dies noch.

Der Text kann zu einer kritischen Auseinandersetzung mit elterlichen Regeln führen. Diese werden dann daraufhin untersucht, ob sie für die Entwicklung eines gereiften Gewissens notwendig sind. Das Gewissen wird zunächst durch die von außen an das Kind herangetragenen Regeln strukturiert. Die meist elterlichen Regeln und Maßstäbe werden dann später verinnerlicht oder kritisch abgelehnt.

Die Karikatur **Mutter mit Sprechblasenhammer** bezieht sich ebenfalls auf die von Brecht angesprochene Problematik der Erziehung. Man sieht eine Mutter, deren Mund aufgerissen ist. Aus ihm quillt eine Sprechblase in Form eines Hammers. Diese Sprechblase schlägt auf den neben der Frau stehenden Jungen ein, sodass dieser Kopf und Schultern einziehen muss. Der Junge steht in einer passiven Haltung da: Er ist im Oberkörper eingesunken, seine Arme liegen passiv auf dem Rücken. An dieser Haltung erkennt man, dass der Junge klein gemacht wird. Es scheint so, als ertrage er den Redehammer der Frau lediglich ohne wirklich zuzuhören. Gleichzeitig ist die Frau dominant, da sie größer als der Junge ist und die Sprechblase ihre Macht verdeutlicht.

In der kurzen Dilemma-Geschichte **Wo endet Freundschaft?** wird eine alltäglich Situation aus dem Straßenverkehr beschrieben. Peter bittet seinen Freund Ralf um eine Falschaussage um sein eigenes Fehlverhalten (bei Rot über die Ampel fahren und dabei eine Frau gefährden) zu verdecken. Interessant ist in dieser Geschichte, dass das Ende offen bleibt. Jede/r kann selbst überlegen, ob Ralf nach kurzem Zögern falsch aussagt oder die Wahrheit sagt und so evtl. die Freundschaft zu Peter aufs Spiel setzt. Die Problematik, ob für einen Freund oder eine Freundin auch gegen das eigene Gewissen gehandelt werden darf, wird auch in der Überschrift aufgegriffen.

Das **Foto** zeigt auf der linken Seite zwei Bahngleise, die zunächst parallel laufen und dann unter der Brücke durch Weichen verbunden sind. Auf der rechten Seite sieht man fünf Gleise. Eines dieser Gleise verläuft von links unten nach rechts oben und kreuzt so die anderen Schienen. In der Mitte des Fotos kann man Weichen und Signale erkennen, die den einfahrenden Zügen ihre Fahrtrichtung weisen.
Es entsteht der Eindruck von Weite und Verbundenheit gleichzeitig, da die Gleise in den Horizont verschwinden und durch die Brücke die Gleise auf verschiedenen Ebenen gekreuzt werden. Im Kontext des Kapitels sollten die Gleise als mögliche Lebenswege gedeutet werden. Jedes Gleis kommt einem Lebensweg oder einer Entscheidungssituation gleich. Wohin führen dieses Wege? Auf welche Signale höre ich? Wer stellt meine Weichen? Welche Wege kreuzen meinen Lebensweg? Welche Entscheidungen gibt es in meinem Leben? Von wem lasse ich sie beeinflussen?

Die **Schulordnung von 1913** gibt in ihrem § 1 Regeln für das Verhalten der Sch beim Eintritt in die Schule und im Klassenzimmer vor. Dabei wird vor allem darauf hingewiesen, dass sie nicht zu lärmen haben und auch innerhalb des Klassenzimmers ihre Plätze nicht unaufgefordert verlassen dürfen.
Für heutige Sch scheint diese Schulordnung übertrieben disziplinierend und streng. Thematisiert werden kann daran, dass Regeln innerhalb ihrer Entstehungszeit zu betrachten sind. So wird auch jede Regel relativiert und Sch erkennen, dass man nach dem Sinn einer Regel fragen muss, will man das Leben nicht mit einem unsinnigen und einschränkenden Reglementierungen belasten.

Gedankensplitter zum Gewissen: *Wilhelm Busch* (1832-1908) betont, dass die Bezeichnung »schlechtes Gewissen« eigentlich falsch sei, da das schlechte Gewissen den Menschen zur Wahrheit treibt. Er schlägt deshalb vor das »schlechte Gewissen« »gutes Gewissen« zu nennen. Durch diesen Gedanken wird das Gewissen in ein positiveres Licht gerückt. So erleben Sch ihr Gewissen eher als belastend, da es ihnen verdeutlicht, was sie falsch gemacht haben. Busch macht mit seinem Gedanken deutlich, dass wir unser Gewissen positiv sehen sollten, weil es eben das Gute zum Ziel hat.
Victor Hugo (1802-1885) stellt mit seinem Ausspruch den Zusammenhang zwischen dem menschlichen Gewissen und Gott her. Er betont, dass das Gewissen des Menschen das Denken Gottes sei und verdeutlicht so, dass das Gewissen nicht nur seine Bedeutung im zwischenmenschlichen Bereich hat, sondern darüber hinaus Teil der Religion/Gottesbeziehung und einer christlichen Ethik ist.
Salvador de Madariaga y Rojo (1886-1978) betont, dass die Existenz des Gewissens allein noch nicht zu verantwortungsvollem Handeln führt. Das Gewissen sorgt aber dafür, dass der Mensch Sünden nicht genießen kann. Auch werden Gewissensbisse angesprochen, die den Menschen belasten. Aber das muss nicht zwangsläufig dazu führen, dass man nach seinem Gewissen handelt. Sch werden diesen Satz mit eigenen Erfahrungen und Beispielen füllen können, da er eine menschliche Grunderfahrung anspricht.
Richard von Weizsäcker (geb. 1920) geht auf den Zusammenhang von Gewissen und Gesetz ein. Er betont, dass der Ruf nach strengeren Gesetzen allein menschliches Handeln noch nicht positiv verändern oder beeinflussen wird. Menschliches Handeln kann nur durch ein schärferes Gewissen verantwortungsvoll sein. Hier wird dem Gedanken widersprochen, dass durch strenge Strafen oder Gesetze das menschliche Handeln positiv zu verändern sei. Außerdem wird die politische Dimension des Themas »Gewissen« und Verantwortung angesprochen.
Stanislaw Jerzy Lec (1909-1966) formuliert in seinen satirischen Gedanken, dass das Gewissen eines Menschen rein sei, weil er es nie benutze. Dadurch wird gleichzeitig ausgesagt, dass der Mensch, der sein Gewissen benutzt, kein reines Gewissen haben kann. So verdeutlich dieser Ausspruch, dass es zum Wesen des Gewissens gehört, dass es als belastend, als kritisch und brennend erfahren wird.

Die **Karikatur** auf der *Themenseite* **43** zeigt einen Menschen mit Hut und einem Schild, auf dem ICH steht. Dieser Mensch ist eine Marionette, denn er wird von sechs großen Händen an Marionettenfäden gehalten. Die Karikatur thematisiert die Frage danach, wie frei der Mensch ist und in welchen Abhängigkeiten er steht. Sch können bei der Betrachtung eigene Erfahrungen mit Abhängigkeiten und dem Wunsch nach Freiheit ansprechen. Darüber hinaus ist jedoch auch danach zu fragen, ob der Mensch überhaupt in absoluter Freiheit und losgelöst von anderen Menschen leben kann.
Unter der Karikatur ist die Aussage **Gewissen lässt sich nicht einfach abschieben** mit einem Passbild und dem Aufdruck »erledigt« zu sehen. In dieser Darstellung wird ein Gewissensprozess mit dem Abarbeiten eines Stapels Akten verglichen. Das Foto trägt den Stempel »erledigt«, wie man ihn auf Aktendeckeln findet. Damit wird auf die politischen Entscheidungen, z. B. der

Abschiebung von Asylbewerbern, aufmerksam gemacht. Thematisiert werden kann z. B. »Wie ist es mit dem Gewissen der Abschieber/innen von Asylbewerbern und -bewerberinnen bestellt? Machen sie nur ihre Arbeit? Betrifft sie das Schicksal der einzelnen Menschen oder sind diese nur Gegenstand ihrer zu erledigenden Arbeit?

Die Dilemma-Geschichte **Eine Gewissensfrage** fragt danach, ob man stehlen darf, um ein Menschenleben zu retten. Steht die Dilemma-Geschichte »Wo endet Freundschaft?« (*Themenseite* **42**) in einem engen Zusammenhang zur Lebenswelt der Sch, eröffnet »Eine Gewissensfrage« eine neue Dimension. Besonders eindrucksvoll ist dieses Dilemma deshalb, weil es um das nackte Leben von Heinz' Frau geht und aus diesem Grund eine Diskussion der Sch durchaus auch emotionale Elemente einbezieht.

2. Einsatzmöglichkeiten im RU

Erziehungsregeln sammeln

- Sch setzen sich anhand des Brecht-Textes »Was ein Kind gesagt bekommt« mit Regeln und Maßstäben ihrer Erziehung auseinander, indem sie – ohne den Text zu kennen – solche Regeln sammeln. Wichtig ist hier die Erkenntnis der Sch, dass die Regeln und Äußerungen der Eltern verinnerlicht werden und so das Kind prägen.
- Sch tauschen sich über persönliche Erfahrungen aus. So reflektieren sie auch ansatzweise eigene Erfahrungen innerhalb ihrer Erziehung.
– Sammelt Regeln und Aussagen eurer Eltern, die zur Überschrift »Was ein Kind gesagt bekommt« passen. Vergleicht eure Sammlung mit der eures Nachbarn.
– Lest nun den Text von Bertolt Brecht und überlegt, welche Tugenden und Ziele eine solche Erziehung anstrebt. Wie wird das Gewissen eines Kindes durch solche Regeln und Aussagen geprägt?

Die Karikatur mit dem Hammer beschriften

- Sch beschreiben und deuten die Karikatur auf *Themenseite* **42**.
- Im Zusammenhang mit dem Brecht-Text »Was ein Kind gesagt bekommt« überlegen sich Sch typische Aussagen oder Sprüche ihrer Eltern, die auf sie »wie ein Hammer« wirken.
- Sch erhalten entweder die Karikatur als Kopie und tragen die Sprüche in die Sprechblase ein oder es werden einige repräsentative Sprüche auf einer OH-Folie mit der Karikatur eingetragen.

Den Dialog »Wo endet Freundschaft« spielen

- Sch besprechen im Unterricht den Kern der Dilemmageschichte um Peter und Ralf und bringen diese mit der Überschrift in Verbindung: In welchem Dilemma steckt Ralf? Wie kann er reagieren?
- In Vierergruppen entwickeln Sch verschiedene Verhaltensweisen von Ralf:
– Besprecht, wie ihr an Ralfs Stelle handeln würdet.
– Überlegt euch dazu ein Gespräch zwischen Ralf und Peter.
- Das Ergebnis wird der Klasse szenisch vorgestellt.

Gleise als Lebenswege deuten

- Bei der Betrachtung des Gleis-Fotos ist es wichtig, dass Sch folgende Elemente deuten: Gleis als Lebensweg oder Entscheidung, Signal, Weiche und Ziel der Reise.
– Beschreibt, was ihr auf dem Foto seht.
– Was könnte dieses Foto mit eurem Leben zu tun haben? Bringt einzelne Elemente mit eurem Lebensweg in Beziehung.
– Überlegt, welcher Zusammenhang zwischen dem Foto und dem Kapitelthema besteht.

Gedanken sammeln   IDEENSEITE (44)

- Bevor sich Sch den Gedankensplittern zum Gewissen zuwenden, ist es sinnvoll, sie zu eigenen Gedanken und Definitionen rund um das Gewissen zu ermutigen. Hierzu kann der Cluster der *Ideenseite* **44** gut eingesetzt werden.
- Anschließend werden eigene Gedankensplitter auf ein Plakat gebracht.
– Sicherlich kennt ihr auch Aussagen oder Sprichwörter zum Gewissen. Entwerft in Gruppen ein Plakat mit Gedankensplittern zum Thema »Gewissen«.
- Einige Gedankensplitter können vertieft werden:
– Sucht euch einen Gedankensplitter zum Gewissen aus, der euch besonders anspricht.
– Vervollständigt dann zu dem ausgewählten Zitat folgende Satzanfänge:
Das Gewissen wird hier beschrieben als ...
Ich habe dieses Zitat ausgewählt, weil ...
– Setzt euch mit denjenigen zusammen, die das gleiche Zitat gewählt haben, und vergleicht eure Sätze.

Die Marionetten-Karikatur zum Sprechen bringen

- Nachdem Sch die Karikatur betrachtet und gedeutet haben, überlegen sie, von welchen Menschen oder Maßstäben sie selbst beeinflusst werden:
– Überlegt, an welchen Marionettenfäden euer Leben hängt.
- Sch erhalten **AB 9.3.2, Lehrerkommentar S. 71** und schreiben zu den einzelnen Händen, von wem oder was sie abhängen.
– Von welchen Puppenspielern seid ihr gern abhängig, welche Marionettenfäden möchtet ihr zertrennen?

Ich

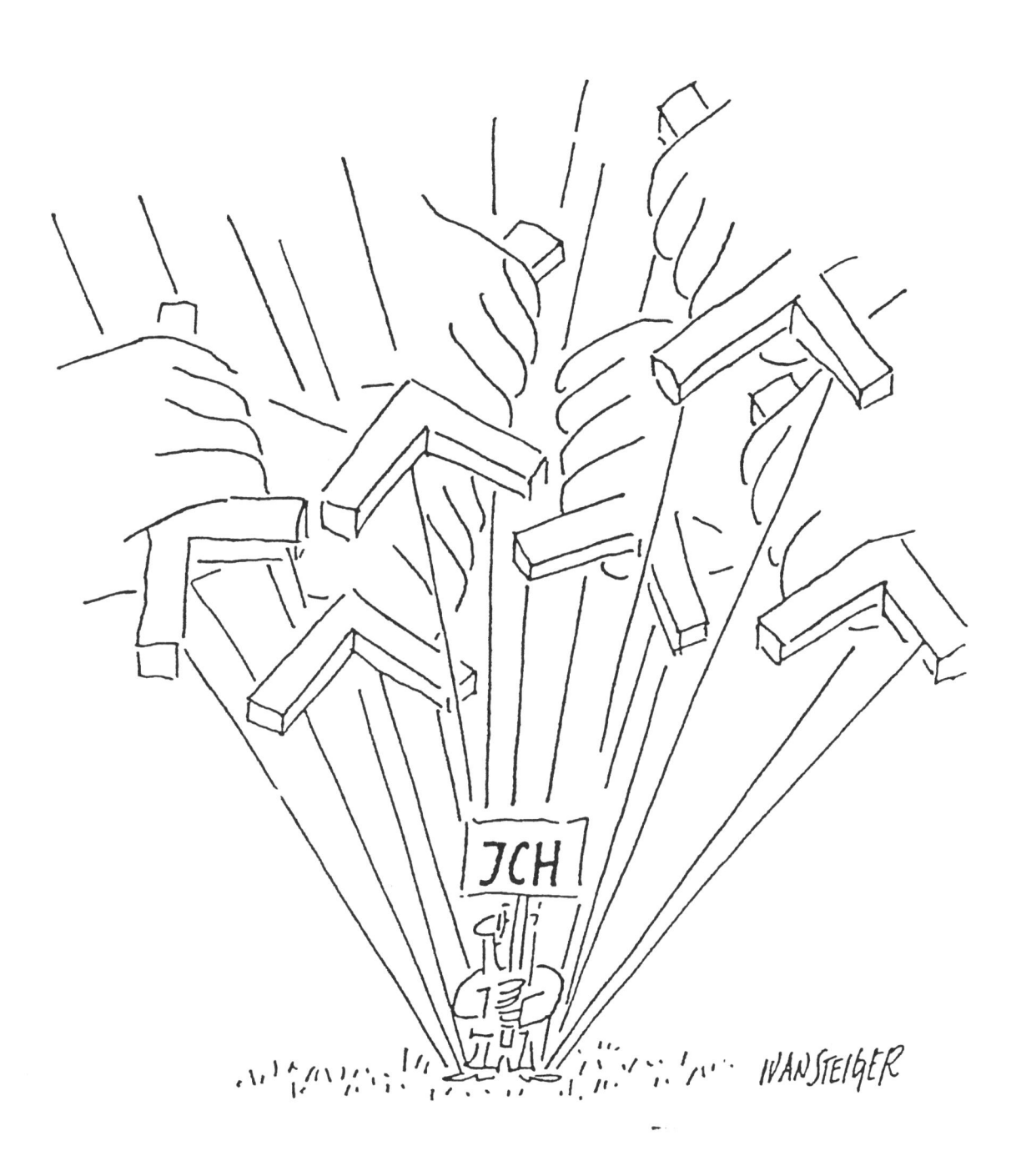

Sich in Heinz hineinversetzen

- Um sich in die Dilemma-Situation von Heinz hineinzuversetzen, verfassen Sch einen inneren Monolog aus dessen Perspektive. Er beginnt mit den Worten »Ich weiß nicht, wie ich mich verhalten soll ...«.
- Heinz Situation bedrückt auch seine Freunde. Sie setzen sich zusammen und überlegen, was Heinz tun könnte und wie sie ihm helfen könnten. Spielt diese Diskussion mit unterschiedlichen Rollen und Positionen. Kommen die Freunde zu einer zufrieden stellenden Lösung?

3. Weiterführende Anregung

Sich mit eigenen Erlebniswelten auseinander setzen

- Auf **AB 9.3.3, Lehrerkommentar S. 73** findet sich eine fiktive Landkarte, auf der unterschiedliche Landschaften wie »Jugend«, »Wertigkeiten« oder »Auf den Hund gekommen« dargestellt sind. Die einzelnen Ortsbezeichnungen (z. B. Schaden, Misstrauen oder Klatsch) sind dazu geeignet bei Sch Assoziationen zu wecken und sich so mit den angesprochenen Erlebnissen auseinander zu setzen.
- Die Karte führt Sch auf spielerische Weise an eigene Erfahrungen und Erlebnisse heran und ermöglicht ihnen diese zu verbalisieren, ohne sich vor den Mit-Sch bloßzustellen.
  - Betrachtet den Ausschnitt aus dem fiktiven Land der »Erlebnisse«. Macht euch mit den abgebildeten Landschaften vertraut.
  - Ergründet den Zusammenhang zwischen Orts- und Gebietsnamen.
  - Welche Erfahrungen verbindet ihr mit den einzelnen »Landesteilen«?

Ideenseite 44 45

Die Arbeitsimpulse der Ideenseite werden im *Lehrerkommentar* auf folgenden Seiten weitergeführt:
Gedanken sammeln: S. 70
Gewissen darstellen: S. 68, 76
Das Titelbild des Kapitels deuten: S. 66
Einen Film zum Thema anschauen: S. 88
Ein Gedicht verfassen: S. 81, 90
Ich entscheide mich so: S. 74

Generalvertreter Ellebracht begeht Fahrerflucht

Deuteseite I 46 47

1. Hintergrund

Die **Kurzgeschichte** von Josef Reding schildert die inneren Prozesse eines Mannes, der Fahrerflucht begangen hat. Durch unterschiedliche innere Stimmen wird die Gewissensentscheidung Ellebrachts sehr anschaulich und nachvollziehbar dargestellt. Schließlich entscheidet sich der Fahrer zur Rückkehr an den Unfallort um dem verletzen Radfahrer zu helfen. Die Geschichte ist klar strukturiert:

1. Absatz: Ellebracht sieht die Schuld am Unfall in dem großen noch unbekannten Auto. Seine Gefühle werden beschrieben: »Schweißig vor Angst.«
2. und 3. Absatz: Ellebracht wird durch einen Bahnübergang gezwungen anzuhalten. Beim Warten plagen ihn die Erinnerungen an den Unfall umso stärker. Der Leser/die Leserin erfährt immer noch nicht, um welche Art Unfall es sich handelt.
4. und 5. Absatz: Der Vertreter kann weiterfahren. Bei der Lektüre wird nun klar, dass der Wagen neu ist und dass Ellebracht einen Radfahrer durch die ungewohnte Breite des Autos mitgerissen hat.
6. Absatz: Der innere Monolog stellt Argumente vor, die in den Augen Ellebrachts für die Fahrerflucht sprechen. Dabei denkt er an die Versorgung seiner Familie und die entstehenden Nachteile für das Geschäft.
7. und 8. Absatz: Ein weiteres Rotlicht zwingt Ellebracht zu warten. Dabei denkt er an die Familie des Radfahrers. Plötzlich wird ihm bewusst, dass er mit der Schuld der Fahrerflucht nicht nach Hause zu seiner Familie fahren kann.
9. und 10. Absatz: Hier vollzieht sich die Wende der Geschichte: Ellebracht muss an den verletzen Radfahrer denken, der wie ein menschliches Kreuz am Boden liegt. Er wendet und fährt zum Unfallort zurück.
11. Absatz: Trotz der wieder aufkommenden Angst wendet sich der Vertreter dem Verletzen zu und gesteht ihm, dass er der Unfallverursacher sei.

Erlebniswelten

- *Betrachtet den Ausschnitt aus dem fiktiven Land der »Erlebnisse«. Macht euch mit den abgebildeten Landschaften vertraut.*
- *Ergründet den Zusammenhang zwischen Orts- und Gebietsnamen.*
- *Welche Erfahrungen verbindet ihr mit den einzelnen »Landesteilen«?*

Die gesamte Kurzgeschichte ist in der Ich-Form verfasst und stellt die unterschiedlichen Argumente Ellebrachts in einem inneren Monolog dar. Erst im letzen Abschnitt, als sich Ellebracht dem Verletzen zuwendet, wird der innere Monolog aufgebrochen. Besonders eindrucksvoll ist dem Autor die Schilderung der Gefühle und Empfindungen gelungen; so kann sich der Leser/die Leserin mit der Hauptfigur identifizieren. Der Text verwendet markante Dingsymbole wie Rotlicht, Bahnübergang oder Kreuz.

Die **Zeichnung** einer Schülerin aus der 9. Klasse ist nach dem dritten Arbeitsauftrag zu *Deuteseite* **47** entstanden. Die Methode des Bilddiktates hat die Schülerin künstlerisch geschickt umgesetzt. So reiht sie die einzelnen Symbole der Geschichte nicht einfach aneinander. Sie verwebt die Symbole zu einem in sich dichten Bildgefüge. Im Zentrum ihrer Zeichnung steht das Kreuz, das sowohl an das Kreuz des Bahnübergangs, als auch an das religiöse Symbol erinnert. Durch die perspektivische Darstellung des Kreuzes und die angedeuteten Falllinien entsteht der Eindruck, das Kreuz falle in das Bild hinein. Oberhalb des Kreuzes befindet sich ein Doppelpfeil. Dieser könnte für das Hin-und-hergerissen-Sein Ellebrachts stehen. Unterhalb des Kreuzes ordnet die Schülerin das Lenkrad an, von dem aus eine Straße nach oben rechts aus dem Bild führt. Rechts an dieser Straße steht eine Ampel mit Rotlicht. Die Erfahrung Ellebrachts beim Warten hat die Schülerin durch einen Blitzpfeil rechts neben der Ampel verdeutlicht. Links neben der Straße liegt in einem roten Kreis eine verletzte Person. Ihr Körper nimmt durch die ausgestreckten Arme die Form eines Kreuzes an. Um diese dicht angereihten Symbole herum hat die Schülerin eine gezackte Linie gezeichnet. Die Zacken erinnern an Glasscherben oder an scharfe Kanten. Diese Linie grenzt die Zeichnung ein und erinnert an die schneidenden und bohrenden Gewissensbisse des flüchtigen Fahrers. Das gesamte Bild ist durch seine dezenten Farben eher nüchtern gestaltet. Lediglich der rote Kreis um den verletzen Radfahrer sticht ins Auge des Betrachters/der Betrachterin.

2. Einsatzmöglichkeiten im RU

Bilder vergleichen

- Der Text kann mit den angegebenen Aufgabenstellungen in seiner Inhaltlichkeit gut erarbeitet werden. Es empfiehlt sich, Sch zunächst selbst – wie in der dritten Aufgabe angesprochen – ein Bild gestalten zu lassen und dann das Schülerbild auf *Deuteseite I* **47** zu besprechen:
- Was hat die Schülerin besonders betont? Was gefällt euch an dem Bild? Vergleicht es auch mit eurer eigenen Zeichnung.

Die Geschichte aktualisieren

- Sch aktualisieren die Geschichte zu dem Titel »Nils begeht Fahrerflucht«. Rahmenhandlung könnte nun ein Diskobesuch mehrerer Jugendlicher sein. Nils lässt sich überreden, obwohl er der Fahrer ist, ein Bier zu trinken. Er hat erst kurze Zeit den Führerschein und das Bier ...

Ich entscheide mich so   IDEENSEITE (45)

- Nachdem Sch durch die Auseinandersetzung mit der Ellebracht-Geschichte sensibilisiert sind, werden die Dilemmasituationen auf der *Ideenseite* **45** besprochen und im Rollenspiel umgesetzt.
- Sch kennen sicherlich auch eigene Dilemmageschichten: Geschichten, in denen es Menschen schwer fällt eine klare Gewissensentscheidung zu treffen.
- Erzählt euch gegenseitig von solchen Situationen.

Was ist das Gewissen?   Infoseite I (48) (49)

1. Hintergrund

Die **Karikatur** zeigt eine Frau, die auf einem Stein sitzt und eine Blume betrachtet. Hinter ihr steht – von ihr selbst nicht wahrzunehmen – ein Mann mit einer Keule über dem Kopf, der zuschlagen will. Im zweiten Bild erkennt man, dass der Mann in seiner Bewegung inne hält, da ihm eine Art kleiner Engel mit erhobenem Zeigefinger wohl zu einem anderen Verhalten mahnt. Dieser Engel stellt so etwas wie das Gewissen dar, das den Mann von seinem schuldhaften Verhalten abhalten will. Im dritten Bild stößt dieser den kleinen Engel – und mit ihm seine Gewissensbisse – mit der Keule weg. Im vierten Bild schlägt der Mann voller Genugtuung – er lächelt breit – der Frau auf den Kopf.

Die Karikatur stellt also in einer parodistischen Art einen Gewissenskonflikt dar. Dabei wird ein typisches Symbol für das Gewissen aufgegriffen: Die Darstellung als kleiner Engel, der dann zumeist im Streit mit einem kleinen Teufel steckt. Die Karikatur ermöglicht, sich dem inhaltsreichen Thema auch auf eine leichte, amüsante und somit für Sch motivierende Weise nähern zu können.

Die Aussagen des Schülers zum Thema **Das Gewissen ist für mich wie ...** greifen einen metaphorischen Sprachstil auf, der hilft angemessene Bilder und Vergleiche für das Gewissen zu finden. Dabei werden Bilder aus dem alltäglichen Leben benutzt, die Sch einleuchtend sind. Die ersten vier Aussagen (Eisenbahnweiche, Kamera, zweite Person und Richter) werden durch den Relativsatz jeweils erklärt, die weiteren Bilder (Wegweiser, großer Bruder und Stoppschild) sind lediglich genannt.

Diese Aussagen ermöglichen einen leichteren Finstieg in das Thema »Was ist das Gewissen?«. Gerade angesichts der folgenden Zitate von Thomas von Aquin, John Henry Newmann und dem II. Vatikanischem Konzil soll damit aber auch betont werden, dass Sch-Aussagen ernst zu nehmen sind.

Thomas von Aquin (1225-1274) betont, dass die Gewissensentscheidung in der überzeugten Erkenntnis gründet. Die überzeugte Erkenntnis ist als christliche Ethik zu verstehen oder als die individuelle Glaubenserkenntnis des Einzelnen. Thomas geht davon aus, dass die überzeugte Erkenntnis richtig oder irrig sein kann. Er relativiert also die Erkenntnis und räumt mögliche Irrungen bereits ein. Unabhängig davon beurteilt er jede Gewissensentscheidung, die gegen die Erkenntnis vollzogen wird, als sittlich böse. Hier ist also eine eindeutige Wertung einer Entscheidung gegen die eigene Erkenntnis gegeben.

Die Ausführungen von **John Henry Newman** enthalten drei inhaltliche Aspekte:

1. Das Gewissen ist wie eine Uhr. Diese Metapher macht deutlich, dass das Gewissen ein Instrument der Orientierung ist. Dabei bedenkt Newman auch, dass solche Instrumente gelegentlich gestellt werden müssen und auch das Gewissen immer wieder geschärft werden muss. Dabei wird bereits in den Blick genommen, dass das Gewissen sich mit der persönlichen Entwicklung entfaltet und so auch Veränderung und Reifung erfährt.

2. Das Gewissen gleicht einem Gespräch mit Gott. Newman bezeichnet das Gewissen als ein Echo. Dieses Echo stammt ursprünglich von der göttlichen Stimme, die den Menschen in eine handelnde Verantwortung stellt. Das Gewissen wird also in Zusammenhang mit Gott gebracht: Gott ist der Rufer, die Stimme, die sich im menschlichen Gewissen zeigt. Folglich ist eine Gewissensentscheidung ein Gespräch mit Gott, in dem die menschlichen Anliegen in einem Dialog mit den göttlichen Ansprüchen stehen. Weil dieses Gespräch der Freiheit des Menschen entspricht, wird damit die Verantwortung des Menschen betont. Newman bezeichnet diese Verantwortung des Menschen, die aus seiner Freiheit entspringt, als »letzte Verantwortung«.

3. Das Gewissen ist eine absolute Instanz, die über Institutionen steht. In Newmans Zitat wird deutlich, dass es für ihn keinen absoluten Gehorsam gibt, auch nicht gegenüber religiösen Institutionen wie der Kirche oder dem Papst. Newman betont, dass jeder Mensch sein Gewissen als absolute Instanz in sich trägt. Er muss sich nun dieser Instanz gegenüber verantworten. Erst dann folgt für Newman die Verpflichtung der Kirche und dem Papst gegenüber. Das Gewissen wird als eine absolute Instanz betrachtet, die über der Religion, der Institution der Kirche und ihrem Vertreter, dem Papst, steht. Auch in dieser Aussage wird die tiefe Verantwortung und die Freiheit des Menschen betont. Der Mensch ist nur seinem Gewissen und der daraus resultierenden Verantwortung verpflichtet.

Das **II. Vatikanische Konzil** (1962-1965) greift – ähnlich wie Newman – den Gedanken auf, dass das Gewissen des Menschen von Gott kommt. In dem vorliegenden Textauszug wird das Herz als der Ort des Gewissens beschrieben. An diesem Ort hat Gott sein Gesetz im Menschen verankert. Das Gesetz Gottes zeigt sich dem Menschen wie eine innere Stimme, die zur Liebe und zum Gutes-Tun ermutigt und vor dem Bösen warnt. Das Herz umschließt das göttliche Gesetz, verkörpert die Stimme Gottes und wird als die verborgene Mitte und das Heiligtum des Menschen bezeichnet. Gleichzeitig ist es der Ort, an dem der Mensch Gott begegnen kann. Das II. Vatikanische Konzil verdeutlicht außerdem, dass es zur Würde des Menschen gehört, ein lebendiges Gewissens zu besitzen, und schließlich, dass die Gewissensentscheidungen des Menschen von Gott gerichtet werden.

Der Sachtext **Wertvorstellungen und moralische Urteilsfähigkeit entwickeln sich** umreißt kurz die wichtigsten Stufen der Entwicklung des Gewissens und orientiert sich dabei an dem Stufen des moralischen Urteils nach Kohlberg:

1. Stufe: Wie du mir, so ich dir (bis etwa 9 Jahre)
Die erste Stufe beschreibt die Orientierung von kleinen Kindern, die in ihrem Verhalten auf Bestrafung und Lob reagieren. Das Verhalten der Kinder ist noch nicht auf ein inwendiges, inhaltliches System ausgerichtet, sondern von der Art motiviert wie die Umwelt – vornehmlich die Eltern – auf das gezeigte Verhalten reagieren. Bestrafen die Eltern ein Verhalten, wird das Kind dieses weniger zeigen. Lob führt zur Verstärkung eines Verhaltens. Das Kind ist in seinen Handlungen also reaktiv und hat noch kein eigenes Verständnis von Gut und Böse.

Kohlberg sieht hier das erste, konventionelle Niveau des moralischen Urteils. Dieses Niveau ist geprägt von heteronomer Moralität, von Zielbewusstsein und Austausch. (Vgl. Louis, 41.)

2. Stufe: Recht und Ordnung (ca. 10-15 Jahre)
Auf dieser Stufe orientiert sich das Kind an dem, was von wichtigen Bezugspersonen für richtig gehalten wird. Es kommt also zu einer unbewussten Über-

nahme von Werten und Normen. Dabei orientiert das Kind sich v. a. an wichtigen Personen (Eltern), der Mehrheit (z. B. Freunde in einer Gruppe) oder sozialen Ordnungen (z. B. Klassengemeinschaft).

Kohlberg spricht bei dieser Stufe von dem zweiten, dem konventionellem Niveau der Entwicklung des moralischen Urteils. Er betont, dass das eigene Urteilen abhängt von wechselseitigen Erwartungen, von Beziehungen und von interpersonaler Konformität. (Vgl. ebd.)

3. Stufe: Orientierung an vereinbarten Übereinkünften (ab ca. 16 Jahren)

Diese Stufe wird dadurch charakterisiert, dass der urteilende Mensch sich an dem orientiert, was die Gemeinschaft oder die Gesellschaft als gut und erstrebenswert sieht. Hierzu zählen z. B. Gesetze des Staates, aber auch menschliche Grundrechte. Waren die ersten Stufen an den jeweiligen wichtigen Bezugspersonen und deren Maßstäben orientiert, so weitet sich hier der Horizont und allgemein menschliche Maßstäbe sowie ethische Normen, die für das Zusammenleben von Menschen eine Rolle spielen, werden bedeutsam.

Kohlberg nennt diese Stufe »soziales System und Gewissen« und betont damit die Verpflichtung und Ausrichtung des Einzelnen an dem System, in dem er lebt. In dieser Stufe spielt der Gedanke der »gesellschaftlichen Nützlichkeit« eines Wertes eine besondere Rolle. (Vgl. ebd.)

4. Stufe: Ethische Prinzipien von absoluter Gültigkeit (ab ca. 20 Jahren)

In dieser Stufe sucht sich der Mensch selbst ethische Maßstäbe, die für ihn höchste Gültigkeit erlangen. Das bedeutet, dass der Mensch seine ethischen Maßstäbe nicht mehr unreflektiert aus einem sozialen System übernimmt, sondern selbst aus religiösen, philosophischen und anderen weltanschaulichen Überlegungen entwickelt.

Kohlberg bezeichnet diese höchste Stufe des moralischen Urteils als »postkonventionell« oder »prinzipiengeleitet«. Sie wird erst im Erwachsenenalter und nicht von allen Menschen erreicht. (Vgl. ebd.)

Im ersten Bild des **Cartoons** sieht man eine Mutter, die telefoniert. Sie beendet das Gespräch mit den Worten: »Ich muss Schluss machen, Irma, das Baby schreit«. Im zweiten Bild erfährt man durch das kritische Nachfragen des Kindes, dass dies eine »Notlüge« der Mutter war. Im dritten Bild begründet die Mutter ihre Lüge: Sie habe so das Gespräch beenden wollen, weil es sonst ein sehr langes Telefonat geworden wäre. Das vierte Bild zeigt, dass sich das Kind in der Küche offensichtlich an Süßigkeiten zu schaffen macht. Auf die Frage der Mutter, was es triebe, antwortet das Kind: »Ich gucke mir das Fernsehen an!« Im letzen Bild wird also deutlich, dass das Kind das Lügen der Mutter in sein Verhaltensrepertoire aufnimmt.

Die Karikatur greift die zweite Entwicklungsstufe des Gewissens auf, die oben im Sachtext beschrieben wird. So übernimmt das Kind das »Vorbild« der Mutter. Die Mutter hat ihm vorgelebt, dass man lügen darf, um unangenehmen Situationen auszuweichen.

2. Einsatzmöglichkeiten im RU

Gewissen darstellen   IDEENSEITE 44

- Bevor sich Sch eingehender mit der Karikatur auf *Infoseite* **48** auseinander setzen, erstellen sie selbst ein Bild zum Thema »Das/Mein Gewissen« (vgl. *Ideenseite* **44**). Vielleicht arbeiten sie selbst bereits mit den Symbolen von Engelchen und Teufelchen. Dann ist die Erschließung der Karikatur nicht mehr schwierig:
- Wie wird in dieser Karikatur das Thema »Gewissenskonflikt« aufgegriffen?
- Kennt ihr ähnliche Darstellungen des Gewissens, z. B. aus der Werbung?

Sprachbilder für das Gewissen finden

- Die ersten Äußerungen des Schülers aus der 9. Klasse sind mit einem Nebensatz erklärt. Sch erklären die letzten drei Vergleiche.
- Sch finden eigene Sprachbilder für das Gewissen: Womit kann man das Gewissen vergleichen?

Historische Aussagen über das Gewissen erschließen

- Für die Erschließung der drei Zitate von Thomas von Aquin, John Henry Newman und des II. Vatikanischen Konzils sind Hilfestellungen zum Textverständnis notwendig. Vor allem die Aussage von Thomas von Aquin ist aufgrund des komplexen Satzbaus schwierig. Deshalb sollte bei einer Bearbeitung darauf geachtet werden, die Nebensätze für Sch verständlich aufzulösen und den Begriff »überzeugte Erkenntnis« zu erklären. Kleinschrittige Arbeitsaufgaben helfen zusätzlich die Komplexität des Textes zu bewältigen.
- Versucht die Aussage von Thomas von Aquin in eure Sprache zu übersetzen. Entwirrt dabei die Nebensätze.
- John Henry Newman entwickelt in seinen Aussagen zwei unterschiedliche Bilder und eine Wertung für das Gewissen. Um welche Bilder handelt es sich? Wie bewertet Newman das Gewissen?
- Wo liegt nach Aussagen des II. Vatikanischen Konzils der Ort des Gewissens? Was passiert an diesem Ort? Wie erlebt der Mensch sein Gewissen?
- Sprecht in Kleingruppen darüber, welche Aussage über das Gewissen von den drei Positionen für euch am neusten und unerwartetsten ist.

Die Entwicklung der moralischen Urteilsfähigkeit

Entwicklungsstufe	Bezeichnung der Stufe	Alter	Wonach richtet sich das moralische Urteil?	Zuordnung des Beispiels der *Infoseite I 49*
1. Entwicklungsstufe	Wie du mir, so ich dir.	0-9 Jahre	Die Kinder reagieren in ihren Entscheidungen auf Lob und Bestrafung der Umgebung. Sie haben noch keine eigenen Maßstäbe, sondern reagieren oft nach dem Motto »Wie du mir, so ich dir«.	Ich soll das tun, was mir gesagt wird. Ich will Belohnung erhalten und Strafe vermeiden.
2. Entwicklungsstufe	Recht und Ordnung	10-15 Jahre	Die Kinder und Jugendlichen orientieren sich an dem, was von wichtigen Bezugspersonen (z. B. ihren Eltern), der Mehrheit (z. B. in einer Gruppe) oder in ihrer sozialen Ordnung (z. B. in ihrer Klassengemeinschaft) für richtig und gut gehalten wird.	Ich will ein netter Mensch sein und den Erwartungen derer entsprechen, die ich kenne und an denen mir liegt.
3. Entwicklungsstufe	allgemein vereinbarte Übereinkünfte	ab 15 Jahren	In dieser Phase orientiert sich der Mensch an allgemeinen, vereinbarten Übereinkünften, die z. B. das Zusammenleben der Menschen ermöglichen und regeln. Es werden z. B. Gesetze und Grundrechte akzeptiert und verinnerlicht.	Ich möchte, dass die anderen gut von mir denken. Ich sollte meine Verpflichtungen gegenüber der Gesellschaft oder dem Wertesystem, dem ich mich zugehörig fühle, erfüllen. Ich möchte meine Selbstachtung erhalten als jemand, der seinen Verpflichtungen nachkommt.
4. Entwicklungsstufe	ethische Prinzipien mit absoluter Gültigkeit	ab 20 Jahren	Der Mensch sucht sich unabhängig von der Gemeinschaft, in der er lebt, Maßstäbe. Diese können z. B. aus der Religion, aus der Philosophie, aus der Ethik oder anderen Weltanschauungen stammen.	Ich sollte die größtmögliche Achtung vor den Rechten und der Würde jedes einzelnen Menschen zeigen und ich sollte ein System unterstützen, das die Menschenrechte schützt.

Die Entwicklung der Wertvorstellung in einer Skizze darstellen
- Lest aufmerksam den Sachtext auf *Infoseite* **49** und versucht die Entwicklung des Gewissens in eine Skizze umzusetzen.
- Dieser Auftrag kann auch mit dem dritten Arbeitsimpuls auf *Infoseite I* **49** verbunden werden (vgl. **AB 9.3.4, Lehrerkommentar S. 77**).

Eigene Cartoons zur Gewissensentwicklung gestalten
- Sicher kommt Sch die Situation des Cartoon bekannt vor: Die Eltern geben zwar bestimmte Regeln vor, oft halten sie sich selbst nicht daran.
- Gestaltet zu einer solchen Situation selbst einen Cartoon. Falls euch das Zeichnen schwer fällt, versucht es mit dem Verfassen eines Witzes.

Sich orientieren — Infoseite II (50)(51)

1. Hintergrund

Der Lehrplan betont, »dass der Mensch Entscheidungshilfen braucht für verantwortliches Handeln« (LP 9.3). Darüber hinaus fordert er »biblische Weisungen ... als Richtschnur für richtiges und verantwortungsbewusstes Handeln« (LP 9.3) vorzustellen. Diese Zielsetzung hat sich die *Infoseite II* **50-51** zu Eigen gemacht. Hier werden einerseits Orientierungshilfen aus dem biblischen Kontext angeboten (*Infoseite* **50**), andererseits ein grundlegender Zugang durch die Menschenrechte angestrebt (*Infoseite* **51** oben) und auf die Lebensbeispiele »von Christen, die in Konfliktsituationen ihrem Gewissen treu geblieben sind« (LP 9.3) verwiesen (*Infoseite* **51**, vierter Arbeitsauftrag).

Die **Karikatur** von Ivan Steiger zeigt einen Mann, der in einem Papierboot sitzt und mit einem großen Fernrohr Ausschau hält. Dabei schaut er auf die Doppelseite und greift so die Überschrift »Sich orientieren« auf. Die Figur steht stellvertretend für Sch, die auf dieser Doppelseite Texte, Lieder und Fotos kennen lernen, die ihnen als Orientierung dienen können.

Ernst Lange ermöglicht mit seinen **Weisungen zum Leben** einen neuen Zugang zu den Zehn Geboten. Er verzichtet auf die Formulierung »du sollst«. Das »du wirst« oder »du wirst nicht« nimmt den Weisungen den Befehlston und unterstreicht den Charakter einer freudigen Zukunftsperspektive. Damit wird das zutiefst menschliche Anliegen der zehn Weisungen deutlich: Ein Volk, das sich auf ein Leben mit dem befreienden Gott Jahwe einlässt, darf auf ein gelingendes Leben hoffen. Dieses Volk wird in Freiheit und Frieden leben können. Um diesen Frieden zu gewährleisten, braucht es jedoch Regeln für das Zusammenleben.

Interessant ist die sprachliche Neugestaltung einzelner Gebote, die zunächst nicht ohne weiteres Rückschlüsse auf den Ursprungstext zulassen. So fällt beim ersten Gebot die Erklärung zu den Gottesbildern weg (Ex 20,4-6). Auch die Umgestaltung von Ex 20,7 (»Du sollst den Namen des Herrn, deines Gottes, nicht missbrauchen; denn der Herr lässt nicht ungestraft, der seinen Namen missbraucht.«) in »Du wirst meinem Namen Ehre machen« unterstreicht die positive Ausrichtung und klammert negative oder drohende Formulierungen aus. Aus dem Sabbatgesetz und seinen Erklärungen macht Lange schlicht »Du wirst dich nicht zu Tode hetzen« und aktualisiert somit das Anliegen dieses Gebotes. Ebenso formuliert und interpretiert Lange das vierte Gebot (Ex 20,12) in »Du wirst in deiner Familie ein menschliches Leben finden«.

Im Kontext betrachtet wird Sch deutlich: Die Zehn Gebote sind nicht einfach nur Einschränkungen der Freiheit des Menschen, sie sind nicht willkürliche Gesetze, sondern ermöglichen ein gelingendes menschliches Zusammenleben.

Im 7. Kapitel des Matthäus-Evangeliums predigt Jesus über den rechten Umgang der Menschen miteinander und betont dabei die Güte Gottes. Nachdem Jesus einzelne Beispiele (Umgang mit dem Heiligen, V6) und Bilder (Splitter und Balken im Auge, V1-5) benutzt hat, bringt er sein Anliegen in der **Goldenen Regel** auf den Punkt.

Die Strophen des Liedes **Jetzt ist die Zeit** (vollständiger Liedtext siehe **AB 9.3.5, Lehrerkommentar S. 79**) zeigen jeweils eine Orientierung an den gängigen und – im Kontrast dazu – an christlichen Werten auf.
1. Strophe: Hier wird das Anhäufen von materiellen Gütern dem Verschenken gegenübergestellt. Außerdem wird mit »Was hast du geschätzt?« danach gefragt, woran das Herz hängt. Es geht also grundsätzlich um die Frage der Wertmaßstäbe.
2. Strophe: Die Bildung, die sich ausschließlich auf die Anhäufung von Wissen und die *Ratio* beschränkt, wird im Kontrast zur Herzensbildung gesehen.
3. Strophe: Hier wird der Umgang mit den Mitmenschen thematisiert. Dabei wird das Unterwerfen und Beherrschen mit den christlichen Werten des Dienens kontrastiert. Die Frage »Wen hast du umarmt (...)?« spricht eine universelle Solidarität jenseits von Machtstrukturen oder sozialen Unterschieden an.

Jetzt ist die Zeit

T: Alois Albrecht/M: Ludger Edelkötter
© KiMu Kinder Musik Verlag, 42555 Velbert

Jetzt ist die Zeit, jetzt ist die Stunde. Heute wird getan oder auch vertan, worauf es ankommt, wenn ER kommt.

1. Der Herr wird nicht fragen: Was hast du gespart, was hast du alles besessen? Seine Frage wird lauten: Was hast du geschenkt, wen hast du geschätzt um meinetwillen?

2. Der Herr wird nicht fragen: Was hast du gewusst, was hast du Gescheites gelernt?
Seine Frage wird lauten: Was hast du bedacht, wem hast du genützt um meinetwillen?

3. Der Herr wird nicht fragen: Was hast du beherrscht, was hast du dir unterworfen?
Seine Frage wird lauten: Wem hast du gedient, wen hast du umarmt um meinetwillen?

4. Der Herr wird nicht fragen: Was hast du bereist, was hast du dir leisten können?
Seine Frage wird lauten: Was hast du gewagt, wen hast du befreit um meinetwillen?

4. Strophe: Hier wird der Luxus des Einzelnen (z. B. in großen Reisen) der Frage gegenübergestellt, was der Einzelne gewagt hat und für wen er sich eingesetzt hat. Eine persönliche Ausrichtung nach Luxusgütern steht einem sozialen Engagement gegenüber.
Der *Refrain* bringt das verbindende Thema der Strophen zum Ausdruck: Worauf kommt es an, wenn Jesus Christus kommt? Worauf kommt es an, wenn sich ein Mensch in seinem Handeln an Christus und seinen Werten orientiert? Das »jetzt« betont, dass diese neue Orientierung keinen Aufschub duldet, sondern dass es darauf ankommt, in diesem Augenblick christlich zu handeln.

Der Einbezug der **Allgemeinen Erklärung der Menschenrechte vom 10. Dezember 1948** ist im Kontext des Bildungs- und Erziehungsauftrags der sechsstufigen Realschule zu sehen. So betont dieser das Ziel der Persönlichkeitsentwicklung: »Sie (die Realschule) vermittelt Grundlagen, Anregungen und Orientierungshilfen für die Heranbildung einer mündigen, selbstständigen urteilenden und – im Sinne einer verantworteten Zivilcourage – entschlossen handelnden Persönlichkeit in einer freiheitlich demokratisch verfassten, pluralistischen Gesellschaft« (LP für die sechsstufige Realschule, 13). Zu den Orientierungshilfen für dieses Erziehungs- und Bildungsziel wird Folgendes gesagt: »Bildung und Erziehung an der Realschule orientieren sich an Wertmaßstäben, die der abendländischen Kulturtradition entspringen, sensibilisieren die Schüler aber auch für andere Kulturkreise und Lebensformen.« Nicht nur der Unterricht allgemein, sondern im besonderem Maße der RU muss von seinem Selbstverständnis her eine Verinnerlichung der Menschenrechte anbahnen und somit für das grundlegende Fundament der Völkerverständigung und unserer Gesellschaft sensibilisieren. Diese Zielsetzung wird angesichts der Aktualität der weltweiten Konflikte und des nationalen Rassismus' immer deutlicher.
Menschenrechte werden nicht gewährt, sondern sind angeborene, unveräußerliche und unantastbare Werte. Ihre philosophische Wurzel liegt im Naturrecht: Menschenrechte sind im Wesen der Menschen, in ihrer »Natur« begründet. Es sind von Ort und Zeit ebenso wie von jeder menschlichen Rechtssetzung unabhängige Rechte. Deshalb sind sie dem Staat vorgegeben und er muss sie respektieren. In modernen Verfassungen werden sie als Grundrecht gewährleistet, so in der Bundesrepublik Deutschland in Art. 1GG. Sie kommen in der »Allgemeinen Erklärung der Menschenrechte« zum Ausdruck, die am 10. Dezember 1948 von den vereinten Nationen verkündet wurde. Der 10. Dezember wird seitdem als »Internationaler Tag der Menschenrechte« begangen.
Die im Schulbuch ausgewählten Textpassagen beschreiben in Artikel 1, 2 und 3 die grundlegenden Inhalte der Menschenrechte. Artikel 5 und 14 konkretisieren diese Aussagen und zeigen, wie aktuell sie im Kontext von Ausländerfeindlichkeit und Rassismus bis heute sind. Die Artikel 23 und 26 verdeutlichen, dass Arbeit und Bildung ein wesentliches Gut der Menschen sind. Damit greifen diese Artikel die Bedeutung der Berufsfindung der 9. Jahrgangsstufe in besonderem Maße auf.
Die Artikel 1, 2, 3 und 5 wurden in ihrem Originallaut beibehalten. Die Artikel 23 und 26 sind gekürzt.

Der israelische Künstler Dani Karavans hat in Nürnberg zwischen dem Altbau und dem Neubau des Germanischen Nationalmuseums die **Straße der Menschenrechte** geschaffen. Ihre zentralen Elemente sind Rundsäulen aus weißem Beton mit einer Höhe von jeweils acht Metern und einem Durchmesser von 80 Zentimetern. Auf ihnen sind die Artikel der »Allgemeinen Erklärung der Menschenrechte« eingemeißelt. Aus dem gleichen Material hat der Künstler am Eingang der »Straße der Menschenrechte« einen Torbau platziert. Die Besucherinnen und Besucher des Germanischen Nationalmuseums schreiten durch dieses Tor und gelangen über die Säulenstraße ins Museum. Die Säulen tragen kein Dach und sehen dadurch aus, als ob sie als stumme Zeugen einer früheren Zeit übrig geblieben wären. Sie werden auch als »Rundpfeiler« bezeichnet. Pfeiler bieten im Hausbau die Möglichkeit ein Fundament zu gründen; auf See dienen sie als Verankerung. Damit könnte deutlich werden: Die 1948 verkündeten Menschenrechte, die auf den Pfeilern eingemeißelt sind, erwachsen aus der Ruine des nationalsozialistischen Rassenwahns, mit dem Nürnberg durch die Rassengesetze und Reichsparteitage verbunden ist. Sie sind gleichsam Konsequenz der internationalen Gemeinschaft, die angesichts der fundamentalen Verletzung der Menschenwürde die Menschenrechte als Grundpfeiler des Zusammenlebens formuliert hat. Rassenwahn und die Formulierung der Menschenrechte gehören zum Kernbestand der deutschen Geschichte, die zu erinnern die Aufgabe des Germanischen Nationalmuseums in Nürnberg ist. Es soll aber auch deutlich werden: Das Tor zur Erinnerung führt auf die »Straße der Menschenrechte«. Es ist jedoch nicht nur nach rückwärts in die Vergangenheit gewandt, sondern öffnet auch eine neue Epoche: die Epoche der Menschenrechte, die von nun an in die Säulen der Menschheitsgeschichte eingemeißelt sein werden.

2. Einsatzmöglichkeiten im RU

Die »Weisungen zum Leben« mit dem biblischen Originaltext vergleichen
- Sch vergleichen den Originaltext der zehn Gebote aus Ex 20,1-17 mit den zehn »Weisungen zum Le-

ben« nach Ernst Lange. Dabei achten sie auf die Formulierung und die damit zusammenhängende Wirkung.
- Was hat sich verändert?
- Wie wirkt die veränderte Sprache auf euch?

Beispiele für die Goldene Regel finden
- Sch suchen Situationen oder Beispielgeschichten, in denen die Goldene Regel zum Tragen kommt.
- Sch durchstöbern Zeitungen nach aktuellen Ereignissen, in denen die Anwendung der Goldenen Regel notwendig gewesen wäre.

Eine neue Strophe für das Lied verfassen
- Nachdem das Lied »Jetzt ist die Zeit« gehört oder gesungen wurde, entwickeln Sch aus ihrer Sicht Strophen, in denen sie gängiges Verhalten einem christlichen Handeln gegenüberstellen.
- Um Sch zu entlasten, kann darauf hingewiesen werden, dass ihre Texte nicht in den Sprachrhythmus des Liedes passen müssen. Außerdem kann L auch inhaltliche Stichpunkte geben z. B. Arbeitssuche: Geldverdienen oder Talente nutzen.
- Die Liedanfänge »Der Herr wird nicht fragen, ...« und »Die Frage wird lauten ...« können ebenfalls vorgegeben werden, da sie Sch helfen den Liedtext zu strukturieren.

Menschenrechte an Piktogrammen erarbeiten
- Sch wiederholen und erarbeiten anhand der Piktogramme auf **AB 9.3.6, Lehrerkommentar S. 83** einzelne Menschenrechte. Hierzu wählen sie die sechs für sie wichtigsten Rechte aus. Wenn die Bildunterschriften auf dem AB vor dem Kopieren entfernt wurden, können die Piktogramme zunächst den entsprechenden Menschenrechten zugeordnet werden.
- Sch überlegen, welche der dargestellten Menschenrechte nicht eingehalten werden. Dabei sollen sie auch über die Grenzen unseres Landes hinaus denken.

Sich über Menschenrechtsgruppen informieren
Im *Lexikon* des Schulbuchs finden Sch erste Informationen über Menschenrechtsgruppen. Für eine ausführlichere Auseinandersetzung mit dem Thema bietet sich das Internet als Recherchemittel an.

Ein Gedicht verfassen   IDEENSEITE (45)
- Der dritte Arbeitsauftrag auf *Infoseite II* **51** verweist auf Menschen, die ihrem Gewissen nach verantwortungsvoll gehandelt haben. Nähere Informationen und Anregungen für eine vertiefte Auseinandersetzung mit diesen Persönlichkeiten bietet das *Lexikon* des Schulbuchs und das 6. Kapitel »Kirche in bewegten Zeiten«.

- Darüber hinaus bietet sich hier die Beschäftigung mit dem Gedicht von Martin Niemöller auf *Ideenseite* **45** an.

Schülerbeispiel für ein Parallelgedicht zu Martin Niemöller:

Keine Zivilcourage

Als die Rechten
die Synagogen verbrannten,
habe ich geschwiegen.
Ich war ja kein Jude.

Als sie die Ausländer verprügelten,
habe ich geschwiegen.
Ich war ja kein Ausländer.

Als sie eine Gruppe von Leuten angriffen,
habe ich geschwiegen.
Ich war ja keiner von der Gruppe.

Doch wenn sie einmal auf mich losgehen,
hoffe ich,
dass die anderen
nicht so denken
wie ich.

Martin Niemöller (1892-1984)
Am 14. Januar 1892 in Lippstadt als Sohn eines Pfarrers geboren, leistete Martin Niemöller begeistert Dienst in der kaiserlichen Marine. Aus Protest gegen die neue demokratische Regierung verließ er 1919 das Militär und entschloss sich zum Theologiestudium. 1924 wurde er zum Pastor ordiniert. Zunächst unterstützte er ab 1931 als Pfarrer in Berlin die NSDAP. Als diese aber ihre Gewaltherrschaft errichtete, geriet Niemöller mit der Partei in Konflikt. Ab 1933 wurde er innerhalb der evangelischen Kirche zu einem der führenden Gegner des Regimes und zählte zu den aktivsten Mitgliedern des kirchlichen Widerstandes. Er wendete sich aus religiösen Gründen auch gegen die Rassenpolitik der Nationalsozialisten, wurde 1934 seiner Ämter enthoben und erhielt Redeverbot. Von 1937 bis 1945 war er als »persönlicher Gefangener« Hitlers in verschiedenen Konzentrationslagern inhaftiert. Nach 1945 beteiligte er sich an der Neuordnung der evangelischen Kirche in Deutschland und wirkte von 1947 bis 1964 als Leiter der evangelischen Kirche von Hessen und Nassau. Engagiert und kritisch begleitete er auch den politischen Neuaufbau Deutschlands. Von 1961-1968 war er einer der sechs Präsidenten des Weltkirchenrates. Am 6. März 1984 starb er hoch geehrt in Wiesbaden.

Wieder diese Angst

Deuteseite II 52 53

1. Hintergrund

Auch die Bibel enthält beeindruckende Geschichten über Personen, die in einen schweren Gewissenskonflikt geraten sind. Auf *Deuteseite II* **52-53** ist eine **Erzählung von Werner Laubi** über den Apostel Petrus abgedruckt. Dieser erscheint in seinem Gewissenskonflikt menschlich und schwach. Sch bekommen so einen vielleicht überraschend neuen Zugang zu dem wichtigsten aller Jesus-Jünger, auf den sich die Kirche bis heute beruft (vgl. Mt 16,18f.).

Laubi greift die biblische Perikope von der Verleugnung durch Petrus auf (Mt 26,69-75; Mk 14,66-72, Lk 22,54-62 und Joh 18,15-18.25-27). Dabei werden als Schauplätze der Ölberg, an dem Jesus gefangen genommen wurde, das Kidrontal und der Palast des Hohen Priesters, in dem Petrus beobachtet wie Jesus gefoltert wird, beschrieben. Petrus begleitet den gefangenen Jesus und die Soldaten unbemerkt. Er beobachtet das Verhör Jesu, will selbst aber in Sicherheit bleiben. Diese Sicherheit gerät in Gefahr, als drei unterschiedliche Personen erkennen, dass er zu Jesu Anhängern gehört. Nun muss er sich entweder öffentlich zu Jesus bekennen und somit sich selbst in Gefahr bringen oder Jesus um der eigenen Sicherheit willen verleugnen.

Entscheidend ist im gesamten Text, dass der/die Leser/in durch die Darstellungsart die Perspektive des Petrus übernimmt und sich mit ihm identifizieren kann, ohne dass die Ich-Perspektive gewählt wird. Diese Identifikation wird durch die genaue Beschreibung der Situation, der Spielorte und durch die inneren Monologe des Petrus erreicht (z. B. »Jetzt haben sie Jesus verhaftet ... Vor kaum einer Stunde habe ich zu ihm gesagt: Ich lasse dich nicht im Stich. Und nun bin ich davongerannt. Ich Feigling.«). Durch die Erzähltechnik können Sch die inneren Prozesse des Petrus – seine Angst, seine Feigheit und seine Scham – nachempfinden, ohne vorschnell in die Haltung der Be- bzw. Verurteilung zu gelangen.

Die Vorbild-Funktion, die Petrus trotz der Verleugnung einnimmt und die in den angegebenen Stellen der Apostelgeschichte (siehe Arbeitsauftrag 1 auf *Deuteseite II* **53**) beschrieben werden, lassen ihn in seiner tiefen Menschlichkeit und in seinem Glauben an Jesus erst richtig real werden. Wünschenswert wäre, dass Sch diese Spannung zwischen dem menschlichen und schwachen Petrus einerseits und dem zutiefst glaubenden andererseits bewusst wird. Aus dieser Spannung heraus können sie dann auch Petrus' Bedeutung für die frühe Gemeinde verstehen.

Unterstützt wird die Intention der Erzählung durch das **Bild »Francisco Goya«** von Leonhard Baskin, das die Licht- und Schattenseiten eines Mannes zeigt. Die nicht eingefärbte Radierung zeigt einen männlichen Kopf von vorne mit angedeutetem Hals und Kragen. Tief liegende schwarze Augen, breite Wangenknochen, eine scharf konturierte Nase, ein ausgeprägtes Kinn und tiefe Falten um Nase und Mund bilden ein ausdrucksstarkes Gesicht, das Spuren gelebten Lebens trägt. Wie elektrisiert umgeben die Haare den Kopf und fallen dem Mann in die Stirn. Am auffälligsten ist jedoch, dass die linke Gesichtsseite wie beleuchtet, die rechte aber beschattet wird und im Dunkeln liegt. Während die helle Hälfte unverstellt dem Betrachter zugänglich ist (auch dadurch, dass die Haare nach oben und zur Seite streben), wirkt die rechte, beschattete Seite wie zugewachsen und die dunkle schraffierten Haare gehen nahtlos in die Schatten bildenden Schraffuren der echten Gesichtshälfte über.

Die wild abstehenden Haare passen zu dem in sich gespaltenen Gesicht. Welche wilden Stürme des Lebens haben das Gesicht so geprägt?

Was gehört zu den Licht- und Schattenseiten dieses Menschen (und des/der Betrachtenden) dazu? Auf dem rechten Wangenknochen und Augenlid wird die dunkle Gesichtshälfte durch etwas mehr Helligkeit unterbrochen. Gibt es eine kleine Chance, dieses Gesicht wieder in seiner Strahlkraft und Offenheit aufscheinen zu lassen? Gibt es die Möglichkeit, die Verdunklungen zu beseitigen? Vielleicht hilft die kurze Biografie von Francisco Goya weiter.

> **Francisco Goya (1746-1828)**
> Francisco Goya, spanischer Maler, Radierer und Lithograf, war seit 1799 (erster) Hofmaler des spanischen Königs. Während er in seinem Frühwerk heitere, spielerische Szenen aus dem spanischen Volksleben mit hellen und bunten Farben malte, stellte er in seinem Spätwerk v. a. Elend, Not und die Grausamkeit des Krieges, menschliche und gesellschaftliche Schwächen dar. Schließlich, ab 1815, wurden seine Themen fantastisch-visionär: In düsteren Bildern, die in grauschwarzen, sowie schwermütigen blauen und grünen Farben gehalten sind, herrschen spukhafte und dämonische Wesen vor.
> Sicher ist, dass Goya bis in späten Jahre ein ungemein temperamentvoller Mensch war, dem die Abenteuer und Messerstechereien, die ihm schon frühzeitig mit mehr oder weniger Recht nachgesagt wurden, auch zuzutrauen sind.

Leonhard Baskin hat bei seiner Radierung eine künstlerische Technik gewählt, mit der bereits der portrai-

Menschenrechte

- Recht auf Religionsfreiheit
- Recht auf Arbeit 
- Recht auf Gleichheit vor Gericht 
- Recht auf Meinungsfreiheit 
- Recht auf Bildung 
- Recht auf Asyl 
- Recht auf gleichen Lohn bei gleicher Arbeit 
- Recht auf allgemeine, gleiche und geheime Wahlen 
- Recht auf Gesundheit und Versorgung 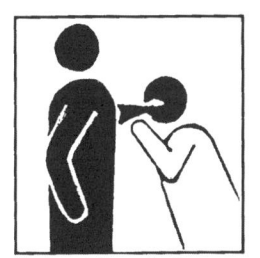
- Recht auf freie Betätigung der Gewerkschaften 
- Recht auf Demonstrationsfreiheit 
- Recht auf Nahrung 
- Recht auf Gleichberechtigung der Geschlechter 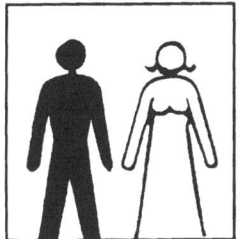
- Recht auf gesunde Umwelt 
- Recht auf Frieden 
- Recht auf Reichtum 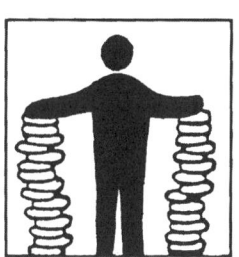
- Recht auf Vergeltung 
- Recht auf Liebe 
- Recht auf Anerkennung 
- Recht auf gerechte Bezahlung von Rohstoffen 
- Recht auf gleiche Behandlung trotz unterschiedlicher politischer Auffassung 
- Recht auf Freiheit 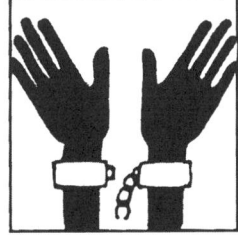
- Recht auf Freizügigkeit 
- Recht auf Leben 

Welche der abgebildeten Menschenrechte sind für dich am wichtigsten?

tierte Goya arbeitete. Dabei wird zunächst eine Kupferplatte mit einer säurefesten Schicht von Wachs und Harz bestrichen. Mit einer Radiernadel wird dann das Bild seitenverkehrt in die säurefeste Schicht geritzt, sodass das Metall freigelegt wird. Wenn die Platte dann in Säure gelegt wird, ätzt diese die Zeichnung ein, und zwar umso tiefer, je länger man die Säure wirken lässt. Nach dem Entfernen der Deckschicht dient die Platte als Druckvorlage, von der Abzüge gemacht werden können.

Goya schuf seine Radierungen zu Beginn des 19. Jahrhunderts in einer Zeit, als die Kupferstecherkunst zurückgedrängt wurde, weil der Stahlstich aufkam, der eine unbegrenzte Zahl von Abzügen ermöglicht. Leonhard Baskin nimmt die Technik des Kupferstichs wieder auf, und zeigt damit eine besondere Verbundenheit mit dem portraitierten Künstler, da er nicht nur dessen Leben und die Themen seiner Werke aufnimmt und deutet, sondern auch dessen Arbeitsweise.

2. Einsatzmöglichkeiten im RU

Ein Standbild bauen

- Noch bevor Sch die Erzählung von Werner Laubi lesen, gestalten sie aufgrund ihres biblischen Vorwissens die Situation der Verleugnung durch Petrus als Standbild. Dabei werden die wesentlichen Handlungsträger (Jesus, die Soldaten, Petrus, die drei Personen, die Petrus ansprechen) so zueinander positioniert, dass ihre Anordnung im Raum bereits Aussagen zu ihrer Situation zulässt. Diese Ausdrucksform kann noch durch Gestik und Mimik verstärkt werden, z. B. könnten die drei Personen mit ausgestrecktem Arm auf Petrus deuten, der wiederum mit den Händen vor dem Gesicht abwehrt.

> **Unterrichtsmethode: Das Standbild**
>
> Bei der Arbeit mit Standbildern versucht ein/e Regisseur/in bzw. ein/e Standbildbauer/in aus »lebenden Personen« Schritt für Schritt ein Bild zu komponieren, mit dem er/sie den Zuschauenden und Mitspielenden die jeweils persönliche Deutung sozialer Wirklichkeit vergegenwärtigt. Standbilder liefern so eine körperlich-anschauliche Darstellung der sozialen Erfahrungen, der Haltung und Fantasien des Standbildbauers/der Standbildbauerin.
>
> *Was lernt man beim Standbild-Bauen?*
> - Beim Standbild-Bauen versucht man Vorstellungen in Bilder zu übersetzen und diese dann durch die Körpersprache der ausgewählten Mitspieler/innen auszudrücken.
> - Die Mitspieler/innen lernen sich in die ihnen zugedachte Rolle langsam hineinzuversetzen und sich mit ihr zu identifizieren. Außerdem erspüren sie das soziale Gefüge der dargestellten Situation am eigenen Leib.
> - Die Beobachtenden empfinden es als interessant zu sehen, wie das Standbild langsam wächst. Meist erraten sie die dargestellte Situation sehr schnell oder können sich in die bereits bekannte Situation vertieft hineinversetzen. Außerdem kann ihnen der Regisseur/die Regisseurin durch die individuelle Art der Umsetzung die Augen neu öffnen und sie soziale Beziehungen anders wahrnehmen lassen.
> - Alle Sch werden durch das Standbild für das Ausdrücken von sozialen Beziehungen durch Körpersprache sensibilisiert. Sie üben die Deutung von Gestik und Mimik, aber auch von räumlicher Nähe und Distanz. Die dargestellten sozialen Situationen werden intensiv nacherlebt und in ihren emotionalen Zusammenhängen neu oder vertieft erfasst.
>
> *Ablauf:*
> 1. Der Erbauer/die Erbauerin des Standbildes sucht sich diejenigen Personen aus der Gruppe aus, die von ihrer äußeren Erscheinung her in das Bild passen oder fragt nach Freiwilligen.
> 2. Dann wird das Bild Schritt für Schritt aufgebaut, indem der Erbauer/die Erbauerin die Haltung der Mitspielenden solange mit den Händen formt, bis sie die richtige Position eingenommen haben. Der Gesichtsausdruck kann von ihm/ihr vorgemacht oder beschrieben werden. Die Mitspielenden müssen sich dabei völlig passiv verhalten. Evtl. können auch die Zuschauenden Anregungen geben.
> 3. Wenn das Standbild fertig komponiert ist, erstarren alle Spieler für 30-60 Sekunden (dies kann durch ein akustisches Signal verdeutlicht werden) um sich selbst meditativ in die eingenommene Haltung einzufühlen und um den Beobachtenden Gelegenheit zu geben, das entstandene Bild auf sich wirken zu lassen.
> 4. Danach wird das Standbild beschrieben und interpretiert: zuerst von den Beobachtenden, dann von den Spielenden. Dabei kommt es vor allem darauf an, die Beziehung zwischen den Spielenden zu verdeutlichen und ihren Empfindungen eine Stimme zu geben.
> 5. Zum Schluss wird der Erbauer/die Erbauerin gefragt, welche Absicht er/sie mit dem Bau des Standbilds hatte.
> 6. Wenn keine Einigkeit über die Deutung des Bildes zu erzielen ist, wird der Erbauer/die Erbauerin aufgefordert, das Standbild zu verändern. Es kann auch jemand anderes zum gleichen Thema ein neues Standbild bauen. (Vgl. Meyer, 352-357.)

- Haben sich alle Personen aufgestellt, wird das Standbild »eingefroren«, d. h. die Schauspieler/innen verharren reglos. Die Zuschauenden haben dann die Aufgabe, den einzelnen Personen Worte in den Mund zu legen.

Sich mit Petrus identifizieren
- Sch schreiben die Stellen des Textes heraus, die einen Einblick in Petrus Gefühlswelt geben. Anschließend finden sie Beispiele für Situationen, in denen heute Menschen so denken, fühlen und handeln könnten.
- Sch stellen sich vor, dass Petrus später einem anderen Jünger diese Situation erklärt. In dem Gespräch will er seine innere Zerrissenheit verdeutlichen. Wie könnte der andere Jünger sein Handeln beurteilen?
- Sch schreiben dieses Gespräch in ihr Heft.

Texte vergleichen
- Sicherlich ist der biblische Bezug der Erzählung von Werner Laubi für Sch klar. Dies kann sinnvoll in den RU einbezogen werden, wenn durch einen Textvergleich mit der biblischen Vorlage die besondere Entfaltung des inneren Prozesses des Petrus im Laubi-Text deutlich wird.
  - Sucht in den Evangelien die Stelle, in der die Verleugnung durch Petrus beschrieben wird.
  - Vergleicht den biblischen Originaltext mit der Textvorlage im Schulbuch. Welcher Text gefällt euch besser? Welcher Text geht mehr unter die Haut? Warum?

Das Licht- und Schattenspiel wirken lassen
- Sch werden die Radierung vermutlich auf die Licht- und Schattenseiten des Petrus deuten. Wichtig ist hier das Bild nicht vorschnell eindimensional auszulegen. Hilfreich könnten folgende Anregungen sein:
  - Deckt mit einem weißen Blatt den rechten Teil des dargestellten Gesichtes ab. Beschreibt, was ihr seht. Lasst dann das Gesicht sprechen, z. B. »Ich schaue dich, den Betrachter/die Betrachterin, direkt an. In meinem Gesicht ...«
  - Verdeckt dann die linke Seite des Gesichtes und geht auch mit der rechten Gesichtshälfte wie beschrieben vor.
  - Nachdem ihr beiden Gesichtshälften nachgespürt habt, könnt ihr deutlich machen, was die Radierung zum Ausdruck bringen will.

3. Weiterführende Anregung

Zwei Seiten in mir
Die Thematik der menschlichen Wesensmerkmale des Lichts und des Schattens kann durch den Text »Zwei Seiten in mir« von Franz W. Niehl vertieft werden (siehe **AB 9.3.7**, Lehrerkommentar S. 87).
In der Erzählung werden – mit Rückgriff auf das biblische Brüderpaar – Abel und Kain als menschliche Grundtypen mit konträren Eigenschaften verstanden. In der Geschichte durchläuft der Mensch die Entwicklung von Abel zu Kain. Abel und Kain – zwei Wesensmerkmale innerhalb einer Person – eine erschreckende, vor allem aber realistisch und betroffen machende Erkenntnis (vgl. auch tiefenpsychologische Bibelauslegung im Kapitel 5 auf *Infoseite* 90).
- Sch überlegen, was der Mann innerhalb der zehn Jahre erlebt haben könnte, das ihn vom Abel zum Kain veränderte.
- Sch schreiben eine Geschichte mit den verschiedenen Erlebnissen des Mannes innerhalb dieser zehn Jahre.
- Sch erfinden eine Fortführung der Geschichte: »Wie geht es mit dem zum Kain gewordenen Mann weiter?«

Hinschauen – sich einmischen

Infoseite III (54)(55)

1. Hintergrund

Die *Infoseite III* 54-55 betont die gesellschaftspolitische Dimension des Kapitels. Dabei wird das Thema Rechtsradikalismus aufgegriffen. Die Frage, wie man auf Jugendliche mit dieser politischen Gesinnung reagieren soll, ist in den Schulen hoch brisant. Sch können anhand der *Infoseite III* Ängste, Befürchtungen und Wünsche thematisieren. Die Seite entfaltet aber auch konkrete Handlungsmöglichkeiten.

Die fünf Punkte des Textes **Wozu ein Feindbild gut ist** nennen die wesentlichen sozio-psychologischen Merkmale eines Feindbildes:
1. Die Aufwertung der eigenen Gruppe geschieht durch die Abwertung einer anderen. Im rechtsradikalen Gedankengut wird dies besonders durch den Rassismus deutlich, weil das Selbstwertgefühl einer Nationalität allein dadurch aufgewertet wird, dass keine Ausländer/innen im eigenen Land sind. Dieses Merkmal des Feindbildes setzt also keine individuellen eigenen Leistungen voraus, sondern das Selbstwertge-

fühl wird durch die reine Zugehörigkeit zu einer Gruppe gestärkt.

2. Die Auswahl einer Minderheit, die sich nicht wehren kann, dient der Demonstration der eigenen Stärke. Die Schwäche der anderen macht die eigene Stärke aus. Dieses Merkmal zeigt sich oft bei der Gewaltbereitschaft der rechtsradikalen Jugendlichen, die sich z. B. gegen Obdachlose oder einzelne Ausländer/innen richtet.

3. Das Abladen eigener Erlebnisse und Gefühle des Versagens und der Frustration auf einen Sündenbock macht deutlich, durch welche psychologischen Mechanismen z. B. der Rechtsradikalismus oder der Rassismus für Jugendliche so anziehend ist. Denn durch den Sündenbock können eigene Versagensängste projiziert und dadurch kompensiert werden. Dafür sind vor allem jene Jugendlichen empfänglich, die durch ihre soziale Herkunft, ihre schulischen und beruflichen Leistungen oder ihr schwieriges soziales Umfeld in unserer Gesellschaft nicht mithalten können.

4. Zu einem Feindbild gehört, sich ein Objekt für den eigenen Hass zu suchen. Hier wird die kathartische Wirkung des Feindbildes beschrieben. Das Ausleben des eigenen Hasses, der Aggressionen und der niedrigen Instinkte an einer bestimmten Menschengruppe hat reinigende und befreiende Wirkung. Gleichzeitig entsteht ein Flow-Erlebnis (ein Erlebnis von Echtheit, Authentizität und Wirksamkeit), das dem Jugendlichen das Empfinden gibt, wirklich und wahrhaftig zu leben und etwas bewirken zu können.

5. Mit dem Aufbau eines Feindbildes geht die Unfähigkeit einher, der eigenen ganzen Geschichte ins Auge zu sehen. Die eigenen Schwächen, Fehler und niedrigen Instinkte werden nicht ehrlich angeschaut und verarbeitet, sondern auf das Feinbild übertragen. Dort können sie dann verurteilt und verfolgt werden. Kurz gesagt: innerpsychische Prozesse werden vermieden und auf eine andere Person übertragen und dort verarbeitet.

Das Foto **Der Kampf gegen die Dummheit hat gerade erst begonnen** entstammt dem Wochenzeitung »Die Zeit«, die mit unterschiedlichen Fotos zum Thema eine Kampagne für Zivilcourage durchgeführt hat. Das Foto zeigt Springerstiefel mit weißen Schnürsenkeln. Sie sind ein typisches Erkennungsmerkmal von rechtsradikalen Gruppierungen. Angedeutet sind hochgekrempelte Jeans-Hosen und ein selbstbewusster, vielleicht provokanter Stand. Unten rechts steht: Unsere wirksamste Waffe gegen die Dummheit ist der Verstand. Gut, wenn er scharf bleibt.

Das Foto thematisiert, dass Rechtsradikalität mit Dummheit bzw. Unwissenheit in Verbindung steht, was z. B. bei Sprüchen wie »Ausländer nehmen uns die Arbeitsplätze weg!« oder »Auschwitz ist eine Lüge!« deutlich wird. Das Foto wirbt für den Gebrauch des scharfen Verstandes, um solche falschen und dummen Parolen zu stoppen und ihnen vorzubeugen.

Der Text **Schritte gegen Rechts** greift eine realitätsnahe Situation für Sch auf: Ein Lehrerkollegium fragt sich, wie es mit rechtsradikalem Gedankengut seiner Sch umgehen soll. Dabei werden acht unterschiedliche Statements gegeben. Diesen liegen vier Grundhaltungen zugrunde.

1. Grundhaltung: Ausweichen
Hierzu gehören die erste und die sechste Stellungnahme. Sie betonen, dass man lieber nicht eingreifen solle, um den Betreffenden nicht so viel Aufmerksamkeit zu schenken oder weil die politische Einstellung nichts mit der Wissensvermittlung der Schule zu tun habe.

2. Grundhaltung: Im Unterricht informieren und diskutieren
Hierzu gehören die Statements zwei und drei, die vorschlagen im Unterricht durch Filme oder Diskussionen zu informieren und sich dem Thema zu stellen.

3. Grundhaltung: Einsatz von Sanktionen
Die vierte Meinung schlägt vor, das Tragen von rechtsradikalen Symbolen in der Schule zu verbieten.

4. Grundhaltung: Außerunterrichtliche Aktionen gegen Rechts
In den Statements fünf, sieben und acht werden außerunterrichtliche Aktionen vorgeschlagen, die entweder einer Zusammenarbeit mit anderen Institutionen, dem Gewinnen von eigenen Eindrücken oder dem Abbau von Fremdheit dienen sollen.

Unter dem Titel **Bist du ein Wegschauer?** sind sechs Stellungnahmen von Sch zu finden, die danach befragt wurden, ob sie sich bei gesehenen Streitigkeiten oder Gewaltanwendungen einmischen würden. Hier wird die Sicht der Jugendlichen dargestellt und damit die Erwachsenen-Statements der *Infoseite III* **54** abgerundet.

Bei den Stellungnahmen lassen sich folgende Gemeinsamkeiten erkennen:

1. Ich mische mich ein, wenn ich mich sicher fühle.
Dies wird sowohl bei Marion, Tobi und Barbara deutlich, die sich einmischen würden, wenn sie in einer Gruppe sind oder älter als die sich Prügelnden.

2. Ich mische mich ein, indem ich Hilfe hole.
Dies sagt vor allem Monika, die deutlich macht alleine nicht helfen zu wollen, sich aber Unterstützung durch Passanten oder die Polizei zu holen.

3. Ich greife selbst ein.
Dieser Meinung ist nur Danny, der meint, er würde den Täter selbst verbal angehen.

4. Sich einmischen ist zu riskant.
Diese Meinung vertritt Linn, die den Schutz der eigenen Person ehrlich über den Einsatz für andere stellt.

Zwei Seiten in mir

Ein berühmter Maler hatte sich vorgenommen, ein Bild aus den Geschichten der ersten Menschen zu malen: die Brüder Kain und Abel in ihrem Gegensatz. Nun hatte der Maler folgende Angewohnheit: Wenn er eine Gestalt aus einer Erzählung malte, schaute er sich unter seinen Mitmenschen um, bis er einen gefunden hatte, der seiner Vorstellung von dieser Gestalt entsprach.

Eines Tages sah er einen jungen Mann, der aufrichtig und liebenswürdig aussah. So offen und freundlich waren seine Gesichtszüge, dass man auf ein gutes Herz schließen musste. Bei diesem Anblick rief der Maler begeistert aus: Hier habe ich das Urbild des sanften Abel! Und sofort ging er nach Hause und malte die Gestalt des Abel so gut und so liebenswürdig, wie der junge Mann war, der ihm als Vorbild diente. Nun wollte der Maler noch das Gegenbild finden, den bösen Kain. Das war aber viel schwieriger, als er dachte. Jahr für Jahr suchte er vergeblich. Es gab natürlich genug böse Menschen, denen er sogar einen Brudermord zutraute. Darunter war auch mehr als einer, der dreist genug schien, Gott zu antworten: Soll ich denn der Hüter meines Bruders sein? – Aber er fand keinen, der jenem unglücklichen Verbrecher ähnlich sah, der aus tiefster Verzweiflung rief: Zu groß ist meine Schuld; ich kann sie nicht tragen.

Zehn Jahre, so sagt man, hat der Maler vergeblich gesucht. Dann stieß er zufällig auf einen Landstreicher, dessen Aussehen ihn fesselte. In dem verwüsteten Gesicht des Fremden stand alles zu lesen, was einmal auch in den Zügen des Kain geschrieben sein musste: Eifersucht, Hass, Mordgier und Trotz, aber auch Trauer, Schmerz und Reue. So lud er den Obdachlosen ein in sein Haus. Er wollte ihn malen und damit sein Gemälde vollenden. Als aber der Landstreicher vor der Leinwand stand und das Bild des sanften Abel sah, brach er in Tränen aus. Der Maler stutzte, schaute sich den Weinenden genauer an und erschrak.

In diesem Augenblick wandte sich der Fremde ihm zu und sagte: Der Mann, der jetzt vor dir steht, hat schon einmal – vor zehn Jahren – hier gestanden.

*Emmanuel ben Gorion,
neu erzählt von Franz W. Niehl*

Der Song **Steh auf** von Marius Müller-Westernhagen zielt darauf ab, Menschen in verschiedenen Situationen Mut zu machen: Mut zu einem aufrechten Gang und Mut zur Zivilcourage.

Die erste Strophe beschreibt Äußerungen, die dazu führen, dass ein Mensch sich minderwertig fühlen kann. In der zweiten Strophe werden entmutigende Aussagen gesammelt. Darauf folgt der Refrain »Steh auf!«, der appellativen Charakter besitzt. In der dritten Strophe wird thematisiert, wie ein »Drogenmann« die Wunden eines Menschen ausnutzt, um ihn abhängig zu machen. Es folgt wiederum der Refrain und der Zusatz »Ich will dich/Ich brauch' dich/Lass mich nicht allein«. Mit diesen Zeilen wird betont, wie wichtig der Mensch als mitfühlendes und aufrechtes Gegenüber ist. Auch hier herrscht der Appell vor, gleichzeitig wird jedoch die Bedeutung und der Wert des Einzelnen betont. In der letzten Strophe wird ein Weg gezeigt, der den Menschen zu Selbstwertgefühl und Mitmenschlichkeit »in das Licht« führt, nämlich das Gefühl des Angenommen- und Geliebt-Werdens.

Dieses Lied wurde bewusst den problemorientierten Texten dieser Seite hinzugefügt. Einerseits ist es nach wie vor Musik, die Jugendliche gerne hören. Andererseits macht es deutlich, welche wesentliche Rolle es für Jugendliche spielt, sich anerkannt und wertvoll zu fühlen. Nur mit einer starken Persönlichkeit können Jugendliche den Versprechungen von Drogen und verführerischen Gruppen selbstbewusst begegnen. Im Lied wird folglich eine Persönlichkeitsstruktur beschrieben, die keine Feindbilder und falsche Stärke durch eine Gruppenzugehörigkeit braucht.

2. Einsatzmöglichkeiten im RU

Beispiele für Feindbilder suchen
- Sch nähern sich dem Thema, indem sie typische Feindbilder aus ihrer Umgebung (z. B. aus Zeitungsartikeln) sammeln. Dann sprechen sie darüber, was man unter einem Feindbild versteht und warum Menschen Feindbilder »brauchen«.
- Erst dann folgt der Einsatz des Textes »Wozu ein Feindbild gut ist« von der *Infoseite III* **54**. Da der Text in komprimierter sprachlicher Form soziologische und psychologische Prozesse darstellt, ist es sinnvoll, Sch aktuelle und historische Beispiele für die einzelnen Punkte finden zu lassen. An diesen Beispielen können die Merkmale dann konkretisiert werden.

Eigene Plakate gegen Rechts gestalten
- Sch gestalten eigene Plakate gegen rechtsradikale Gruppen oder Rassismus. Dabei können sie die Überschrift »Der Kampf gegen die Dummheit hat gerade erst begonnen« aufgreifen.
- Anschließend kann mit den Plakaten eine kleine Ausstellung im Schulgebäude gestaltet werden.

Diskussion als Rollenspiel umsetzen
- Sowohl die Diskussion des Kollegiums der *Infoseite III* **54** als auch die Sch-Meinungen der *Infoseite III* **55** eignen sich für ein Rollenspiel.
- Denkt euch eine Situation aus, in der jemand eine Gewaltszene beobachtet. Durchspielt nun im Rollenspiel unterschiedliche Möglichkeiten zu reagieren.
- Stellt euch vor, an einer Schule fallen mehrere Sch auf, die rechtsradikales Gedankengut äußern. Wie könnten die Lehrkräfte reagieren?
- Schlüpft in die Rolle eines Lehrers/einer Lehrerin und spielt eine Konferenz, in der ihr Vorschläge und Maßnahmen für eure eigene Schule überlegt.

Das Thema in die eigene Schule tragen
- Vielleicht werden Sch auch in ihrer eigenen Schule mit dem Thema Rechtsradikalismus konfrontiert. Sie überlegen sich, wie sie die Gremien der SMV oder des Schulforums nutzen können um über dieses wichtige Thema mit anderen Sch, Eltern und Lehrern zu sprechen. Evtl. haben Sch Vorschläge für die Schulleitung, was man an der Schule gegen Rechtsradikalismus unternehmen kann (z. B. eine Projektwoche zu diesem Thema, eine Informationsveranstaltung oder das Verbot bestimmter Kleidung).

Das Lied hören und weitertexten
- Für Sch wird die Begegnung mit dem Liedtext natürlich durch das Anhören des Songs intensiver und lebendiger (CD: Marius Müller-Westernhagen: So weiter, Polydor 2000, siehe auch Kopiervorlage, **AB 9.3.8, Lehrerkommentar S. 89**).
- Welche Erfahrungen wünscht sich Marius Müller-Westernhagen in seinem Lied für die Menschen?
- Welchen »Versuchungen« sollen die Menschen widerstehen?
- Formuliert, wofür oder wogegen die Menschen aufstehen sollen.
- Ergänzt das Lied durch eine selbst verfasste Strophe.

Einen Film zum Thema anschauen   IDEENSEITE (45)
Der Kurzfilm »Schwarzfahrer« von Pepe Danquart spielt in der Straßenbahn. Ein Farbiger nimmt neben einer alten Dame Platz. Diese beginnt eine wüste Schimpfkanonade gegen Ausländer, wobei sie den Farbigen nicht direkt anspricht. Die anderen Fahrgäste scheint die Situation nicht zu interessieren. Als ein Schaffner zusteigt, nimmt der Farbige der alten Dame den Fahrschein aus der Hand und verschluckt diesen. Als diese schließlich keinen Fahrschein vorzeigen kann, kommt ihr – ähnlich wie zuvor dem Farbigen – keiner der anderen Fahrgäste zu Hilfe. Sie muss aussteigen.

Steh auf!

T/M: Marius Müller-Westernhagen
© MORE MUSIC Musikverlag GmbH

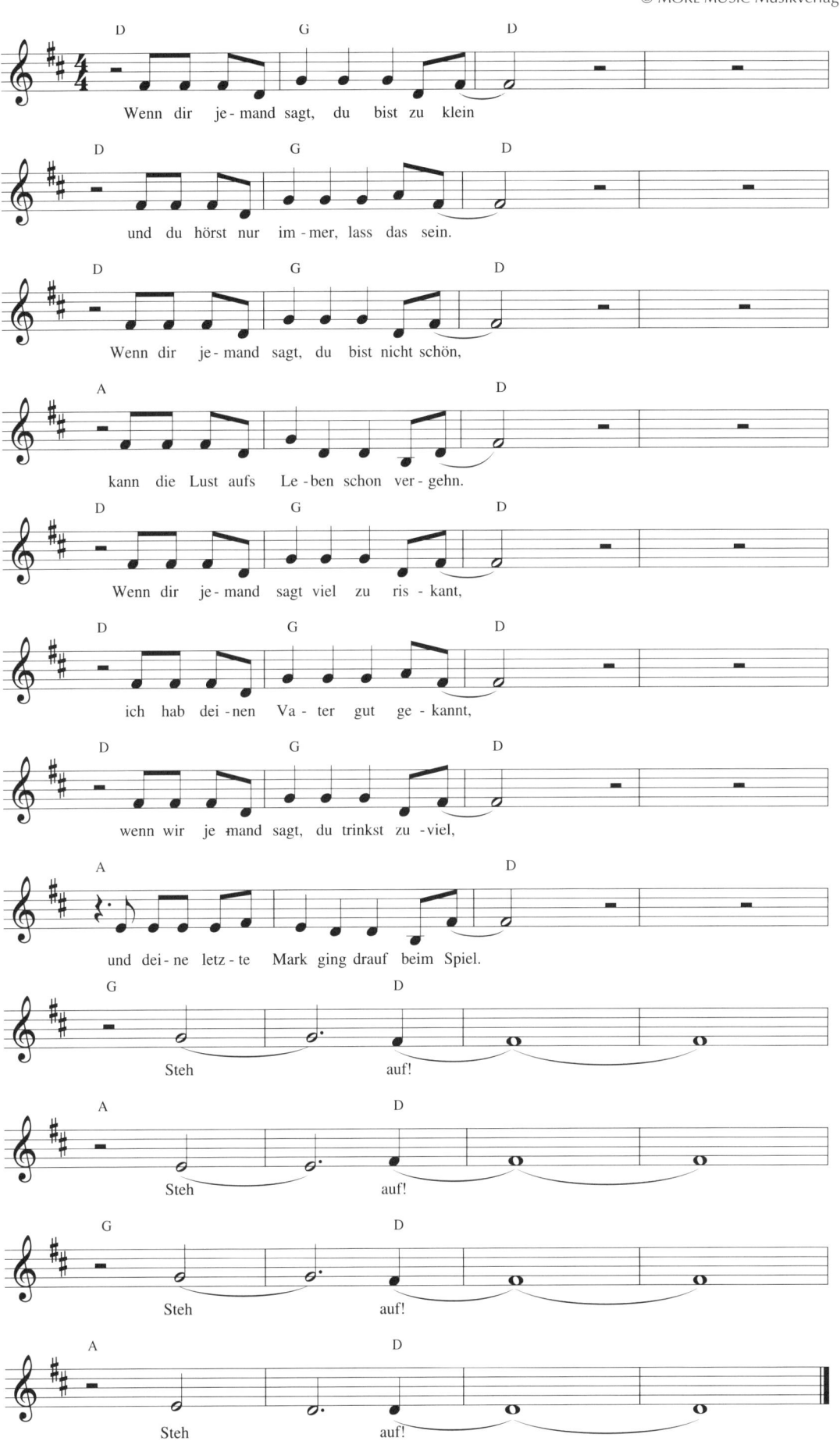

Wenn dir jemand sagt, du bist zu klein

und du hörst nur immer, lass das sein.

Wenn dir jemand sagt, du bist nicht schön,

kann die Lust aufs Leben schon vergehn.

Wenn dir jemand sagt viel zu riskant,

ich hab deinen Vater gut gekannt,

wenn wir jemand sagt, du trinkst zu viel,

und deine letzte Mark ging drauf beim Spiel.

Steh auf!

Steh auf!

Steh auf!

Steh auf!

Der Handlungsort der Szenerie entspricht einer typischen Alltagssituation und ist deshalb austauschbar. Sie greift deutlich das Thema des Rassismus auf. Betont wird jedoch die Passivität, mit der die Gesellschaft, hier die Fahrgäste, auf die massiv geäußerten Vorurteile reagiert. Unter dieser Passivität leidet schließlich auch die alte Dame, die von der Täter- in die Opferrolle rutscht, aber auch ihr kommt niemand zur Hilfe, auch mit ihr solidarisiert sich niemand. Auf diese Weise zeigt der Film mögliche Konsequenzen auf: Die Fahrgäste im Film drücken weder innere Parteinahme noch Sympathie aus, schlimmer noch: Ihre Haltung ist von Desinteresse geprägt. So steht primär der Skandal der passiven Duldung des Unrechts im Mittelpunkt und nur sekundär der durch die Duldung ermöglichte Skandal der Ausländerfeindlichkeit und des Rassismus.

- Für die Bearbeitung im RU ist es entscheidend, auf den primären Skandal zu sprechen zu kommen und nicht nur oberflächlich den Rassismus zu thematisieren. Für die Duldung des Unrechts finden Sch Gründe. Sie sollten dabei auch eigene Erfahrungen, Befürchtungen oder Ängste ansprechen.

Schwarzfahrer, Regie und Drehbuch: Pepe Danquart, Produktion: Trans-Film, Medienwerkstatt Freiburg, BRD 1993, 12 Min., s/w, 16 mm.

Über eigenes Handeln   IDEENSEITE (45)
nachdenken /Ein Gedicht verfassen

dpa. Ab dem 1. dieses Monats müssen alle Menschen mit blonden Haaren und blauen Augen gelbe Zipfelmützen tragen und dürfen die Bürgersteige nicht mehr betreten.

- Die provokative fingierte Pressemitteilung kann eine Diskussion bei den Sch anregen. Es geht darum, dass äußere Merkmale (in diesem Fall blonde Haare und blaue Augen) als Diskriminierungsansatz benutzt werden. Die Parallele zu den Rassemerkmalen der Arier im Dritten Reich ist bewusst hergestellt und wird Sch schnell deutlich werden.
- In der Diskussion wird sich zeigen, wie Sch argumentieren. Vielleicht werden sie diese äußeren Kriterien als Auslöser einer Diskriminierung ablehnen oder als lächerlich bezeichnen. In diesem Fall ist der Hinweis auf die Unterdrückung und Diskriminierung von Farbigen oder Ausländern ein aktuelles Beispiel, das die Berechtigung dieses Gedankenspiels unterstützt.
- Möglich wäre auch, die Blauäugigen und Blonden durch Zeugen Jehovas zu ersetzen. Bei dieser angesprochenen Gruppe erzählen viele Sch von ihren negativen Erfahrungen, doch nur wenige kennen Zeugen Jehovas. Bei diesem Beispiel eröffnet sich auch eine religiöse Dimension in der Diskussion, die den Bereich der religiösen und weltanschaulichen Toleranz zusätzlich einbezieht. Hier kann dann als zusätzliche Information vom L folgendes eingebracht werden: *Ab dem 19.9.1941 mussten alle Juden im Deutschen Reich den »gelben Stern« tragen.*
- Sch antworten auf die Frage, wie sie sich verhalten würden, z. B. wie folgt:
- Ich würde ebenfalls eine Zipfelmütze tragen, auch wenn die Merkmale auf mich nicht zutreffen.
- Ich finde es ganz gut, weil die Blonden oft so eingebildet sind.
- Ich würde gar nichts machen, weil ich nicht betroffen bin.
- Ich würde vielleicht einen Leserbrief schreiben, weil auf viele meiner Freunde diese Merkmale zutreffen.
- In der Diskussion wird deutlich, dass die Jugendlichen oft nur dann bereit sind sich einzusetzen, wenn sie selbst oder Menschen aus ihrer unmittelbaren Umgebung betroffen sind. Die Konsequenzen dieser Haltung können dann im Klassengespräch zu Ende »gesponnen« werden. Auch an diesen kann sich die Arbeit mit dem Gedicht von Martin Niemöller (*Ideenseite* **45**, Besprechung im *Lehrerkommentar* zu *Infoseite II* **51**) sinnvoll anschließen.

3. Weiterführende Anregungen

Hiphop zum Thema Rassismus anhören

Der Amateurfilm »Das Thema« (Holzkopf feat. Jay D. Rain Project, 4 min., 2001), der den 2. Preis des Menschenrechtsfilmpreises gewonnen hat, kontrastiert eindrucksvoll einen Hiphop-Song von DJ Holzkopf mit den Paraden der NSDAP und den Aufmärschen der Neo-Nazis. Der Song ruft zum Kampf gegen den Rassismus auf und beurteilt die Gedanken der Rassisten sehr treffend. Durch die Inszenierung des Hiphop-Songs durch Jugendliche ist ein Medium entstanden, das für Sch sehr ansprechend ist und zum Weiterarbeiten anregt. Vielleicht können Sch sogar einen eigenen Songtext dichten. Der Film ist über die Medienzentralen erhältlich.

An einem Schülerseminar über Diskriminierung teilnehmen

Das Schülerseminar über Diskriminierung und Gewaltprävention geht auf die Trainingsprogramme »Blue Eyes« der amerikanischen Lehrerin Jane Elliot zurück. Sie lässt ihre Sch am eigenen Leib Diskriminierung erfahren, um Strukturen und Gegenmaßnahmen aus eigenen Erfahrungen heraus zu entwickeln. *Weitere Informationen*: Anti-Rassismus-Training von »eye to eye« Postfach 1221, 32961 Dörentrup, Tel.: 05265/954832 oder Büro für Kultur- und Medienprojekte, Postfach 500161, 22701 Hamburg, Tel.: 040/3901407.

Inneres von Außen betrachten Stellungnahmen 56

1. Hintergrund

Der Text **Selbstgespräch eines Maskierten** greift das Thema »Masken tragen« auf. Dabei wird zunächst deutlich, dass das Tragen einer Maske Schutz bedeuten kann, wenn der Maskenträger seine Gefühle verstecken will. Außerdem kommt der für Jugendliche so wichtige Faktor der *Coolness* zur Sprache. Man ist für andere nicht so schnell durchschaubar und verletzlich. Nur die letzen Zeilen bringen Nachdenkliches zum Ausdruck, nämlich den Gedanken, dass ja auch das Gegenüber eine Maske trägt und somit eine wirkliche Kommunikation nicht möglich erscheint.

Friedensreich Hundertwasser (1928-2000)

Friedensreich Hundertwasser wurde als Friedrich Stowasser am 15. April 1928 in Wien geboren. Schon als Jugendlicher begann er zu malen und sich für bildende Kunst zu interessieren. Er zog 1949 zu seinem Lehrer René Bro nach Paris. Dort entwickelte er bereits mit 21 Jahren seinen eigenen Stil und nahm den Namen Hundertwasser an. 1950 wurde er in die Akademie der Künste, die *Ecole des Beaux Arts*, aufgenommen. Er verließ sie jedoch bereits am ersten Tag. Hundertwassers Kunst ist geprägt von einer großen Individualität, von der Freude an der Natur und der Leuchtkraft der Farben. Neben der Malerei engagierte er sich besonders in der Architektur. Bereits 1958 gab er in seinem »Verschimmelungsmanifest« seine theoretischen Überlegungen zur Architektur heraus. Er betont darin, dass er gegen rechte Winkel und gerade Linien sei, da diese keine Entsprechung in der Natur hätten. Er forderte, dass jede Wohnung und jedes Haus nach den individuellen Bedürfnissen und Vorstellungen der Bewohner gebaut werden sollte, da ansonsten in der geplanten Architektur die Seele verloren geht und die Menschen in »Schachtelkonstruktionen sitzen, so wie die Hendeln und die Hasen«. Fortan baute Hundertwasser an vielen architektonischen Projekten mit, z. B. der Planung eines Fernwärmewerkes, eines Gymnasiums, einer U-Bahnstation, einer Fabrik u. v. m. In Wien wurde 1983 das Hundertwasser-Haus, ein Mietshaus, fertig gestellt.
1981 wurde Hundertwasser zum Leiter der Meisterschule für Malerei an die Akademie der Bildenden Künste Wien berufen. In den folgenden Jahren verband er seine künstlerisch- architektonischen Ideen mit dem Umweltschutz. Seine Idee war es, dass die Kunst der Natur auf die Finger schauen soll, um wirklich den Bedürfnissen der Menschen und der Umwelt gerecht zu werden.
Hundertwasser wurde für sein umfassendes künstlerisches Schaffen vielfach ausgezeichnet.
Seit 1999 lebte er in Neuseeland, wo er am 19. Februar 2000 starb. Hundertwasser wurde auf seinem Land in Harmonie mit der Natur unter einem Tulip Tree begraben.

Friedensreich Hundertwasser: »834 La Prochaine Dimension (Le Mal et le Bien)«, 1982

Das Bild von Friedensreich Hundertwasser zeigt frontal ein Gesicht. Vermutlich handelt es sich um ein Männergesicht, da ein Vollbart, bestehend aus roten und grünen Längsstreifen, zu erkennen ist. Auch die Haare (am rechten und linken Bildrand) und die Augenbrauen sind aus roten und grünen dünnen Streifen gestaltet. Die Stirn ist charakterisiert durch waagerechte dunkle Streifen. Am oberen Bildrand befinden sich drei gelbe Rechtecke, die jeweils ein kleines blaues Rechteck beinhalten. Die Augen liegen im oberen Drittel des Bildes und befinden sich im goldenen Schnitt. Das linke Auge des Gesichtes ist silber und das rechte schwarz. Die Augen sind ganz mit diesen Farben ausgefüllt und besitzen weder Iris noch Pupille. Die Nase ist überwiegend in Grüntönen gehalten, die Nasenlöcher nehmen jeweils die Farbe der darüber liegenden Augen auf. Auf der linken Wange des Gesichtes verbergen sich unter dem Bart spiralförmige Kreismotive. Die rechte Wange ist von der Nase aus grün gehalten, zum Wangenknochen hin wechselt dann die Farbe von Grün ins Rötliche. Der geschwungene Mund, der unter dem Schnurrbart liegt, ist durch senkrechte kurze Striche in kleine Abschnitte geteilt.
Im Ganzen betrachtet wirkt das Bild zunächst durch seine frischen Rot- und Grüntöne und die lächelnden Lippen freundlich. Die roten Streifen lassen darüber hinaus einen warmen Eindruck entstehen. Rot und Grün sind Komplementärfarben, die sich nebeneinander aufgetragen gegenseitig zum Leuchten bringen.
Der so gestaltete Bart nimmt einen Großteil des Gesichtes ein. Durch die senkrechten Streifen wirkt er wie ein Vorhang, so als solle das Gesicht verborgen oder geschützt werden.
Beim Betrachten faszinieren besonders die Augen. Sie scheinen das Gegenüber direkt anzuschauen. Die beiden konträr gewählten Farben silber und schwarz stehen in inhaltlicher Verbindung zum Titel des Bildes *Le Mal et le Bien* (Das Böse und das Gute). So scheint die rechte Gesichtshälfte mit ihren schwarzen Auge die Seite des Bösen oder des Schlechten zu repräsentieren. »Schwarz wird in unserm Kulturkreis in Verbindung gebracht mit dem Tod, den Kräften von Geistern, zu Tod und Sterben schreibt man der schwarzen Farbe Unheil verkündenden Charakter zu« (Riedel, 168).

Das Silber hingegen wirkt lichtdurchströmt. Es weckt Assoziationen zum Licht oder zur Oberfläche eines Gewässers. Diese Assoziationen sind positiver Natur. Außerdem scheint Silber in seiner Verbindung zum gleichnamigen Metall edel und kostbar zu sein. Die linke Gesichtshälfte kann folglich als die gute gedeutet werden, zumal sie dem Betrachter/der Betrachterin bewusst auf der rechten (der guten) Bildhälfte erscheint. Durch die unterschiedlichen Augen macht der Künstler deutlich, dass in jedem Menschen die Elemente des Bösen und des Guten vorhanden sind. Beide Pole sind im menschlichen Wesen verankert, das wird nicht zuletzt an unserem Gewissen sichtbar.

2. Einsatzmöglichkeiten im RU

Das Bild durch farbliche Gestaltung interpretieren

- Sch bekommen eine möglichst helle Schwarz-Weiß-Kopie des Hundertwasser-Bildes vorgelegt und haben nun die Möglichkeit (z. B. mit Wachsmalkreide) das Gesicht farblich anders zu gestalten. Dabei kann die Wirkung der unterschiedlichen Farben beobachtet und ihre Bedeutung für die Interpretation deutlich werden. Darüber hinaus können Sch die Augen neu gestalten.
- Überlegt, inwiefern die farbliche Gestaltung des Bildes bereits eine Deutung vorgibt. Wie wirkt das Bild, wenn die Augen ausgefüllt sind?

3. Weiterführende Anregung

Gipsmasken anfertigen

Materialien: Ein altes Handtuch zum Unterlegen, für jede/n Sch eine Gipsbinde, ca. 6 cm breit, ein Gefäß mit Wasser, Fettcreme, Papiertaschentücher, Scheren.
Vorgehen:
(siehe auch Fotos auf dieser Seite und auf S. 94)

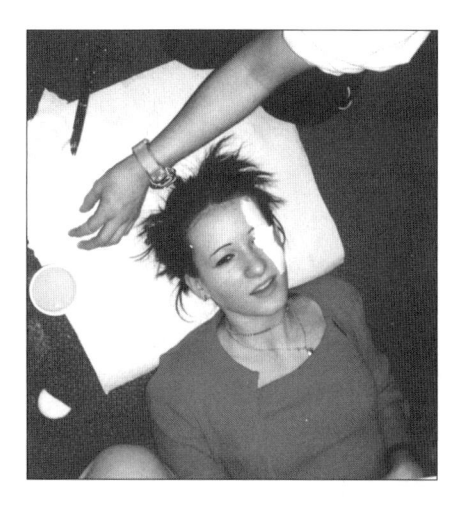

- Es empfiehlt sich, dass jeweils zwei Sch, die sich gut verstehen und einander vertrauen, sich gegenseitig eine Maske anlegen.
- Sch, der/die die Maske bekommt, bedeckt sein Gesicht dünn mit Fettcreme (evtl. Haare aus dem Gesicht binden) und legt sich mit dem Kopf auf das alte Handtuch.

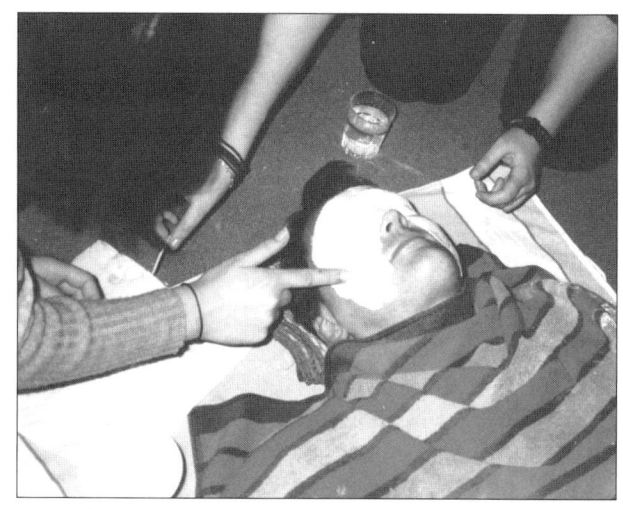

- In der Zwischenzeit wird vom Gegenüber der Gips vorbereitet, indem die Binden in 2-3 cm große Streifen geschnitten werden. Es ist ratsam hier ein Taschentuch unterzulegen, da der Gips bröselt.
- Die Augen und die Augenbrauen des Maskierten werden mit einem Stück Papiertaschentuch abgedeckt, damit die Maske später an diesen Stellen nicht kleben bleibt.
- Nun wird jeweils ein Gipsstreifen kurz in Wasser getaucht und, wenn der Gips weich ist, auf das Gesicht gelegt.

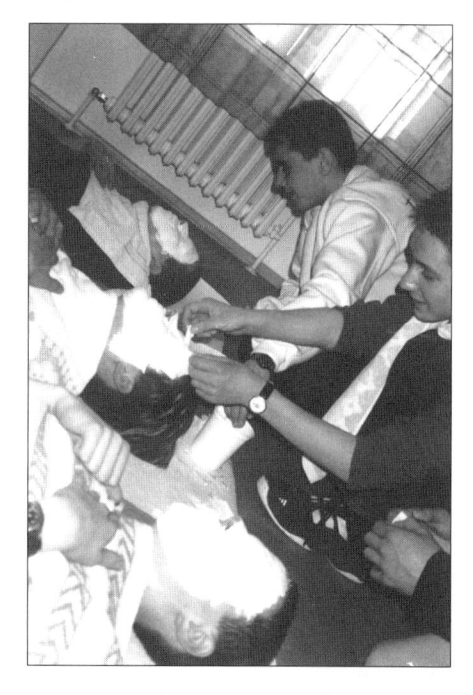

- Dann muss man den Gips zwischen dem Gewebe gut verstreichen, damit die Maske eine möglichst glatte Oberfläche bekommt.

Meditation zur Maske

Ich habe mir eine Maske anlegen lassen.

Einerseits war ich neugierig, andererseits unsicher und irgendwie sogar ängstlich. So gespalten erlebe ich mich öfter.

Zunächst erschrak ich, als die kalte Gipsbinde auf mein Gesicht gelegt wurde. Sie war unangenehm kühl, nass und glitschig. Aber das vorsichtige Umgehen der anderen beruhigte mich sehr schnell.

Auch wenn meine Haut nicht mehr berührt wurde, so spürte ich das sanfte Streichen und Glätten recht deutlich. Bald wirkte es wie eine gute Gesichtsmassage. Ich konnte mich entspannen und loslassen.

Später, als die Maske trocken wurde, habe ich erlebt, wie mich die Maske einengt. Meine Augen waren verdeckt. So konnte ich die Außenwelt nur hören und das Tun um mich herum nur erahnen und erraten. Selbst meine Stimme wirkte anders, verzerrt, undeutlich, nicht wirklich. Ich hatte auch Angst keine Luft zu bekommen.

Ich habe beim Masken-Machen erfahren, was es heißen muss blind zu sein. Ich fühlte mich abhängig, isoliert, sogar verlassen.

Da ich meinem Partner vertrauen konnte, fand ich die Maske sehr entspannend. Ich durfte mich ja nicht bewegen und so lag ich einfach nur da. Ich hörte die Musik und konnte entspannen. Ich glaube, so viel Stille hatte ich schon lange nicht mehr.

Während des Formens hatte ich das Gefühl, die Maske bleibe mir im Gesicht kleben. Wie angewachsen! Und ich erlebte die Maske mit der Zeit positiv, als eine Art Schutz. Unter der Maske kann ich so sein, wie ich bin.

Ich war froh, als mich endlich jemand befreite. Fertig! Ganz vorsichtig lösten wir den erstarrten Gips von meiner Haut. Da ich komisch ausschauen musste, verschwand ich schnell um mich zu waschen. Neugierig schaute ich dann meine Maske an. Sie war gut gelungen und ich schaute in gekannte und doch fremde Gesichtszüge. Das bin ich also ...

Ich habe meinem Freund/meiner Freundin eine Maske angelegt ...

Ich habe meinem Mitschüler eine Maske geformt. Es ist gar nicht so einfach, dem anderen eine Maske aufzusetzen. Zuerst entstellt man sein Gesicht. Ich war betroffen, wie schnell eine Maske verdeckt, versteckt oder entstellt.

Ich glaube, ich habe mich noch nie so intensiv mit dem Gesicht eines anderen Menschen auseinander gesetzt. Sehr vorsichtig strich ich über die Gipsbinden und betrachtete dabei das Gesicht des Gegenübers. Vor allem für mich als Junge war es fremd. Wir Jungen gehen sonst irgendwie rauer miteinander um.

Obwohl wir sehr wenig miteinander sprachen, spürte ich eine starke Beziehung zwischen uns. Es war gut die Maske mit jemandem zu machen, den man gut kennt.

Wie schwer es doch ist eine Maske abzulegen. Mir ging das auf, als wir versuchten die Maske abzunehmen. Nur langsam konnte sie sich lösen. Die eigentliche »Arbeit« hatte der Maskenträger zu leisten. Ich konnte nur etwas nachhelfen, aber die Maske ablegen musste der andere.

- So wird ein Gipsbindenstück an das andere gereiht. Die Nasenlöcher lässt man frei.
- Es sollten zwei bis drei Schichten Gipsbinden übereinander gelegt werden, damit die Maske eine gute Stabilität bekommt.
- Besonders gelungen sehen jene Masken aus, bei denen die Augen und der Mund ebenfalls eingegipst werden. Hiervor haben Sch zunächst oft Bedenken, wenn sie aber während des Maskenanfertigens Vertrauen zum Gegenüber gewinnen konnten, sind sie damit zumeist einverstanden.
- Anschließend muss sich der Maskierte einen Augenblick gedulden und die Maske trocknen lassen.
- Das Abnehmen der Maske wird erleichtert, wenn der Maskenträger kaut oder unter der Maske Grimassen zieht. Am besten ist, wenn man die Maske vom Kinn her abnimmt.
- Um das Maskenanlegen in Ruhe und Entspannung zu gestalten, sollte meditative Musik im Hintergrund spielen.
- Nachdem eine Maske fertig gestellt ist, wechseln die beiden Sch die Aufgaben.

Über die eigene Maske nachdenken
- Sch legen die Maske vor sich hin und betrachten sie in Ruhe. Dann tauschen sie sich über ihre Erfahrungen aus, wie es ist eine Maske aufgelegt zu bekommen (Unsicherheit, dem anderen Vertrauen müssen, entspannend, angenehm kühl usw.). Auch der Maskenbildner/die Maskenbildnerin benennt seine/ihre Erfahrungen (Macht über den anderen haben, ein ungewohnt zärtlicher Umgang miteinander, die Gesichtszüge des anderen intensiv wahrnehmen usw.). Interessant kann bei einem solchen Gespräch sein, wie unterschiedlich Mädchen und Jungen das Maskenanfertigen erleben.
- Nach dem Erfahrungsaustausch und vor der künstlerischen Ausgestaltung wie im Arbeitsauftrag auf *Stellungnahmen* **56** vorgeschlagen, sollte das Thema »Masken tragen« noch einmal vertieft werden. Hier ist es möglich den Text aus dem Schulbuch zu lesen oder der »Meditation über meine Maske« (siehe **AB 9.3.9, Lehrerkommentar S. 93**) nachzuspüren.

Literatur

Louis, Brigitte, Entwicklungspsychologische Voraussetzungen – allgemein und jahrgangsspezifisch, in: Handreichungen zum Hauptschul-Lehrplan, hg. v. Kath. Schulkommissariat in Bayern, München 2000

Meyer, Hilbert, Unterrichts-Methoden II.: Praxisband, Frankfurt a. M. [7]1995

Riedel, Ingrid, Farben, in: Religion, Gesellschaft, Kunst und Psychotherapie, Stuttgart [9]1991

www.kunsthauswien.de

Tod – Ende und Anfang 4

Das Thema im Schulbuch

In diesem Kapitel wird ein Grundthema jeder menschlichen Existenz vor dem Hintergrund des biblischen Auferstehungsglaubens beleuchtet. Ausgehend von den Erfahrungen mit dem Tod stellt es sich der Menschheitsfrage, was nach dem Tod wohl sein wird, und damit auch den Fragen der Sch.
Schon die Kapitelüberschrift eröffnet eine Hoffnungsdimension. In prägnanter Form fasst sie das LP-Thema 9.4 »Tot – was dann? – Hoffnung über den Tod hinaus« zusammen. Mit unterschiedlichen Stellungnahmen und Sichtweisen des Todes und des Lebens danach spannt das Kapitel den Fragehorizont auf und hilft so den Sch »sich bewusst zu machen, wie unterschiedlich Menschen darauf reagieren« (LP 9.4). Eigene Antwortversuche und solche aus verschiedenen Religionen und Kulturkreisen stehen dem christlichen Umgang mit dem Tod und dem Glauben der Christen an die Auferstehung gegenüber. Die Tragfähigkeit und das Hoffnungspotenzial dieses Glaubens für das Leben zeigt sich in den Zeugnissen von Hinterbliebenen, in der Trost und Kraft spendenden Wirkung der Rituale und im Lebensbeispiel vorbildlicher Christen. Sch »lernen Bilder der Wende und Hoffnung kennen« (LP 9.4). So erhalten sie Hilfen und Anregungen zu einer eigenen Stellungnahme und für eine weiter reichende Hoffnung und »können ihre Bedeutung für das diesseitige Leben schätzen lernen« (LP 9.4).
Das *Titelbild* **57** eines zeitgenössischen Künstlers regt an, die Dimensionen des Themas in der Farbgebung und Gestaltung zu entdecken.
Die *Themenseite* **58-59** reißt mit den Bildern und Texten die Bandbreite menschlicher Einstellungen und Vorstellungen zum Tod und dem, was danach kommen könnte, auf. Bewusst will sie auch mit dem Tod selbst konfrontieren.
Auch die *Ideenseite* **60-61** will mit ihrer Fülle von Anregungen Sch mit allen Dimensionen zu einer eigenständigen Annäherung und Auseinandersetzung mit Tod und Sterben anregen. Verhalten kommen auch hier schon die christlichen Aspekte zum Tragen.
Die *Deuteseite I* **62-63** schildert mit dem Worten eines Ehepaares, das seinen Sohn durch einen Unfall verloren hat, die Auseinandersetzung mit dem Tod. Sie ermutigt zur Begegnung mit den Trauernden. Sie verdeutlicht die tröstenden und hoffnungsspendenden Abläufe und Zeichen der Kirche im Kontext von Tod und Totengedächtnis.

Auf der *Infoseite I* **64-65** werden kurz die unterschiedlichen Jenseitsvorstellungen der Religionen vorgestellt. Ein besonderes Augenmerk wird auf die virulenten Vorstellungen von Wiedergeburt und Reinkarnation gelegt.
In Natur- und Sprachbildern versucht die *Deuteseite II* **66-67** das Werden und Vergehen als Rhythmus des Lebens verständlich zu machen, damit Sch das Leben auch von dieser kreatürlichen Seite her sehen lernen.
Den christlichen Auferstehungsglauben thematisiert im Bekenntnis der Schrift und der Tradition und einer weiteren künstlerischen Darstellung die *Deuteseite III* **68-69**.
Besonders die Vorstellung von der leibhaftigen Auferstehung versucht die *Deuteseite IV* **70-71** mit einem Infotext, einem Bild der Kunst und lyrischen Texten verständlicher zu machen.
Wie man sich auch schon im Alltag durch besondere Rituale und in der Liturgie der Kirche mit der Erfahrung von Tod und Leben auseinander setzen kann, wird auf der *Deuteseite V* **72-73** dargestellt.
Durch die beiden Märtyrer Oscar Romero und Edith Stein lernen Sch auf der *Infoseite II* **74-75** deren Glauben an die Auferstehung als die treibende und erhaltende Kraft in schwierigen Situationen kennen.
Ein modernes Grabmal und die Gestaltungsanregungen laden in den *Stellungnahmen* **76** zu einer persönlichen Positionsbestimmung ein.

Verknüpfungen mit anderen Themen im Schulbuch

Kap. 1 Sinn suchen – das Leben finden: Die Konfrontation mit dem Leiden und Dahinsiechen in der Ijob-Geschichte (*Deuteseite* **16-17**), die Frage nach Gott angesichts ungerechten Leidens und Sterbens im KZ (*Deuteseite* **18-19**) und der Umgang mit Sterbenden im Hospiz (*Deuteseite* **20-21**) berühren direkt auch Themen und Fragen dieses Kapitels. Die Seite »Sich kreuzen lassen« (*Stellungnahmen* **24**) vermittelt einen Zugang zum Kreuz als Hoffnungs- und Lebenszeichen.
Kap. 6 Kirche in bewegten Zeiten: Die Lebensbeispiele überzeugter Christen im Widerstand gegen die Nationalsozialisten (*Deuteseite* **105**) bieten weitere konkrete Anschauungen für die Lebenskraft des Evangeliums in einer lebens- und menschenfeindlichen Umwelt.

Lexikon: Auch im Lexikon finden sich weitere Biografien von Menschen, die sich einer »Kultur des Todes« (Johannes Paul II.) durch ihr Tun entgegenstellten und ihr Leben riskierten.

Verbindungen mit anderen Fächern

Evangelische Religionslehre: Jesus Christus: Perspektive für das Leben – Hoffnung darüber hinaus (9.1).

Der Lehrplan Katholische Religionslehre, 9. Jahrgangsstufe, für die 6-stufige Realschulen in Bayern (S. 390f.) macht weitere Vorschläge für fächerverbindende Unterrichtsvorhaben. Im Thema 1 »Lebenswünsche, Lebensziele« verweist er dort u. a. auf das Stichwort »Krisen«. Das Thema 4 »Menschen, die sich trauen« verweist auf unterschiedliche Ausprägungen mutiger und tätiger Persönlichkeiten hin.

Tod – Ende und Anfang   Titelseite (57)

1. Hintergrund

Ingolf Jännsch (*1942)
Geboren 1942 in Großbocka, Thüringen, 1965-1969 Studium an den Akademien der Bildenden Künste in Nürnberg und München, 2. Künstlerisches Staatsexamen, Kunsterzieher am Johannes-Butzbach-Gymnasium in Miltenberg, wohnhaft in Walldürn-Gerolzahn im badischen Bauland, dort Atelier und Keramikwerkstatt, seit 1967 zahlreiche Ausstellungen und Ausstellungsbeteiligungen in ganz Deutschland.
Seine künstlerische Arbeit befasst sich inhaltlich besonders mit dem Verhältnis Natur – Kultur. Bekannt geworden sind vor allem seine Installationen aus »Stangen und Steinen«. In der zeichnerischen und malerischen Arbeit konfrontiert Jännsch Künstliches mit Natürlichem, Schematisches mit Lebendigem.

Ingolf Jännsch: »Auferstehung«, 1989
Mit dem Titel »Auferstehung« des abstrakten Bildes (140 x 140 cm, Sammlung der Diözese Würzburg) wird die eindeutige Ausrichtung des Kapitels herausgehoben.
Auf hellem, graublauem Untergrund treten drei Farbflächen hervor. Sie stehen in einer Bewegung von links unten nach rechts oben. Die Flächen haben jeweils einen hellbraunen Untergrund. Darauf wird eine weitere taubenblaue Fläche sichtbar. Im linken der drei Felder wirkt sie etwas schwächer als in den beiden anderen. Über dieses Blau ist ebenfalls mit breitem Strich eine königsblaue Fläche gelegt. Diese Flächen stehen direkt in der Diagonalen von links unten nach rechts oben. Jeweils am linken Rand der Flächen sind in Schwarz, Weiß und Rot feine Pinselstriche zu sehen. Sie wirken teilweise wie eine hingekritzelte Schrift. Einige weiße und schwarze Pinselstriche sind nach rechts hin ausgezogen: auf dem linken Feld zwei weiße Striche oben und schwach mehrere schwarze, im mittleren Feld unten ein weißer und über der intensiv blauen Fläche eine dunkler, im dritten Feld schließlich mehrere schwarze. Keiner der Pinselstriche überdeckt die dunkelblaue Fläche. Die Grundfarben vermitteln im Gegensatz zu den oberen Farben einen unterkühlten, distanzierten Eindruck.

Der Maler selbst schreibt zu seinem Gemälde: »Meine Malerei will Kräfte sichtbar machen, die wir nicht sehen, vielleicht fühlen oder nur ahnen können. Der spontane Vorgang des Malens versucht diese Kräfte dem Betrachter erlebbar zu machen. Rhythmische Flächenformen, spontan gesetzte breite Pinselspuren, von Erdocker bis zu imaginärem Blau, wollen in ihrer Direktheit elementar-göttliche Kräfte visualisieren und vermitteln. Zwischen diesen in den Raum aufsteigenden Flächenspuren finden sich pulsierende Linien, die, vom menschlichen Körper abgeleitet, Lebenslinien versinnbildlichen, von schwarz über rot zu weiß, Leben zwischen Vergänglichkeit und Ewigkeit, Sein zwischen Materie und Geist. Die Zahl 3 in ihrer Symbolkraft spielt eine wesentliche Rolle.«

Die Bildsprache der Diagonalen links unten – rechts oben verdeutlicht die Bewegung und Dynamik der Auferstehung.

Die Tiefenwirkung der Farbe blau wird mit der Urerfahrung des Menschen von der endlosen Weite des Universums verbunden. Bei Goethe ist Blau die Aufhellung der Finsternis, die Farbe des nächtlich weiten Himmels. Dem Blau werden Eigenschaften wie Tiefe, Ferne, Himmel, vom Sinnlichen zum Übersinnlichen zugesprochen (vgl. Biesinger/Braun, 85f.). Kandinsky schreibt über die Wirkung von Blau: »Die Neigung des Blau zur Vertiefung ist so groß, dass es gerade in tieferen Tönen intensiver wird und charakteristisch innerlich wirkt. Je tiefer das Blau wird, desto mehr ruft es den Menschen in das Unendliche, weckt in ihm die Sehnsucht nach Reinem und schließlich nach Übersinnlichem. Es ist die Farbe des Himmels, so wie wir ihn uns vorstellen bei dem Klang des Wortes ›Himmel‹« (a. a. O. 102).

2. Einsatzmöglichkeiten im RU

Farben assoziieren
- Sch überlegen, bevor sie das Bild anschauen, welche Gedanken und Vorstellungen sie mit den Farben braun und blau verbinden. Sie betrachten begleitet das Bild. L kann Sch in Form eines »geführten Spazierganges« zur besseren Wahrnehmung anhand der Bildbeschreibung (siehe Lehrerkommentar S. 96) durch das Bild führen.
- Dann äußern Sch ihre Vermutungen und Gedanken, die das Bild und die Farben bei ihnen auslösen.
- Abschließend hören sie die Gedanken des Malers zu seinem Bild. Sie geben dem Bild einen Titel und begründen ihn.

Bilder vergleichen
Im Kapitel finden sich eine Reihe von Bildern zum Thema »Auferstehung« (vgl. besonders den letzten Arbeitsauftrag auf *Deuteseite* 68) bzw. »Tod und was kommt danach«.
- Sch nehmen diese Bilder jeweils in ihrer Eigenart wahr und stellen sie einander gegenüber.
- Sie entscheiden sich für ein Bild, das sie besonders anspricht oder in dem sie das Thema besonders treffend ausgedrückt finden.
- In einem Brief an einen Freund/eine Freundin beschreiben sie ihr Bild und begründen ihre Wahl.

Das Bild weitergestalten
Gerade bei abstrakten Bildern haben Sch den Wunsch, sie noch mit konkreten Elementen oder anderen Farben und Formen weiterzugestalten.
- Sch übernehmen die Struktur des Bildes auf ein weißes Blatt. Sie kolorieren sie ihrem Empfinden entsprechend und ergänzen das Bild mit Worten und/oder Symbolen, die ihre Deutung unterstreichen.

Themenseite 58 59

1. Hintergrund

Die *Themenseite* **58-59** bringt verschiedene Zugänge zum Thema »Tod und was dann?«. Die Bandbreite reicht von der Fotografie einer Toten, dem täglichen Unfalltod am Straßenrand, der Absolutheit und Verneinung des Todes, dem Kreislauf des Lebens, dem Sterben und der Hoffnung auf das Kommende bis zu den Aussagen junger Menschen über ihre Haltung zum Sterben. Diese Fülle versucht die unterschiedlichen Zugänge und Haltungen zum Thema aufzunehmen.

Das Gedicht **Den Tod im Blick** von Jewgeni Jewtuschenko ist in drei Teile gegliedert: der einzelne Mensch, die Menschen der Umgebung und schließlich das Schicksal der Menschen an sich. Zuerst kommt die eigene, persönliche Welt des Menschen in den Blick: seine Freuden und Ängste, seine Erlebnisse, seine Liebe und sein Kämpfen. Dann weitet sich der Blick auf die Menschen, die einem nahe stehen. Im Grunde wissen wir nichts über sie und ihre Geheimnisse. Selbst über unseren Vater weiß die »allwissende« Menschheit nichts. Schließlich richtet sich der Blick auf die Menschen allgemein und dass sie unwiederbringlich sterben müssen, ohne Hoffnung auf Rückkehr. Ihre persönlichen Welten gehen mit ihnen verloren. Dieses Schicksal möchte der Dichter hinausschreien.
Das Gedicht betont die Unausweichlichkeit und Endgültigkeit des Todes. Es gibt keine Hoffnung. Mit jedem Menschen stirbt sein eigener Kosmos der Empfindungen, Erfahrungen und Beziehungen. Angesichts dieser Tatsache bleibt dem Menschen nur der kreatürliche Schrei und die Klage.

Jewgenij Jewtuschenko (* 1933)
Jewtuschenko, 1933 im sibirischen Sima geboren, ist heute der »berühmteste lebende Dichter der Welt« (New York Times). Bereits nach Erscheinen seiner ersten Gedichte Anfang der Fünfzigerjahre wurde er in der Sowjetunion zur Leitfigur einer ganzen Generation. Dieser Ruhm erreichte auch bald das Ausland. Jewtuschenko mischte sich stets in die politischen Vorgänge seiner Zeit ein. Er nutzte seine Popularität für spektakuläre politische Aktionen, setzte sich für verfolgte Kollegen ein und hatte ständig Ärger mit der Zensur. Er fiel immer wieder in politische Ungnade und wurde mit zeitweiligen Publikations- und Reiseverboten bestraft. Jewtuschenko gehörte aber immer zu jenen Oppositionellen, die sich nicht prinzipiell gegen das System stellen wollten, sondern der Idee von einem »vernünftigen«, reformierbaren Sozialismus anhingen. Nach der Perestroika wurde Jewtuschenko Abgeordneter der Duma.
Heute ist Jewtuschenko Gastprofessor an den Universitäten von Tulsa und New York. Er lebt in Moskau und New York. 1999 erhielt er in den USA als erster ausländischer Lyriker den Walt-Whitman-Preis.

Auf dem **Linolschnitt** »Schwarze Karte« sehen wir einen langhaarigen Fußballer mit übergroßer Beinmuskulatur, der uns den Rücken zuwendet. Er trägt die Zahl 13 auf dem Rücken. Schussbereit steht er vor dem Erdball. Mit der linken Hand zeigt er auf ein ominöses Ziel, mit der rechten einen Vogel an der Stirn. Neben ihm steht ein Skelett und hält ihm eine schwarze Karte vor die Augen. Die linke Knochenhand zeigt auf den Boden.

Die Karikatur reißt auf ironische Art mehrere Themen an. Zunächst einmal die grundsätzliche Einstellung gegenüber dem Tod: Er stört uns bei den wichtigen Tätigkeiten, denen wir gerade nachgehen, hier bei der »wichtigsten Nebensache der Welt«. Gleichzeitig deutet der Erdball auf die Thematik des gedankenlosen Umgangs vieler Menschen mit der Erde hin. Spielen wir ein tödliches Spiel mit ihr? Zeigt das Skelett die schwarze Karte um damit die letzte Chance zu erhalten, bevor wir den Erdball ins Abseits schießen? Der Finger an der Stirn zeigt mit aller Deutlichkeit, was der Spieler darüber denkt: So ein Blödsinn! Verstehen wir also die Warnung, die der Schiedsrichter ausspricht, oder setzen wir uns darüber hinweg und riskieren schließlich alles?

Die **Fotografie** aus dem Bildband »Der ewige Schlaf. Visages des morts« von Rudolf Schäfer, Hamburg 1989 (Kellner) zeigt eine friedlich daliegende junge Tote. Die Augen sind geschlossen. Die linke Hand liegt nahe dem Hals auf der Brust. Die Frau ist umhüllt mit einem Tuch.

Nach Meinung des Fotografen kommt der »Normaltod« in den Medien nicht mehr vor. Da in unserer Gesellschaft fast alle Bereiche des Lebens von der Technologie bestimmt werden, finden wesentliche Lebensereignisse in Reservaten statt, die eine allgemeine sinnliche Erfahrung nicht mehr ermöglichen. Das bezieht sich genauso gut auf die Geburt wie auf den Tod. Der Fotograf will konfrontieren mit dem Tod »als mich selbst betreffende, absolute Sicherheit« (vgl. ebd.).

Das Bild vermittelt einen Eindruck der Ruhe und Gelassenheit. Die Frau scheint zu schlafen. Sie vermittelt nichts von den Schrecken des Todes. Eher nimmt sie die Scheu sich mit dem Tod zu konfrontieren. Wir wissen nichts über sie. Trotzdem kommt sie uns nicht fremd oder abstoßend vor. Sie macht uns eher neugierig und regt zum Fragen nach ihrem Schicksal an. Sie fordert heraus über den Tod in jeder Phase des Lebens nachzudenken. Er trifft Menschen jeden Alters und Standes.

Der russische Dichter und Philosoph Leo Tolstoi (1828-1910) gilt als Vertreter des psychologischen Realismus und als Meister der präzisen, anschaulichen, farbigen und nuancenreichen Darstellung der Natur, des Menschen und der Gesellschaft. Mithilfe des Stilmittels des »inneren Monologs« geben uns die Figuren seiner Erzählungen und Romane Anteil an ihren Gedanken und Gefühlen. Tolstois Werk ist geprägt von seinen religiös-sozialen Überzeugungen. Es geht ihm weniger um das Schicksal von Einzelpersonen als um das der Familien; denn dort zeigt sich die ethische Lebensführung.

Im vorliegenden **Text** »Da war keine Angst mehr« werden Leserin und Leser ganz hineingenommen in das Schicksal eines krebskranken Mannes in der Sterbephase. In einfachen, ergreifenden Worten lässt Tolstoi das äußere und v. a. das innere Geschehen lebendig werden. Die Schmerzen und Gefühle des Mannes werden nachvollziehbar, ja geradezu spürbar. Wir können mit dem Sterbenden die Veränderungen in der Wahrnehmung von Innen nach Außen und wieder zurück durchleben.

Durch das immer wieder verwendete »und« entsteht der Eindruck einer fließenden Bewegung und schlüssigen Reihenfolge der Ereignisse. So wird am Ende die (Er-)Lösung durch die Annahme des Todes verstehbar.

Das **Bild** über den Kreislauf von Werden und Vergehen zeigt den Blick in ein Schaufenster in einer Einkaufsstraße in London. Das Geschäft bietet hinduistische Devotionalien an. Mit plastischen Figuren ist der Lebenskreislauf eines Mannes dargestellt. Vom Kleinkind, das links von der Mitte aus dem Boden zu kommen scheint, geht der Kreis aufsteigend über viele verschiedene Lebensstadien vom Kindes- und Jugendalter zum erwachsenen, stattlichen Mann mit Anzug und Krawatte in der Mitte. Von da an zeigen die Figuren in absteigender Linie Phasen des Alterns, bis schließlich nackte Figuren scheinbar den Halt verlieren und immer weiter nach Hinten kippen. Am Ende liegt ein Skelett auf der Erde und scheint in sie überzugehen. Das grelle Weiß am Anfang findet sich am Ende wieder. Dazwischen wechseln die Farben von einem hellen Beige über Grün ins Blau, das schließlich fast zu einem Grau wird.

Vermitteln die Puppen zunächst einen fast grotesken Eindruck so wächst bei längerem Betrachten der Eindruck der Auswegslosigkeit und letztlich Nichtigkeit des Lebens. Es kommt wie eine Pflanze aus der Erde und wird wieder eins mit ihr.

Die Fotografie eröffnet die Auseinandersetzung mit den Vorstellungen anderer Religionen und Kulturen über den Tod in für junge Menschen lebensnaher und anschaulicher Form. Sie eignet sich auch gut zu Verdeutlichung von Lebensabschnitten.

Die beiden **Äußerungen Jugendlicher** stammen von Lissi und Norbert. Sie sind verantwortliche und engagierte Gruppenleiter einer katholischen Jugendgruppe in der unterfränkischen Kleinstadt Marktheidenfeld. In ihren Aussagen spiegeln verschiedene Haltungen junger Menschen unserer Zeit gegenüber dem Tod und dem Sterben wider.

Lissi erlebt des Leben in der Kraft der Jugend und möchte nichts vermissen. Die Offenheit des Todes ängstigt sie. Erst im passenden Alter passt der Tod in das Leben.

Norbert hat die Haltung des »*Carpe diem*«. Er will aus jedem Tag das Beste machen, als wenn es sein letzter wäre. Selbstsicher hat er aus dieser Haltung heraus keine Angst vor dem Sterben. Bei beiden Jugendlichen wird die Frage nach dem Danach nicht angesprochen.

Das **Gedicht von Siegfried Macht** besteht aus einem einzigen Satz. Es geht um das Sterben am Straßenrand. Bei Tempo 180 ist der Fahrer ums Leben gekommen. Die schnelle Fahrt wird begründet als Suche nach dem Leben.

Mit kurzen knappen Worten beschreibt das Gedicht die Sehnsucht vieler Menschen nach dem Kick. Auf der Suche nach dem vollen Leben und der Erfahrung der Grenze scheuen sie vor keinem Risiko zurück. Mit den technischen Mitteln wird das Letzte aus den Fahrzeugen herausgeholt. Material und die eigenen Fähigkeiten werden dabei oft tödlich überschätzt.

Das Hintergrundfoto zeigt, was dann übrig bleibt: Eines der modernen Marterl am Straßenrand. Ein mit Blumen geschmücktes Kreuz erinnert an den an dieser Stelle tödlich Verunglückten. Für manche Vorbeifahrende kann es zur Warnung und Mahnung werden. Die einen fahren achtlos vorbei, andere nehmen es wahr und reagieren vielleicht darauf.

Das Gedicht **Was fragst du?** von Lothar Zenetti besteht aus fünf vierzeiligen Strophen. Sie alle enden in Fragen.

Die Überschrift spricht ein unbekanntes Gegenüber an, das dem Schreiber eine Frage gestellt hat. Wir wissen zunächst nicht, welche Frage das ist. Sie erschließt sich uns aus den Strophen.

Die erste Strophe endet abrupt. Sie stellt eine Gegenfrage zu der Überschrift. Es geht um die Vergänglichkeit des Menschen: Anonym in der Erde und verwest zu Asche und Staub, die nicht einmal der Erinnerung wert sind.

In der zweiten Strophe wird diese Einstellung noch ausgeweitet auf die Rolle des Menschen innerhalb des Kosmos durch die Frage nach dem »Wozu« des Lebens. Wie Ameisen mühen wir uns ab als wäre es wichtig und irgendein Fuß kann alles achtlos zerstören.

Die dritte Strophe nennt den Fragenden: Es ist der Mensch. Der Vergleich mit einem Sandkorn in der Wüste führt ihm erneut seine Kleinheit und Nichtigkeit vor Augen.

Jetzt wird klar, welche Frage den Menschen beschäftigt: Es ist die Frage nach dem Fortbestehen über den Tod hinaus. Es scheint dem Menschen egal zu sein, in welcher Form das sein wird. Er möchte nur nicht völlig vergehen und vergessen sein.

Das »Oder« der fünften Strophe bringt den großen Einwand. Relativiert noch durch die Frage nach der möglichen Wahrheit, stellt Zenetti die hoffnungsvolle Vision der Heimkehr in die Arme eines liebenden Vaters vor Augen. Wir Menschen sind Geliebte, einmalig mit einem persönlichen Namen. Wir sind Kinder des Vaters.

Gegen die vielen rationalen und nihilistischen Einwände und die kalte Hoffnungslosigkeit stellt Zenetti die große Verheißung der Kinder Gottes. Der Mensch ist nicht verloren im Meer der Zeit und der Unendlichkeit und Größe des Kosmos. Er ist keine Ameise, die sich rastlos und letztlich erfolglos abschuften muss. Die nachdenkliche Frage nach dem »Danach« versteht der Verfasser schon als indirekten Hinweis auf die große Hoffnung, die in jedem Menschen steckt.

Lothar Zenetti

geb. 1926 in Frankfurt/Main, nach der Priesterweihe, 1952 Kaplan an mehreren Orten, 1962 Stadtjugendpfarrer in Frankfurt, dann ab 1969 Gemeindepfarrer und Dekan, von 1982–1990 katholischer Beauftragter für den Hörfunk beim Hessischen Rundfunk; wohnhaft in Frankfurt, Autor zahlreicher Bücher und Liedtexte.

2. Einsatzmöglichkeiten im RU

Sprachspiele spielen   IDEENSEITE (60)

Mit dieser Idee gelingt es Sch sich spielerisch und kreativ mit dem Thema auseinander zu setzen. Die offene Form begünstigt einen unverkrampften Zugang. Das Akrostichon bringt die unverbundenen Gedanken in einen Zusammenhang, ohne die mögliche Schwere des Themas zu betonen.

Die Gedichte »Den Tod im Blick« und »Was fragst du?« vergleichen

- Sch erlesen arbeitsteilig die beiden Texte. Sie sammeln auf großen Blättern in Tischgruppen ihre Assoziationen und Gedanken zu ihrem Text.
- Jede Gruppe formuliert einen Kernsatz oder die zentrale Aussage des Gedichtes und schreibt sie deutlich lesbar in die Mitte ihres Blattes. Diese Aussagen werden nebeneinander aufgehängt.

Hauptunterschiede: Während Jewtuschenko besonders die Gefühls-, Stimmungs- und Wertewelt des Menschen anspricht, geht Zenetti auf die materiellen Fakten ein. Jewtuschenko endet mit einem Verzweiflungsschrei, Zenetti in der Hoffnung auf liebende, bergende Heimat.

Ein Gedicht schreiben   IDEENSEITE (60)
Das Lesen der Lyriktexte regt Sch zu eigenen Gedanken und Versuchen an. Die Form des Elfchens und die Beispiele erleichtern ihnen die Formulierung.

So viele Tode ...   IDEENSEITE (60)
Die Vielzahl der Darstellungen und Texte macht Sch aufmerksam, wie unterschiedlich die Auseinandersetzung mit dem Thema stattfindet. Verdrängung, Negierung, Ästhetisierung, Hinnahme, Verweise auf ein Danach, Hoffnung, Angst und Frage nach dem Sinn sind mögliche Stichworte zu denen Sch sich dann entsprechend der Anregung äußern.

Deine eigenen Erfahrungen erkunden   IDEENSEITE (61)
- Entsprechend dem Arbeitsauftrag arbeiten Sch die Ideen aus. Sie werden schnell durch die Anregungen aus der direkten Begegnung mit der Fotografie einer toten Frau zur Weiterarbeit motiviert.
- Sch bringen aus Illustrierten und Tageszeitungen Bilder von Toten bzw. zum Thema Tod mit. Sie werden mit der Meinung des Fotografen Schäfer konfrontiert **AB 9.4.1, Lehrerkommentar S. 101**. Schäfer beschreibt viele Aspekte des Themas, die in den folgenden Seiten sich in ähnlicher Form wiederfinden.
- Zum Abschluss der Unterrichtseinheit wird das Interview mit Rudolf Schäfer kritisch gegengelesen und kommentiert. Zunächst versuchen Sch aus ihren Erfahrungen heraus die Aussagen zu bestätigen oder zu widerlegen. Dazu können sie auch Menschen in ihrer Umgebung befragen.

Der Tod in der Karikatur
- Sch suchen Karikaturen mit Darstellungen des Todes. Sie beschreiben jeweils, wie und mit welcher Absicht der Tod dargestellt wird. In einer kleinen Ausstellung werden die Ergebnisse präsentiert.

Da war keine Angst mehr
- Sch erlesen den Text und nehmen Stellung. Es ist wichtig, dass sie sich zuerst mit ihrer Betroffenheit frei äußern können.
- Dann versuchen sie verschiedene Phasen des Sterbeprozesses herauszufinden und zu benennen.
- Zur leichteren Bewältigung des dichten Textes können Sch in die Rolle des Sohnes schlüpfen. Sie schreiben einen möglichen Tagebucheintrag oder einen Brief an einen Freund oder ein Gebet, das der Junge in dieser Situation sprechen könnte.
- Sch überlegen und sammeln (TA), was für die drei Personen jeweils eine Hilfe sein könnte. Diese Stichworte werden mit den Anregungen der *Deuteseite I 62-63* verglichen.

Den Kreislauf von Werden und Vergehen nachempfinden
- Nach dem Betrachten des Fotos versuchen Sch sich oder Menschen aus ihrem Bekanntenkreis einzuordnen. Daraus ergeben sich Fragen nach der eigenen Lebensplanung, dem »automatischen« Verlauf des Lebensprozesses und seiner Sinnhaftigkeit.
- Sch überlegen sich andere mögliche Darstellungen des Themas. Sie überlegen anhand der Vorstellungen vom Jenseits (*Infoseite* **64**), wie ein Christ oder ein Muslim seine Vorstellung bildhaft darstellen könnte.
- In einem weiteren Schritt bringen sie die Darstellung mit der Gottesvorstellung (*Deuteseite I* **32-33**) in Verbindung.

Eine Umfrage machen
- Sch machen in der Schule eine kleine Umfrage mit der Frage: »Was wäre, wenn du jetzt sterben müsstest?«. Die Ergebnisse werden verglichen und diskutiert.
- Sch versuchen die Einstellungen einander zuzuordnen.

»Versuchungen« sammeln
- Nach der Besprechung und Deutung des Gedichtes von Siegfried Macht überlegen Sch weitere Versuche, wie Menschen heute »das Leben« suchen. Diese werden nach ihrer Tragfähigkeit und Sinnhaftigkeit beurteilt.
- Sch schreiben einen ähnlichen kurzen Text.

Moderne »Marterl« fotografieren
Als Auftrag zu Vor- oder auch Nachbereitung schauen sich Sch in ihrer Umgebung nach solchen oder ähnlichen Gedenkstellen um. Sie diskutieren die Absichten, die dahinterstecken könnten.

Kuriositäten sammeln   IDEENSEITE (60)
Neben der altbekannten Form der Gerippe, wie sie immer noch in der Geisterbahn auftauchen, gibt es vom Schlüsselanhänger bis zum Faschings-T-Shirt eine Vielzahl von mehr oder weniger geschmackvollen und skurrilen Dingen und Darstellungen aus dem Themenfeld »Tod«.
- Sch gehen mit gezieltem Blick z. B. durch ein Geschäft, durchsuchen Kataloge oder analysieren die Motive eines Tatooladens.
- Sch können auch aus PC- und Videospielen oder SF-Serien entsprechende Motive heraussuchen.
- Die Ergebnisse werden dokumentiert, verglichen und kommentiert.

Interview mit dem Fotografen Rudolf Schäfer

In einem Interview nahm der Fotograf Rudolf Schäfer Stellung zu seiner Arbeit, die er als künstlerisches Projekt versteht, hier kurze Auszüge:

Rudolf Schäfer, ein Fotograf, der Tote fotografiert – was fasziniert Sie an Toten oder am Tod?
Das ist eine Frage, die man beantworten müsste mit dem Vorher und Nachher, wie es war, bevor man mit der Arbeit begonnen hatte, und wie es war, als man diese Arbeit fertig hatte. Ich glaube, ich habe an dem Tag, wo ich das erste Mal in der Charité den toten Leuten gegenüberstand, alles vergessen, was ich wollte. Das Einzige, was mich nicht weglaufen ließ, waren die Gesichter und daraus ist dann diese Arbeit geworden.

Wie hat diese Erfahrung, die Sie im Krankenhaus gemacht haben, Ihr persönliches Verhältnis zum Tod verändert?
Ich glaube überhaupt nicht. Es hat mein Verhältnis zu der Frage verändert, was passiert mit jemandem, der tot ist, rein körperlich? Aber mein Verhältnis zum Tod als mich selbst betreffende, absolute Sicherheit hat sich, glaube ich, nicht geändert. Das ist nach wie vor eine Frage, die man einfach nicht beantworten kann. Und ich glaube, ich habe nach wie vor Angst, nach wie vor bin ich fasziniert von dieser letztendlich nicht ergründbaren Welt, die sich dann da auftut.

Hat sich durch den Anblick der Toten Ihr Verhältnis zum Leben des Menschen verändert?
Das ist, glaube ich, der wesentlichere Vorgang gewesen – über diese Beschäftigung mit dem Zustand Tod, mit dem Phänomen Tod hat sich das Verhältnis zu dem geändert, was man im Leben erreichen möchte, zu dem was man als wichtig oder unwichtig im Leben begreifen würde; und mir ist eins sicherlich ganz klar geworden, dass ich einfach keine Zeit habe, die Zeit zu vertun ... Aber wichtig war auch, was ich dort direkt am Ort erlebt habe. Denn der Umgang mit den toten Körpern ähnelt in gewisser Weise dem der Abfallbeseitigung. Und was dem total zuwiderläuft, was dem total widerspricht, sind die Gesichter.

In Gesprächen während Ihrer Ausstellung haben wir gehört, dass manche Zuschauer meinen, Sie hätten diese Gesichter geschönt, durch Ihre Kunst, durch Ihr Licht – Menschen wollen nicht glauben, dass Tote so schön und so würdevoll aussehen. Haben Sie geschönt?
Ich habe nicht geschönt, aber dieser Eindruck, glaube ich, entsteht dadurch, dass die meisten Leute nicht wissen, wie jemand aussieht, der tot ist. Und die Vorstellungen, die darüber vorhanden sind, stammen häufig aus den Nachrichtensendungen der Medien, den Katastrophenbildern und aus Spielfilmen. Es ist doch so, dass in unserer Gesellschaft ... fast alle Bereiche des Lebens von Technologie bestimmt werden. Was dazu geführt hat, dass wesentliche Lebensereignisse – und das beziehe ich genauso gut auf die Geburt wie auf den Tod – in Reservaten stattfinden, die eine allgemeine sinnliche Erfahrung nicht mehr ermöglichen.

Der Tod ist ausgebürgert, hat Philippe Ariès in Bezug auf die abendländische Kultur gesagt – wollen Sie dazu beitragen, ihn wieder einzubürgern?
Ich würde nicht sagen, dass ich ihn einbürgern wollte – nein –, das ist völlig eigennützig ... Ich wollte es wissen für mich selbst ... Ich selbst will für mich nicht wahrhaben, dass ich, wenn ich tot bin, als Abfall behandelt werde, und im Grunde genommen ist zum Schluss ein Appell entstanden. Automatisch stellt sich das Gefühl ein: Das ist halt kein Abfall, es ist der letzte Zustand, in dem sich ein Mensch befindet, und ein Toter verdient genauso viel Anstand und Würde wie ein Lebender ... Übrigens glaube ich nicht, dass die Bilder wirklich schön sind.

Sondern?
Sie sind – genau genommen – sehr grausam.

Wenn Sie sich sonst in der Welt umsehen – nicht nur in der Charité, sondern in unserer Gesellschaft –, wo entdecken Sie noch Tod?
Ich entdecke Tod eigentlich überall. Zum Beispiel eine gesperrte Straße, die lange Zeit nicht befahren wurde und einfach von Gras überwachsen ist. Tod ist doch nichts anderes, als dass etwas zu Ende geht, als biologischer Zustand, als Denkvorgang, als Handlung – das wirkliche Ende.

Sind Sie da, wo Sie ein Ende sehen, auch in der Lage, einen neuen Anfang wahrzunehmen?
Ich denke ja.

Sie haben bei Ihren Totenbildnissen von Grausamkeit gesprochen – ist der normale Tod für Sie auch immer der grausame Tod?
Nein, das war bezogen auf die Bilder, weil eben viele Leute meinen, diese Bilder wären schön und sie wären geschönt. Aber wenn wir einen Bogen schlagen zu der Frage mit den Medien und den Bildern von Erdbeben, Flugzeugabstürzen, Terroranschlägen, dem massenhaften Betroffensein, dann sind das Bilder, die wir immer mit dem Grundgedanken angucken: das wird mir hoffentlich nicht passieren – und bei meinen Bildern werden sie das niemals sagen können. Denn dieses wird ihnen passieren. Und deswegen sind sie grausam, weil sie ihnen keine Chance geben, sich ihnen wirklich zu entziehen.

Das Gespräch führten Dr. G. Bott und R. Carstensen am 1. März 1989 für den Norddeutschen Rundfunk.

3. Weiterführende Anregungen

Mit Expert(inn)en sprechen
Sehr eindrucksvoll und eine gute Hilfe für Sch ist die Begegnung mit einem Menschen, der im Pflegeheim oder in einem Hospiz arbeitet. Falls die Möglichkeit besteht, kann auch ein Seelsorger für Aidskranke eingeladen werden.

Der Totentanz
Seit dem 13. Jahrhundert gibt es immer wieder Darstellungen des Todes als Skelett mit Menschen der verschiedenen Stände und Gruppen. Sie werden oft als Tänzer, aber auch in unterschiedlichen Lebenssituationen dargestellt. Dazu kommt jeweils ein kurzer kommentierender Text. In diesen Darstellungen treffen sich zwei Vorstellungen: Der Tanz von Toten und der Tanz des Todes. Eine solche Darstellung auf dem Friedhof von Saints Innocents in Paris ist die älteste uns bekannte Darstellung des Motivs. Die Bilder sind heute noch als Holzschnitte erhalten. Von Frankreich breitete sich dieses Phänomen über ganz Europa aus. Aus dem 15. Jahrhundert existiert ein Totentanztext im so genannten Heidelberger Codex. Dieser Text war in verschiedenen Fassungen weit verbreitet. Eine bekannte bildliche Darstellung mit Weiterentwicklungen stellen die Baseler Totentänze um 1440 und um 1450 dar. Sie wurden Vorbild für eine Traditionslinie von Totentänzen im Oberdeutschen und Allgäuer Raum, z. B. in Füssen, Oberstdorf, Breitenwang oder Pfronten. Neuen Auftrieb und Verbreitung erhielt das Motiv durch die »Todten-Capelle« des bekannten Wiener Kapuzinerpaters und Predigers Abraham a S. Clara (1710 posthum ein Jahr nach seinem Tod erschienen) mit Kupferstichen des Nürnbergers Christoph Weigel. Auf diesen Stichen beruhen viele Nachahmungen und Kopien, besonders im südostdeutschen und österreichischen Raum.

Die »Totentänze« oder »Totenspiegel« hatten mehrere Funktionen: Einmal sollten sie durch die Konfrontation mit dem Tod als *memento mori* die Menschen einführen in die *ars moriendi*. Sie sollten die Eitelkeit eines Lebensentwurfs darstellen, der nur äußere Ziele wie Reichtum, Macht und Ruhm anstrebt. Durch den Hinweis auf die wesentlichen Dinge sollten die Menschen auf ihren Tod vorbereitet werden. Als Zweites dienten sie besonders in der Pestzeit einer kreatürlichen Hoffnung auf Bannung des Todes durch die Konfrontation mit seinem eigenen Bild.

Der klassische Totentanz wurde auch verstanden als bildhafte Bußpredigt, um die Betrachter zur Umkehr und Buße zu bewegen. Eher neuzeitliches Denken drückt sich im Verständnis als Darstellung der großen Gerechtigkeit des Todes aus, vor dem anscheinend alle gleich sind.

In der Moderne hat HAP Grieshaber mit seinem »Tod von Basel« 1966 einen eindrucksvollen Totentanz geschaffen. Dort mahnt der Tod die Lebenden, größere Gerechtigkeit zu üben als er, nämlich schon in diesem Leben für Gerechtigkeit zu sorgen. Eine besonders gelungene volkstümliche Darstellung eines barocken Totentanzes findet sich in der Totenkapelle von Wondreb in der Oberpfalz. **AB 9.4.2, Lehrerkommentar S. 103** zeigt exemplarisch vier Darstellungen aus insgesamt 28 Tafeln der Kassettendecke.

Einen Totentanz betrachten
- Mit den Bildern auf **AB 9.4.2, Lehrerkommentar S. 103** werden Sch angeregt ähnliche Motive für die heutige Zeit selbst zu gestalten (vgl. die abgebildete Sch-Arbeit unten).
– In einem Dialog zwischen dem Tod und einem der dargestellten Menschen begeben sie sich selbst modellhaft in diese existenzielle Situation.
- Der Text »Es ist alles eitel« von Andreas Gryphius (1616-1664) spiegelt das Lebensgefühl des Barock wider, das durch das Erleben von Krieg, Not und Krankheit geprägt war.
– Sch beschreiben dieses Lebensgefühl in eigenen Worten und bringen es in Beziehung zu den Bildern des »Wondreber Totentanzes«.
– Sch finden ähnliche Bilder und entwerfen dazu eigene Zeichnungen oder Collagen.
– Sch überlegen, welche Auswirkungen das bewusste Umgehen mit dem Tod auf die alltägliche Lebensgestaltung haben kann.
- Im Videoclip »Thriller« bietet Michael Jackson eine Popversion des Totentanzmotivs, ähnlich Robbie Williams in »Rock DJ«.
– Sch schauen sich eines dieser Videos an. Sie notieren wie der Tod bzw. Tote dargestellt sind und welche Botschaft das Video ihnen vermittelt.
– Dann suchen sie Vergleichspunkte mit den alten Darstellungen des Motives.

Schülerzeichnung

Der »Wondreber Totentanz«

Cecidit flos. Isaia. 40. V. 7.

Auch die Wiegen
ist schon Zum Tod ein Stiegen.

Æstimaverunt [tamquam] est[e] Vitam nostram.
Cap: 15. V. 12.

Das Leben ist ein Spiel,
mit mir gwint keiner viel.

Sicut fur in nocte.

Ich komm Zu Nacht Zeit Wie ein Dieb,
es sey dir leid gleich oder lieb.

Messis quidem multa. Matth. 9. V. 37.

Bauer gehe mit,
du ghörst in mein Schnit.

Ideenseite 60 61

Folgende Impulse der *Ideenseite* werden im Lehrerkommentar besprochen:
So viele Tode ...: S. 100
Kuriositäten sammeln: S. 100
Todesanzeigen untersuchen: S. 108
Deine eigenen Erfahrungen erkunden: S. 100, 131
Einen Friedhof besuchen: S. 108
Im Internet suchen: S. 130
Sprachspiele spielen: S. 99
Ein Gedicht schreiben: S. 99

Uta Helene Götz: »Memento mori«, 1990
Man sieht eine junge Frau. Sie hat grüne, halblange Haare. Das Gesicht ist scharf konturiert, mit tief liegenden, blau geschminkten Augenhöhlen und einem leuchtend roten Mund. Aus halb geschlossenen Augen blickt sie den Betrachter an. Der Kopf ist leicht nach rechts angewinkelt. Über einem weißen T-Shirt trägt die Frau eine dunkelbraune Lederjacke mit Ziernähten und Reißverschluss. Die Beine stecken in einer eng anliegenden Lederhose. Sie trägt halbhohe schwarze Stiefel mit hellen Punkten. Der linke Fuß ist lässig nach hinten gestellt. Die Frau stützt sich mit dem linken Unterarm auf einen hüfthohen, viereckig bearbeiteten, stabil wirkenden graugrünen Stein. Die rechte Hand liegt locker über der linken. In der Beuge des rechten Armes hält sie einen Totenschädel. Sie steht auf einer grünen Fläche. Diese zieht sich von links unten nach rechts oben bis zum Stein und fällt wieder nach unten ab; sie wirkt dadurch »schräg« gegenüber den ansonsten vertikalen und horizontalen Linien des Gemäldes. Dahinter ragt eine schwarze Fläche mit einem umlaufenden weißen Randstreifen hervor. Am unteren Bildrand wird ein beiger Hintergrund sichtbar, der nach oben hin zu grau-blau wechselt. Farbnuancen und unterschiedlich kräftige Pinselstriche geben ihm Struktur. Die Szene wird beschienen durch eine fahles Licht, das von rechts hereinfällt.

Durch ihre Haltung und die Kleidung vermittelt die Frau ein lässigen und selbstbewussten Eindruck. Sie steht auf der grünen Fläche gleichsam mitten im Leben. Symbolisiert die grüne Fläche das Leben an sich, das in einer aufsteigenden Linie anhebt, um dann zum Grab hin nach der Säule, die wie eine Grabstele wirkt, abzufallen? Symbolisiert die schräge Lage im Raum das Überraschende und Unplanbare des Lebens im Gegensatz zur einzigen Gewissheit, auf die wir uns stützen können, den abschließenden Tod? Die grüne Fläche des Lebens ist dann umfangen von der schwarzen Fläche des Todes wie von einem bergenden Leichentuch. Die grüne Haarfarbe unterstreicht die Lebendigkeit der Frau und ihre Individualität. Sie könnte zu einer Punker-Motorrad-Gang gehören. Der Totenschädel erinnert, so wie sie ihn hält, an einen Motorradhelm. Wie und wovor kann der selbstverständliche Umgang mit dem Tod die Lebende schützen?
Das Bild wirkt durch die Spannung zwischen Leben und Tod. Zeichen und Ausdrucksformen des Lebens stehen direkt neben Symbolen und Farben des Todes.
Davon ausgehend lassen sich mit den Sch weitere Fragen nach ihrer Lebenssituation und nach Zeichen und Symbolen für Leben und Tod in ihrem Leben und ihrer Umgebung diskutieren.
So können Sch dann leicht ein eigenes *Memento-mori*-Bild entwerfen.

Es ist alles eitel

Du siehst, wohin du siehst, nur Eitelkeit auf Erden.
Was dieser heute baut, reißt jener morgen ein;
Wo itzund Städte stehn, wird eine Wiesen sein,
Auf der ein Schäferskind wird spielen mit den Herden;

Was itzund prächtig blüht, soll bald zertreten werden.
Was itzt so pocht und trotzt ist morgen Asch' und Bein,
Nichts ist, das ewig sei, kein Erz, kein Marmorstein.
Itzt lacht das Glück uns an, bald donnern die Beschwerden.

Der hohen Taten Ruhm muss wie ein Traum vergehn.
Soll denn das Spiel der Zeit, der leichte Mensch bestehn?
Ach, was ist alles dies, was wir für köstlich achten,

Als schlechte Nichtigkeit, als Schatten, Staub und Wind,
Als eine Wiesen-Blum, die man nicht wieder find't.
Noch will, was ewig ist, kein einzig Mensch betrachten!

Andreas Gryphius (1616-1664)

Dieses Gedicht spiegelt das Lebensgefühl der Menschen des Barockzeitalters wider, das durch das Erleben von Krieg, Not und Krankheit geprägt war.

- *Überlegt, was der Dichter dieses Textes unter »Eitelkeit« versteht.*

- *In welchen Bildern schildert er diese »Eitelkeit« des Lebens?*

- *Welche Auswirkung hat das beschriebene Lebensgefühl auf die alltägliche Lebensgestaltung? Vergleicht es mit dem Umgang mit dem Tod in unserer Gesellschaft und diskutiert, ob sich aus dem Gedicht Anregungen für unser eigenes Leben ergeben können.*

Von Beileidsbekundungen keinen Abstand nehmen! Deuteseite I (62) (63)

1. Hintergrund

Lebensnah und mit eindringlichen, ungeschminkten Worten schildern die Eltern des verunglückten Martin im **Text** ihre Erfahrungen mit seinem Tod und Begräbnis.

Als sie mitten in der Nacht die Nachricht erhalten, sind sie erschrocken und geschockt von dem grausamen Geschehen. Und doch sind da auch Hoffnungszeichen wie ein erstes stammelndes Gebet und eine Kerze. Im Rückblick wirkt besonders die starke Erfahrung der Nähe in der Familie weiter.

Der Zeitraum bis zur Beerdigung ist geprägt durch die viele Aktivitäten, die getan werden müssen. Die Eltern erfahren den Trost und das Mitgefühl der Umwelt. In vielen kleinen Schritten und Tätigkeiten nehmen sie Abschied von ihrem Sohn. Die Endgültigkeit des Todes steht unverrückbar vor ihnen.

Am Tag der Beerdigung lernen sie besonders schätzen, dass in ihrer Gemeinde die Eucharistie *nach* der Beerdigung gefeiert wird. Diese Reihenfolge hilft ihnen. Einen Schwerpunkt bilden in diesem Abschnitt die Ausführungen der Eltern über das Verhältnis von Leib und Seele eines Menschen. Beileidsbekundungen sind für sie keine Last, sondern Zeichen der Anteilnahme und Gemeinschaft.

In der Zeit nach der Beerdigung stehen die mannigfachen Zeichen für Martin und seine Bedeutung für viele Menschen im Vordergrund.

Schließlich drücken die Eltern Grewe aus, wie ihnen ihr Glaube an die Auferstehung trotz des tiefen Leides Hoffnung gegeben hat. Nicht der Tod, sondern die Liebe ist die stärkste Macht.

Der Informationstext über die **Feier der Beerdigung** bietet einen distanziert sachlichen Zugang zum Thema. Die einzelnen Zeichen und Riten einer Beerdigung werden im Licht des Auferstehungsglaubens gedeutet. Wieder wird der enge Zusammenhang mit einer Eucharistiefeier hervorgehoben. Die Feiern des Totengedenkens im Jahreskreis zeigen die tragende Funktion der Gemeinschaft über den Tod hinaus. Die Kirche begleitet damit die Menschen im Prozess der Trauer.

Die Fotografie zeigt eine modernes **Grabmal**. Es vereinigt in sich verschiedene Symbole: Kreuz, Licht, Kreis, Himmel. Der massive Block ist kreisrund durchbrochen. In der Öffnung kann man die Anfangszeilen des Liedes »Der Himmel geht über allen auf« (Gotteslob 939,1; auch enthalten auf der CD: Reli: Lieder, München 2000) lesen. Der Block davor liefert Informationen über die im Grab liegenden Toten. Das Grab ist umgeben von viel Grün.

Begräbnis und Bestattung

Der Umgang mit dem Leichnam zeigt, wie man sich die Beziehung des Körpers des Verstorbenen zu seiner jenseitigen Daseinsform vorstellt. Der Leichnam wurde gewaschen, auf bestimmte Art und Weise gekleidet und aufgebahrt, in vielen Fällen mit Amuletten oder anderen religiösen Symbolen geschmückt. Mancherorts steckte man den Toten ein Geldstück für die Überfahrt über den Todesfluss in den Mund. Der Konservierung des Leichnams z. B. durch Einbalsamierung lag die Annahme zugrunde, dass nur ein unversehrter Körper ins Totenreich eingehen könne. Das Begraben der Toten weist auf einen ursprünglichen Ahnenkult hin. Auch die jeweilige Ausrichtung oder Stellung sagt etwas über die Vorstellungen von der weiteren Existenz aus. Eine liegende Bestattung deutet auf den Tod als Schlaf hin. Bei einer Bestattung in Hockerstellung wird der Tod auch als embryonaler Übergang zu einer neuen Geburt gedeutet. Wird der Körper des Verstorbenen verbrannt, so wird der Tod als das Ende der Gefangenschaft der Seele im Gefängnis des Körpers gedeutet.

Die Bestattungsfeier selbst ist im griechisch-römischen Raum der Ort für verschiedenste Rituale. Dies begann schon mit der Totenklage, der Waschung, der Aufbahrung und dem Leichenzug, der in festgeschriebener Form zur Bestattung hinführte. Am Grab fand die Leichenrede statt, es wurde ein Opfer dargebracht und die Leiche in Tücher gehüllt oder im Sarg dem Grab übergeben. Grabbeigaben unterschiedlichster Form sollten dem Toten in der Unterwelt zur Verfügung stehen. Leichenschmaus, Kampfspiele und ähnliches sollten die Trauernden trösten und die Totengötter beeindrucken. Meist fand die Bestattung gegen Morgen statt. Die kirchliche Bestattungsliturgie übernahm zunächst die bürgerlichen römischen Bräuche und reinigte sie von heidnischen Anschauungen. Den Kern bildete die Totenmesse. Später bekam aufgrund der Lehre vom Fegfeuer die Bestattung mehr und mehr den Charakter der Buße und Fürbitte (z. B. Sequenzen »Libera« oder »Dies irae«). Nach der Reform des 2. Vatikanums soll sie mehr den österlichen Sinn des christlichen Todes ausdrücken. Die Zeichenhandlungen wie Besprengen mit Weihwasser, Beweihräucherung, Errichtung des Kreuzes und Kreuzzeichen werden als Zeichen der Verabschiedung verstanden. Die Verkündigung des Wortes Gottes und das Fürbittgebet für Tote und Hinterbliebene soll die Trauernden trösten und die Hoffnung auf die Vollendung und die Gemeinschaft stärken.

Fragebogen für einen Friedhofsbesuch

1. *Die Lage des Friedhofs im Ort:*
   Wo liegt er?
   Wie ist er zu erreichen?
   Wie sieht die Umgebung aus?
   Beschreibt den Friedhof allgemein nach Größe, Anlage, Charakter.

2. *Sucht ein besonders außergewöhnliches Grab und beschreibt es.*
   Was drückt es aus?

3. *Beschreibt typische, ganz gewöhnliche Gräber.*
   Was gehört alles dazu?

4. *Es gibt sicher ein Grab, das euch besonders beeindruckt oder anspricht.*
   Was ist das Besondere daran?

5. *Sucht das Grab eines Menschen, der in eurem Alter gestorben ist.*
   Wie gefällt es euch?

6. *Sucht drei verschiedene Grabsprüche, notiert sie euch und überlegt, was die Hinterbliebenen damit ausdrücken wollen.*

7. *Sucht drei typische und drei außergewöhnliche Grabsymbole.*
   Zeichnet sie ab oder fotografiert sie. Welche kommen am häufigsten vor?

8. *Vielleicht findet ihr Gräber von Verstorbenen nichtchristlicher Religionen.*
   Wie sind sie gestaltet? Wodurch unterscheiden sie sich von einem typisch christlichen Grab?

9. *Was stört und was gefällt euch besonders auf diesem Friedhof?*

2. Einsatzmöglichkeiten im RU

Stationen der Trauerarbeit beschreiben

- Aus dem Text suchen Sch die Phasen der Trauer bei den Eltern Martins heraus. Sie entdecken so zunächst auf der rationalen Ebene Hilfen für eine eigene Konfrontation mit dem Tod. Die Beschreibung lässt sich verstehen als bewusster Gegenentwurf gegen das weit verbreitete Verdrängen von Tod und Trauer in der Gesellschaft.
- Martins Eltern beschreiben einzelne Stationen, wie sie sich in dieser Situation verhalten und was sie gefühlt haben. Sucht diese Stationen heraus und schreibt dazu ein Beispiel aus dem Text.
- Überlegt euch dazu ein passendes Zeichen oder Symbol.
- Beschreibt, was ihr für euch nicht möchtet und was ihr für euch selbst als besonders hilfreich findet. Vielleicht hilft euch dabei die Erinnerung an einen Trauerfall in der Familie.
  Im einzelnen kann man hier beschreiben: Erstarrung und Schock – Nähe und Halt suchen – Schweigen – Erledigen der Besorgungen – Erleben der Rituale – Erinnern, Verlebendigen und Wach-Halten.

Hoffnungszeichen entdecken

Aus der Erzählung, dem Grabmal und dem Sachtext suchen Sch die Tätigkeiten, Gesten und Symbole heraus, die den Trauernden Hilfe und Hoffnung geben. Diese ordnen sie nach den Kategorien: Zwischenmenschliches – Rituale – Symbole.

Grabmäler vergleichen

- Auf *Stellungnahmen* 76 finden Sch ein weiteres modernes Grabzeichen. Sie entdecken Unterschiede und Gemeinsamkeiten.
- Als Kontrastbild mit vielfältigen Diskussionsanregungen bietet sich das Bild »Over« aus Materialbrief Folien 3/94: Tod und was dann?, hg. v. Deutschen Katecheten-Verein, München 1994 an.

3. Weiterführende Anregungen

Eine/n Seelsorger/in befragen

- Sch laden eine/n Seelsorger/in in den RU ein. Vorher überlegen sie sich Fragen und Themen, zu denen sie sie/ihn in diesem Kontext hören wollen. Sie fragen z. B. nach Erfahrungen bei Sterbefällen, kritischen Situationen, nach besonders traurigen oder froh machenden Erlebnissen, den Reaktionen der Angehörigen.
- Sch fragen ihre Großeltern und Eltern nach deren Erinnerungen an Ereignisse, Abläufe und rituelle Handlungen beim Tod von Angehörigen (z. B. Totenwache, Totenwäsche usw.).

Einen Friedhof besuchen IDEENSEITE (61)

- Bei der Beschäftigung mit diesem Thema ist der Besuch eines Friedhofes dringend zu empfehlen. Sch können durch eine/n Friedhofsmitarbeiter/in geführt werden. Sinnvoller aber ist die eigenständige Erkundung in KG anhand von Leitfragen vgl. **AB 9.4.4, Lehrerkommentar S. 107**. Die Auswertung benötigt zwei Unterrichtsstunden und eröffnet eine Fülle von Gesprächsthemen, die vertieft werden.
- Sollte ein Friedhofsgang nicht möglich sein, werden anhand der Folienvorlage **AB 9.4.5, Lehrerkommentar S. 109** wesentliche Elemente des Friedhofs und der Symbolik auf Gräbern erarbeitet. Natürlich kann L auch mit Dias oder Fotografien für die entsprechenden Materialien sorgen.
- Sch spüren auf dem Friedhof, dass sie an einem besonderen Ort sind. L sollte aber auch mit evtl. Widerständen und entsprechenden Abwehr- und Vermeidungsreaktionen rechnen. Sie erfordern einen behutsamen Umgang und Hinweise auf ein dem Ort angemessenes Verhalten.
- Unter Umständen ist es möglich, einen jüdischen Friedhof zu besuchen. Nach entsprechender Vorbereitung oder Begleitung durch ein Mitglied der Kultusgemeinde werden die Symbole gedeutet. Wie nehmen Sch die Atmosphäre wahr? (Ruhig, aber nicht traurig.) Welche Begründungen finden sie?

Todesanzeigen untersuchen IDEENSEITE (60)

- Immer mehr geben Angehörige in oft sehr individuell und persönlich gestalteten Todesanzeigen den Tod eines Menschen bekannt. Sch suchen Anzeigen und stellen sich gegenseitig eine besonders ansprechende Anzeige vor. Sie finden Aussagen über die Beziehung zum Verstorbenen. Sätze, Zeichen oder Symbole können etwas über die Haltung der Hinterbliebenen zum Tod ausdrücken. Sch unterscheiden Anzeigen mit Glaubensaussagen von säkularen.
- Ein durch die Verarbeitung der Trauer in seinen Liedern besonders bekanntes Beispiel der Trauerarbeit ist die CD »Mensch« von Herbert Grönemeyer (erschienen bei EMI Music Germany 2002). Der Titelsong ist durch die Hitparaden gegangen und hinreichend bekannt. Anna Grönemeyer starb nach einer schweren Krebserkrankung. Weit weniger bekannt als die CD ist jedoch die Todesanzeige, die die Familie Grönemeyer 1998 ganzseitig bundesweit in große Tageszeitungen setzte (**AB 9.4.6, Lehrerkommentar S. 111**). Mit ihr lassen sich die enge Beziehung, der Schmerz, die Trauer und die Hoffnung intensiv und tiefgehend darstellen.
- Sch erhalten zunächst den Text und lesen ihn still. Dann suchen sie, evtl. in Gruppen, wie die Familie die Verstorbene Anna Grönemeyer beschreibt. Sie suchen die Bilder und Worte, mit denen sie ihre Be-

Wesentliche Elemente eines Friedhofs

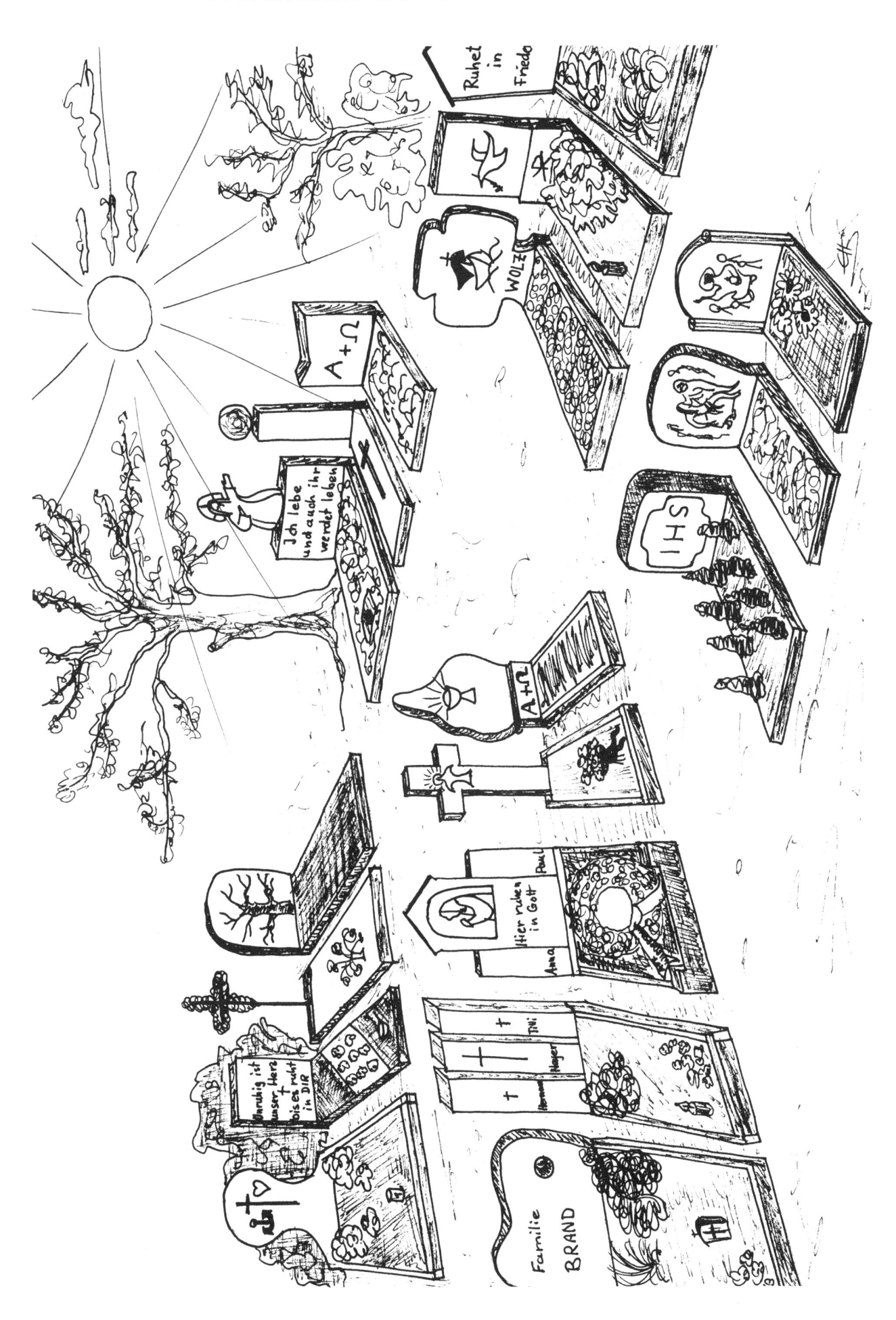

ziehung und ihre Trauer ausdrücken. Schließlich kommt die jenseitige Dimension mit Gott und ihren Vorstellungen über das Leben nach dem Tod in den Blick.

- Die Ergebnisse werden an der Tafel gesammelt und im offenen UG gewertet.
- Ergänzend kann die Anzeige mit dem zwei Jahre jüngeren Text des Liedes verglichen werden.

Jenseitsvorstellungen der Religionen — Infoseite I (64) (65)

1. Hintergrund

Die Völker und Religionen haben je nach Umwelt und Zeit unterschiedliche Vorstellungen über das Jenseits entwickelt. Vorstellungen aus dem Altertum und aus den anderen Weltreligionen werden in kurzen Informationstexten beschrieben. Die nachfolgenden Zusatzinformationen stammen aus nicht bekenntnisgebundener religionswissenschaftlicher Literatur, um eine vorschnelle Akzentuierung zu vermeiden. Bei diesem Blick »von außen« gehen freilich wichtige Binnendifferenzierungen verloren. Daher ist es ratsam, zuerst den Text über die »Jenseitsvorstellungen im Christentum« im Lehrerkommentar S. 113 f. zu lesen. Dieses Vorgehen sensibilisiert dafür, dass die Sachtexte den Bilderreichtum auch der anderen Religionen, die inneren Glaubensüberzeugungen und das Lebensgefühl ihrer Anhänger nur bedingt wiedergeben können.

Die Jenseitsvorstellungen der Germanen

Bei den Germanen hat die Welt neun Reiche: drei unterirdische, drei irdische, und drei himmlische. Im Innern der Erde verbergen sich Niflheim, das Land des Eises und der Toten, Niflhel, der tiefste Abgrund, in dem Verbrecher ihre Strafe erleiden, und Schwarzalfenheim, das Land der hässlichen, pechschwarzen Schwarzelben. Auf der Erde liegen das Menschenland Midgard, dann Riesenheim und nahe am Meer Wanenheim. Im Himmel breiten sich das Feuerland Muspelheim, dann Lichtalfenheim und vor allem Asgard, das heilige Land der Asen, des Göttergeschlechtes, aus.

Das Glück der Menschen ist begrenzt durch den Tod. Er wird vorbestimmt von Skuld, der jüngsten, bösesten, und tückischsten der Nornen, der drei Schicksalsgöttinnen.

Loki, der böse Bruder Odins, des höchsten der Götter, hatte drei schreckliche Kinder. Eines davon ist Hel, ein riesiges Weib, halb schwarz und halb von menschlicher Farbe. Sie herrscht in Niflhel, der Hölle, dem tiefsten Grund im Reich der Urnebel. Wotan/Odin, der Herr über Leben und Tod, gab ihr Gewalt über neun Welten. Sie beherbergt alle, die er ihr sendet, die durch Krankheit oder Alter starben. Die Menschen, die den Schlachtentod fanden, gehen in Asgard ein. Bei Hel wohnen in Niflheim darum Gute und Böse. Sie sind voneinander getrennt und geordnet nach ihrem Rang, ihrer Tapferkeit, ihrer Tugend. Verbrecher werden hinabgestoßen an den Totenstrand, den Nastrand. Er ist durch Dornengestrüpp, unermessliche Sümpfe und den Höllenfluss Giöll von den Lebenden getrennt. Am Höllenfluss wacht Garm, der Höllenhund. Jenseits des Flusses steht Hels Halle. Ihr Saal heißt Plage, ihre Schüssel Hunger, ihr Messer unersättliche Gier, ihr Diener Faulheit, ihre Dienerin Langsamkeit, ihre Schwelle Unheil, ihr Bett Leiden und ihre Decke bleiches Unglück.

Am Ende der Zeit, nach dem Untergang der Welt in der Götterdämmerung, gibt es eine neue Schöpfung. In ihr wandeln die Toten von Hügel zu Hügel hinauf zu den himmlischen Höhen und den heiligen Wohnungen des Weltenvaters

Die Jenseitsvorstellungen der Griechen

Die Vorstellungen über das Jenseits sind, wie auch die sonstige griechische Religion und Mythologie, geprägt durch eine Vermischung von immanenter und transzendenter Welt, Diesseits und Jenseits. Naturelemente und rein gedankliche Realitäten wurden personifiziert und vergöttlicht, ebenso später die Ahnen. Gestaltet wurde der Glaube der Griechen durch die Dichtungen.

Die Unterwelt heißt Hades, den gleichen Namen trägt auch ihr Beherrscher. Er ist furchtbar, und geheimnisvoll wie sein Reich. Ein Helm macht ihn unsichtbar. Weil ihm alle Schätze der Erde gehören, heißt er auch Pluton, der Reiche. In den äußersten Tiefen der Unterwelt liegen der Tartaros, das bronzene Gefängnis der rebellischen Titanen, und Erebos, die unterweltliche Finsternis. Vulkane und Höhlen sind die Tore zur Unterwelt, durch die Hermes, der Götterbote, die Seelen hinabgeleitet. Bewacht wird die Unterwelt durch Kerberos, den dreiköpfigen Höllenhund. Er wacht darüber, dass die Toten nicht wieder zur Oberwelt entfliehen. Die Toten wandeln als Schatten auf den blassen Asphodeloswiesen. Styx, der Hassfluss umströmt das Totenreich. Es wird durchflossen von Acheron, der Wehströmung, Pyriphlegeton, dem Feuerstrom, Kokytos, dem Tränenstrom, und Lethe, dem Strom des Vergessens. Nachdem Charon die Toten in seinem Nachen über die Styx geführt hat, werden sie von drei Totenrichtern gerichtet. Im Tartaros strafen die Erinnyen, die Rachegöttinnen, die Schuldigen.

Du bist der großartigste und würdigste Mensch, den wir kennen
Du hast kompromisslos geliebt
Deine grandiose Inszenierung war eine Ode ans Leben
Ungestüm unrastig, detailversessen, menschlich, perfekt
Gott hat eifersüchtig den letzten Vorhang abgewartet
Ungeduldig Dein Wunderwerk verfolgt
Der Himmel wird sich zu den Zugaben erheben
Die Erde ahnt nicht den Verlust
Dein Lebenstank reicht für uns tausend Jahre
Deine Wahrheit noch für Stunden danach
Wir drei werden Dich in uns vertreten
Bist in jedem Lachen, jeder Faser, jedem Licht
Gott wird Dir seine Loge anbieten
Dirigier zurückgelehnt, wohlwollend unsere Wacht
Du bist das größte Glück auf Erden
In der neuen Welt sicher das Quäntchen Königin mehr
Erzähl uns ab und zu von Deiner Reise
Wie man so fühlt, was man so tanzt, was man so trägt

Anna Henkel-Grönemeyer

geboren in Hamburg   * 5. November 1998

Liebe Anna, liebes Mamle
Dein Verlust sprengt alle Dimensionen, Werte, Fantasien
Der Schmerz ist Wüste voll brutalster Wucht
Leb uns mit unbändigem Vertrauen
Bis zum Wiedersehen
Wir lieben Dich!

Herbert, Felix und Marie Grönemeyer

Die Beisetzung fand im engsten Familien- und Freundeskreis statt.

Große Verbrecher wie Tantalos, Sisyphos oder die Danaiden leiden dort ihre besonderen Strafen. Im Hades wohnen auch der schwarzgeflügelte Thanatos, der Gott des Todes, und sein Bruder Hypnos, der Gott des Schlafes. Ihnen verwandt sind die Träume Morpheus und Phantasos.

Die Griechen kennen aber auch Elysion, eine Art Paradies, und die Inseln der Seligen. Dort weht der milde Südwind Zephyros. Die Helden, denen Zeus wohlgesonnen ist, führen dort ein glückliches Dasein.

Die Jenseitsvorstellungen des Hinduismus
Jedes Wesen, das auf der Erde lebt, besteht aus einer rein geistigen Seele Jiva und einem stofflich-materiellen Leib. Die Seelen existieren seit anfangloser Zeit und nehmen je nach ihren vollbrachten Taten, ihrem Karma, immer neue Leiber an. Die Seele als solche ist unsterblich, der Leib jedoch sterblich. Das in allen Dingen und Wesen waltende ewige Gesetz Dharma ist zugleich natürliche wie sittliche Weltordnung. Das Dharma ist das höchste und letzte Prinzip, das in allem waltet und über alles herrscht. Auch die Götter unterstehen ihm und gelten wie die Menschen als »vergänglich« und der Karma-Wiedergeburt unterworfen.

Dieses Weltbild ist in letzter Konsequenz als atheistisch anzusehen. Einige Schulen des Hinduismus glauben zwar an einen personalen Gott, dieser ist jedoch nicht Lenker der Welt, sondern nur ein Vollstrecker des Dharma. Die Lehre vom Karma und der damit verbundenen Seelenwanderung ist einer der zentralen Glaubensinhalte des Hinduismus. Das Ziel eines jeden menschlichen Lebens ist die Sicherung einer guten Wiederverkörperung durch gute Taten. Da aber alle Existenzen in den Weltuntergängen ein Ende finden, ist jede Existenz, auch die der Götter, zeitlich »begrenzt«. Wer als Weiser die Hinfälligkeit und Vergänglichkeit alles Irdischen erkannt hat, strebt daher nach ewigem Heil.

Die unterschiedlichen Schulen des Hinduismus vertreten auch unterschiedliche Meinungen bezüglich der Erlösung. Der Mensch kann nicht aus eigener Kraft die Erlösung aus der Wandelwelt erreichen; es bedarf der Gnade Gottes, die in gläubig-liebender Ergebenheit und im vertrauensvollen Sich-Verlassen gewonnen werden kann. Der Mensch kann allerdings auch etwas dazu tun, um erlöst zu werden. Manche Schulen sehen eine Möglichkeit, die Erlösung bereits im irdischen Dasein durch intensive Meditation und Askese (völlige Enthaltung) zu erlangen, andere glauben, dass die Erlösung erst mit dem Tode möglich ist.

Die Jenseitsvorstellungen des Buddhismus
Der Mensch gilt im Buddhismus als etwas Seelenloses und nicht Wesenhaftes. Er ist eine Zusammenballung von Daseins-Faktoren (Dharmas). Diese Daseinsfaktoren werden in fünf Gruppen eingeteilt: Körper, Empfindungen, Wahrnehmungen, Triebkräfte, Bewusstsein. Im Buddhismus gibt es daher kein »Ich«. Jedes Leben bedeutet im Buddhismus Leiden, da es Krankheit, Alter und Tod unterworfen ist. Der Mensch bildet kein einheitliches Ganzes, sondern eine Kombination von Einzelbestandteilen, die sich immer wieder verbinden, lösen und neu verbinden. Daher besitzt der Mensch auch keine unsterbliche Seele (kein Selbst), die beim körperlichen Zerfall unberührt bliebe. Der Mensch ist dem stetigen Werden und Vergehen ausgesetzt, wobei jedoch die Einzelfaktoren einer strengen Gesetzmäßigkeit unterworfen sind. Durch die Kooperation der Daseinsfaktoren entsteht überall der Schein der Einheitlichkeit, wie etwa beim Menschen der eines »Selbst«. Der ständige Strom der Daseinsfaktoren wird auch durch den Tod nicht unterbrochen. Sie wirken über den Tod des konkreten »Individuums« hinaus und schaffen in neuen Kombinationen die Grundlage für die Existenz eines neuen »Individuums«. Im Buddhismus gibt es also keine Seelenwanderung wie im Hinduismus, sondern eine echte Wiederverkörperung, da es im Buddhismus keine Seele im klassischen Sinne gibt. Ziel eines jeden Buddhisten ist es, dem Leiden und damit der Wiedergeburt zu entfliehen und ins Nirwana, eine Art Paradies oder Himmel zu kommen. Der Buddhismus kennt daher auch keine Angst vor dem Tod, sondern nur die Angst vor dem Wiedergeborenwerden. Durch gute Taten kann eine gute Wiedergeburt erfolgen, durch schlechte Taten erfolgt eine schlechte Wiedergeburt. Im Buddhismus ist allerdings die geistige Einstellung des Handelnden am wichtigsten. Was wir frei von Begehren, Hass oder Verblendung tun, wirkt sich positiv aus: Das Handeln ohne Erfolgsstreben, ohne den Wunsch jemandem zu schaden oder ganz allgemein ausgedrückt: Das nur von der Vernunft geleitete Handeln fördert die Erlösung. Alles jedoch, was mich durch »Mein« und »Ich« ans Dasein bindet (Materialismus, Habsucht, Gier), schadet der Erlösung. Ein solcher, dem irdischen Sein verhafteter Mensch wird auch als »Unwissender« bezeichnet, da er die Leidens-Zusammenhänge der Welt nicht erkannt hat. Das individuelle Leben eines Buddhisten ist von Anfang an auf den Tod hin angelegt. Die »Nicht-Sterblichkeit« bzw. der Zustand der Erlösung meint im Buddhismus kein Fortdauern der individuellen Existenz, sondern die Überwindung der Individualität durch Selbstverleugnung.

Die Jenseitsvorstellungen des Judentums
Der Mensch wurde gemäß jüdischen Vorstellungen nach dem Ebenbild Gottes geschaffen. Der Mensch soll sich als »Partner Gottes« in der Welt einsetzen, indem er entsprechend der moralischen Gesetze Gottes handelt. Als Ebenbild Gottes wird er von Gott geliebt und soll zum Heil geführt werden. Das Judentum kennt keine »Erbsünde« der Menschen.

Trotz der Allmacht und Allwissenheit Gottes ist der Mensch frei und für seine Taten verantwortlich. Er ist frei zu tun oder zu lassen. Allerdings finden die Rechte des Einzelnen ihre Schranken in den Rechten der anderen (z. B. hat jede/r das Recht zu leben, daher darf niemand eine/n andere/n töten, weil er/sie es gerade will). Der Mensch soll nach den göttlichen Geboten leben. Ein Auflehnen gegen diese Gebote und die göttliche Ordnung ist Sünde. Sünde ist für das Judentum eine Erniedrigung der wahren Natur des Menschen. Der Mensch wird an seinen Taten erkannt, gemessen und gerichtet.

Das Judentum glaubt an einen gerechten Gott, d. h. auch an einen Gott als Richter. Die Gerechten werden ein Leben nach dem Tode in Verbindung mit Gott haben. Manche Juden verstehen diese Auferstehung als eine leibliche Auferstehung, ein Wohnen im Lande der Verheißung. Nüchterne Tendenzen konzentrieren sich auf die rein geistige Auferstehung. Auferstehen werden nur Gerechte, keine Sünder oder Verdammte, wie z. B. Überhebliche, Unwissende und solche, die die Auferstehung leugnen. Der Glaube an den Messias, der kommen wird um alle Menschen zu erlösen, sie vom Leiden und vom Bösen zu befreien, ist das Herzstück des jüdischen Glaubens. Der gläubige Jude/die gläubige Jüdin kann daher auch als »hoffender Mensch« bezeichnet werden. Auch die Sünderinnen und Sünder hoffen auf das Kommen des Messias um erlöst zu werden und ein Leben nach dem Tod führen zu können. Der jüdische Glaube an einen an einen Messias ist nicht wie im Christentum auf eine historische Gestalt (Jesus Christus) hin angelegt. In den jüdischen Schriften hat der kommende Messias verschiedene Namen.

Die Jenseitsvorstellungen des Islam
Islam bedeutet »Hingabe an Gott«. Die jüngste Weltreligion betont als kompromissloser Monotheismus die Einzigartigkeit Allahs und sein Hineinwirken in das tägliche Leben der Menschen. Der Koran gilt als ewige und umweglose Offenbarung Allahs, die dem Propheten Muhammad, dem Vorbild für ein gottgefälliges Leben, vom Erzengel Gabriel überbracht wurde. Der Glaube an den einen und einzigen Gott Allah ist das Herzstück des Islam. Muslime geben sich diesem Gott vorbehaltlos hin und verehren ihn bis zur bedingungslosen Unterwerfung unter seinen Willen und Ratschluss. Die Menschen erschuf Allah aus Erde bzw. Lehm. Auch im Islam gibt es die Vorstellung einer Seele. Alles dem Menschen Widerfahrende ist von Allah vorherbestimmt. Dabei darf jedoch die Verantwortlichkeit des Menschen nicht gering geschätzt werden. Jedes Werk wird von Allah im Menschen geschaffen, aber der Mensch stimmt diesem Werk zu und übernimmt es für sich in einer »Aneignung« in Freiheit.

Der Hauptfeind des islamischen Gottesbegriffs ist der Polytheismus (Verehrung mehrerer Götter). Jesus wird im Koran als Prophet verehrt (die christliche Vorstellung von Jesus Christus als dem Gottessohn ist für den Islam ein »verkappter Polytheismus«).

Der Glaube an den Jüngsten Tag und an Allahs strenges Gericht über das irdische Leben und Handeln der Gläubigen bildet ein wesentliches Moment des Islam. Der Tod bedeutet für die Muslime die Trennung von Leib und Seele: spezielle Todesengel (Diener Gottes) geleiten die Seele der Menschen zum Himmel. Das Endgericht, als »große Katastrophe« bezeichnet, wird ähnlich martialisch und farbig dargestellt wie in der Johannes-Apokalypse des Christentums. Das Gericht Allahs zitiert die in Büchern festgehaltenen Taten der Menschen und hält sie ihnen vor. Danach verkündet Allah allein das Urteil und scheidet die Erlösten von den Verdammten. Sowohl die Qualen der Hölle als auch die Freuden des Paradieses werden sinnlich und drastisch ausgemalt. An mehreren Stellen erwähnt der Koran die Überfülle der Speisen und sinnlichen Genüsse im Paradies. Für die Anrechnung der guten Taten zählt nicht der Glaube allein, sondern vor allem seine praktische Äußerung, also die Verbindung von Glauben und geleisteten guten Werken. Die Anschauung Allahs wird im Paradies nur für einige von Allah erwählte Gläubige und immer nur für einen Augenblick möglich sein.

Die Jenseitsvorstellungen des Christentums
Der Gottesbegriff des Christentums, des Judentums und auch des Islam weist starke Gemeinsamkeiten auf. Das liegt daran, dass die Hebräische Bibel, die Schrift des Judentums, als Altes Testament in die christlichen Schriften aufgenommen wurde und die christliche Bibel Grundlage und Hintergrund des Koran bildet.

Das Gottesbild des Christentums wird von der Trinität bestimmt. Es gibt einen Gott in drei Erscheinungsformen: als Vater, als Sohn und als Geist.

Gott ist der Schöpfer aller Dinge, also auch der Menschen, denen er sich gezeigt hat. Er hat mit den Menschen einen Bund geschlossen, er hat den Menschen seine Gebote verkündet und ist der Herr der Geschichte und des Gerichtes. Der Mensch selbst besteht aus Geist (Seele) und Leib. Das Christentum betont die Freiheit der Menschen, die auch zur Wahl des moralisch Schlechten führen kann. Die Menschen haben also die Freiheit sich von Gott abzuwenden, weshalb der Gedanke der Sünde und der Erlösung der Menschen im Christentum eine große Rolle spielt. Als einzige monotheistische Religion verbindet das Christentum das Böse in der Welt seit dem Sündenfall von Adam und Eva im Paradies mit dem Gedanken der »Erbsünde«. Durch Missbrauch der menschlichen Freiheit sind Unordnung und Leiden in die Welt gekommen. Durch die Erbsünde sind alle Menschen erlösungsbedürftig – daher gilt die Heilstat Jesu Christi in seiner Menschwerdung (Inkarnation), seinem Tod und seiner Auferstehung auch für alle Menschen. Aber auch im Christentum sind die Menschen aufgerufen selbst etwas für ihr Heil zu tun. Im Sinne der Bergpredigt soll ein Mensch den anderen lieben, ihm verzeihen und ihm Gutes erweisen, da er im Nächsten Christus selbst begegnet. Das Christentum glaubt an die Unsterblichkeit der Seele und an die leibliche Auferstehung nach dem Tode. Christi Opfertod und Auferstehung gelten als Voraussetzung für das Heil der Menschen, die um das Geschehen wissen. Rechtgläubigkeit, also Übereinstimmung der Gläubigen mit den Lehren der Kirche, gilt als eine Voraussetzung für die Erlösung. Diesbezüglich gibt es einen Unterschied zwischen den Protestanten und den Katholiken. Im protestantischen Sinne wird der Mensch allein aus göttlicher Gnade zum Heil geführt; ohne die göttliche Gnade vermag er nichts zu tun. Die Katholiken sehen die Gnade Gottes als Voraussetzung für das Heil, aber jeder Mensch wird durch die geschenkte Gnade zur Mitwirkung und zu guten Taten gedrängt.

Die Christen sehen Gott als gerechten Richter, der die Taten der Menschen abwägt. Er belohnt die Gerechten und bestraft die Sünder. Die endgültige Vergeltung der im Leben begangenen Taten findet nach dem irdischen Leben statt. Die Gerechten gehen ins ewige Leben ein, eine Art Paradies, das mit folgenden Bildern dargestellt wird: Die Erlösten schauen Gottes Angesicht, sitzen zu Tisch und halten Mahl mit ihm, loben ihn und herrschen mit ihm von Ewigkeit zu Ewigkeit (vgl. Mt 19,28). Die im Zustand der Todsünde Gestorbenen kommen nach dem Tod »für ewig« in die Hölle. Sie erleiden dort dreifache Strafe: den Verlust des Anblickes Gottes, die Empfindung der (Körper-)Qualen und die ständige Selbstanklage durch das eigene Gewissen. Die Auferstehung der Toten ist eine leibliche; der auferstandene Leib gilt als makellos und unverweslich.

Mit *Infoseite I* **65** soll zu den unter Jugendlichen weit verbreiteten Ideen von Reinkarnation ein sachlicher Hintergrund vermittelt werden.
Der **Text** zeigt besonders auch, dass die hinduistische Sicht von Wiedergeburt keine Hoffnung gibt, sondern als ein Negativum empfunden wird, das es zu überwinden gilt.
Das **Bild** stammt von einem indischen Poster. Es gibt in vereinfachter Form fast wie ein Comic das hinduistische Verständnis von Tod und Wiedergeburt wieder. Links geht ein alter Mann in immer gekrümmterer Haltung auf die liegende Acht zu. Die linke Seite scheint ihn schließlich wie ein Trichter zu verschlingen. Aus der rechten Seite der Acht krabbelt wie aus einer Muschelöffnung ein Kleinkind, das sich schließlich erhebt und als kräftiger Jüngling weitergeht. Die Szene scheint über dem Wasser zu schweben. Im Wasser sieht man in der Mitte der Acht ein verhülltes Skelett und daneben eine junge Frau. Der »Tod« hält in der Hand ein Schwert, die Frau einen grünen Zweig. Unter den Füßen der beiden Gestalten kommen von links aus dem Wasser verschiedene Tiere. Sie steigen an der rechten Seite ans Ufer. Die Reihe wird angeführt von einer menschlichen Gestalt.

Die liegende Acht ist ein altes Symbol der immer wieder kehrenden Fruchtbarkeit, wie es sich auch bei uns in Darstellungen aus dem Brauchtum findet. Man verbindet damit meist die mathematische Vorstellung von »Unendlich«. Alter und Jugend sind diesem doppelten Lebenskreis ausgeliefert. Tod und Leben stehen als die beiden Wirkmächte zentral in der Mitte. Ihnen ist alles zugeordnet. Die einzelnen Wesen unten stellen mögliche Verkörperungen der Seele in einer evolutionären Abfolge dar. Sie drücken das jeweilige Niveau der Wiedergeburt aus.

(Triviale Vorstellungen bzw. Techniken, um mit dem Jenseits und vorausgegangenem Leben in Verbindung zu treten, bietet die *Infoseite* **12-13**: »Frag-würdige Sinnangebote: Esoterik«.)

Der kurze Abschnitt aus dem traditionellen Lehrstück des Hinduismus **Bhagavadgita** belegt in wenigen originalen Worten die im Sachtext beschriebene und im Bild anschaulich dargestellte Vorstellung.

2. Einsatzmöglichkeiten im RU

Jenseitsvorstellungen der Religionen
- L konfrontiert Sch mit den Vorstellungen anderer Jugendlicher (**AB 9.4.7, Lehrerkommentar S. 115**) und arbeitet mit dem AB weiter.
- Sch versuchen ihre Vorstellungen aufzuschreiben oder zu malen.

Den Lebenskreis entdecken
Im Grabmal auf *Deuteseite I* **63** findet sich der Kreis als Durchbruch in der Mitte des Kreuzes. In der liegenden Acht kommt er doppelt als ständiger Übergang vor.
- Diese Symbolik wird Sch durch direkte Gegenüberstellung der Symbole an der Tafel verdeutlicht.
- Sch geben in freier Assoziation ihre Gedanken und Gefühle zu den beiden Symbolen wieder. L kann evtl. weitere Stichworte ergänzen.
- Hilfreich kann eine Veranschaulichung der verschiedenen Zeitverständnisse sein, die in einem kurzen L-Vortrag an der Tafel skizziert werden. Während westliche Reinkarnationsvorstellungen die Zeit als einen (immerwährenden) Kreislauf mit immer neuen Lebenschancen denken, sehen östli-

Was kommt nach dem Tod?

Aussagen von Jugendlichen

1 »Ich habe keine Ahnung, was nach dem Tod kommt. Es könnte ja sein, dass es so ist, wie wenn man noch gar nicht gestorben ist. Ich weiß nicht, was ich damals getan habe. Aber, in keinem Fall kommt man in den Himmel oder in die Hölle. Das ist Schwachsinn.«

2 »Das Leben ist ein Haufen von Erfahrungen. Sobald ein Kind geboren ist, lernt es ständig dazu. Einen ›Geist‹ gibt es also nicht. Man übernimmt Sprache, Handbewegungen und Art von den anderen. Wenn man stirbt, ist es, als ob man eine Maschine abschaltet. Manchmal kann man die Maschine zwar reparieren. Doch sobald die Maschine zu lang abgeschaltet ist, bringt man sie nicht mehr zum Laufen. Der Körper wird vergraben, dann beginnt er zu verrotten.«

3 »Ich denke, wenn man stirbt, fährt man durch einen langen Tunnel, der im Himmel endet. Dann lebt man dort eine Weile in Freude. Jeden Tag feiert man, hat keine Probleme mehr und lebt ganz unbeschwert. Nach einer Weile, wenn man reif genug ist, kommt Gott zu dir und bittet dich für ihn als Schutzengel zu arbeiten. Wenn du es nicht tun willst, dann lässt er dich; aber die meisten finden das toll und freuen sich. Es ist schön, ein neues Lebewesen auf seinem Weg zu begleiten.

4 »Es gibt keinen Himmel und es gibt keine Hölle. Ich glaube, dass der Tod nur so eine Art Übergang zu einem neuen Leben ist. Das bedeutet also, dass man in diesem Übergang nur noch sich selbst und seine Träume hat. ... Nach dem Übergang gelangt man wieder in einen neuen Körper, bis man jedes Lebewesen auf jedem Planeten einmal gewesen ist und dann: dann wird das Lebenslicht ganz einfach ausgeknipst. Es wird einem vorkommen, als ob man nie existiert hätte.«

5 »Ich denke, nach dem Tod kommt man in ein großes Paradies. Mit allen Toten, man kann machen und lassen, was man will. Es gibt keine Rassentrennung (Weiße, Schwarze). Auch Tiere und Menschen leben alle zusammen. Niemand wird eingesperrt, kein Mensch, kein Tier: Alle leben zusammen. Es gibt wunderschöne Wiesen, einfach alles. Es gibt keinen Krieg, keinen Streit; einfach alles ist wunderschön. Vielleicht ist diese Vorstellung auch nur ein Wunsch von mir. Aber ich glaube daran.«

6 »Dass es etwas nach dem Tod gibt, kann sein, und dass man irgendwo auch weiterlebt. Aber was kommt, wissen nur die, die dort sind. Soviel ich weiß, ist noch niemand von dort zurückgekommen; also, wenn es etwas gibt, muss es schön sein. Man muss nach dem Tod irgendetwas werden oder sein. Ich glaube nicht, dass man so weiterlebt wie zuvor.«

7 »Also das ewige Leben bedeutet: Man kommt in den Himel und lebt dort weiter oder man wird zurück auf die Erde geschickt, um dort wieder als Baby geboren zu werden. Obwohl, wenn man im Himmel ist, dann gibt es ja einmal keinen Platz mehr, weil vielleicht jede Sekunde jemand stirbt ...
Die Auferstehung der Toten: Ich kann mir das nicht so vorstellen wie die Heiligen, Propheten, Pfarrer usw. das immer erwähnen: Wie Maria und die mit Wolken in den Himmel geflogen sind (also nur die Seelen). Ich möchte das schon einmal erleben.«

Vergleiche die Aussagen der Schülerinnen und Schüler miteinander.
Welchen kannst du zustimmen? Welche lehnst du ab?
Kennzeichne sie jeweils mit einer anderen Farbe und begründe deine Meinung.

che Vorstellungen Reinkarnation im Idealfall als einen spiralförmigen Aufstieg mit mehreren Wiedergeburten bis zur Aufhebung im Nirwana. Das christliche Verständnis kann als Strahl veranschaulicht werden, bei dem die irdische Zeit auf ein Ende im Tod hinzielt, durch den hindurch sie in der Auferstehung aufgehoben wird (vgl. »notizblock« 30/2001).

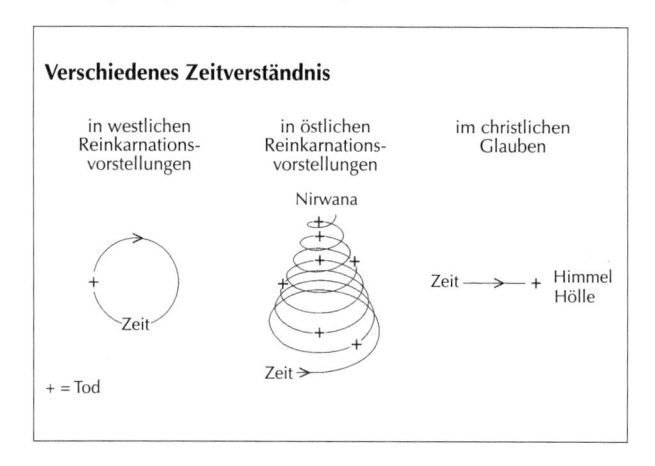

Verschiedenes Zeitverständnis

in westlichen Reinkarnationsvorstellungen — in östlichen Reinkarnationsvorstellungen — im christlichen Glauben

Nirwana

Zeit ⟶ + Himmel / Hölle

+ = Tod

Der Zusammenhang der Vorstellungen von Wiedergeburt und die Lebenspraxis

- Die Lerngruppe teilt sich auf in zwei gleich große Gruppen, die sich jeweils in einen Kreis setzen. In Form eines Schreibgespräches notieren Sch schweigend ihre Gedanken und Fragen zu dem Satz aus der Bhagavadgita auf einem großen Blatt, das vor ihnen in der Mitte liegt. Sie können dabei auf andere Sch eingehen oder Neues hinzufügen. Auf den Blättern steht z. B.: »Jedes Leben ist einzigartig und einmalig.« und »In einem neuen Leben muss man es wieder versuchen.«
- Nach einer bestimmten Zeit beginnt die Gruppe ein Gespräch, in dem sie versucht sich auf die Kernpunkte ihrer Notizen zu verständigen. Diese werden dann der Klasse vorgestellt. Die Gesamtgruppe diskutiert die Ergebnisse und damit die jeweilige Vorstellung über die Perspektiven des Lebens und ihre Konsequenzen für das Leben.
- Die Ergebnisse können auch durch jeweilige Gruppensprecher in Form einer Pro und Contra-Diskussion vorgestellt und im Plenum vertieft werden.

Vergleich mit dem Foto auf *Themenseite 59*

Sch vergleichen die beiden themenverwandten Darstellungen. Während auf *Themenseite 59* der Lebenskreis eines Menschen dargestellt wird, zeigt das Bild auf *Infoseite I 65* Lebenskreis und Reinkarnationsstufen in einem. Wieder lässt sich gut das jeweilige Lebensgefühl thematisieren und diskutieren.

3. Weiterführende Anregung

Biblische Hoffnungsbilder zu einem Leben nach dem Tod kennen lernen

- Anhand verschiedener biblischer Aussagen (z. B. Ps 139,8-13; Mt 25,34; Mk 12,25; Joh 11,25; 14,2; 1 Kor 15,13f; Off 21,4) erweitern oder festigen Sch ihre positiven Vorstellungen.
- Sch erhalten die Aussagen auf einem Blatt und lesen diese still. Dann unterstreichen sie jeweils die zentrale Aussage. Diese werden an der Tafel gesammelt.
- Sch wählen diejenigen Aussagen aus, die ihnen besonders zusagen, und begründen ihren Nachbar(inne)n die Wahl.

TA:

ewiges Leben		Wohnung im Haus des Vaters
Auferstehung		kein Tod
wie Engel sein	**Ein**	keine Mühsal
keine Trauer	**Leben nach dem**	
leuchtende Nacht	**Tod**	Finsternis wie Licht
das Frühere vergangen		Gesegnete im Reich

Verwandlungen — Deuteseite II 66 67

1. Hintergrund

Schon seit dem griechischen Altertum wird das **Bild der Raupe bzw. des Schmetterlings** als Symbol für ein Weiterleben der Seele bzw. für eine Seelenwanderung als Wandlungsprozess verwendet. Das griechische Wort *psyche* bedeutet sowohl »Seele« als auch »Schmetterling«. Übertragen wird die Analogie, dass die lebendige, unansehnliche Raupe zunächst im Kokon wie leblos ruht und der Schmetterling dann bunt und schön, von der Hülle befreit, fliegen kann. Gilt die Raupe als Bild der irdischen Existenz, so steht der Kokon für den toten Leib, aus dem sich die Seele erhebt.

Es gibt auch die Deutung des Schmetterlings als Symbol für das Weiterleben des Menschen nach dem Tod in der Einheit von Leib und Seele, denn der Mensch macht auch eine Wandlung durch: Aus der irdischen Schwere und Leiblichkeit über die Todesstarre im Kokon hin zum veränderten, verklärten Auferstehungsleib (vgl. Gorbauch, 21).

Was letztlich im Kokon passiert ist bis heute für die Naturwissenschaftler ein noch nicht geklärtes Phänomen.

Eine eigene Deutung dieses Bildes liefert in ihren weit verbreiteten Büchern Elisabeth Kübler-Ross. Aus vielen Interviews mit Menschen, die Nahtoderlebnisse hatten, beschreibt sie die Erlebnisse beim Sterben: »Wir sagen, dass Sie wie der Kokon eines Schmetterlings sind. Das, was Sie im Spiegel sehen, ist der Kokon. Es ist nur das zeitliche Haus Ihres wahren Ich. Wenn dieser Kokon irreparabel beschädigt wird, sterben Sie, und dabei – im Vorgang des Sterbens – lässt der Kokon, der aus physischer Energie besteht, symbolisch gesprochen den Schmetterling frei ... Die Ursache des Todes verändert das subjektive Erleben im Augenblick des Todes nicht. Der unsterbliche Teil Ihres Ich wird aus seiner physischen Schale befreit werden. Was begraben oder verbrannt wird sind nicht Sie, sondern nur der Kokon ... Wenn wir mit kleinen Kindern arbeiten, zeigen wir ihnen, wie das geschieht. Im Augenblick des »Schlüpfens« werden Sie sehr schön sein. Verstümmelungen ... werden Ihnen nicht in den Tod folgen, denn der Körper, den Sie dann haben werden, besteht nicht mehr aus physischer, sondern aus psychischer Energie ... Unser zweiter Körper, den wir in dieser Situation bekommen, ist nicht physischer, sondern ätherischer Natur ... Wenn wir nach dem Tod erst einmal durch etwas hindurchgegangen sind, das den Übergang symbolisiert – was das ist, ist jeweils kulturell festgelegt; es kann ein Tor, eine Brücke oder ein Tunnel sein –, nehmen wir ein Licht wahr, ein Licht von unbeschreiblicher Helligkeit. Es ist weißer als weiß, heller als hell, und wenn wir uns ihm nähern, werden wir in bedingungslose Liebe eingehüllt ... In der Gegenwart dieses unglaublichen Lichtes, das die Menschen je nachdem, aus welchem kulturellen Umfeld sie kommen, »Christus«, »Gott«, »Liebe« oder »Licht« nennen, werden wir für alles verantwortlich gemacht werden, was wir getan haben. In diesem Augenblick werden wir wissen, dass die Liebe das absolut einzige ist, das zählt.« (Kübler-Ross, 90ff.)

Von einem personalen Gottesverständnis im christlichen Sinn ist bei Kübler-Ross keine Rede. Vielmehr gleichen die Bilder und Aussagen in vielem einer mystisch-mythischen Sprache. Ob diese Vorstellungen über die Verantwortung für unsere Entscheidungen und ihre Folgen mit dem christlichen Bild des Purgatoriums zu vereinbaren sind, kann ebenfalls diskutiert werden. Schließlich finden sich in manchen Aussagen von Kübler-Ross auch Hinweise auf Gedanken an eine Wiedergeburt.

In einfachen Bildern aus der Natur wird in der Fabel **Die Libellenlarve und der Blutegel** anschaulich das Verhältnis des Menschen zur Auferstehungsbotschaft thematisiert. Einerseits gibt es Menschen, die über ihren engen Horizont hinausschauen wollen und sich nach mehr sehnen. Dann gibt es auch die so genannten Realisten, die die Dinge außerhalb der für sie greifbaren Wirklichkeit negieren und sich über sie lustig machen.

Der Fabel fehlt in der im Schulbuch abgedruckten Fassung der Schluss. Er lautet: »Aber es dauerte nicht lange, bis sich die Libellenlarve aus dem Wasser heraushob, Flügel wuchsen ihr, goldenes Sonnenlicht und blauer Himmelsschein umspülten sie, und sie schwebte schimmernd über den niedrigen Tümpel davon.«

Für die Libelle liegt es in ihrer Natur, dass sie sich aus dem Wasser begibt und aus der Larve schließlich das fertige Insekt entschlüpft. Sie sieht schon schemenhafte Umrisse außerhalb des Wassers und hat so eine Ahnung von dem, was sie erwarten könnte.

Vincent van Gogh: »Die Ernte«, 1889

Leuchtende Gelbtöne strahlen dem Betrachter entgegen. Das dunkle kräftige Gelb-Orange des Kornfeldes steht dem fahleren Zitronengelb des Himmels und der Sonne gegenüber. Getrennt werden die beiden Bereiche durch eine graue Bruchsteinmauer, die von links bis fast an den rechten Rand des Bildes reicht. Hinter ihrem rechten Ende sieht man das graublaue Dach eines Hauses, das sich dahinter duckt. Am Horizont steigt, beginnend hinter einem hochgewachsenen dünnen Baum, ebenfalls von links in die rechte obere Bildecke ein grau-violetter Gebirgszug. Vor ihm ziehen sich erdfarbige Hügelketten mit leichtem Grün bewachsen und von helleren Felsflächen unterbrochen. In den Hügeln leuchtet das rote Dach eines Gehöftes. Im Vordergrund wogt auf der rechten Seite das noch nicht geschnittene Korn bis zum Fuß der Hügelkette. Auf der linken Seite liegt in gleichen Farben das abgemähte Getreide. Vor der Mauer erhebt sich ein Strohhaufen. Davor steht breitbeinig mit erhobener Sichel der Bauer, farblich durch ein helleres Gelb und die grauen Umrisse von der Umgebung abgehoben. Auf dem Kopf trägt er einen Strohhut. Beherrschender Blickfang des Bildes ist die hellgelbe Sonnenscheibe leicht links von der Mitte am oberen Bildrand. Sie ist umgeben von einem gleichfarbigen Himmel, in dem dynamische graugrüne Pinselstriche eine gleichmäßig strömende Bewegung nach Oben andeuten.

Hinter dem scheinbaren Realismus der Bilder van Goghs steckt ein tiefe Symbolik. Abgelöst vom Naturvorbild zielt sie auf geistige Gehalte. Die Beschränkung auf das Wesentliche hebt das Charakteristische umso deutlicher hervor. In den Naturbildern verkün-

Vincent van Gogh (1853-1890)
Van Goghs Bilder entstanden nahezu alle in seinem letzten Lebensjahrzehnt. 1890 starb er im Alter von 38 Jahren nach jahrelanger schwerer seelischer Krankheit. Am 30. März 1853 wurde van Gogh als ältester Sohn eines Pfarrers in dem kleinen Dorf Groot-Zundert in Brabant geboren. In Kontakt zur Kunst kam er 1869, als er eine Lehre in einer Kunsthandlung in Den Haag begann. Ab 1873 arbeitete er in der Filiale in London. Nach wechselnden Aufenthalten u. a. auch in der Pariser Filiale wurde van Gogh 1876 wegen Meinungsverschiedenheiten entlassen. 1877 bis 1878 studierte er Theologie in Amsterdam. Dann lebte er mit aufopferndem missionarischem Eifer unter den Armen im belgischen Bergbaugebiet bis er 1880 geschwächt und ausgezehrt entlassen wurde.

Nun widmete er sich ganz der Malerei. Kurz besuchte er die Akademie in Antwerpen und lebte nach unruhigen Jahren ab 1886 mit seinem Bruder Theo in Paris zusammen. Von ihm wurde er für den Rest seines Lebens unterstützt. Im Februar 1888 führte ihn seine Sehnsucht nach der Natur und dem Licht in die Provence nach Arles. Er suchte die Nähe zu dem verarmten Gauguin. Durch die ständige Überforderung seiner Kräfte verschlechterte sich sein seelischer Zustand. Im Dezember 1888 bedrohte er Gauguin mit dem Messer und schnitt anschließend sich selbst ein Ohr ab. Nach wechselnden Aufenthalten in Sanatorien und Privatwohnungen lebte und arbeitete van Gogh ab Mai 1889 im Hospital St. Paul für seelisch kranke Menschen bei St. Rémy. Hier entstanden viele seiner Landschaftsbilder. Im März 1890 verließ van Gogh St. Paul und zog nach Auvers-sur-Oise um, wo er von Dr. Gachet betreut wurde. In den letzten zwei Lebensmonaten malte er noch über 80 Bilder. Am 29. Juli 1890 starb van Gogh an den Verwundungen, die er sich zwei Tage zuvor bei einem Suizidversuch mit einem Revolver beigebracht hatte. Erst nach seinem Tod errang sein Werk die Beachtung und Anerkennung, die ihn heute zu einem führenden Vertreter des Impressionismus macht. Van Gogh entwickelte diesen schon weiter, da es ihm nicht nur um die äußere Darstellung ging, sondern er im realen Bild symbolisch innere Zustände und Wahrheiten ausdrücken wollte.

det der Künstler so eine tiefere Wahrheit. Im September 1889 schreibt er zu dem Bild: »Die Studie ist furchtbar dick aufgetragen, aber das Motiv ist schön und einfach. Ich sehe in diesem Schnitter eine schemenhafte Figur, eine Art Teufel, der in der Gluthitze kämpft, um mit seiner Arbeit zu Ende zu kommen. Ich sehe auch das Bild des Todes darin, in dem Sinn, dass die Menschheit das Korn ist, das niedergemäht wird. Es ist also, wenn Du willst, das Gegenstück zu dem ›Sämann‹, den ich früher versucht habe. Aber in diesem Tod liegt nichts Trauriges, alles geschieht in vollem Licht, in einer Sonne, die alles mit Licht und reichem Gold überstrahlt ... Es ist ein Bild des Todes, so wie das große Buch der Natur ihn verkündet. Was ich darin anstrebe, ist das ›fast Lächelnde‹. Es ist ganz gelb bis auf eine violette Hügellinie, helles, blondes Gelb. Ich finde das erheiternd, dass ich so etwas durch die eisernen Stäbe einer Zelle gesehen habe. Weißt du, was ich hoffe? Ich wünsche immer, dass die Familie für dich das bedeutet, was mir die Natur ist: die Erde, das Gras, der gelbe Weizen, der Bauer – dass du also in deiner Liebe zu den Menschen nicht nur Arbeit findest, sondern auch Trost und Genesung; das vor allem tut not.« (zitiert nach: Vincent von Gogh. Briefe an seinen Bruder, hg. und mit einer Einleitung versehen von Johanna Gesina van Gogh-Bonger, Dritter Band, Frankfurt 1988, 539 und 544).

Das Bild zeigt also einen Blick in die Landschaft hinter dem Hospital von St. Rémy, wie man ihn ähnlich auch noch heute hat, wenn man aus dem Fenster des Krankenzimmers blickt. Breit füllt das reife Kornfeld nahezu zwei Drittel des Bildes. Sonne und Regen haben die Saat wachsen und reifen lassen bis zur Ernte. Die Nahrung für ein Jahr kann geschnitten und eingefahren werden, übertragen nach van Gogh also die Ernte eines Lebens. Aus dem abgeernteten Getreide wird Brot für das Leben. Das Feld liegt unter dem strahlenden Licht der erlösenden, Leben spendenden Sonne. Es ist die gleiche Sonne, die ihr warmes Licht auch über den ›Sämann‹ ergießt. So schließt sich der Kreis vom Werden und Vergehen. Kann man dieses Bild gleich christlich deuten? Vor dem Hintergrund der frühen tief gläubigen Prägung van Goghs sicherlich. ›Die Ernte‹ wird bestimmt durch die Christus-Sonne. So hat dieses Bild des Todes ein ›fast Lächelndes‹, das der Maler mit den hellen Goldtönen ausdrückt (vgl. E. Ruprecht, Vincent van Gogh. Maler des Lichtes, Stuttgart 1987, 61f.). Dem gegenüber verschwindet der Tod fast und wird klein. Selbst farblich geht er fast auf in dem Feld des Lebens.

Die Kompositionsrichtung des Bildes geht in einer Leserichtung vom abgeernteten »Toten« auf den linken Seite hin zum Leben und zur Sonne.

In wenigen Worten formuliert der Satz des stoischen Philosophen, römischen Staatsmannes und Dichters **Lucius Annaeus Seneca** (um 4 v. Chr. bis 65 n. Chr.) aus dem 12. Brief an Lucilius »Über den Wert des Alters« (Josef Werle, Seneca für Zeitgenossen, München 2000) positiv den Gedanken des *memento mori*. Man wird aufgefordert, sich durch die positive Verstärkung am Ende des Tages neue Kraft für den nächsten Tag zu erschließen. Die Natursymbole »Abend« und »Mor-

Ein Brief an ein Kind mit Krebs

Alles im Leben ist ein Kreislauf:
Der Tag folgt auf die Nacht,
der Frühling auf den Winter ...
Verschwindet das Boot hinter dem Horizont,
so ist es nicht einfach »weg« –
aber wir sehen es nicht mehr,
wie wir die Sonne nicht mehr sehen
während der Nacht.

Gott wacht über alles, was er geschaffen hat:
Erde, Sonne, Bäume, Blumen und Menschen,
die durch die Schule des Lebens gehen müssen,
bevor ihre Lehre abgeschlossen werden kann.
Erst wenn alle Arbeit getan ist,
wofür wir auf die Erde kamen,
dürfen wir unseren Körper ablegen.
Er umschließt die Seele, wie die Puppe
den künftigen schönen Schmetterling.
Dann werden wir frei sein von Schmerzen, Angst und allem Kummer
– frei sein, wie ein freier schöner Schmetterling –
und dürfen heimkehren zu Gott.
Bei ihm werden wir nie mehr allein sein.
dort werden wir weiterleben,
werden wachsen, tanzen, spielen und fröhlich sein.
Wir werden auch zusammen sein mit allen Menschen, die wir liebten.
Dort sind wir von mehr Liebe umgeben,
als wir uns je vorstellen können!

Im Winter kannst du kein Leben in einem Baum sehen.
Aber im Frühling kommen kleine, grüne Blätter – eines nach dem anderen.
Im Herbst fallen die Blätter ab, eines nach dem anderen.
Für den Baum ist das die Vorbereitung auf die Winterruhe.
Einige Blumen blühen nur wenige Tage –
jedermann bewundert sie als Zeichen des Frühlings und der Hoffnung.
Und dann sterben sie –
Aber sie haben getan, was sie tun mussten.
Andere Blumen blühen lange –
Viele betrachten ihr Dasein als selbstverständlich und beachten sie kaum mehr.
So verhalten sich viele mit alten Menschen.
Sie sehen sie im Park sitzen,
bis sie eines Tages für immer gegangen sind.

Elisabeth Kübler-Ross

gen« lassen sich auch leicht auf den Lebensabend und den ihm folgenden Morgen deuten.

2. Einsatzmöglichkeiten im RU

Die Entwicklung des Schmetterlings beobachten und mit dem Sterben vergleichen

- In Kooperation mit dem Biologieunterricht sammeln Sch Raupen, füttern sie und beobachten und dokumentieren ihre weitere Entwicklung.
- Sch betrachten die Bildleiste. L weist auf die in verschiedenen Kulturen gezogene Analogie zum Sterben hin.
- Ordnet den einzelnen Bildern Phasen beim Sterben und Tod eines Menschen zu.
- Welche Hoffnung drückt sich in dem Bild des Schmetterlings aus? Findet eigene Symbole, mit denen sich diese Wandlung darstellen lässt.

Einen Brief in Farben umsetzen

L vermittelt in einem kurzen Vortrag die Kernansichten von Elisabeth Kübler-Ross.

- Sch werden mit den Gedanken in der einfachen Form eines Briefes (**AB 9.4.8, Lehrerkommentar S. 119**), den Kübler-Ross an ein Kind mit Krebs geschrieben hat, konfrontiert.
- Sch wählen sich einen Abschnitt des Briefes aus und setzen ihn in Farben und Bilder um. Dabei haben sie freie Wahl der Formen und Mittel. Sie erarbeiten am Text Unterschiede bzw. Gemeinsamkeiten zur christlichen Vorstellung vom Leben nach dem Tod, wie sie auf *Deuteseite IV* **70-71** erklärt bzw. als Erfahrungen beschrieben sind.
- Der Brief bietet weitere Bilder und Vorstellungen dafür, wie wir uns aus der Natur deuten und verständlich machen können. Sie zeigen wie es ist, wenn ein Mensch stirbt und aus unserem Lebenskreis tritt. Sch suchen sich ein Bild, das ihnen zusagt. Sie schreiben einen Brief oder eine Erzählung, in der sie das Bild ausmalen und vertiefen.

Die Fabel erschließen

- Sch lesen die Fabel. Sie charakterisieren die beiden Tiere und übertragen diese Charaktere auf den Menschen (z. B. welche Berufe würden zu ihnen passen?). Sie charakterisieren auch die einzelnen Lebensbereiche. Sie denken sich einen passenden Schluss aus. Dann hören sie den wirklichen Ausgang.
- Sch veranschaulichen die Fabel in einer Skizze. In den einzelnen Wesen und Bereichen (z. B. Teich = jetziges Leben, Wasserfläche = Sterben, Tod) schreiben sie ihre Deutungen und Übertragungen.
- Die Einstellungen und Vorstellungen in der Fabel werden verglichen mit den Erkenntnismöglichkeiten, die wir Menschen aus unserer Lebenssituation heraus haben können. Hier bietet sich auch übergreifendes Lernen im Zusammenhang mit den Vorstellungen von Gott in Kapitel 2, besonders *Themenseite* **26** und *Infoseite* **31**, an.

Das Bild ganzheitlich erschließen

- Sch fertigen mit Folie eine Umrisszeichnung der groben Konturen des Bildes an. Sie schreiben in die einzelnen Bereiche, welche Gedanken oder Assoziationen sie mit dem Motiv und den Farben verbinden und stellen sich im Partnergespräch ihre Gedanken vor.
- Details des Bildes werden verändert oder weggelassen. Was ändert sich dadurch an der Wirkung und Aussage des Bildes? Welche Elemente sind wesentlich für die Bildaussage?
- L fordert Sch auf ein »Gegenbild« zu entwerfen. Was müsste darauf zu sehen sein? Welche Farben müsste man verwenden? Welche Aussage sollte es haben?
- Sch entdecken christliche Symbole im Bild. Nach einer entsprechenden biografischen Hinführung benennen sie die Symbole. L listet sie an der Tafel auf. In einer zweiten Spalte schreiben Sch Deutungen der Symbole. Diese Deutungen werden nun auf das Bild übertragen. Auch der Titel »Die Ernte« kann eine tiefere Bedeutung haben (Van Gogh: »Das Leben ist nur eine Zeit der Aussaat. Die Zeit der Ernte ist nicht hier.«). Es schließt sich eine Diskussion über den »Stellenwert« von Leben und Tod an.

Konsequenzen aus der Sentenz von Seneca ziehen

- Sch formulieren mit eigenen Worten die Aussage. Sie setzen sie in Beziehung zu den »Lebensbildern« auf der Doppelseite.
- Auf *Themenseite* **59** findet sich die Meinung des 19-jährigen Norbert. Sch vergleichen die Aussagen miteinander. Sie überlegen, welche Konsequenzen diese Haltungen für das Lebensgefühl und die Lebensgestaltung haben.

3. Weiterführende Anregungen

Das Symbol »Weizenkorn« erschließen

- Zu den Impulsen 3 und 4 auf *Deuteseite* **66**, kann auch alternativ mit den Zeichnungen **AB 9.4.9, Lehrerkommentar S. 121** gearbeitet werden:
- Sch kolorieren die Zeichnungen und schreiben ihre Gedanken zu den Einzelbildern.
- Sie zeichnen ein Schlussbild zu der Sequenz, das die Symbolik des van-Gogh-Bildes aufgreift und in diesem Kontext ausdrückt.

Wenn das Weizenkorn …

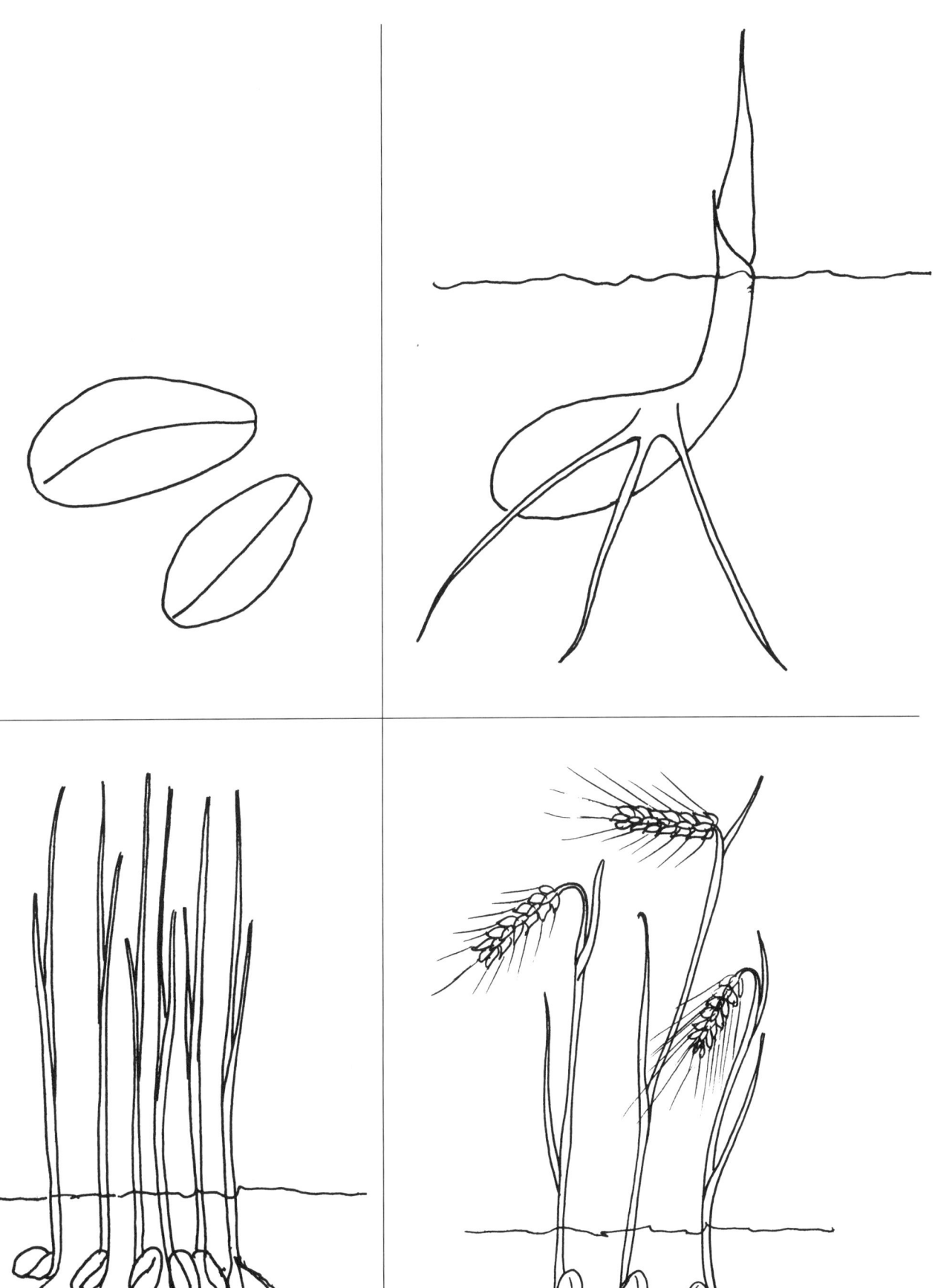

Den eigenen Tagesablauf reflektieren
In einem Brief **AB 9.4.10, Lehrerkommentar S. 123** beschreibt Seneca genauer, wie er sich das Verhältnis von Lebensgestaltung und Tod vorstellt. Sch lesen diesen Brief und versetzen sich in die Lage des Lucilius. Sie schreiben einen fiktiven Antwortbrief, in dem sie über die Gestaltung ihres Tages berichten. Besonders Wert sollten sie auf die Ereignisse legen, bei denen sie besonders das Gefühl haben, etwas in die Hand genommen und festgehalten zu haben.

Ich glaube an die Auferstehung der Toten — Deuteseite III (68)(69)

1. Hintergrund

Die *Deuteseite* behandelt eine zentrale Aussage des Christentums und den Kern des Kapitels. In den Worten der Schrift, im dogmatischen Text des Credo und in einer bildlichen Darstellung aus der Tradition der Kirche vermittelt sie das Bekenntnis zum Glauben an die Auferstehung Christi und aller Toten.

Der **Bibeltext** 1 Kor 15,3-5 enthält die älteste schriftlich überlieferte mehrgliedrige Formel. Man kann davon ausgehen, dass Paulus sie schon in dieser Form übernommen hat. Manche führen sie über den Kreis um Stephanus bis nach Jerusalem zurück. In seinem Brief, vermutlich ging schon ein anderer voraus, greift Paulus verschiedene Anfragen bzw. Klagen aus der Gemeinde von Korinth auf. Der Brief entstand in Ephesus, wahrscheinlich zwischen 53 und 55, Ortkemper (S. 12) datiert ihn auf das Frühjahr 55.

Die wesentlichen Aussagen tragen die vier Verben »gestorben«, »begraben«, »auferweckt« und »erschien«. »Gestorben« und »auferweckt« werden jeweils durch den Verweis auf die Schriftgemäßheit bekräftigt. »Christus« wird hier im Sinne eines Titels als der von Gott gesandte Messias gebraucht. Er stirbt zur stellvertretenden Sühne für uns, wie auch die Abendmahlsüberlieferung dem Sterben Jesu auf diese Weise einen Sinn gibt. Mit dem Begräbnis wird die Realität und vermeintliche Endgültigkeit des Todes Jesu bestätigt. Dieses scheinbare Ende wird durch das Handeln Gottes überwunden. Der Zeitpunkt des dritten Tages gibt nicht einen fixen Termin an, sondern verweist auf den öfter im AT genannten Tag des hilfreichen und rettenden Handelns Gottes.

Schließlich zeigt sich die neue Daseinsweise des Auferstandenen und sein Handeln mit göttlicher Macht in den Erscheinungen, für die Petrus – schon in seiner Sonderstellung – und der Zwölferkreis als Zeugen genannt werden. Die Zeugen werden durch die Erscheinung für die Verkündigung berufen und in den Dienst genommen. Diese Erscheinungen des Auferstandenen, Paulus führt in 1 Kor 15,6ff. noch weitere an, sind für ihn das Entscheidende. Auf sie gründet sich der Auferstehungsglaube der frühen Kirche. Dieser Glaube besagt nicht, dass Jesus wieder lebendig geworden sei. Er bezeugt eine neue Seinsweise im Bereich des lebendigen Gottes. Sie kann nicht durch unsere Erfahrung beschrieben werden. Wir sind darauf angewiesen, dem gläubigen Ausdruck und dem Zeugnis dieser Menschen zu vertrauen, das sie durch den Einsatz und das Opfer ihres Lebens bekräftigt haben.

Aus dem zweiten Abschnitt des **Apostolischen Glaubensbekenntnisses** sind die Aussagen über Leiden, Tod und Auferstehung Jesu Christi abgedruckt. Im Schlussteil des dritten Abschnittes bekennen Christen ihre Hoffnung. Eine detaillierte Interpretation jedes einzelnen Artikels ist hier nicht möglich. Dazu sei auf die einschlägigen Katechismen (u. a. Katholischer Erwachsenen-Katechismus, 1985; Katechismus der Katholischen Kirche, 1993) verwiesen. Aktuelle, kurzgefasste und lebensnahe Hilfen bieten z. B. D. Emeis: Anleitung zum Glaubensbekenntnis. Ein kleiner Katechismus, München 2000, und N. Scholl: Das Glaubensbekenntnis – Satz für Satz erklärt, München 2000.

> **Das Apostolische Glaubensbekenntnis**
> Das Apostolische Glaubensbekenntnis wird so genannt, »weil es mit Recht als treue Zusammenfassung des Glaubens der Apostel gilt. Es ist das alte Taufbekenntnis der Kirche von Rom. Von daher hat es seine große Autorität« (KKK, 85). Seine Bestandteile sind ursprünglich kurze Fragen an Taufbewerberinnen und Taufbewerber gewesen, die diese mit »Ja« beantworteten.
> Daraus wurden in späteren Fassungen die Bekenntnisaussagen »Ich glaube an ...«. Wenn ein Christ dieses Bekenntnis ablegt, bezeugt er, dass er in der Geschichte des Glaubens der Apostel und der Kirche steht. Er stellt sich auf die ökumenische Basis, auf der alle Christen die Einheit im Glauben wieder finden. Die römisch-katholische Kirche bekennt es in Gemeinschaft mit den evangelischen Kirchen, der altkatholischen Kirche, den anglikanischen und anderen Kirchen.
> Seit Anfang des 8. Jahrhunderts ist das Apostolische Glaubensbekenntnis in seiner heutigen Form schriftlich belegt. Spätestens im 13. Jahrhundert war es im gesamten Westen liturgisch und theologisch verbreitet. 1971 wurde es ökumenisch neu ins Deutsche übersetzt.

Epistulae morales ad Lucilium

Seneca entbietet Lucilius seinen Gruß!

Handle so, mein Lucilius: Befreie dich für dich selbst und sammle und bewahre die Zeit, die dir bisher entweder geraubt oder heimlich entwendet wurde oder entschlüpfte. Überzeuge dich, dass es so ist, wie ich schreibe: Manche Augenblicke werden uns entrissen, manche entzogen, manche verrinnen.

Der beschämendste Verlust ist jedoch der, der durch Nachlässigkeit verursacht wird. Und wenn du aufmerken willst: Ein großer Teil des Lebens entgleitet den Menschen, wenn sie Schlechtes tun, das ganze Leben, wenn sie Nebensächliches tun. Wen kannst du mir nennen, der irgendeinen Wert der Zeit beimisst, der den Tag würdigt, der sich bewusst wird, dass er täglich stirbt?

Darin nämlich täuschen wir uns, dass wir den Tod vor uns sehen: Ein großer Teil davon ist bereits vorüber; jeden Lebensabschnitt, der hinter uns liegt, hat der Tod in seiner Gewalt.

Handle daher, mein Lucilius, so, wie du schreibst, halte alle Stunden fest. So wird es geschehen, dass du weniger vom morgigen Tag abhängig bist, wenn du den heutigen in die Hand nimmst. Während das Leben aufgeschoben wird, eilt es vorbei.

Lucius Annaeus Seneca (gest. 65 n. Chr.)

Mathis G. Neithard: »Auferstehung«, 1515

Im Buch ist nur der obere Teil der Auferstehungstafel abgebildet. Diese ist die rechte Tafel der zweiten Schauseite des Altares. Die linke Tafel zeigt die Verkündigung an Maria, die Mitte auf zwei Flügeln die *Maria aeterna* (»Das Engelskonzert«) und die Geburt Christi. Die dazugehörige Predella zeigt die Beweinung Christi vor dem offenen Grab. Der untere Teil des Bildes mit dem offenen Grab und den schlafenden Wächtern wurde weggelassen, um einem konkret buchstäblichen und historisierenden Verständnis von Auferstehung bei Sch vorzubeugen.

Mit erhobenen Händen schwebt der auferstehende Christus mit nahezu weißem Körper in strahlendem Licht. Er zeigt die leuchtend roten Wundmale in seinen Händen. Mit offenem Blick schaut er den Betrachter an. Helle blonde Haare und ein Bart rahmen sein Gesicht ein. Auf der rechten Seite des Brustkorbes sieht man die Seitenwunde. Um die Schultern liegt ein wallendes Tuch, das sich faltenreich und geschwungen hinter dem Körper nach unten fortsetzt. Nach rechts flattert das Ende des Tuches im Wind. Die Beine sind gegenläufig zum Tuch nach rechts aus der Vertikalen abgestellt, der linke Fuß noch ein Stück mehr. Auf den Füßen sind ebenfalls die strahlenden Wundmale zu sehen. Vor dem dunklen Hintergrund mit Sternen im oberen Teil und Wolkenumrissen im unteren Drittel liegt hinter den Füßen Christi quer ein gewaltiger Felsbrocken. Der Oberkörper ist umgeben von einer kreisförmigen hellen Fläche. Ihre Farben gehen »wie eine nach außen abklingende Glut« (Grimm, 38) vom Gelb-weiß des Gesichtes, das sich fast in den Farben auflöst, über Rot-Orange über zum hellgrünen Rand. »Das Rot der Gewandfalten changiert nach Außen ins Violette, um schließlich nach Blau zu erkalten. Vor dem nachtdunklen Himmel ist ein glühender Stern aufgegangen« (ebd.).

Strahlend wie die unbesiegbare Sonne steigt der auferstehende Christus aus dem Grab. Die Kreuzesform von Armen, Kopf und Oberkörper wird in den Füßen und Tüchern dynamisch aufgelöst. Sie steigen wie eine Fontäne aus dem darunter liegenden Grab. Die Wundmale sind durch die Farbgebung gegenüber dem Körper besonders betont. Auch damit wird der Gedanke der kosmisch-leibhaftigen Auferstehung bildhaft verdeutlicht. In den leuchtenden Farben und Farbübergängen strahlt das ganze Spektrum des Regenbogens entgegen. Die fließenden Übergänge im Kopfbereich lösen die festen Konturen auf. Der Körper geht über in das Licht, das die Szene erleuchtet. »Im Aufschweben wird Christus wieder zu Sternenmaterie und nimmt eine Substanz wie flüssiges Metall an« (a.a.O., 39).

In Gestus und Habitus könnte das Bild auch als eine Darstellung des wiederkommenden Erlösers gelesen werden.

Mathis Gothard Neithard, genannt Matthias Grünewald (1470/80-1528)

Der lange Zeit unter dem Namen Matthias Grünewald bekannte Baumeister und Maler Mathis Gothard Neithard wurde ca. 1470/80 in Würzburg oder Aschaffenburg geboren. Er lebte ab 1501 in Seligenstadt und arbeitete nachweislich von 1509 bis 1526 als Wasserkunstmacher (Sachverständiger für Mühlen oder Brunnen), Werkmeister und Maler im Dienst der Mainzer Erzbischöfe Uriel von Gemmingen und Albrecht von Brandenburg. Für sein Werk wichtiger sind die Beziehungen zu dem Chorherren Reitzmann in Aschaffenburg und dem Isenheimer Antoniterpräzeptor Guido Guersi, der 1512 die Bilder des Isenheimer Altares in Auftrag gab. Die 1515 vollendeten Altartafeln sind neben wenigen anderen großformatigen Tafelbildern ein Hauptwerk seiner ausschließlich religiösen Malerei. Daneben sind nur wenige Zeichnungen erhalten. Man sagt ihm enge Kontakte zur Reformation nach. Am 31.08.1528 starb er in Halle (Saale).

Neithard gilt neben Dürer als einer der letzten Vertreter der Spätgotik. Seine Malerei verbindet die Probleme der Wirklichkeitsgestaltung mit der Stimmung und dem religiösen Ausdruck. Er hebt sich besonders durch seine expressive Farbigkeit und die plastische Gestaltung der Figuren hervor. Im letzten Jahrhundert wurde er geradezu hymnisch beschrieben: »Das Dichterische, die unerhörte Fähigkeit zum Darstellen seelischer Inhalte, hebt ihn über alle anderen hinaus« (W. Pinder, Die deutsche Kunst der Dürerzeit, Leipzig 1940, 258, zitiert nach: M Seidel [Ill.]/Chr. Baur [Texte], Grünewald. Der Isenheimer Altar, Stuttgart/Zürich 1983). Letztlich wissen wir aber nur Weniges über ihn, sodass er in vielem ein Rätsel bleibt.

2. Einsatzmöglichkeiten im RU

Sich 1 Kor 15, 3-5 aneignen

- Zum leichteren Erfassen und Auswendiglernen der Sätze entdeckt L mit den Sch den Aufbau und das Schema des Textes.
  - Welche Verben kommen vor, welche Wiederholungen?
  - Welche Funktion haben das »und«, die Satzzeichen und das »gemäß der Schrift«?
- Sch gestalten kalligrafisch den Text in ihrem Heft unter der Überschrift »Das älteste Glaubensbekenntnis«.
- L ermutigt Sch den Text auswendig zu lernen, z. B. ohne Textvorlage im Chor. Immer sollte dem gemeinsamen Aneignen ein Schritt der individuellen Wiederholung folgen (vgl. Schmid, 221 ff.).

Das Apostolische Glaubensbekenntnis lernen
- Dass dieser Text Sch vertraut sei, darf nicht mehr als selbstverständlich angenommen werden. Er bietet deshalb die Gelegenheit, sich zentrale Aussagen des Glaubensbekenntnisses anzueignen.
- Wo begegnet euch der Text?
- Sucht das vollständige Glaubensbekenntnis im Gotteslob. Welche weiteren wichtigen Aussagen findet ihr dort? (Sch sollten am Ende ihrer Schulzeit den gesamten Text des Credo verinnerlicht haben!)

Ein Bekenntnis entwickelt sich
- Im Vergleich zwischen den knappen Sätzen 1 Kor 15,3-5 und dem Apostolischen Glaubensbekenntnis lässt sich die Ausfaltung der christlichen Grundüberzeugungen bis zu ihrer konzentrierten Endform herausarbeiten.
- Welche Aussagen wurden im Glaubensbekenntnis (gegenüber dem biblischen Text) nicht erweitert oder fallen gelassen?
- Welche Vorstellungen wurden entfaltet?
- Welche Elemente möchtest du heute für dich weiterentfalten (vgl. z. B. *Deuteseite II* **34**)?
- Welche Bedeutung haben sie für euch?

Die eigene Kurzformel des Glaubens finden
Papst Johannes XXIII. sagte zur Eröffnung des Zweiten Vatikanischen Konzils u. a.: »Eines ist die Substanz der tradierten Lehre ..., etwas anderes ist die Formulierung, in der sie dargelegt wird.« Das Credo als tradierte Bekenntnisformel enthält Begriffe und Bilder, die in die Vorstellungswelt und Sprache heutiger Sch übertragen werden müssen.
- Sch sammeln Stichworte zu den zentralen Überzeugungen des christlichen Glaubens (ggf. TA).
- Jede/r Sch versucht die eigene Überzeugung möglichst kurz und prägnant auszudrücken.
- Die Zeitschrift *Publik-Forum* hat im Rahmen des »Credo-Projekts« eine Fülle persönlicher Glaubenszeugnisse gesammelt. Die Originaltexte und ihre Auswertung sind im Internet nachzulesen: www.publik-forum.de.

Dem Auferstehungsbild begegnen
In der Begegnung mit dem Bild kommt es nicht darauf an, mit Sch einer Intention des Malers gerecht zu werden. Vielmehr sollen sie in der Annäherung und im Umgang einen persönlichen Zugang zu diesem wesentlichen Glaubensinhalt finden.
- Sch zeichnen die Kompositionselemente des Bildes (Kreis, Kreuz, gezackte Linie, massiver Querblock). Die Skizze kann auch an der Tafel erarbeitet werden.
- Sch lassen den »Bauplan« des Bildes auf sich wirken und beschreiben die Wirkung der einzelnen Elemente. Dann gestalten sie die Skizze farbig nach ihren Vorstellungen und begründen möglichst schriftlich ihre Farbgebung.
- Im Vergleich mit den anderen »Oster«-Bildern des Kapitels arbeiten Sch die spezifische Komposition und Farbwahl heraus. Die Assoziationen und die Stimmung, die das Bild in ihnen auslöst, werden an der Tafel gesammelt.

Das Bild mit einem Lied vergleichen
Die zweite Strophe des Liedes GL 226 »Nun freut euch hier und überall« lautet:
Die Morgenröte war noch nicht mit ihrem Licht vorhanden; und siehe, da war schon das Licht, das ewig leucht, erstanden. Die Sonne war noch nicht erwacht, da wachte und ging auf voll Macht die unerschaffne Sonne.
- Sch erhalten den Text und setzen ihn mit dem Bild in Beziehung. Sie vergleichen die Deutungen und Folgerungen des barocken Osterliedes mit ihren Vorstellungen bzw. ihren Vermutungen zu den Intentionen des Malers.
- Sch lesen den ganzen Text des Liedes im Gotteslob. Besonders die Weltsicht der 4. Strophe kann gut mit heutigem Weltverständnis und Zukunftserwartungen kontrastiert werden. Schließlich wird das Lied gesungen.

3. Weiterführende Anregungen

Einen synoptischen Vergleich erarbeiten
Die aufgeführten Auferstehungserzählungen werden entsprechend dem Beispiel auf *Infoseite IV* **90-91** im synoptischen Vergleich erarbeitet und gegenübergestellt. Sch arbeiten wie in der ersten und dritten Arbeitsanregung den möglichen Erzählkern und die jeweilige Aussageabsicht und Wirkung heraus.

Überraschende Parallelen entdecken
Der Text **AB 9.4.11, Lehrerkommentar S. 127** bietet eine interessante Variante, was Auferstehung der Toten bedeuten könnte. Er nimmt z. T. aus Nahtodberichten bekannte Motive auf und entwickelt sie weiter durch Veränderung der Perspektive: Das Leben auf der Erde wird verglichen mit dem Leben im Mutterschoß bis zur Geburt. Die Ängste und Bedenken der Zwillingsbrüder lesen sich wie die Ängste und Befürchtungen der Menschen vor dem Tod.
- Sch lesen den Text und setzen die Bilder parallel zu Ereignissen und Gegenständen aus dem Leben (TA!), z. B. »Welt – Erde, Veränderungen – wachsen und älter werden, Geburt – Tod«. Beim letzten Absatz steht auf der rechten Seite: »Leben bei Gott«.

Leibhaftige Auferstehung

Deuteseite IV ⑦⓪ ⑦①

1. Hintergrund

Mit vier Elementen geht die *Deuteseite IV* das schwierige Thema der leibhaftigen Existenz nach dem Tod an. Auf dem Kommunikationsansatz heutiger Theologie versucht der **Informationstext** in einer für Sch verständlichen Sprache den schwierigen Sachverhalt zu erklären. Notwendigerweise muss er dabei auch mit Verkürzungen und Vereinfachungen rechnen. Trotzdem ist er eine Verständnishilfe.
Der Mensch mit seinen Beziehungen und Erfahrungen geht in Gott in eine neue Seinsweise ein. Damit soll einer dualistischen Sichtweise und Trennung von Leben vor und nach dem Tod entgegengewirkt werden. Unser ganzes Leben ist in Gott geborgen.

Mit drei Sätzen ohne Interpunktion zieht das Gedicht **Vor seiner Geburt** von Rose Ausländer die Linie von Jesus über Gott zu uns. Im ersten Satz wird die Präexistenz Jesu schon als der Zustand eines Auferstandenen beschrieben. Für ihn schließt sich mit der Auferstehung der Kreis zu seinem vorgeburtlichen Dasein.
Der zweite Satz postuliert die Unsterblichkeit für Gott und im Bild für alle »Kinder«, die zu ihm gehören. Sterben, der Tod haben für sie keine Gültigkeit.
So kann schließlich der dritte Satz den gewagten Gedanken formulieren, dass wir selbst vor unserer – irdischen oder himmlischen – Geburt ebenfalls Auferstandene sind. Wir tragen also aus unserer Gotteskindschaft heraus schon das Leuchten der Auferstehung in uns. Das hat Konsequenzen.
Es mag verwundern, dass eine jüdische Autorin Jesus quasi als Garanten für die Auferstehung nimmt. Zum Verständnis kann ein Zitat aus einem Brief vom 09.12.1968 dienen: »Es ist ja auch mein Jesus, unser juedischer Christus, an den ich im geistigen Sinne glaube.« Peter Jokostra, der Adressat des Briefes, schreibt zu diesen Zeilen: »Ich interpretiere so, dass der Jude Jesus ja auch ihr jüdischer Jesus war, ebenso wie ihr Vokabular, ihre Bildersprache. Christliches und Jüdisches wird bei ihr eine Identität, eben einfach Menschliches. Die humanistische Grundtendenz, die Jahrhundertkultur, war und ist noch jüdisch und christlich und animistisch.« (zit. n.: Cilly Helfrich, »Es ist ein Aschensommer in der Welt«. Rose Ausländer. Biografie, Weinheim/Berlin 1995, 271f.) Auferstehung ist demnach für sie eine Hoffnung für alle Menschen.

Rose Ausländer (1901-1988)
Rose Ausländer, geb. Rosalie Beatrice Ruth Scherzer, (11.05.1901-03.01.1988) zählt zu den großen deutsch-jüdischen Lyrikerinnen des 20. Jahrhunderts. Aus Czernowitz in der Bukowina stammend wuchs sie in einem weltoffenen, liberal-jüdischen und kaisertreuen Elternhaus auf. Sie wohnte lange Jahre in den USA im Exil, zuerst 1921-1931, dann 1946-1964. Beim ersten Aufenthalt mit ihrem Studienfreund und kurzzeitigen Ehemann (1921-23) entstanden ihre ersten Gedichte. 1931 kehrte sie nach Czernowitz zurück und pflegte ihre Mutter. Die Besetzung durch die Nazis überlebte sie im Ghetto. 1946 übersiedelte sie nach New York. Heimisch wurde sie auch dort nicht. 1965 zog sie in die Bundesrepublik und lebte von 1972 an im Altenheim Nelly-Sachs-Haus der jüdischen Gemeinde von Düsseldorf. Die letzten zehn Jahre war sie ständig bettlägerig. Sie veröffentlichte mehr als 20 Gedichtbände und wurde mit vielen Preisen ausgezeichnet.

Pablo Picasso: »Die Schwimmerin«, 1929
Hinweis: In einem Teil der Schulbuchauflage ist »Die Schwimmerin« leider um 90° im Uhrzeigersinn verdreht. Die korrekte Wiedergabe des Bildes entnehmen Sie bitte der folgenden Abbildung.

Auf weiß-blauem Hintergrund schwebt eine orangefarbene Gestalt. Die Konturen sind durch schwarze Striche von der Umgebung abgegrenzt. Einzelne Teile lassen sich als Körpergliedmaße verstehen, so ein nach rechts weisendes abgeknicktes »Bein« mit »Fuß«, eine nach unten zeigende armähnliche Struktur mit einer fünffingrigen »Hand« am Ende. In die

Hurra, wir leben!

Es geschah, dass in einem Schoß Zwillingsbrüder empfangen wurden. Die Wochen vergingen, die Knaben wuchsen heran. In dem Maß in dem ihr Bewusstsein wuchs, stieg die Freude: »Sag, ist es nicht großartig, dass wir empfangen wurden? Ist es nicht wunderbar, das wir leben?«

Die Zwillinge begannen ihre Welt zu entdecken. Als sie aber die Schnur fanden, die sie mit ihrer Mutter verband und die ihnen die Nahrung gab, da sangen sie vor Freude:
»Wie groß ist die Liebe unsrer Mutter, dass sie ihr eigenes Leben mit uns teilt!«

Als aber die Wochen vergingen und schließlich zu Monaten wurden, merkten sie plötzlich, wie sehr sie sich verändert hatten. »Was soll das heißen?« fragte der eine. »Das heißt«, antwortete der andere, »dass unser Aufenthalt in dieser Welt bald seinem Ende zugeht.«

»Aber ich will gar nicht gehen«, erwiderte der eine, »Ich möchte für immer hier bleiben.«
»Wir haben keine andere Wahl«, entgegnete der andere, »aber vielleicht gibt es ein Leben nach der Geburt?«

»Wie könnte dies sein?« fragte zweifelnd der Erste, »wir werden unsere Lebensschnur verlieren, und wie wollen wir ohne sie leben können? Und außerdem haben andere vor uns diesen Schoß hier verlassen, und niemand von ihnen ist zurückgekommen und hat uns gesagt, dass es ein Leben nach der Geburt gibt. Nein, die Geburt ist das Ende!«

So fiel der eine von ihnen in tiefen Kummer und sagte: »Wenn die Empfängnis mit der Geburt endet, welchen Sinn hat dann das Leben im Schoß? Es ist sinnlos. Womöglich gibt es gar keine Mutter hinter allem.«

»Aber sie muss doch existieren«, protestierte der andere, »wie sollten wir sonst hierher gekommen sein? Und wie könnten wir am Leben bleiben?«

»Hast du je unsere Mutter gesehen?« fragte der eine. »Womöglich lebt sie nur in unserer Vorstellung. Wir haben sie uns erdacht, weil wir dadurch unser Leben besser verstehen können.«

Und so waren die letzten Tage im Schoß der Mutter gefüllt mit vielen Fragen und großer Angst. Schließlich kam der Moment der Geburt.

Als die Zwillinge ihre Welt verlassen hatten, öffneten sie ihre Augen. Sie schrieen. Was sie sahen, übertraf ihre kühnsten Träume.

rechte untere Ecke führt eine Fläche, an deren Ende etwas wie ein Kopf mit Auge und Nase hängt. Nach rechts oben zeigt eine gefiederte Fläche mit mehreren »Fingern«. Sie ist nur durch einen Strich mit den restlichen Flächen verbunden. Im Hintergrund sind schemenhaft weitere orange Flächen ohne Begrenzung angedeutet. Das Bild hat keine perspektivische Tiefe, sondern wirkt durch die flächigen Kontraste und die dynamischen Formen. Die vier »Glieder« scheinen sich um die ein wenig nach links versetzte Mitte zu drehen. Die Fläche, die als »abgeknicktes Bein« interpretiert werden kann, beginnt rechts von der Mitte am oberen Bildrand und erstreckt sich im weiten Bogen über die linke obere Bildhälfte zur versetzten Bildmitte, zu der sie sich tropfenförmig verbreitert. Jenseits dieser Mitte wird die Fläche diagonal fortgeführt und mündet dann in das kopfartige Gebilde. Die beiden »Arme« stehen fast rechtwinklig zueinander, wobei der Scheitelpunkt ebenfalls in der Bildmitte liegt.

Die »Schwimmerin« stammt aus einer Schaffensphase, in der sich Picasso mit unterschiedlichen Stilrichtungen und Materialien beschäftige und experimentierte. Mit der linearen Strenge und den scharfen Konturen des Klassizismus malt er ein surrealistisches Bild. Das Motiv der Badenden hat er in den Zwanzigerjahren in vielfacher Abwandlung bearbeitet. Die »Schwimmerin«, eher Teile eines aufgelösten Körpers, die durch den Dreh- und Angelpunkt zusammengehalten sind, scheint im Blau des Wassers, das ebenso auch ein Blau des Himmels sein könnte, zu schweben. Dazu passen auch die wolkenartigen weißen Flächen, die im oberen Teil die Figur umgeben.

Das Bild ist der surrealistischen Phase Picassos zuzuordnen. Der Wortführer der Surrealisten, der Literat André Breton, den Picasso im Sommer 1923 kennen lernte, postulierte 1924, dass das Unterbewusstsein eine gültigere Form der Wirklichkeitserkenntnis sei als das vom Verstand kontrollierte Denken und Empfinden. Dem stellte er die Surrealität des Traumes und der Visionen entgegen. Unter Einwirkung von Gedankengängen psychoanalytischer Forschungen sollte das Unbewusste und Traumhafte anschaulich gemacht werden. Man wollte keine Rücksicht auf die naturgesetzliche, kausale Ordnung der Sinnendinge nehmen und dagegen das Irrationale zu uneingeschränkter Geltung bringen, um so eine grenzenlose Erweiterung der Gefühls- und Ausdruckswelt zu schaffen (vgl. Carsten-Peter Warncke, Pablo Picasso, Köln 1997, 125). Diese Forderungen versuchte auch die bildende Kunst umzusetzen. Picassos Spiel mit dem Sinn der Form und der unkonventionelle Umgang mit dem Etablierten erschien den Surrealisten als verwandt. Die Einflüsse surrealistischer Kunst auf sein Werk sind sehr vielfältig. Sie bleiben aber eine Richtung unter anderen.

In der Auflösung des Körpers auf wenige Strukturen zeigt sich etwas Gelöstes und Leichtes. Nicht schwimmend, sondern wie im Blau des Himmels schwebend erscheint sie den Betrachtenden. Der Körper bleibt erahnbar und ist doch nicht mehr, was er war. Das Wesen der Schwimmerin ist, dass sie sich in einem anderen Element bewegt. Obwohl es eigentlich fremd ist und sie nicht dafür geschaffen, kann sie sich doch mit Freude und Lust darin bewegen. Durch das Wasser gewinnt sie sogar noch an Leichtigkeit und kann sich unbeschwert treiben lassen.

Pablo Picasso (1881-1973)
Picasso gilt als der bedeutendste Wegbereiter und Vertreter der Kunst des 20. Jahrhunderts. Sein einzigartiges künstlerisches Schaffen prägt die Suche nach neuen Formen. Er wurde am 25. Oktober 1881 in Malaga geboren und begann auf Anregung des Vaters schon als Kind zu malen. Seine frühen Werke zeigen elende, abgehärmte Menschen. Die blaue (Blaue Periode) und später rosa (Rosa Periode) Grundfärbung der Bilder unterstreichen seine pessimistische Grundhaltung. In einer revolutionären Wende brach er mit jedem Naturalismus und entwickelte den Kubismus. Er zerlegte die Bildfläche in rhythmisch geordnete Flächen, die Formen in Zeichen und splitterte die Farben in Grau-, Braun- und Grüntöne auf. Nach der kubistischen Periode arbeitete Pablo Picasso gleichzeitig in den unterschiedlichsten Stilen: gegenständlich, realistisch, klassizistisch, symbolisch, surrealistisch und abstrakt. 1937 entstand unter dem Eindruck der brutalen Bombardierung der baskischen Stadt Guernica durch die deutsche Legion Condor das gleichnamige Gemälde. Im Inferno der Zerstörung ruft die geschundene Kreatur nach Erbarmen und Frieden. Pablo Picasso war auch als Bildhauer und Keramiker tätig. Bis ins hohe Alter produzierte er mit unermüdlicher Energie. Er starb 1973 in Mougin.

Als Antwort auf die fiktive Frage »Glauben Sie an ein Leben nach dem Tode?« formuliert Marie Luise Kaschnitz ihre Vorstellungen in dem Gedicht **Ein Leben nach dem Tode**. Klar und eindeutig stellt sie die Glaubensaussage an den Anfang: »Ja!« Schwierigkeiten hat sie dann aber damit, das konkrete Aussehen zu beschreiben. Zunächst grenzt sie sich von einigen überlieferten Vorstellungen ab, um dann ihre Gedanken zu entfalten. Es geht in diesem Abschnitt um die Abgrenzung von einer Hierarchie oben im Himmel und Vorstellungen von Bestrafung der Sünderinnen und Sünder durch einen Höllensturz. Diesem Muster folgt sie auch im nächsten Abschnitt. Jetzt lehnt sie jeden Gedanken an Prunk und Reichtum ab. Stattdessen spricht sie von der Leichtigkeit eines Gewandes um ihre Schultern. Sie vergleicht es mit dem sanften Schlag der Wellen am tyrrhenischen Meer, mit dem sanften Tausch verlangender, sehnsuchtsvoller Worte. Sie vergisst dabei auch nicht die Schmerzen und das Auf und Ab der Liebe. Schließlich beschreibt sie ihre Hochform von Leben nach dem Tod: Hand in Hand beieinander liegen und sich vorlesen. In stetem Wechsel von Schlaf und Wachsein begleitet sie die Gewissheit der Nähe des Geliebten. An dieser Stelle wechselt das Tempus vom Präteritum zum Präsens. Die Nähe ist also etwas Gegenwärtiges. Das Gedicht schließt, indem sie nochmals auf die Frager eingeht und dieses vertraute und innige Beisammensein quasi als das vollkommene Leben bezeugt.

Marie Luise Kaschnitz (1901-1974)

Marie Luise Kaschnitz, eigentl. Freifrau von Kaschnitz-Weinberg, stammte aus preußischem Offiziersadel. Geboren wurde sie am 31.01.1901 in Karlsruhe. Ihre Kindheit und Jugend verbrachte sie mit ihren drei Geschwistern in Berlin und Potsdam. Die Ferien verlebten sie in der badischen Heimat. Nach dem Besuch des Lyzeums wurde sie Buchhändlerin in Weimar und arbeitete dann in München und Rom. In Rom lernte sie ihren Mann, den Archäologen Guido von Kaschnitz-Weinberg kennen. 1925 heirateten sie und 1928 wird ihre Tochter Iris Constanza geboren. Sie lebte mit ihrem Mann an seinen verschiedenen Arbeitsstätten: Rom, Königsberg, Marburg, wieder Rom und schließlich Frankfurt. Am 10.10.1974 stirbt sie in Rom und wird im Familiengrab in Bollschweil beigesetzt.

Durch ihren Mann kommt sie auf vielen Reisen vor allem in die Länder des östlichen Mittelmeerraumes. Wesentlich für ihr Werk wurde die intensive Begegnung mit der Antike.

Schon 1919 veröffentlichte sie eine erste literarische Skizze. 1926/27 entstehen die ersten Gedichte und Erzählungen. 1933 erschien ihr erster Roman »Liebe beginnt«. Ein reiches literarisches Werk entstand mit Tagebüchern, Romanen, Gedichten und Hörspielen. Ihre Werke sind gekennzeichnet durch vielfältige politische und persönliche Umbrucherfahrungen: Von der Kaiserzeit zur Republik, die Zeit des Nationalsozialismus und des Krieges mit seinen schrecklichen Folgen. Bewusst stellte sie sich danach in den Kreis der Trümmerliteraten. Einen tiefen Einschnitt brachte die schwere Krankheit und schließlich der Tod ihres Mannes am 1. September 1958. Erst 1960 veröffentlichte sie wieder. Marie Luise Kaschnitz wurde für ihr literarisches Schaffen mit einer Vielzahl von Preisen und Ehrungen ausgezeichnet.

Biografisch beschreibt sie in dem Gedicht, das 1972 in dem Band »Kein Zauberspruch« erschien, Erinnerungen an und die Sehnsucht und den Wunsch nach der Gemeinschaft mit ihrem verstorbenen Mann, die schließlich zu einer wirklichen Erfahrung wird. So wird in einem authentischen lyrischen Text beispielhaft umschrieben, was der Lehrtext zur leibhaftigen Auferstehung beschreibt.

2. Einsatzmöglichkeiten im RU

Den Informationstext zusammenfassen

Sch lesen den Text. Die Kernaussagen werden im Unterrichtsgespräch in einer TA zusammengefasst:

TA:

Leibhaftige Auferstehung
Leib =   – Ausdruck der Seele
– Verständigung mit Menschen
– persönliche Erfahrungen
– individuelle Lebensgeschichte (Beziehungen, Freundschaften)
Auferstehung = – Leben mit Gott
– Vollendung in Gott

Sich seinen »Leib« vergegenwärtigen

- Sch zeichnen auf ein weißes Blatt ihre Körperumrisse oder sie fertigen eine Umrisszeichnung des Picassobildes an. In einzelne Körperteile, denen sie nach ihrer Intuition die Stichworte zuordnen wollen, schreiben oder zeichnen sie mit Symbolen und Farben,
- was zu ihrer Seele gehört,
- was ihre besonderen Fähigkeiten im Umgang mit Menschen sind,
- welche persönlichen Erfahrungen für sie besonders wichtig sind,
- welche Menschen in ihrem Leben eine besondere Rolle einnehmen und was diese Rolle ausmacht.
- Sch suchen sich eine/n Vertraute/n und stellen ihm/ihr das Bild vor. Die Zuhörer/innen kommentieren nicht, sondern fragen nur bei Unklarheiten nach.

Das Gedicht von Rose Ausländer vorlesen und hören

- Das Gedicht verlangt danach, laut und in Abschnitten vorgelesen zu werden. Dabei soll entsprechend dem Zeilenumbruch gelesen werden. Nach jeder Zeile wird bewusst eine Pause gesetzt. Dazu kann der L den Text auch auf Folie kopieren, die er für den zweiten Schritt in Streifen schneidet.
- Besonders im mittleren Teil ist darauf zu achten,

dass Sterben in der ersten Zeile auch weiterhin gilt und erst durch den Zusatz eine neue Aussage entsteht.
– Das Verständnis von »Geburt« muss ebenfalls gesondert thematisiert werden. Vgl. dazu auch die Hinweise im Lehrerkommentar S. 125 »Interessante Parallelen entdecken«.
• Sch experimentieren mit den Zeilen und Wörtern. Sie stellen sie um oder setzen Satzzeichen (Ausrufezeichen, Fragezeichen) und überlegen, was sich dadurch in der Aussage ändert. Mit Folienstreifen kann das am OHP leicht visualisiert werden.

Das Bild entdecken
• Sch beschreiben das Bild im Unterrichtsgespräch. L gibt ihnen dabei anhand der Hintergrundinformationen Hilfestellung. Die Aufmerksamkeit wird dann besonders auf die Funktion der einzelnen Körperteile gelenkt. Füße, Hände und Gesicht dienen dazu, mit den Mitmenschen Kontakt aufzunehmen und in Kommunikation mit ihnen zu kommen.

Die »Bilder« des Gedichtes von Marie Luise Kaschnitz bewusst machen
• Wie jeder lyrische Text wird auch dieses Gedicht zunächst beim Lesen erschlossen. Dabei hilft L den Sch zu einer eigenen Interpretation zu kommen (Kaschnitz verwendet u. a. bekannte Bilder, die wir im Zusammenhang mit Auferstehung als überkommene Vorstellungen von Himmel und Hölle kennen: »Heilige auf goldenen Stühlen, Niedersturz verdammter Seelen, Schutzmantel aus Gold«).
• Sch suchen bekannte Bilder aus dem Text und versuchen sie ihrer Herkunft zuzuordnen. Sie stellen die zu diesem Thema »neuen« Bilder des Gedichtes (Liebkosung, Bewegung, Worte und Wortfetzen, Schmerzweb) gegenüber und geben ihre persönlichen Assoziationen dazu.
• Im letzten Schritt suchen sie nach Beziehungen zwischen dem Gedicht und dem Informationstext. Informationen zum biografischen Hintergrund verhelfen Sch zu einem leichteren Verständnis.

3. Weiterführende Anregung

Im Internet suchen   IDEENSEITE 61
Viele, vor allem junge Menschen, äußern sich mit ihren Erinnerungen inzwischen im Internet. Auf der angegebenen Website finden Sch viele Beispiele wie mit diesem Medium der Verlust eines lieben Menschen bewältigt wird. Kritisch können sie sich fragen, ob die genannten Erinnerungen dem entsprechen, was der Text und was sie selbst unter leibhaftiger Auferstehung verstehen. Als eigenes *memento mori* kann in einer geeigneten Klasse der L Sch einladen, das, was ihnen selbst an sich wichtig und bemerkenswert erscheint, aufzuschreiben.

Mitten im Leben   Deuteseite V 72 73

1. Hintergrund

Auf *Deuteseite V* geht es um symbolische und rituelle Ausdrucksformen des Glaubens an die Auferstehung. Sch werden mit handlungsorientierten Zugängen ermutigt, die Symbolik der Auferstehungsfeier für sich zu erschließen. Ausgehend von eigenen Erfahrungen und ihrem Ausdruck und versehen mit Informationen über den Ablauf der Osterliturgie wird im Lied diese Botschaft an Alltagssituationen rückgekoppelt.

Der einführende Text **Eigene Bilder von Tod und Auferstehung** lenkt die Aufmerksamkeit der Sch auf Grunderfahrungen ihres Lebens, die sie vielleicht auf den ersten Blick überhaupt nicht mit Tod und der Botschaft von der Auferstehung in Verbindung bringen würden. Die Symbolik von Licht und Feuer begleitet den Menschen seit Urzeiten. Sie sind ein wesentlicher Teil der menschlichen Kultur. Einerseits sind sie die Naturelemente schlechthin, denn ohne das Licht der Sonne gibt es kein höheres Leben auf unserem Planeten. Andererseits sind sie den Naturmenschen zunächst nicht verfügbar und treffen sie z. B. als Blitz unverhofft und bedrohlich. Aufbauend auf dunklen Erfahrungen führt der Text weiter zur positiven Lichtsymbolik, wie sie in der Auferstehungsfeier aufscheint. Sch werden in den Arbeitsanregungen ermutigt dunkle Situationen in ihrem Leben zu entdecken und sie gestalterisch und kreativ mit der Osterkerze in Beziehung zu bringen.
Der **poetische Text** bringt hoffnungsvolle Beispiele, wie die Lichterfahrung im Alltag wirken kann.

In knapper Form erzählt der Text **Osterliturgie – Zeichen der Auferstehung** von den wesentlichen Elementen der Osternachtsfeier. So wird auch Sch, die nicht mehr an dieser Feier teilnehmen, wenigstens auf diesem Weg ein Zugang ermöglicht. Sie verfolgen die Feier und entdecken darin die besondere Rolle der Lichtsymbolik.

Das schon fast als Klassiker zu bezeichnende **Lied** in der Tradition der neuen geistlichen Lieder stellt das »Fest der Auferstehung« in kleine alltägliche Situationen. Sie sind so offen formuliert, dass sich für jede/n genügend Beispiele aus seinem Alltag finden lassen, wo und wie er/sie ein wenig dieses Fest erleben kann.

2. Einsatzmöglichkeiten im RU

Eigene Erfahrungen erkunden   IDEENSEITE 61
- Sch arbeiten entsprechend den Anregungen im Schulbuch die Idee aus. Für die Erfahrungen mit dem Tod bietet sich auch der Rückgriff auf »Deine eigenen Erfahrungen erkunden« *Ideenseite* **61** an.

Osterkerzen gestalten und verschenken
- Sch gestalten entsprechend der Anleitung im Impulskasten ihre Osterkerzen.
- Als Zeichen, dass sie das Licht und die Hoffnung weitergeben wollen, bringen sie die Kerzen anderen Menschen. Es können Menschen aus dem Bekanntenkreis sein, es kann sich aber auch ein Besuch z. B. in einem Altenheim anschließen.

Die Symbole und Handlungen der Osternacht kennen und deuten
Der Text »Osterliturgie – Zeichen der Auferstehung« wird gelesen. Im Unterrichtsgespräch werden die einzelnen Elemente (Osterfeuer, Segnen der Osterkerze, Einritzen des Kreuzes, Einritzen von A und Ω, Entzünden der Osterkerze am Feuer, Einzug in die dunkle Kirche, Deklamation und Begrüßung der Osterkerze, Weitergabe des Lichtes, Singen des Osterlobes) an der Tafel in der linken Hälfte aufgelistet. Sch schreiben mit. In der rechten Hälfte schreiben sie zunächst für sich ihre Assoziationen zu den Punkten. Diese werden dann ebenfalls an der Tafel gesammelt.

Sich kundig machen
- Sch erkundigen sich in der Gemeinde an ihrem Wohnort, wann und wie dort die Auferstehung gefeiert wird.
- Die Ergebnisse werden in der Klasse zusammengetragen und verglichen.
- Sch diskutieren die Unterschiede.

Das Lied im Alltag konkretisieren
- Sch schreiben des Lied so ab, dass die Strophen in der linken Spalte untereinander das Blatt füllen; L kann es auch auf einem AB schon geschrieben vorgeben.
- In die rechte Spalte schreiben oder zeichnen Sch ein Symbol, das ausdrückt, was die Strophe meint. Sie erklären ihr Symbol dem/r Nachbarn/in und erzählen Situationen aus ihrem Alltag, in denen sie etwas ähnliches erlebt oder gespürt haben.

3. Weiterführende Anregung

Ein Feuerritual feiern
Tod und Auferstehung können Erfahrungen mitten in unserem Leben sein! Die Trauer des Todes und die Hoffnung auf die Auferstehung werden in Symbolen und Ritualen zum Ausdruck gebracht. So steht das Symbol Feuer für den Tod, da es zerstört – z. B. bei einem Brand – und alles verbrennt, was ihm in den Weg kommt. Andererseits gibt das Feuer aber auch Wärme und Geborgenheit – z. B. bei einem Kaminfeuer –, hat also etwas Lebendiges.
Fügt man beide Bedeutungselemente zusammen, kann das Feuer in seiner zerstörerischen Kraft den Tod und in seiner lodernden Wärme die Hoffnung auf das Leben symbolisieren.
- Sch erhalten den Text **AB 9.4.12, Lehrerkommentar S. 133** oder L leitet entsprechend an. Für das Verbrennen der Blätter eignet sich z. B. gut eine Emailschüssel.
– »Feiert in eurer Religionsgruppe ein Feuerritual! Jede/r überlegt für sich: Welche Elemente meines Lebens sind starr, verdorrt, wie tot? Was würde ich gern verändern? Das schreibt jede/r auf ein Blatt.«
- Die Blätter werden dann verbrannt.
– Während dieser Verbrennung passiert etwas Wichtiges: »Die Elemente, die ihr aufgeschrieben habt, werden nicht nur verbrannt und somit vernichtet, sondern sie werden verwandelt. Sie verwandeln sich durch das Feuer in Wärme und Licht!«
- So ist das Feuerritual eine Möglichkeit, etwas dem Tod, der Verbrennung zu übergeben. Aber die Vernichtung, der Tod hat nicht das letzte Wort; durch die Verbrennung entsteht etwas Neues: Licht und Wärme breiten sich aus.

Leben über den Tod hinaus ...

Infoseite II 74 75

1. Hintergrund

Mit den Lebensbildern zweier Menschen in völlig unterschiedlichen Situationen soll die Wirkung des Glaubens an die Auferstehung deutlich werden. Das Buch greift damit über den Horizont des Themas hinaus, zeichnen sich doch beide Persönlichkeiten nicht nur durch die Konsequenz bis zum Tod, sondern weit darüber hinaus auch dadurch aus, dass sie ausnahmslos dem Anruf ihres Glaubens und Gewissens folgten. Beide natürlich auf ihre je eigene Art: Bei Oscar Romero ist es der Einsatz für die Armen und Unterdrückten in El Salvador, bei Edith Stein die Treue zu ihrem Volk und den verfolgten Menschen.

Das Foto von **Oscar A. Romero** (1917-1980), das ihn als Erzbischof bei einer Predigt zeigt, illustriert quasi die Zitate. Mit mahnend erhobenem Zeigefinger sehen wir ihn den Menschen freundlich zugewandt. Er schaut sie an, während er zu ihnen spricht. Gekleidet ist er in einfachen priesterlichen Gewändern mit Albe und Stola. Das Bild vermittelt einen Eindruck von der Kraft und Energie, mit der er die Botschaft der Gerechtigkeit verkündet.

Der **Informationstext** verzichtet auf viele Daten und Fakten und beschreibt kurz seine Hinwendung zum Volk. Viel mehr lässt er vor allem Romero selbst zu Wort kommen. Die dramatischen Worte seiner Predigt sprechen für sich. Besonders kommt immer wieder die Bedeutung der Auferstehungshoffnung für seinen Glauben und sein Handeln zum Ausdruck. Die Todesbedrohung verliert dadurch für ihn ihren Schrecken. Aus dieser inneren Freiheit heraus prangert er die Verbrechen der Militärs an und fordert sie zur Umkehr auf.

Das **Portrait von Edith Stein** zeigt sie in der Zeit als Dozentin vor ihrem Eintritt ins Kloster. Eine ernste Frau schaut mit klarem offenem Blick aus dem Bild. Die dunklen Haare sind straff nach hinten gebunden und in der Mitte gescheitelt. Sie trägt ein Kleid im Stil der Dreißigerjahre und sitzt in einem Rohrsessel. Vor sich hält sie auf den Beinen liegend ein Buch.

Der **biografische Text** beschreibt, wie bei Edith Stein eine ganz andere Seite christlicher Existenz aufleuchtet. Eine hochintelligente und intellektuelle Frau, die mit und bei den großen Philosophen ihrer Zeit nach der Wahrheit suchte und sich in den Dienst der Frauenemanzipation stellte, entdeckt durch die Schriften einer Heiligen und das gelebte Beispiel des Glaubens ihre Berufung und lässt sich taufen. Als sie durch die äußeren Umstände ihre Stellung verliert, ist sie endgültig frei für die Ganzhingabe an Gott und tritt in den Orden der Hl. Teresa ein. So folgt sie auch darin ihrem Vorbild. Nie vergisst sie jedoch ihre jüdischen Wurzeln und versteht ihr Leben als Verbindung der beiden Religionen. Konsequent geht sie als Frau des jüdischen Volkes und als sühnende Christin den Weg bis zur Gaskammer.

2. Einsatzmöglichkeiten im RU

In einem Referat das Lebensbild vertiefen

Die beiden Texte geben, wenn auch in unterschiedlicher Ausprägung, nur Aspekte der jeweiligen Persönlichkeit wieder. So eignen sie sich als Anstoß für weitergehende Recherchen. Über beide gibt es mehrere Seiten im Internet und Biografien bzw. biografische Darstellungen. Die Ergebnisse werden der Klasse vorgetragen.

Der Person Romeros und Steins im Film begegnen

Einen recht authentischen Eindruck über die Lebensumstände und das Wirken Romeros gewinnen Sch aus dem gleichnamigen Spielfilm (Regie: John Duigan, USA 1989, 101 min), der in den diözesanen Medienstellen ausgeliehen werden kann. Er bietet ein beeindruckendes Bild der persönlichen Entwicklung Romeros und der Situation der Kirche.
Zur Person Edith Steins gibt es mehrere dokumentarische Kurzfilme und eine ausführliche szenische Verdichtung und Deutung ihres Lebens.

Lebensbilder mit anderen Themen des Buches verknüpfen

Besonders anhand des Lebensweges von Edith Stein lässt sich gut die Haltung und das Verhalten der Kirche in der Zeit des Nationalsozialismus (*Deuteseiten* **102-105**) darstellen. Hatte sie doch schon 1933 in einem vertraulichen dringenden Appell an den Papst vor den heraufziehenden Gefahren gewarnt. Ihr Beispiel zeigt im Gegensatz zu den genannten Männern des Widerstands eine andere Form christlicher Haltung.

Feuerritual

Unser Leben ist ausgespannt
zwischen Geburt und Tod.
Wir sind endlich.
Lasst uns ein Feuer anzünden,
das die zerstörerische Kraft des Todes besitzt
und doch in seiner Verbrennung verwandelt
und Wärme und Licht hervorbringt.
Das Feuer ist Symbol für das göttliche Feuer.
Das göttliche Feuer,
das der Tod der toten Dinge ist,
das diese verbrennt zu Licht und Wärme.
Die Glut soll uns anstecken,
damit sich in unserem trockenen und erstarrten Leben
der flackernde Funke der Lebensfreude
ausbreiten kann.
Bruder Feuer, Schwester Flamme,
schenkt uns eure furchtlose Kraft!
Nehmt uns die Angst vor dem Neuen,
bringt uns den Mut zum Wagnis des Lebens.

Im Blickkontakt

Stellungnahmen (76)

1. Hintergrund

Das **Foto** eines Grabmals aus Eckenthal vereinigt in sich das Grundanliegen des Kapitels. Es nimmt den Tod in seiner Realität ernst, das Kreuz steht vor Augen. Die sich herabneigende Gestalt des Gekreuzigten verdeutlicht zugleich die Zuwendung Gottes und sein Handeln bei der Auferstehung. Das Kreuz als Erlösungszeichen ist durchbrochen und gibt den Blick frei auf ein Dahinter. Der **Begleittext** zeigt die Nähe und Beziehung zu den Angehörigen.

2. Einsatzmöglichkeiten in RU

Das Grabzeichen deuten

- Sch greifen die Symbolik von Kreuz, Zuwendung und Beziehung auf. Sie bringen sie in Verbindung mit dem auf *Deuteseite IV* **70-71** erarbeiteten Verständnis von leibhaftiger Auferstehung.
- Sch schreiben den Eltern in einem Brief, wie sie dieses Grabmal verstehen.

Ein Grabmal entwerfen

- Im Anschluss an die Auseinandersetzung mit den Grabmalen auf *Deuteseite I* **63** und *Stellungnahmen* **76** sowie verschiedenen Gräbern beim Friedhofsbesuch (vgl. Lehrerkommentar S. 108) entwerfen Sch selbst ein Grabmal, das den Auferstehungsglauben für sie besonders treffend ausdrückt. Hier kann auch noch einmal zusammenfassend auf die im Kapitel kennen gelernten Symbole und Ausdrucksformen verwiesen werden.
- Die Entwürfe werden in einer Klassenausstellung präsentiert und besprochen.

Literatur

Biesinger, Albert/Braun, Gerhard, Gott in Farben sehen. Die symbolische und religiöse Bedeutung der Farben, Kösel, München 1995

Böhm, Reinhold, Der Füssener Totentanz, Füssen 1990

Emeis, Dieter, Anleitung zum Glaubensbekenntnis. Ein kleiner Katechismus, München 2000

Gorbauch, Horst u. a.. Reinkarnation und christlicher Auferstehungsglaube, in: Notizblock. Materialdienst für Religionslehrerinnen und Religionslehrer in der Diözese Rottenburg-Stuttgart 30/2001

Grimm, Claus, Grünewalds Bildsprache, in: Das Rätsel Grünewald, Augsburg 2002

Herbstrith, Waltraud, Edith Stein, Kevelaer 1987

Dies., Edith Stein – Ein Opfer unserer Zeit, Strasbourg 1997

Gersdorff, Dagmar von, Marie Luise Kaschnitz. Eine Biographie, Frankfurt und Leipzig 1992

Katechismus der Katholischen Kirche, München 1993

Kirchhoff, Hermann, Der Wondreber Totentanz, München und Zürich ²1988

Klauck, Hans-Josef, 1. Korintherbrief, Würzburg 1984

Kübler-Ross, Elisabeth, Erfülltes Leben – würdiges Sterben, Gütersloh 1993

Ortkemper, Franz-Josef, 1. Korintherbrief, Stuttgart 1993

Peterich, Eckart/Grimal, Pièrre, Götter und Helden. Die Mythologie der Griechen, Römer und Germanen, Düsseldorf 2000

Schmid, Hans, Die Kunst des Unterrichtens, München 1997

Schweickert, Uwe (Hg.), Marie Luise Kaschnitz, Frankfurt 1984

Die Bibel – ein Buch zum Leben 5

Das Thema im Schulbuch

Das Buch setzt mit diesem Kapitel das LP-Thema »Anstöße zu neuen Erfahrungen: mit der Bibel lernen« (LP 9.5) um. Schon die Überschrift verdeutlicht die Feststellung »im Dialog mit der Bibel finden Menschen auf vielfältige Weise Hilfe« (ebd.). Dementsprechend bieten die Seiten vielfältige Anregungen und Modelle zur Annäherung an und Auseinandersetzung mit der Bibel. Ausgangspunkte sind dabei einerseits Einstellungen und Meinungen zur Bibel und andererseits Hinweise auf die praktische Relevanz biblischer Aussagen. Am Beispiel einer gemeinschafts- und basisorientierten Methode die Bibel zu lesen und mit verschiedenen Zugängen der biblischen Wissenschaften »lernen die Schüler verschiedene Wege des Zugangs zur Bibel kennen« (ebd.). Ein besonderes Augenmerk liegt zudem auf einem Schlüssel zum Verständnis der biblischen Symbolsprache. Schließlich sollen die Sch mit ganzheitlichen und kreativen Methoden bestärkt werden in der Bereitschaft, »selbst in der Bibel zu lesen und sich von ihr für ein Leben im Glauben anregen und ermutigen zu lassen« (ebd.).

Im *Titelbild* **77** wird die Bibel in einer fremdartigen und ungewohnten Bildsprache in den Blick gerückt.
Die *Themenseite* **78-79** fordert Sch heraus, sich mit der Bedeutung der Bibel auseinander zu setzen. Dies geschieht über polarisierende Aussagen, eine Entscheidungssituation und Bezüge zum Handeln im Alltag.
Auf *Ideenseite* **80-81** finden sich Anregungen zur Erkundung in der Umwelt und zur mehrdimensionalen Beschäftigung mit biblischen Themen. Diese Anregungen können allein oder in der Lerngruppe bearbeitet werden.
Infoseite I **82-83** stellt mit der Methode »Bibel teilen« einen weit verbreiteten, einfachen Weg der Auseinandersetzung mit einem biblischen Text vor.
Ein besonderes Augenmerk auf die biblische Symbolsprache lenkt am Beispiel des Symbols »Adler« die *Deuteseite* **84-85**.
Auf *Infoseite II* **86-87** erhalten Sch Anregungen, wie sie mit dem Handwerkszeug der historisch-kritischen Methode die ursprüngliche Aussageabsicht eines Textes erschließen können.
Infoseite III **88-89** stellt am Beispiel der Perikope von der Ehebrecherin (Joh 8,1-11) die strukturale Bibelauslegung vor.
Im Gegensatz dazu wird auf *Infoseite IV* **90-91** mit einem einfachen Beispiel zur tiefenpsychologischen Auslegung ein persönlicher Zugang eröffnet.
Abschließend wird in den *Stellungnahmen* **92** aufgefordert, das persönlich Wesentliche und Bedeutsame der Bibel symbolisch zu gestalten.

Verknüpfungen mit anderen Themen im Schulbuch

Naturgemäß finden sich in jedem Kapitel Anknüpfungsmöglichkeiten. Besonders eignen sich jedoch folgende Themen:
Kap. 1 Sinn suchen – das Leben finden: Die *Deuteseite II* **16-17** »Zu Gott rufen – Halt suchen« fordert am Beispiel der Ijob-Erzählung zur Auseinandersetzung mit der Theodizeefrage heraus.
Kap. 2 Nach Gott fragen – ein Leben lang: In diesem Kapitel bieten sich besonders die Stellen zum alttestamentlichen Gottesbild *Deuteseite III* **36** und *Deuteseite IV* **38** für eine tiefer gehende Beschäftigung an.
Kap. 3 Sich entscheiden – verantwortlich handeln: Die psychologisierende Erzählung »Wieder diese Angst« auf *Deuteseite II* **52** lädt zu einem Vergleich mit dem Original bzw. zu eigenen Versuchen am Beispiel der angegebenen Stellen ein.
Lexikon: Zur Wiederholung der Entstehungsgeschichte der Evangelien eignet sich der Artikel »Evangelien« im *Lexikon* **118**.

Die Bibel – ein Buch zum Leben — Titelseite (77)

1. Hintergrund

Mit einem Ausschnitt aus dem MISEREOR-Hungertuch von 1986 wird das Kapitel eröffnet. In naiver Malerei stellt es eine Umsetzung und Aktualisierung des Gleichnisses vom Feigenbaum Lk 13,6-9 dar. Das Bild wurde ursprünglich mit Fettstift auf Papier gemalt und dann auf Leinentuch gedruckt. Wie die anderen sieben Bilder wurde es von Frauen und Männern aus Santiago de Pupuja, einem Dorf in den Südanden Perus, gestaltet. Die Bilder sind das sichtbare Ergebnis der gemeinsamen Reflexion zum Jahresthema »Wir Christen auf dem Weg«. Das Bild ist zugleich Einstieg und Schlussbild des Zyklus.

Einfache Symbole in bunter, expressiver Bildsprache prägen das Bild. Links ist ein Mann mit Indiohut, weißem Hemd und Anzug zu sehen. Auf der Hose sieht man einen Brunnen mit Wasserlauf und Teich und Baumpflanzungen. Die Jacke ist bemalt mit einem Haus, einer Blume und auf dem linken Ärmel einem Mann und einer Frau. Vor seinen Augen hat der Mann ein Buch mit der Inschrift »Biblia Luz« (= Die Bibel ist das Licht.). Rechts steht ein mächtiger Feigenbaum mit drei starken Ästen, an denen viele Früchte und Blätter hängen. In seinen Stamm ist ein großes, offenes Auge gezeichnet. Vor dem Baum strecken sich drei Hände zu ihm hin. Die rechte liegt über einer zerbrochenen Axt. Der Hintergrund wechselt von einem hellen Gelb links immer intensiver werdend über die gelbe Mitte zur tiefroten rechten Seite.

Die Gemeinde Santiago de Pupuja sieht sich im Bild des Früchte tragenden Feigenbaumes. Der *Animadór* (d. h. der Verantwortliche einer Teilgemeinde) steht für die Gemeinde an sich. Auf seinem Anzug entdeckt man die »Früchte«, die aus dem gelingenden Gemeindeleben erwachsen: der Bau von Brunnen, das Pflanzen von Bäumen, ein Gemeinschaftshaus, die gleichberechtigte Zusammenarbeit von Männern und Frauen. Die Gemeinde kann diese Früchte bringen, weil sie ein neues Licht und neue Augen hat, nämlich die Bibel. Sie sagt: »Das Wort Gottes steht uns immer vor unseren Augen und weil wir diese neuen Augen haben, ist Gott unter uns. Diese Anwesenheit Gottes, ausgedrückt durch das Auge im Baum, wird von den Gemeindemitgliedern ununterbrochen bewacht. Deshalb die drei Hände, die diese Sorgfalt der Gemeindemitglieder um diesen Gott unter ihnen bedeuten.

Viele dieser Teilgemeinden treffen sich jede Woche, um vom Wort der Bibel zu lernen. Deshalb kommen sie auf den Weg der Taten, der Einigkeit, der Organisation des gesellschaftlichen Zusammenlebens und der Liebe voran. Sie beginnen Brunnen auszuheben, Häuser zu bauen und für bessere und mehr Nahrung in Gemeinde- und Familiengärten zu sorgen. Und weil dies Früchte für sie selbst bringt, bekommt alles eine neue Bedeutung. Ein solcher Baum muss nicht umgehauen werden. Deshalb liegt die Axt zerbrochen neben dem Feigenbaum.«

Für europäische Christen ist dieser direkte, unmittelbare Bezug der Bibel auf das Leben und die Deutung des konkreten Lebens im Licht der Bibel ungewohnt. Der gelebte Glaube und die konkrete Glaubenspraxis machen die Lebendigkeit einer Gemeinde aus. Dies ist auch das Kennzeichen dieses Glaubens der Armen, dass in der durch Jesus erneuerten Lebenspraxis sichtbar wird, wer Gott ist und was er bewirkt.

2. Einsatzmöglichkeiten im RU

Selbst ein Bild zum Gleichnis gestalten und mit dem Bild des Hungertuches vergleichen

- Sch lesen und deuten den Text des Gleichnisses. Dann fassen Sch die Aussage in einem Satz zusammen. Diesen Satz setzen sie zeichnerisch in ein Bild oder Symbol um. In Kleingruppen erläutern Sch sich gegenseitig ihr Bild und ihren Satz.
- Sch betrachten das Bild im Schulbuch und beschreiben, was sie sehen. Sie bringen das Bild in Bezug zum Gleichnis und erklären die einzelnen Elemente.
- Sch vergleichen ihre Bilder mit dem Hungertuch-Motiv und arbeiten Gemeinsamkeiten und Unterschiede heraus.
- L liest die Deutung der Gemeinde von Santiago de Pupuja vor. Sch diskutieren diese Auffassung der Bibel und ihren Bezug zum praktischen Leben.

Den Text miteinander teilen

Entsprechend den Anregungen im Schulbuch *Infoseite I 82-83* lesen Sch den Text in Kleingruppen nach der Methode »Bibel teilen«. Dann setzen sie ihre Erkenntnisse in ein Bild um und vergleichen sie wie oben beschrieben mit dem Hungertuch.

Einstellungen zur Bibel sammeln

- L schreibt den ersten Teil des Kapitelthemas »Die Bibel – ein Buch ...« groß in die Mitte der Tafel.
- Sch vervollständigen an der Tafel jeweils den Satz.
- L lässt die Beiträge durch Sch auf Folie mitschreiben. So lassen sich die Assoziationen und Vorurteile der Sch zum Thema »Bibel« einfangen und mit der Überschrift diskutieren.
- Die gleiche Übung am Ende der Sequenz im Vergleich mit den gesicherten Beiträgen auf der Folie verdeutlicht die Veränderungen.

Themenseite 78 79

1. Hintergrund

Drei Elemente prägen die *Themenseite*: Aussagen von Sch und Prominenten zur Bibel, eine kurze Erzählung und aktuelle Fragestellungen, in die Bibelstellen eingesetzt sind.

Neben dem Dichter Bert Brecht (1898-1956) und dem Liedermacher Wolf Biermann (geb. 1936) kommen auch Jugendliche mit ihren **Aussagen zur Bibel** zu Wort. Die Bandbreite der Äußerungen reicht von Zustimmung, der Betonung der kulturellen Bedeutung der Bibel und skeptischen Zwischentönen bis zur eindeutigen Ablehnung.

Brechts Äußerung mag überraschen. Er machte sie 1928 gegenüber der Berliner Frauenzeitschrift »Die Dame« auf die Frage, was auf ihn den stärksten Eindruck gemacht habe.

Reiner Kunze (geb. 1933) war kritischer DDR-Autor und wurde 1977 auf seinen Antrag hin ausgebürgert. Der kurze Text **Ein gefährliches Buch** stammt aus seinem autobiografischen Buch »Die wunderbaren Jahre« und berichtet von einem Erlebnis in einem Lehrlingswohnheim. Allein der Besitz und das öffentliche Aufstellen der Bibel gefährdet die Karriere eines Jungen und setzt die Autoritäten in Gang, damit sie verschwindet. Die Bibel bekommt einen Stellenwert als Demonstrationsobjekt einer unabhängigen und kritischen Haltung zu den Vorgaben des staatlichen Systems.

Lifestyle à la Bibel? enthält plakative Zuordnungen was aus biblisch-christlicher Sicht gesellschaftlich »in« bzw. »out« ist. Dies wird mit knappen Zitaten von Bibelstellen begründet. Die Bibelverse sind aus verschiedenen Übersetzungen entnommen. Dazu passende Bilder illustrieren bzw. karikieren die Aussagen.

Schließlich weist die 2003 erschienene **Briefmarke** zum »Jahr der Bibel« auf die bis in die Gegenwart reichende Aktualität und Bedeutung der Heiligen Schrift hin.

2. Einsatzmöglichkeiten im RU

Eigene Aussagen in Kontrast stellen
- L sammelt, bevor er zum Schulbuch greift, Aussagen der Sch zu Satzanfängen wie »Das wichtigste Buch ist ...«, »Die Bibel ist so wichtig, weil ...« oder »Mich beeindruckt daran, dass ...«. Sch schreiben ihre Aussagen auf Folienstücke, die sie dann auf den OHP legen.
- Sch lesen die Aussagen von Brecht, Biermann und ihrer Altersgenossen und stellen ihre eigenen gegenüber. Sie überlegen, warum die anderen zu solchen Aussagen kommen. Wer mag, begründet seine Meinung.
- Ergänzend zu der Aussage Brechts präsentiert L die Gedichtzeilen, die Eva Zeller durch diese Antwort angeregt geschrieben hat (**AB 9.5.1, Lehrerkommentar S. 139**). Sch hören die Zeilen und erhalten anschließend den Text. Die Spannung zwischen dem vermeintlich »frommen« Gegenstand und den dazu im Gegensatz stehenden Beispielen und der Sprache mit einem Fluch und der Assoziation »höllisch« fällt schnell auf.
  - Was bezweckt die Dichterin damit?
  - Ist eine solche Wortwahl, sind diese Beispiele berechtigt?
- Sch versuchen eine Nachschöpfung des Textes mit eigenen Worten (vgl. Anregungen oben) und lesen sich die Ergebnisse vor.

Interviews führen — IDEENSEITE 80
- Sch führen eine Befragung entsprechend der Anregung durch.
- In Kleingruppen vergleichen sie ihre Ergebnisse und bündeln sie thematisch. Sie überlegen, welche sie der Klasse vorstellen wollen und begründen ihre Auswahl.
- Im Plenum vergleichen Sch die Aussagen der Interviews mit den Aussagen auf der *Themenseite* **78f**.

Die Bedeutung der Bibel vergegenwärtigen
- Der zeitgeschichtliche Hintergrund der Erzählung ist vielen Sch nicht mehr präsent. Deshalb geht L zunächst auf die Bedeutung von Religion und damit auch der Bibel in der ehemaligen DDR ein und erarbeitet anhand der Erzählung den linken Teil der TA im L-Vortrag. Einzelne Sch können auch auf Erfahrungen der Eltern oder Großeltern zurückgreifen und diese dazu befragen.
- Im Klassengespräch wird die rechte Seite mit der Bedeutung der Bibel in unserer Gesellschaft erarbeitet.
- In einem Rollenspiel überlegen Sch in Gruppen mögliche Reaktionen von Mit-Sch auf eine/n Jugendliche/n, von der/dem sie wissen, dass sie/er in der Bibel liest. Als Leitfrage dient dabei: »Wie gehen Jugendliche mit einem Klassenkameraden um, von dem sie wissen, dass er regelmäßig in der Bibel liest?«

TA:

Die Bibel – ein gefährliches Buch?	
DDR früher	*BRD heute*
– zum Lesen auf dem Regal	– aus Tradition
– gefährlich für das System	– hat keine große Bedeutung in der Öffentlichkeit
– muss auf Druck der Heimleitung verschwinden	– erregt überhaupt kein Interesse

Ein Buch mit Auswirkungen erkunden   IDEENSEITE (81)

- Sch lesen in KG die vorgeschlagenen Bibelstellen. Sie überlegen Situationen, in denen diese Aussagen aktuell sein könnten.
- Die Gruppe einigt sich auf eine Aussage und Situation, die in einem Rollenspiel, einer Pantomime oder einem Standbild (vgl. Lehrerkommentar S. 84) dargestellt wird. Die Mit-Sch raten, welche Stelle gemeint ist.
- Im Kreisgespräch wird dann über den Sinn der Aussage diskutiert.

Die Bibel mit anderen Schriften vergleichen

Neben der Bibel gibt es noch eine Reihe anderer Bücher mit einer bedeutenden Wirkungsgeschichte. In Kooperation mit dem Geschichtsunterricht der 9. Jahrgangsstufe, der z. B. die amerikanische Unabhängigkeitserklärung, den französischen *Code civil* oder das Kommunistische Manifest mit ihren Auswirkungen bespricht, wird deren Auswirkungen mit denen der Bibel verglichen. Sch erhalten dabei einen kritischen Blick für die Licht- und Schattenseiten im Umgang mit der Bibel. Sie formulieren Kriterien für ein der Bibel entsprechendes Zusammenleben.

Über die Aktualität der Bibel nachdenken/Ein Buch mit Auswirkungen ...   IDEENSEITE (81)

- Sch sammeln in einer Gegenüberstellung, welche Themen oder Verhaltensweisen sie als »in« oder »out« ansehen und vergleichen sie mit den Sätzen im Schulbuch. Was halten sie von dem Gedanken, diese Themen mit der Bibel in Verbindung zu bringen?
- Sch schlagen die Bibelstellen nach und lesen die Zitate im Kontext. Was ergibt sich daraus für das Verständnis der einzelnen Textstellen? Darf man so mit der Bibel umgehen?

Sch kennen vielleicht selbst Bibelzitate, die sie mit ihren Themen in Verbindung bringen können und formulieren eigene Sätze nach demselben Muster. Sie können auch zu den Sätzen von *Ideenseite* 81 »Ein Buch mit Auswirkungen ...« entsprechende Sätze formulieren.

Ideenseite (80) (81)

Folgende Impulse der Ideenseite werden im Lehrerkommentar weitergeführt:
Interviews führen: S. 137
Einen biblischen Text kalligrafisch umsetzen: S. 155
Ein Buch mit Auswirkungen erkunden: S. 138
Die übrigen Impulse sind seitenübergreifend und werden daher im Folgenden besprochen:

Ein Sprach-Bild deuten und neu gestalten

Die Abbildung ist ein Ausschnitt aus einem Holzschnitt Dürers zur Offenbarung des Johannes, dem letzten Buch der Bibel. Rechts sitzt im Vordergrund der Evangelist und Seher Johannes vor einem aufgeschlagenen Buch, neben dem Schreibutensilien liegen. Er wendet sich nach hinten links oben. In den Händen hält er zwei aufgeschlagene Blätter, die ihm eine Hand vom Himmel reicht, vor seinen Mund. Er scheint sie verschlingen zu wollen. Im Hintergrund erheben sich Felsen und Gestrüpp. In der linken Bildhälfte stehen zwei an ihrer Spitze brennende Säulen, die sich einander zuneigen. Eine steht auf Land und die linke wie schwimmend im Wasser. Im Wasser schwimmen zwei Schwäne.

In der Einsamkeit der Insel Patmos erhielt der Überlieferung nach Johannes von Gott seine Offenbarung in Form von Visionen und Auditionen. Die dargestellte Szene bezieht sich genau genommen auf Offb 10,1-11. Entsprechend sollen die beiden Säulen die Füße des Engels sein, der Johannes das aufgeschlagene kleine Buch reicht. Um das Geheimnis zu wahren, muss er das Buch essen. Die Botschaft ist einerseits »süß wie Honig«, denn sie ist Gottes Wort. Andererseits wird der Magen »bitter«, denn das angekündigte Gericht Gottes ist nicht leicht zu verdauen.
Wenn man heute umgangssprachlich davon redet »ein Buch zu verschlingen«, meint man, dass man es möglichst schnell durchliest. Das Sprachbild meint hier in seiner ursprünglichen Form, dass ein Mensch Gottes

Sie werden lachen

Sie werden lachen:
die Bibel, dies
Sammelsurium der
Schlitzohren und
Opferwütigen, der
Ehebrecherinnen und
Gebenedeiten, der
Judasse und derer,
die mit ihren Tränen
prangen dürfen.
Sie werden lachen:
die Bibel, die
Lautschrift um aus-
sprechen zu können,
wonach der Kranke
sich müde seufzt,
der Empörer in
unterkellerten
Städten.
Sie werden lachen:
die Bibel, ein Buch
zum Verschlingen,
Himmelherrgottnochmal,
und ich bin
höllisch froh,
dass es dermaßen
dick ist.
Eva Zeller

Wort ganz in sich aufnimmt und es durch ihn zu den Menschen kommt. Er ist also der Vermittler und praktische Übersetzer. Die Bibel ist ihm Nahrung für sein geistliches Leben.

Sprechen und vertonen
Besonders gut eignen sich Stellen mit mehreren handelnden Personen. Man kann aber auch Accessoires, Tiere und Pflanzen als Beobachter und Sprecher einbeziehen. Gelungene Anregungen bzw. Beispiele dazu, wie Bibelraps, Bibelslapsticks und Aussagen von Stars zur Bibel liefert die CD »Bibel and more ...« (ERB Medien GMBH, Blumenstr. 3, 76133 Karlsruhe, www.erba.de). Das Booklet beschreibt weitere Möglichkeiten, wie mit den Beispielen religionspädagogisch weitergearbeitet werden kann.

Das virtuelle Bibelmuseum besuchen
- Der Umgang mit den Möglichkeiten der Informationstechnologie ist alltäglich. So wird den Sch auf diesem Weg ein möglicher Zugang zur Bibel eröffnet. Man erreicht unter www.dbg.de nach dem Link zum Bibelmuseum die einzelnen Stationen, indem man zunächst auf den »virtuellen Rundgang« klickt und dann den Hinweisen folgt.
- Einzelne Ideen lassen sich auch aufgreifen und in der Klasse umsetzen. Die Klasse kann z. B. selbst eine Lesenacht durchführen mit biblischen Texten und literarischen Texten zur Wirkungsgeschichte der Bibel oder nach dem Beispiel der Riesenbibel selbst die Bibel als Bücherregal nachbauen.

Sich einfühlen
- Der Impuls im Schulbuch ist kurz und knapp formuliert. Sch brauchen vielleicht noch zusätzliche Hilfen für ihre Fantasie. Eine angeleitete Fantasiereise erleichtert ihnen dann den Zugang.
- Tagebucheinträge sind immer sehr persönlich, auch wenn man als eine andere Person schreibt. Es ist ein großer Vertrauensbeweis, wenn man jemand anderem sein Tagebuch zeigt. Deshalb dürfen Sch auch nicht gezwungen werden den Eintrag vorzulesen. Es sollte aber Möglichkeit dazu gegeben werden, falls es jemand wünscht. Sch können den Eintrag auch nur einem/einer Sch ihres Vertrauens vorlesen.

Aktualisieren
- Sch lesen zunächst die Anregung mit dem aktualisierten Psalmtext und äußern sich, was sie von dem Text halten.
- Im Vergleich mit dem Originaltext in der Bibel finden sie heraus, worauf es Matthias besonders angekommen ist. Sie überlegen, warum er sich auf diese Verse beschränkt hat.
- Sch suchen in Abgrenzung oder Ergänzung dazu eigene Worte, die sie für treffender halten.
Es gibt noch andere Psalmen, die sich gut für eine Umschreibung eignen, z. B. Ps 8, 15, 23, 46, 61, 67, 70, 91, 98, 121. L sollte je nach Klassensituation passende Texte auswählen.
- Um einen bestimmten Inhalt zu aktualisieren, greifen Sch gerne auf Gleichnisse zurück. Sie übertragen z. B. gern das Gleichnis vom barmherzigen Vater (Lk 15,11-32) oder vom barmherzigen Samariter (Lk 10,30-35). Als attraktive Form der Aktualisierung zeigt sich auch die spielerische Gestaltung oder die zeichnerische Umsetzung als Comic.

Die Bibel teilen — Infoseite I (82)(83)

1. Hintergrund

Das LUMKO-Pastoralinstitut in Südafrika hat vier Methoden für Gruppen entwickelt mit der Bibel umzugehen. Ihnen ist gemeinsam, dass neben dem Lesen der Schrift auch Zeit für Meditation und gemeinsames Gebet sowie konkretes Handeln dazugehören. Daraus sind Pastoralprogramme entstanden, die inzwischen in vielen Ländern Afrikas, Asiens und Lateinamerikas zahlreiche Gemeinden von Grund auf erneuert haben. Auch bei uns haben sich diese Methoden im Laufe der Zeit verbreitet und Wurzeln geschlagen.
Auf der *Infoseite I* **82f.** ist die gängigste der Methoden, die so genannte »Sieben-Schritte-Methode« beschrieben. Der erläuternde Text beschreibt den Ablauf eines Treffens und wie er auch in Deutschland in Hauskreisen leicht abgewandelt adaptiert wird.
Das Foto zeigt eine Gruppe Jugendlicher, die in Taizé miteinander einen Bibeltext lesen und sich darüber austauschen.

2. Einsatzmöglichkeiten im RU

Methoden vergleichen
- Zunächst sollen Sch ihr Vorwissen einbringen, welche Formen der Bibelarbeit sie schon kennen und welche Erfahrungen sie damit gemacht haben. Situativ kann L auch bei den Erfahrungen mit der Sonntagspredigt ansetzen und erfragen, wie Sch dort den Umgang mit biblischen Texten erleben.

Taizé

Taizé ist ein kleines Dorf im Burgund (Frankreich). Im August 1940 kam Frère Roger 25-jährig hierher, um ein »Gleichnis der Gemeinschaft« zu verwirklichen und es mitten in die Not der Zeit zu stellen. Nach zwei Jahren schlossen sich ihm die ersten Brüder an. Jahr für Jahr wurde die Gemeinschaft größer, der heute etwa einhundert Brüder verschiedener Konfession aus über 25 Nationen angehören.

Die Brüder akzeptieren für sich keine Spenden und legen keine Rücklagen an. Ihren Lebensunterhalt und den anderer bestreiten sie mit dem Erlös ihrer Arbeit. Einige der Brüder leben in kleinen Fraternitäten unter den Ärmsten in Asien, Afrika, Latein- und Nordamerika.

Der einfache Lebensstil kennzeichnet auch die wöchentlichen Jugendtreffen, die in Taizé stattfinden. Das ganze Jahr über finden, jeweils von Sonntag zu Sonntag, Treffen mit Jugendlichen aus bis zu 70 Nationen statt, um zu den Quellen des Glaubens zu gehen und Wege zu finden, wie sich »inneres Leben und Solidarität mit den Menschen« im Alltag verbinden lassen. Vorausgesetzt wird die Bereitschaft zum Austausch mit Jugendlichen anderer Sprachen und Kulturen und zur vollen Teilnahme an den Treffen: täglich drei einfache Gebete mit der Communauté der Brüder, gemeinsames Frühstück, Mittag- und Abendessen, Mithilfe bei den praktischen Arbeiten (Essen verteilen, Geschirr spülen ...), täglich eine Einführung in Texte aus der Bibel, Gespräche in kleinen Gruppen.

Im Rahmen eigener Treffen, bei denen gemeinsam überlegt wird, wie das in Taizé Erlebte daheim weitergeführt werden kann, werden die Jugendlichen ermutigt, sich daheim in ihrem eigenen Umfeld – gerade auch an der Schule – zu engagieren. Die bisherigen Erfahrungen zeigen, dass Taizé-Fahrten für die Teilnehmerinnen und Teilnehmer eine große persönliche Bereicherung darstellen: Stärkung des Selbst- und Verantwortungsbewusstseins, Motivation zum Engagement für andere usw. Es liegt auf der Hand, dass sich solche Erfahrungen auf den immer vielschichtigeren Alltag einer Schulgemeinschaft positiv auswirken. An vielen Orten treffen sich Jugendliche regelmäßig zum Taizé-Gebet und gemeinsamen Austausch.

Die Entscheidung für die Teilnahme an einer Fahrt nach Taizé muss jeder Jugendliche frei fällen können. Während des Aufenthalts ist die Teilnahme an den Gebeten, Einführungen, Gruppen, kleinen Arbeiten und Mahlzeiten als Teil des Gemeinschaftslebens verbindlich.

Niemand muss besonders religiös geprägt sein, um an den Treffen teilzunehmen; gerade die Vielfalt der Jugendlichen macht eine Woche in Taizé bunt und lebendig!

Das Mindestalter beträgt 15 Jahre (Schüler unter 17 Jahren benötigen eine gleichgeschlechtliche Begleitperson über 20 Jahre für je sieben Teilnehmer). Die Treffen bedürfen keiner großen inhaltlichen Vorbereitung, nachdem das Programm in Taizé ja bereits festliegt. Die begleitenden Lehrerinnen und Lehrer finden neben der Aufsicht auch Zeit für sich selbst (es gibt Einführungen und Gesprächsgruppen für Erwachsene).

- Entsprechend den Impulsen im Schulbuch vergleichen Sch die beschriebenen Methoden. Sie versuchen die einzelnen Vorgehensschritte in einem Hauskreis zu beschreiben und stellen sie neben die Schritte aus Afrika.

Das Ergebnis könnte so aussehen:
- Treffen und Reden über die vergangene Woche,
- gemeinsames Singen,
- Vorlesen des Textes und Textvergleich,
- Informationen zum Text einholen,
- Einzelauseinandersetzung mit dem Text,
- Gespräch mit Deutungen, Anregungen und Ideen für den Alltag und das Leben.

Bibel-Teilen und Bibelwissenschaft

- Nach der Erarbeitung der *Infoseiten 86-91* mit drei wissenschaftlichen Methoden der Bibeldeutung vergleichen Sch diese mit den existenziellen, direkten Wegen des Bibelteilens.
- Sch sammeln in arbeitsteiliger GA die Vor- und Nachteile jeweils einer Methode und stellen sie auf einem Plakat dar. Die Plakate werden nebeneinander aufgehängt. Im Kreisgespräch werden die Methoden diskutiert.

Andere Methoden des Bibelteilens kennen lernen

Neben der »Sieben-Schritte-Methode« gibt es noch drei weitere Möglichkeiten des Bibelteilens:
- Bibelteilen als Lebensspiegel
- Bibelteilen als Sehen – Hören – Handeln
- Bibelteilen als Deuten der Zeichen der Zeit

Informationen zu den einzelnen Methoden gibt es z. B. bei den diözesanen Stellen »Mission – Entwicklung – Friede« oder auf einem eigenen Faltblatt in Klassenstärke bei MISSIO, Pettenkoferstr. 26-28, 80336 München.

3. Weiterführende Anregung

Sich über Taizé informieren und eine Fahrt unternehmen

- Sch beschreiben des Bild und versuchen sich in die Atmosphäre der Runde einzufühlen. L gibt entweder weitere Informationen über Taizé oder verweist auf Informationsmöglichkeiten für eine selbstständige Recherche hin (z. B. **AB 9.5.2, Lehrerkommentar S. 141**). Einen authentischen und aktuellen Einblick in das Leben der Jugendtreffen und der Communauté de Taizé geben die Internetseiten unter www.taize.fr. Hier können sich Sch persönlich oder auch im Rahmen des Unterrichts mit den Schwerpunkten des Aufenthalts vertraut machen. Dort finden sich auch alle praktischen Informationen zur Vorbereitung einer Fahrt, einschließlich der Möglichkeit einer Online-Anmeldung.
Weitere Auskünfte gibt es bei: Jugendtreffen, F-71250 Taizé Communauté, 0033/385503003, treffen@taize.fr (dort kann für spezielle Fragen an einen der Brüder weiterverwiesen werden).
- In diesem Zusammenhang ist auch eine Verbindung mit Kapitel 6 »Kirche in bewegten Zeiten« möglich. Hier kann die Gemeinschaft von Taizé als eine außergewöhnliche Form von Kirche aufgegriffen werden.

Auf Adlerflügeln — Deuteseite I (84)(85)

1. Hintergrund

Die *Deuteseite I 84-85* erschließt am Beispiel des Adlers das Verständnis der Sch für die biblische Bildsprache.

Sch haben heute nicht unbedingt einen direkten Zugang zu Natursymbolen. Diese lassen sich jedoch immer noch aus ihrer archetypischen Kraft heraus erschließen und für das Verständnis fruchtbar machen.
Der gewöhnlich in der Bibel mit Adler übersetzte Begriff schließt sowohl den Adler als auch den Geier ein. Aus der Entfernung kann man sie kaum unterscheiden. Der Adler ist der Prototyp des Vogels, der die Lüfte beherrscht. Er ist der Herr des Luftraumes im Gegensatz zur Schlange, die auf dem Boden kriecht und meist das Böse symbolisiert. So wurde er zum Symbol für Freiheit, Unabhängigkeit und Leichtigkeit. Als Herrscher der Lüfte, der der Sonne am nächsten kommt, wurde er oft zum Symbol für die Gottheit selbst. Er ist auch Symbol für Kraft, Mut und Macht und Herrschaftssymbol der Kaiser und Könige. Die Antike sieht ihn als Boten der Götter und Symbol der Unsterblichkeit. Im christlichen Verständnis wird er zum Symbol für Christus. In der Offenbarung des Johannes gehört er zu den vier Wesen, die um den Thron stehen. Von dort her wird er das Symbol für den Evangelisten Johannes.
In vielen Mythologien ranken sich Geschichten von Aufstieg und Kraft um den Adler. Der römische Schriftsteller Plinius der Ältere (23/24-79 n. Chr.) erzählt in seiner Naturgeschichte, wie der Adler seine Jungen zur Sonne empor schickt oder sie in ihren Glanz blicken lässt. Die Jungen, die das Sonnenlicht nicht ertragen können, verstößt er.
In den ersten christlichen Jahrhunderten wird der Adler zum Bild des Heils: Er steigt auf zum Strahlenkranz

Adler

Meine Ideen	Die Ideen von anderen

Was fällt dir spontan zu diesem Stichwort ein (Vorstellungen, Bilder, Gefühle, Worte, Sätze u. Ä.)?
Notiere oder zeichne jeweils in eine Spalte. Was haben andere genannt, das für mich neu war?

der Sonne, verbrennt seine alten Fittiche, taucht in die reine Wasserquelle und wird wieder jung. So geschieht es dem Christen in der Taufe.

Das Bibel spricht neben den im Schulbuch aufgeführten Zitaten noch in einigen wenigen Bezügen in den beschriebenen Deutungen vom Adler: Er beschützt sein Nest (Dtn 32,11); er stößt auf die Beute (Ijob 9,26). Der Mensch wird verjüngt (Ps 103,5) und beflügelt wie er (Jes 40,31; Jer 48,40). Diese Stellen zeigen die fürsorgliche und aktive, aber auch die bedrohliche Seite des Adlers. Hier wird die Nähe zum Bild des Geiers deutlich.

Adolf Exeler hat in der Erzählung »Wie junge Adler fliegen lernen« in kindgemäßer Sprache veranschaulicht, wie er sich Gottes Wege mit den Menschen vorstellt. Angeblich jagt der alte Adler seine Jungen aus dem Nest, damit sie fliegen lernen. Kurz bevor das Adlerjunge am Boden zerschellt, fängt der alte Adler es mit seinen Fängen und trägt es wieder nach oben, bis es schließlich fliegen kann. Viele Sch kennen diese Erzählung aus ihrer Grundschulzeit. Sie hat aber keinen realen Hintergrund.

Das **Foto** aus einem ornithologischen Fachbuch vermittelt einen lebensnahen Einblick in die Nistweise und Brutpflege der Adler. Die Symbolebene wird so durch die Realität geerdet und gleichzeitig optisch untermauert.

2. Einsatzmöglichkeiten im RU

Ein Cluster erstellen

Aus dem Vorwissen der Sch zu den genannten Textstellen erstellt L an der Tafel ein Cluster. Sch können so Zusammenhänge und Bedeutungsschwerpunkte erkennen und beschreiben. Sie setzen sich spontan und unkommentiert mit ihrem persönlichen Verständnis der Texte auseinander und gewinnen einen Überblick.

Gedanken abrufen

Wie schon oben hingewiesen, sind Naturbilder heutigen Jugendlichen nicht mehr in dem Maße direkt zugänglich, wie das in agrarisch ausgerichteten Gesellschaften noch der Fall war. Deshalb können vor einer intensiveren Beschäftigung mit dem Bild des Adlers die Vorstellungen und Gefühle abgerufen werden, die Sch damit verbinden.

- Alle erhalten **AB 9.5.3, Lehrerkommentar S. 143**.
- Zunächst füllen Sch in Stillarbeit die linke Seite aus. Auf einem großen Blatt an der Wand oder an der Tafel notiert jeder kurz seine Gedanken.
- Gleichzeitig übernehmen Sch auf die rechte Seite ihres Blattes die für sie neuen Ideen. Im anschließenden Kreisgespräch wird geklärt, welche Vorstellungen gemeinsam sind.
- Spannend ist auch zu hören, was andere mit einem neuen Bild verbinden und welche Sichtweisen es dazu noch gibt.
- Abschließen kann man mit der grundsätzlichen Frage nach der Wirkung des Adlersymbols (vgl. Berg, 101f.).

Das Spektrum der biblischen Bilder erfassen

- Sch schlagen in der Bibel die angegebenen Adlerstellen und weitere, die sie aus der Konkordanz entsprechend dem vierten Impuls gefunden haben, nach.
- Sie umschreiben in KG jeweils ein Bild und drücken seine Botschaft mit Eigenschaftswörtern und anderen Bildern oder auch Farben aus.
- Im Plenum stellen Sch jeweils auf einem Plakat oder in einer anderen von ihnen gewählten kreativen Weise ihre Ergebnisse vor. In einem TA trägt L die Ergebnisse zusammen.

Sich mit dem Symbol identifizieren und die Eindrücke visualisieren

- L greift eine Möglichkeit aus der ersten Arbeitsanregung auf und bietet Sch an, sich in einer Fantasiereise in einen Adler zu versetzen.
- Sch versuchen dabei, in sich die positiven Assoziationen zum Symbol »Adler« abzurufen. Sie vertiefen sich darin und versuchen sich damit zu identifizieren. So können sie sich die im Symbol steckenden Energien erschließen und aneignen.
- L liest den Text **AB 9.5.4, Lehrerkommentar S. 145** getragen und mit Pausen vor.
- Zur Verankerung können Sch nach der Fantasie ein Bild malen oder zeichnen. Es kann realistisch oder abstrakt sein. Oft sind es einfache Farbassoziationen zu dem Erlebten. Sch suchen sich dann einen Partner und tauschen sich über ihr Bild aus.

Fantasiereise zu einem Adler

Ich stelle mir einen Adler vor.
Er ist braun und hat einen goldbraunen Kopf. An seinem Kopf sehe ich den Hakenschnabel und die scharf blickenden Augen. Vor allem erkenne ich seine mächtigen Flügel, die an den Enden breit gefächert sind.
Jetzt breitet er seine Schwingen aus und erhebt sich mit kräftigen Flügelschlägen vom Boden. In weiten Kreisen schraubt er sich höher und höher hinauf in den Himmel.
Ruhig und gelassen schaue ich mir dieses großartige Bild an. Ich spüre die Weite und Größe des Himmels und kann frei und unbeschwert atmen.

Ich stelle mir vor, dass ich selbst dieser Adler bin.
Ich habe Flügel. Zunächst noch zaghaft breite ich sie aus. Und ich merke, ich kann fliegen.
Ich steige immer höher hinauf. Alles unter mir wird kleiner und unbedeutender, ich kann viel mehr überblicken. Ich bekomme Abstand.
Nun konzentriere ich mich aufs Fliegen. Fast erscheint mir der Himmel näher als die Erde. Meine Flügel tragen mich hoch hinauf.
Ich genieße die Freiheit und die Weite. Jetzt kann ich mich ohne Anstrengung von der Luftströmung tragen lassen. Ich gleite wie schwerelos dahin. Nichts kann mich stören und mir etwas anhaben.
Unendliche Freude erfüllt mich und ich koste sie aus. Ich spüre die Luft unter meinen Flügeln und um meinen Körper.
Nach einiger Zeit kreise ich langsam zur Erde zurück. Alles unter mir wird wieder deutlicher sichtbar, bekommt Konturen. Ich bremse den Flug und komme auf den Boden zurück. Die Erde hat mich wieder.

Nach dieser Erfahrung fühle ich mich stark, groß und reich beschenkt. Und ich weiß, dass ich fliegen kann.

Zurückfragen – die ursprüngliche Absicht ... Infoseite II 86 87

1. Hintergrund

Das Schulbuch beschränkt sich auf den folgenden drei Infoseiten auf Beispiele zu gängigen Auslegungsmethoden der Exegese. Sch sollen dadurch einen Einblick in die Möglichkeiten heutiger Bibelarbeit gewinnen und zu eigenständigen Versuchen angeregt und ermuntert werden. Gleichzeitig erhalten sie einen Einblick in die Vielfalt biblischer Annäherungen. Während die historisch-kritische Methode und der aus der Linguistik kommende strukturalistische Ansatz den Text als Objekt betrachten und ihn entsprechend analysieren, lässt die (tiefen-)psychologische Methode den Text als eigenständiges Subjekt, in dem sich der/die Lesende wiederfinden kann.

Die **Informationstexte** bieten in verständlicher Sprache Grundzüge des jeweiligen Ansatzes und legen diese an einem Beispiel dar. Eine umfassende, wissenschaftliche Darstellung sprengte den Rahmen des Schulbuchs und würde zu einem zu großen Abstand führen. Dies wäre kontraproduktiv und würde zu einer weiteren Entfremdung der Sch von einer Beschäftigung mit der Bibel führen.

Am schon bearbeiteten **Beispiel des synoptischen Vergleichs** der bekannten Heilungsperikope des blinden Bettlers Bartimäus gewinnen Sch einen Einblick in die theologische Werkstatt.
Als gängige und allgemein recht verständliche Kommentare zu den Perikopen seien genannt:
Die neue Echter-Bibel. Kommentar zum Neuen Testament mit der Einheitsübersetzung, Würzburg;
Stuttgarter kleiner Kommentar. Neues Testament, Katholisches Bibelwerk, Stuttgart;
Ökumenischer Taschenbuch-Kommentar zum Neuen Testament, GTB Siebenstern, Gütersloh.

2. Einsatzmöglichkeiten im RU

Erkenntnisse formulieren

Die in den Arbeitsanregungen beschriebenen Schritte eines synoptischen Vergleiches lassen sich leicht durch die Sch nachvollziehen. Sie gewinnen so einen Einblick in die Beziehungen zwischen den synoptischen Evangelien und können daraus die Entstehungszusammenhänge ablesen. Mithilfe der Informationen aus dem Lexikon können sie am Beispiel die unterschiedlich markierten Textstellen benennen: Blau/Orange/Schwarz = Mk-Ev; grün = Sondergut Mt bzw. Lk (In einem Teil der Auflage erscheint diese Farbe im Druck wie dunkelblau).

Nach den Ursprungserfahrungen fragen

Es geht hier um die Frage nach den Erfahrungen, die die Produktion eines biblischen Textes wohl angestoßen haben. Biblische Texte nehmen Stellung zu aktuellen Fragen, Zweifeln, Konflikten ihrer Zeit.

- Sch überlegen, in welchen Situationen dieser Text wichtig gewesen sein könnte. Gibt es heute ähnliche Erfahrungen, auf die man mit diesem Text antworten könnte?

Einblick in die Redequelle gewinnen

Mit dem auf *Infoseite* 87 gegebenen Beispiel kennen Sch noch nicht die Logienquelle Q. Diesen Einblick gewinnen sie aus der Arbeit mit **AB 9.5.5, Lehrerkommentar S. 147**.

- Analog zu den Arbeitsanregungen auf *Infoseite* 86 unterstreichen sie die Übereinstimmungen und Unterschiede zwischen den beiden Evangelientexten. Das Vaterunser als Hauptgebet und verbindendes spirituelles Element der Christen soll so in seiner biblischen Verankerung wieder in den Blick gerückt und vertiefend betrachtet werden.
- Als weitere Möglichkeit bietet sich das Beten mit Gebärden (Lehrerkommentar S. 193) an.

3. Weiterführende Anregung

Aktives Lesen

Eine gute Annäherung und Anleitung zur detaillierten Auseinandersetzung (nicht nur mit einem biblischen Text) ist das Aktive Lesen. L kann für seine Klasse auch nur einen der Schritte, die eine Annäherung an einen Text aus drei verschiedenen Blickwinkeln ermöglichen, auswählen (vgl. **AB 9.5.6, Lehrerkommentar S. 149**).

Synoptischer Vergleich:
Das Vaterunser

Mt 6,9-13	Lk 11,2-4
9 So sollt ihr beten: Unser Vater im Himmel, / dein Name werde geheiligt, 10 dein Reich komme, / dein Wille geschehe / wie im Himmel, so auf der Erde. 11 Gib uns heute das Brot, das wir brauchen. 12 Und erlass uns unsere Schulden, / wie auch wir sie unseren Schuldnern erlassen haben. 13 Und führe uns nicht in Versuchung, / sondern rette uns vor dem Bösen.	2 Da sagte er zu ihnen: Wenn ihr betet, so sprecht: Vater, / dein Name werde geheiligt. / Dein Reich komme. 3 Gib uns täglich das Brot, das wir brauchen. 4 Und erlass uns unsere Sünden; / denn auch wir erlassen jedem, was er uns schuldig ist. / Und führe uns nicht in Versuchung.

- *Vergleicht die beiden Textstellen und unterstreicht die wörtlichen Übereinstimmungen.*
- *Findet Erklärungen für die Unterschiede im Text.*
- *Lest in den beiden Evangelien nach, in welchem Zusammenhang die Texte dort stehen.*
- *Beschreibt den jeweiligen Kontext und was er über das Vaterunser aussagt.*
- *Erklärt die Bedeutung des Vaterunsers für die Christen.*

Den eigenen Augen trauen – die Struktur des Textes ... Infoseite III (88)(89)

1. Hintergrund

Der **Informationstext** stellt in knappen Zügen wesentliche Zugangsweisen einer strukturalen Auslegung vor. Die strukturale Bibelauslegung greift in ihrem Ansatz auf Arbeitsweisen der Textlinguistik zurück. Sie begreift den biblischen Text als ein in sich abgeschlossenes System, das aus sich heraus verständlich ist. Der »Text« (lat. *textum* = das Verwobene) wird auf die Beziehungen, die zwischen den sprachlichen Elementen bestehen, untersucht. Diese Art der Auslegung nimmt nicht nur die Akteure und ihre Beziehungen in den Blick, sondern analysiert auch den Raum (Orte und Wege) und die Zeit (Zeitpunkte und Zeiträume). Sie eruiert die Wertvorstellungen der Akteure und rekonstruiert ihre Erwartungen und Hoffnungen.

Gute erste Hilfen für eine strukturale Auslegung zu einer Reihe von Perikopen bieten die beiden Bände *Zugänge zu biblischen Texten. AT und NT*, erarbeitet von Hans Zirker u. a., Düsseldorf 1981 und 1980. Die als Beispiel gewählte Perikope findet sich dort nicht, wohl aber Hinweise auf die in den Anregungen genannten Perikopen Lk 15,11-32 und Lk 24,13-35.

Die Perikope **Jesus und die Ehebrecherin (Joh 8,1-11)** gehört wohl nicht zum ursprünglichen Bestand des Johannes-Evangeliums und wurde recht spät eingefügt. Sie enthält trotz ihrer novellistischen Breite viele Züge, die sie eher in den Bestand der Synoptiker verweisen. Die meisten Exegeten stellen sie in eine Missionssituation außerhalb der jüdischen Welt. Sie enthält Züge eines Streitgespräches und ist in drei Hauptteile gegliedert: szenische Einleitung, Gespräch zwischen Jesus und den Pharisäern, Gespräch Jesu mit der Frau. Im ersten Gespräch ist Jesus der Reagierende, im zweiten derjenige, der die Initiative ergreift.

In ihrer Aussage zielt die Perikope darauf, dass letztlich alle Menschen sündig sind und der Vergebung bedürfen. Jesus bringt Erbarmen und ermöglicht einen Neuanfang. Mit dieser Aussage steht die Perikope in der Gedankenwelt Jesu und trifft sich mit der Aussage des Gleichnisses vom barmherzigen Vater (Lk 15,11-32).

Die **Skizze** verdeutlicht zunächst die Dreiteilung der Perikope. Die erste Spalte zeigt die Ausgangssituation mit den beiden Personengruppen. In der mittleren Spalte ist die Problemstellung der Pharisäer mit der Gesetzesfrage und die dramatische Zuspitzung auf eine Entscheidung hin skizziert. Die erste Pause markiert den ersten Umbruch zur Konfrontation mit den Pharisäern. Nach der zweiten Pause wendet sich Jesus der Ehebrecherin zu, die schließlich in eine neue Lebensperspektive entlassen wird. In einem Teil der Auflage fehlt im letzten Feld der Satz Jesu (V11b), der ihr eine neue Lebensperspektive eröffnet.

Das Beispiel verdeutlicht freilich auch die Grenzen einer solchen Darstellung. Es wird offensichtlich, dass sich auf diesem begrenzten Raum die Perikope nicht umfassend beschreiben und deuten lässt.

Max Slevogt (1868-1932)

Slevogt gilt als einer der wesentlichen Vertreter des deutschen Impressionismus. Er wurde am 8. Oktober 1868 in Landshut als Sohn eines bayerischen Hauptmanns geboren und verbrachte seine Schulzeit 1874-84 in Würzburg. Nach Studienjahren in München und Paris ließ er sich in der Heimat seiner Frau in Neukastel/Pfalz nieder, wo er am 20. September 1932 starb. Seine Begegnung mit dem französischen Impressionismus und die engen Kontakte mit Lovis Corinth und Max Liebermann prägten sein Schaffen. Mit Corinth wurde er 1901 Mitglied der »Berliner Secession« und wohnte und arbeitete dort. Er wurde gefördert durch den bayerischen Prinzregenten Luitpold und malte auf dessen Veranlassung hin Landschaften, Portraits und Rittertableaus. Auslandsaufenthalte u. a. in Ägypten und Italien vermittelten weitere Eindrücke. Den ersten Weltkrieg erlebte er als offizieller Kriegsmaler an der Westfront und reflektierte die Eindrücke in seinen Bildern. 1917 wurde er als Professor an die Berliner Akademie der Künste berufen. Neben der Malerei entwarf er Bühnenbilder und arbeitete als Illustrator.

Max Slevogt: »Der verlorene Sohn«, 1898/99

(Das Bild steht mit Erläuterungen als Folie 13 zur Verfügung in: G. Hilger/E. Reil, Bilder der Kunst für den Religionsunterricht, München 2000.)

Das Bild ist der Mittelteil eines Triptychons, mit dem sich Slevogt 1899 an der ersten Ausstellung der »Berliner Secession« beteiligte. Es zeigt analog zum Bibeltext auf dem linken Flügel das verschwenderische Leben des Sohnes, auf dem rechten seine daraus folgende Not. Der Mittelteil öffnet im Augenblick der Rückkehr des »verlorenen Sohnes« den Blick in ein Zimmer. Es ist reich ausgestattet mit Jagdutensilien, Schild, Waffen und einem geblümten Teppich. Über der geöffneten Tür hängt nach links ein Wandteppich herab. An der Wand im Hintergrund steht ein kleiner Tisch mit Flasche und Bechern. Beleuchtet wird die Szene durch das aus der Sicht des Betrachters kommende Licht.

Von links tritt der Sohn durch die Tür, die er gerade geöffnet hat. Er ist nur mit einem um die Hüften geschlungenen Tuch bekleidet und barfüßig. Der Körper sieht abgemagert aus. Die Haare trägt er wirr und un-

Anleitung zum Bibellesen

Lies den Text und notiere dir folgende Zeichen am Rand:

? = Das verstehe ich nicht.

! = Das denke ich auch.

!! = Sehr wichtig.

↔ = Ich bin anderer Meinung.

Versuche dich in den Text hineinzudenken:

1. Welche Sätze, Bilder, Personen oder Gedanken sprechen mich spontan an?
2. Welche Gedanken gehen mir beim Lesen des Textes durch den Kopf?
3. Was gefällt mir an diesem Text? Was regt mich auf? Warum?
4. Versuche, dich in die Bilder oder Personen des Textes hineinzudenken: Wo gibt es ähnliche oder entgegengesetzte Erfahrungen in meinem/unserem Leben, unserem Alltag?
5. Welche Ideen oder Einstellungen könnten wir aus diesem Text mitnehmen und was würde sich dadurch verändern?

Lies den Text genau:

1. Was ist – in einem Satz zusammengefasst – die Hauptaussage des Textes?
2. In welchem Zusammenhang steht der Text?
3. An wen ist er ursprünglich gerichtet?
4. Welche Form hat der Text?
5. Welche Bedeutung hatte der Text für seine ursprünglichen Leser/innen?
6. Gibt es heute eine Situation, die der ursprünglichen Situation der Hörer/innen des Textes entspricht?
7. Wie könnte man den Text in die heutige Zeit übertragen?

gepflegt. Mit der linken Hand hält er die Türklinke. Die rechte Hand hebt er in einem Gestus nach oben. Den Blick richtet er auf den am Tisch sitzenden Vater. Dieser wendet sich der Tür zu und blickt dem Sohn in die Augen. Die vollen dunklen Haare und der dunkle Vollbart umrahmen sein Gesicht. Er ist in einen roten Hausmantel gekleidet. Darunter trägt er ein langes weißes Hemd. Die Hände hat er halb nach oben und vorn geöffnet. Der Maler hat ihn mitten in der Bewegung festgehalten. Hinter ihm steht aufrecht am Tisch der zweite Sohn. Mit starrem Blick schaut er leicht vorgebeugt zur Tür. Er stützt sich mit dem linken Arm auf den Tisch.

Slevogt hält sich mit diesem Bild nicht an die biblischen Vorgaben. Er verlegt die Szene des Wiedersehens in das Wohnhaus, an dessen Ausstattung man den Wohlstand der Familie erkennen kann. Bei ihm ist auch der zweite Sohn bei der Rückkehr anwesend. Unerwartet tritt der Sohn ins Zimmer. Die erhobene Rechte lässt sich als abwehrende oder auch Kontakt aufnehmende Geste deuten. Auch seine Augen haben beides im Blick: ängstliche, hoffnungsvolle, kindliche Unterwerfung und lauernde, abwartende Absicherung. Der helle Streifen der geöffneten Tür wirkt wie ein Trennungsstrich zwischen den Welten innen und außen. Die dunkle Farbe des nach außen zeigenden Türblattes unterstreicht diesen Eindruck. Die Welt außerhalb des Hauses ist nur durch einen hellen Streifen angedeutet. So steht der Sohn zwischen den beiden hellen Streifen im Dunkeln.

Mit heftiger Bewegung wendet sich der Vater der Tür zu. Auch bei ihm ist noch nicht klar, wie er sich weiter verhalten wird. Wird er den Sohn aufnehmen oder ablehnen? Die fast zu Herz gehende Linke und die ausgestreckte Rechte lassen beides vermuten.

Wie ein Bewacher steht der zweite Sohn hinter dem Vater. Ausdruckslos, vielleicht ein wenig ungläubig und fragend geht sein Blick zum Bruder hinüber.

Das Bild lässt den Ausgang offen. Es hält den Augenblick der Schwellensituation in seiner Spannung und Ambivalenz fest. Wie wird der Vater den Sohn aufnehmen? Bleiben die Waffen als Dekoration an der Wand hängen oder wird der zweite Sohn danach greifen und den Konkurrenten und Bruder vertreiben?

2. Einsatzmöglichkeiten im RU

Die Skizze nachvollziehen

Sch lesen die Perikope und äußern sich spontan dazu. Sie verorten die Elemente der Skizze im Text und erkennen, welche Aspekte die Skizze nicht erfasst hat. Im Klassengespräch suchen sie Gründe. Anschließend diskutieren sie Möglichkeiten und Grenzen der Methode.

Ein Standbild gestalten

Ein gute Möglichkeit, um Einzelheiten einer Bibelstelle besonders zu verdichten und intensiv zu erfahren, ist das Stellen von Standbildern.

- Sch teilen sich in Gruppen von ca. sechs bis acht Personen auf. In der jeweiligen Gruppe entscheiden sie sich für eine Stelle aus der Perikope, die sie stellen wollen. Sie überlegen, welche Rollen sie dazu benötigen, und verteilen sie untereinander. Alternativ kann auch ein/e Sch die Rolle des Regisseurs/der Regisseurin übernehmen und die Darstellenden in ihre Position und Haltung stellen.
- Jeder/jede Sch sucht sich die passende Position und drückt in Mimik und Gestik die Befindlichkeit der dargestellten Person aus. Sch können sich dabei von der Strukturskizze anregen lassen. Oft hilft es den Darstellenden, wenn sie ihre Rolle und Position mit einer Aussage versehen, die sie laut sagen.
- Nachdem jede/jeder seine Position gefunden hat, wird diese für einige Momente »eingefroren«, d. h. die Darstellenden verharren wortlos in ihren Positionen.
- Anschließend äußern sich zunächst die Darstellenden, wie sie dieses Standbild in ihren Rollen erlebt haben. Da es darum geht Gefühle zu äußern, sollte auf Ich-Botschaften geachtet werden. Erst im zweiten Schritt äußern dann die Zuschauenden ihre Eindrücke.
- Nacheinander stellen die Gruppen ihr Standbild in der beschriebenen Art und Weise vor. Vertiefend können Sch zu dem Thema »Ich als ...« ihre Eindrücke z. B. in Briefform niederschreiben. Abschließend äußern sich Sch in Klassengespräch, was sie durch diese Arbeit für sich aus dem Bibeltext mitnehmen. (Für weitere Informationen vgl. Lehrerkommentar S. 84f.)

Die Perikope mit einem Bild der Kunst vergleichen

(Max Beckmann, Christus und die Sünderin, 1917, in: Reli: Folien, Bilder aus dem Unterrichtswerk Reli 5-10, München 2001)

- L bietet das Gemälde per OHP dar. Den Schritten einer Bildbetrachtung von Günter Lange (**AB 9.5.7, Lehrerkommentar S. 151**) folgend nehmen Sch das Gemälde wahr.
- Die Art der Darstellung bietet es an, das Bild nachzustellen und sich so intensiver in die Personen zu versetzen. Auch hier bietet sich die Möglichkeit, zunächst durch perspektivisches Schreiben sich mit einer Person des Bildes zu identifizieren und zu schreiben: »Ich bin die Ehebrecherin ...«, »Ich bin der Zuschauer hinten rechts ...«, »Ich bin ...«.
- Sch werden nach der Betrachtung und Auseinandersetzung mit dem Bild auch die Parallelen und Unterschiede zu ihren eigenen Standbildern auffallen.

Die ideale Phasenfolge einer Bildbetrachtung nach Günter Lange

a) Sich mit dem Bild bekannt machen:

Geht mit euren Augen in dem Bild spazieren.

b) Die Formen- und Farbensprache des Bildes kennen lernen:

Es geht nur darum, dass ihr beschreibt, was ihr seht. Kneift die Augen ein wenig zusammen, um die Strukturen, die Formen und Linien des Bildes genauer zu betrachten. Wie ist das Bild aufgebaut? Beschreibt die Farben des Bildes genau. Woran erinnern sie euch?

c) Seine Gefühle wahrnehmen:

Was löst das Bild in dir aus? An was erinnert es dich? Ist das Bild für dich anziehend oder abstoßend?

d) Das Bild deuten:

Betrachtet die Gesten der Hände. Was drücken sie aus? Was könnte das Bild bedeuten? Versetzt euch in die dargestellten Personen. Was könnten sie sagen oder denken?

e) Eine persönliche Beziehung zum Bild aufnehmen:

Wenn ihr eine Möglichkeit hättet euch in das Bild zu setzen, wo wäre euer Lieblingsplatz? Was spricht euch an? Was fordert euch an diesem Bild heraus?

- Es gibt auch die Möglichkeit einer Auseinandersetzung aus der Betrachterperspektive: Sch suchen sich eine Person aus, die sie besonders anspricht oder die sie besonders negativ erleben. Dieser Person schreiben sie, wie sie auf sie wirkt. Sie können ihr Fragen stellen, sie kritisieren usw.
- Schließlich lässt sich die Szene auch im Rollenspiel verlebendigen und mit verschiedenen Ausgängen weiterspielen.

Das Bild von Max Slevogt sprechen lassen
- L gibt den Sch auf Folienstücken leere Sprech- oder Denkblasen für die dargestellten Personen. Sch schreiben eine Aussage oder einen Gedanken hinein. Am OHP werden sie zu dem Folienbild gelegt. Was ergibt sich daraus für die Deutung?

Dahinter steigen – den Text psychologisch deuten   Infoseite IV (90) (91)

1. Hintergrund

Anhand der Geschichte von Lea und Rahel führt der **Text** in die Methode der (tiefen-)psychologischen Bildauslegung ein, die auf die Befreiung von psychischer Not ausgerichtet ist. Sie versteht sich als Alternative und Ergänzung zur historisch-kritischen Methode und versucht relativ unveränderliche psychische Strukturen und Vorgänge hinter dem geschichtlich gebundenen Sinn aufzudecken. Sie hat ihren Ursprung in den Zwanzigerjahren des letzten Jahrhunderts bei dem Judentum nahestehenden Psychoanalytikern. Der eng Freudianische Ansatz erwies sich bald als den biblischen Texten unangemessen. Der archetypische Ansatz C. G. Jungs mit dem Blick auf die Tiefenstruktur der Texte trägt weiter. Sie bringt die wörtlich formulierten theologischen Aussagen der Verfasser mit den Tiefenschichten in Beziehung. So erst gewinnen die Texte ihre Bedeutung auch für heutige Menschen. Bekannte Vertreter im deutschsprachigen Raum sind u. a. Eugen Drewermann, Maria Kassel und Helmut Jaschke.

Die biblischen Urbilder stimulieren die eigenen Tiefenschichten und regen einen persönlichen Erfahrungsprozess an. Die Bibel wird von umweltbedingten, durch den aufgeklärten Zugang allein behinderten Erkenntnissen befreit und den Menschen ein direkter individueller Weg ermöglicht. Es geht also durch ganzheitliche methodische Hilfen um einen symbolischen Austausch mit den Reifungs- und Heilungsprozessen, wie sie in der Tiefenstruktur biblischer Texte überliefert sind. Von daher ergäbe eine rein theoretische Interpretation der Bibel keinen Sinn.

Alle Methoden, die ganzheitliche Zugänge zu und direkte Kommunikation mit den Texten ermöglichen, sind für die psychologische Bibelauslegung geeignet. Hier gilt aber besonders, dass die Anleitung und Begleitung durch eigene Erfahrungen des L und fundiertes Fachwissen gedeckt ist. Hilfreich und anregend für den Unterricht sind u. a. die Bibelwerkbücher Albert Höfers oder auch die Bücher von Ludwig Rendle u. a., Horst-Klaus und Sigrid Berg, Rainer Oberthür u. a. m.

Die **Batik** »Lea und Rachel« der österreichischen Künstlerin Anne Seifert stammt aus dem Zyklus »Der Bekehrungsweg Jakobs«, den sie im Kontext der gestaltpädagogischen Arbeit von Albert Höfer gefertigt hat. Das Bild ist das sechste von neun Bildern. Mit rot- und brauntonigen Naturfarben sind der Technik entsprechend zwei Frauen in einem Zelt dargestellt. Es steht vor einem ockerfarbigen Hintergrund. Das Zelt hat zwei Hälften: Die linke in leuchtendem Rot, die rechte in einem verwaschenen rötlich-weiß. Das Zelt umgibt in groben schwarzen Strichen und in brauner Farbe die Frauen. Vor der linken Frau wachsen aus dem Boden Blumen, vor der rechten liegt welkes Gras.

Die linke Frau steht frontal zum Betrachtenden mit weit geöffneten Augen. Am schlanken Körper trägt sie ein knielanges, elegant mit Blumenornamenten geschmücktes Kleid und einen hellen Umhang. Das dunkle Haar ist gepflegt und frisiert. Die Ohren sind mit großen Ohrringen geschmückt. Mit großen geschminkten Augen und offenem Blick schaut sie den Betrachtenden an. Während der rechte Arm herabhängt ist der linke leicht angehoben. Ebenso stellt sie den linken Fuß anmutig leicht ab. Um die Fesseln trägt sie goldene Reifen.

Auch die rechte Frau schaut den Betrachter an. Ihre Augen sind wie verschleiert. Die Haare trägt sie wirr und ungepflegt. Gekleidet ist die Frau mit einem ockerfarbenen Sackkleid, das ihre breiten Hüften noch besonders betont. Mit der rechten Hand hält sie die wie verkrüppelt erscheinende linke. Breitbeinig und ohne Schmuck steht sie da.

Das Bild versucht eine künstlerische Umsetzung der tiefenpsychologischen Deutung, wie sie Albert Höfer ausführlich in dem gestaltpädagogischen Bibelwerkbuch »Gottes Wege mit den Menschen« gibt. Die beiden Frauen stehen unter dem Dach eines Zeltes, das die Einheit der beiden Gestalten symbolisiert. Die Farbe des Kleides von Lea taucht auf im Mantel der Rachel. Lea steht vor einem unschuldigen weißen Hintergrund, Rachel vor einem erotisch roten. Leas Leib ist breit und rund. Er bietet Platz für die vielen

Anne Seifert: Lea und Rachel

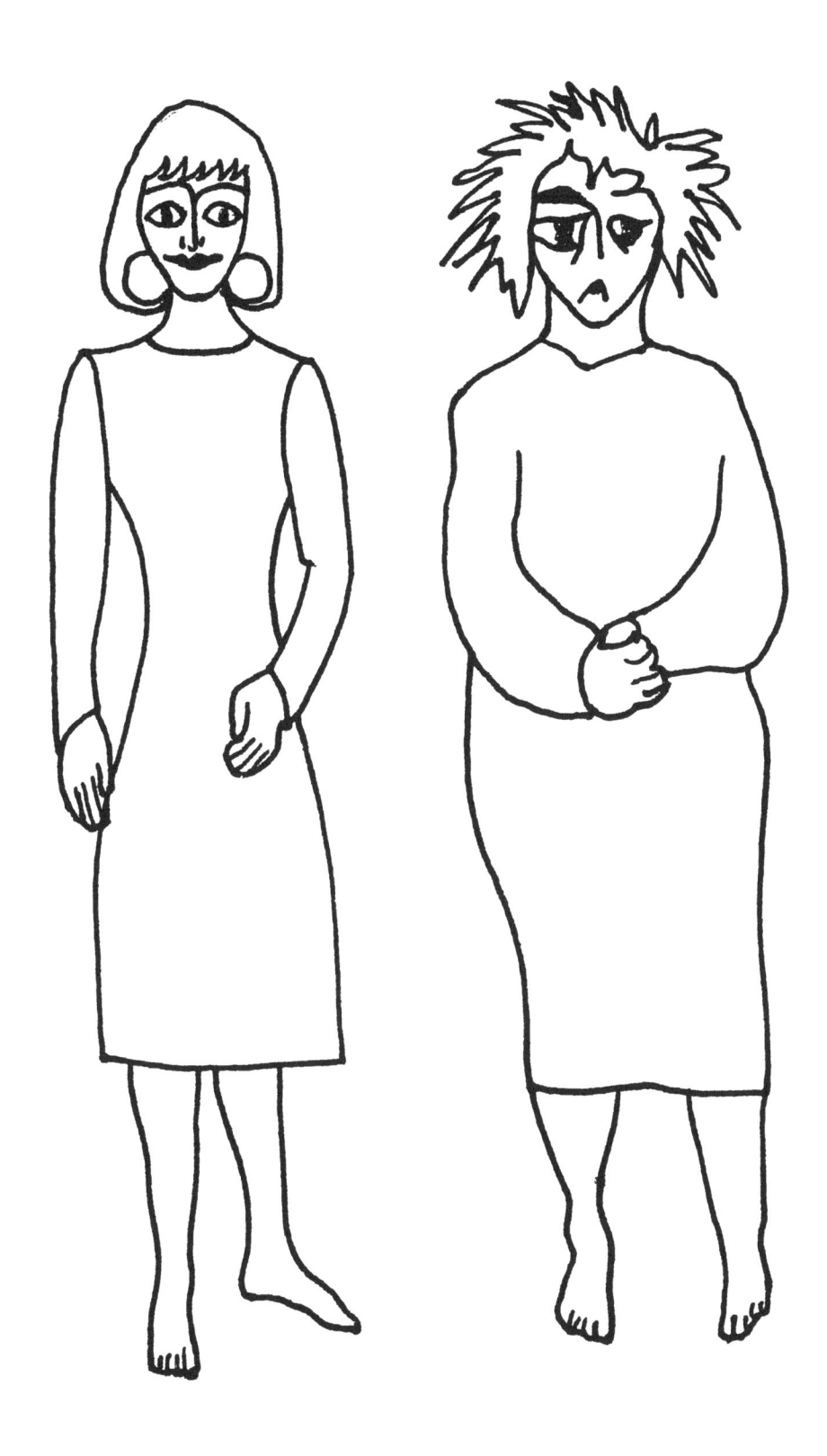

Nachkommen. Wie schützend legt sie die Hände darüber. Rachel dagegen steht mit schmaler Hüfte offen und herausfordernd da. Die Blumen bzw. das welke Gras unterstreichen den Eindruck. In Gen 29,17 heißt es: »Die Augen Leas waren matt, Rahel aber war schön von Gestalt und hatte ein schönes Gesicht.« Die Künstlerin drückt das treffend in den Gesichtern der Frauen aus. Einerseits die schöne Rachel, andererseits die verunstaltete Lea mit dem schiefen Mund, den wirren Haaren und dem schrägen Blick. Und doch sagen diese Äußerlichkeiten wenig aus über die beiden Menschen.

2. Einsatzmöglichkeiten im RU

Das Bild ohne Textkenntnis erarbeiten
- Sch werden (evtl. auf Folie) mit dem Bild konfrontiert und betrachten es ohne Kenntnis des biblischen Hintergrundes. Sie beschreiben und deuten das Bild.
- Sch versetzen sich in die beiden Gestalten. Sie versuchen ihre Stimmungen und Gefühle nachzuempfinden. Sie gestalten ein Gespräch zwischen den beiden und geben ihnen dazu Worte, indem sie einen kurzen Dialog schreiben, der vorgetragen wird, z. B. »Ich sehe mich ...«, »Ich fühle mich ...«.
- Das Gespräch kann auch im Rollenspiel dargestellt werden. In jedem Fall sollen sich Sch auch äußern, wie es ihnen in dieser Rolle erging.

Die Umrisse farbig gestalten
- Als weitere Möglichkeit gestalten Sch die Umrisszeichnung **AB 9.5.8, Lehrerkommentar S. 153** der beiden Frauen so, dass sie die Gefühle, die die Haltung und das Aussehen der beiden vermitteln, farbig ausdrücken. Sie versuchen auch die Umgebung der beiden farblich zu fassen.
- Anschließend vergleichen sie zunächst die Bilder mit einem Partner/einer Partnerin oder in KG und erläutern sich gegenseitig ihre Farbwahl.
- Wenn Sch die Umrisse ohne vorherige Kenntnis des Originals erhalten, können sie jetzt ihre Fassung damit vergleichen.
- In beiden Fällen lesen Sch die Zusammenfassung der biblischen Erzählung auf *Infoseite* **90** oder den Originaltext. Im Vergleich entdecken sie Ähnlichkeiten und Unterschiede.
- Abschließend wird der erklärende Text gelesen und besprochen. Sch formulieren wesentliche Gesichtspunkte der Methode für einen zusammenfassenden TA.

Persönlichkeiten in mir entdecken
- Sch erhalten eine Reihe von Fotokarten mit Portraits. Sie wählen sich eine aus und betrachten sie sich genau. Sie notieren sich Fragen, die sie dem abgebildeten Menschen stellen möchten.
- In PA erklären sie sich gegenseitig, was sie an der gewählten Person fasziniert und interessiert hat. Der Partner/die Partnerin stellt jetzt die Fragen und Sch versucht sie intuitiv zu beantworten, als wäre er/sie diese Person.
- Im Austausch teilen Sch sich mit, wie es ihnen in der Rolle ergangen ist. Sie achten besonders auf für sie neue und überraschende Entdeckungen.
- Abschließend versuchen Sch mögliche Zusammenhänge mit ihrer eigenen Persönlichkeit zu entdecken, die sie in Form eines Tagebucheintrages für sich aufschreiben. Im Klassengespräch äußern sich Sch, wie sie diese Übung erlebt und empfunden haben.
- Diese Übung kann auch in Zusammenhang mit der Gestaltung der Gipsmasken in Kapitel 3, *Stellungnahmen* **56** durchgeführt werden. Sch bringen dann ihre Entdeckungen mit den beiden Seiten ihrer Maske in Beziehung. **AB 9.3.9, Lehrerkommentar S. 93** hilft zur weiteren Vertiefung.

3. Weiterführende Anregungen

Andere biblische Urbilder kennen lernen
In der Bibel bieten sich noch viele Paarkonstellationen an, z. B. zwischen einzelnen Figuren oder auch zwischen Stämmen und Völkern. An zwei leicht verständlichen Beispielen lässt sich auch mit ungeübten Sch erfahrungsbezogen arbeiten:

Gen 4,1-16: Kain und Abel:
Dieser klassische Mythos wird oft auch als die Verkörperung von gegensätzlichen Charakterzügen in einer Person gedeutet. Es geht hier also nicht um ein Gegenüber, sondern um die Auseinandersetzung mit innerpersonalen Polaritäten. Beide haben schließlich vor Gott ihre Daseinsberechtigung, wobei die Tendenz zum Guten eindeutig den Vorrang erhält.
Reli 7, S. 32f. gibt eine psychologisierende Erweiterung der Erzählung mit den Auswirkungen der elterlichen Erziehung und Zu- bzw. Abwendung sowie der Auswirkungen der durch den Beruf bedingten gesellschaftlichen Stellung.
- Sch schlüpfen nach dem Lesen des biblischen Textes in die Rolle von Kain und fragen Gott:
– »Ich habe dir ein Opfer dargebracht, du aber ...«
– »Warum hast du das Opfer Abels ...?«
– »Kannst du verstehen ...?«
– »Wo warst du?«
– »Wo bist du?«
- Andere Sch schlüpfen in die Rolle Abels und der Abel in ihnen fragt seinen Bruder Kain:
– »Ich ... Gott ... und du? ...«

- Durch die Fragen wird eine Auseinandersetzung mit der tragischen Geschichte leichter ermöglicht, als wenn fertige Antworten gesucht würden. Deshalb sollte die Auseinandersetzung in Form eines Briefes oder Tagebucheintrages erfolgen und den Sch einen geschützten Rahmen geben. Im Klassengespräch erfolgt der Austausch über die Eindrücke und falls Sch dies möchten über ihre persönlichen Erfahrungen und Erkenntnisse.

Kain einen Brief schreiben

- Sch schreiben als Abel einen Brief an Kain. Sie suchen sich einen Partner und tauschen die Briefe. Gegenseitig beantworten sie sich die Briefe als Kain.
- Sch erhalten ein Blatt mit einer großen Kreisform. In diese Form malen sie zwei Flächen als Kain und Abel. Es geht nicht um Figuren, sondern um die Farbwahl und die Farbintensität. Danach betrachten sie in KG von vier bis fünf Sch die Blätter und assoziieren:

– »Wenn ich hier Abel wäre ...«
– »Als Kain möchte ich hier zu Gott sagen ...«
Sie nehmen Stellung zu ihrem Bild und tauschen sich aus, wie es ihnen jetzt geht, wenn Kain und Abel gemeinsam in ihnen stecken (vgl. Höfer, 100).
- Weitere Anregungen zu diesem Text als Geschwisterkonflikt bietet *Reli 7 – Arbeitshilfen*, S. 58ff.

Die außergewöhnliche Perspektive der beiden Züge in einem Menschen thematisiert die Erzählung »Zwei Seiten in mir« **AB 9.3.7, Lehrerkommentar S. 87**.

Gen 25,19-34; 33,1-20: Esau und Jakob
Auch bei diesem Bruderpaar sind Züge einer Persönlichkeit aufgezeigt. Mehrere polare Stränge sind erkennbar: Die Brüder jeweils als Vertreter einer wilden Jägerkultur und der feineren Stadt- und Hirtenkultur, als die wilde, triebhafte Seite des Menschen einerseits und als das zivilisierte, aber auch listige Streben des Ich. Ziel dieser Auseinandersetzungen ist idealerweise nach Kampf und Auseinandersetzung die versöhnte Integration dieser Züge in Ausgewogenheit und Harmonie.

Die kürzeste Bibel der Welt

1. Hintergrund

Die Geschichte beschreibt mit ihrer Farbsymbolik und deren Erläuterung noch einmal in sehr komprimierter Form, inwiefern die Bibel ein Buch für alle Situationen des Lebens ist. Die Anregung, dass Sch anschließend selbst eine »Kurzbibel« gestalten sollen, hilft ihnen die wesentlichen Aspekte der biblischen Botschaft für sich persönlich zu erschließen und zu vertiefen.

2. Einsatzmöglichkeiten im RU

Eine eigene Bibel gestalten

- Die Arbeitsanregungen sind so gehalten, dass Sch sie selbstständig umsetzen können. L sollte sich dabei im Hintergrund halten und evtl. bei der Beschaffung des benötigten Materials unterstützen.
- Nach der Einzelarbeit der Sch bietet sich ein Austausch im Sitzkreis über die Erfahrungen an. In einer vertrauten Klasse ist auch möglich, dass, wer möchte, seine/ihre Bibel vorstellt und die Mit-Sch ihre Eindrücke dazu mitteilen.

Einen biblischen Text kalligrafisch umsetzen   IDEENSEITE 81

Als eine intensive und meditative Form der Aneignung und Umsetzung eignet sich die schreibende und grafische Gestaltung einer Bibelstelle gut zum Ende der Auseinandersetzung mit der Bibel.

Stellungnahmen (92)

- Sch erhalten dazu ein unliniertes Blatt Papier. Sie werden ermutigt unterschiedliche Buchstabenformen zu erproben. L bietet dazu Beispiele an der Tafel oder auf einem AB. Er kann auch selbst den Text oder einen Satz daraus an der Tafel gestalten. Vom Graffiti-Sprayen her haben viele Jugendliche einen neuen Bezug zum Schönschreiben oder zur Gestaltung einzelner Buchstaben.
- Die Idee lässt sich auch fächerübergreifend in Kooperation mit dem Fach Kunsterziehung umsetzen. Im auf der *Ideenseite* **81** des Schulbuchs abgedruckten Beispiel hat der Sch Schrift und symbolische Elemente nebeneinander benutzt.
- Im Kontext der Stellungnahmen gestalten Sch die Seiten ihrer »Kurzbibel«.

3. Weiterführende Anregung

Einen Audio-Clip gestalten

Beim Kirchensender »Katholische Kirche im Privatfunk NRW – KiP-NRW« finden sich auf der Homepage unter www.kip-radio.de Beispiele, welche Rolle die Bibel für Prominente spielt. Unter dem Titel »Bibel-Update« erzählen sie eine Geschichte oder auch nur einen Vers aus der Bibel und deuten ihn persönlich. Über die Suchfunktion können unter dem Stichwort »Bibelupdate« Beispiele angehört werden. Die Beiträge beginnen: »Mein Name ist ... und ich arbeite als ... Es gibt viele Bibelstellen, die mich sehr berüh-

ren. Aber wenn es eine gibt, die mir besonders viel bedeutet, dann ist es diese: ...«
- Sch hören sich Beispiele an und gestalten dann mit dem Kassettenrekorder ihren eigenen Audioclip, den sie sich gegenseitig vorspielen. Die Clips können auch im Rahmen eines Schul-Radio-Projektes z. B. als Morgenimpuls über die Lautsprecheranlage »gesendet« werden.

Literatur

Berg, Sigrid, Biblische Bilder und Symbole erfahren. Ein Material- und Arbeitsbuch, München/Stuttgart 1996

Bihler, Elsbeth, Symbole des Lebens und des Glaubens. Tiere – Blumen, Limburg 1997

Höfer, Albert, Gottes Wege mit den Menschen. Ein gestaltpädagogisches Bibelwerkbuch, München 1993

Lange, Günter, Kunst zur Bibel. 32 Bildinterpretationen, München 1988 (Kösel, vergriffen)

Kirche in bewegten Zeiten 6

Das Thema im Schulbuch

Gerade das Thema »Kirche« löst bei Sch der 9. Klasse oft heftige Diskussionen, Ablehnung und Kritik aus. Diese Kritik wird jedoch in den wenigsten Fällen sachkundig und fundiert vorgetragen, sondern speist sich meist aus pauschalen Urteilen und Allgemeinplätzen. Nur noch eine kleine Minderheit der Sch verfügt über eigene Gemeindeerfahrungen. Auch die 13. Shell-Studie: Jugend 2000 kommt zu dem Ergebnis: »Wir haben eine Entwicklung hinter uns, die den Kirchen wenig Chancen belässt, unter den derzeitigen Bedingungen und in den bisherigen Formen Einfluss auf die junge Generation zu nehmen.«

So wird es Aufgabe der Behandlung im Unterricht sein, zunächst die vielfältigen Erscheinungsformen von »Kirche« heute in den Blick zu nehmen und der Frage nachzugehen, was Kirche überhaupt ist. Differenzierte Informationen über »Licht und Schatten in der Geschichte der Kirche« (LP 9.6) zu vermitteln ist der nächste Schritt einer sachgerechten Auseinandersetzung.

Weiter gilt es den Blick darauf zu lenken, dass sowohl die Kirche als Ganzes als auch der einzelne Christ sich immer wieder an dem Maßstab des Evangeliums messen und korrigieren lassen müssen. Dabei ist gleichzeitig auf die immer wieder stattfindende Reform und auch Vergangenheitsbewältigung in der Kirche hinzuweisen.

Ziel des Unterrichts ist es, das Selbstverständnis der Kirche in den Augen der Sch neu zu definieren: »Kirche, verstanden als die zum Herrn gehörige Gemeinschaft der Glaubenden« (ebd.) sind nicht immer nur »die anderen«, sondern Kirche sind wir alle, sofern wir uns zu dieser Gemeinschaft und zu Jesus Christus bekennen.

Dazu bietet das Kapitel 6 im Schulbuch vielfältige Anknüpfungspunkte:

Das *Titelbild* **93** zeigt die »Baustelle Kirche«. In einem barocken Altarbogen steht ein Kruzifix, das von einem Gerüst abgestützt und gehalten wird. Das Bild eröffnet zahlreiche Assoziationen zum Thema des Kapitels: Kirche als etwas Altes, Baufälliges? Oder: Die Kirche als etwas, das immer wieder umgebaut werden muss und kann.

Die *Themenseite* **94-95** stellt die Aussagen zweier Jugendlicher zum Thema Kirche einander gegenüber und lädt so dazu ein, den eigenen Standpunkt zu formulieren. Die Bilder der *Themenseite* zeigen in verschiedenen Momentaufnahmen die Bandbreite der Kirche von heute.

Handlungsorientierte Anregungen zur Auseinandersetzung mit verschiedenen Aspekten des Themas Kirche finden sich auf der *Ideenseite* **96-97**. Sie liefern die Basis für eine sachkundige Behandlung des Themas.

Die folgenden *Infoseiten* dienen der Auseinandersetzung mit Schattenseiten der Kirchengeschichte, die häufig als Begründung angeführt werden, wenn es um eine pauschale Verurteilung *der* Kirche geht:

Infoseite I **98-99** liefert einen kurzen Abriss über die Geschichte der Kreuzzüge und stellt einen Bezug zwischen der Kreuzzugsbewegung und den Judenverfolgungen des Spätmittelalters her. Ein Zitat Johannes Pauls II. verweist dazu auf die Auseinandersetzung der Kirche mit ihrer Vergangenheit.

Der Hexenwahn wird auf *Infoseite II* **100-101** in einen geschichtlichen Zusammenhang gestellt und in der Person Friedrich von Spees ein Christ als Kämpfer gegen den Hexenwahn vorgestellt.

Infoseite III **102-103** bringt die Rolle der Kirche während des Nationalsozialismus zur Sprache und informiert über die Haltung der Amtskirche.

Dies wird ergänzt auf *Infoseite IV* **104-105**, die Personen des kirchlichen Widerstandes und ein Beispiel zivilen Ungehorsams vorstellt.

Den Neuaufbruch der Kirche im 20. Jahrhundert erläutert *Infoseite V* **106-107**: Sie beschreibt Geist und Ziele des II. Vatikanums und konkretisiert das Kirchenverständnis des Konzils am Beispiel des Kirchenbaus.

Auf die karitativen Aufgaben der Kirche weist *Deuteseite I* **108-109** hin. Der Dienst der Kirche am Nächsten wird konkret in der Vorstellung des Projekts der Mobilen Obdachlosen und Bedürftigen Speisung MOBS in Erlangen.

Fakten zur Organisation der Kirche liefert *Infoseite VI* **110-111**. Sie erklärt die Organisation der Pfarrgemeinde vor Ort und weitet von dort ausgehend den Blick zum eigenen Bistum sowie zur Weltkirche. Sachliche Diskussionsgrundlage zum Thema Kirchensteuer liefert die rechte Seite.

Die *Stellungnahmen* **112** wollen schließlich Sch zu einem Perspektivenwechsel anregen. Kirche sind nicht nur immer »die anderen« und »der Papst«, sondern jede/r Einzelne kann dazu beitragen, die Kirche lebendig zu machen und zu halten – Kirche sind »wir alle«.

Verknüpfungen mit anderen Themen im Schulbuch

Kap. 3 Sich entscheiden – verantwortlich handeln: Der im Bild der *Themenseite* **95** angesprochene Problemkreis Kirchenasyl – Abschiebung kann mit dem Plakatimpuls auf *Themenseite* **43** und der Auflistung der »Allgemeinen Erklärung der Menschenrechte« auf *Infoseite II* **51** verknüpft werden. Ebenfalls lässt sich das gesamte Material zum Thema Zivilcourage in Kapitel 3 – wie etwa der Hinweis auf den Film »Schwarzfahrer« auf *Ideenseite* **45** und die *Infoseite III* **54-55** – verbinden mit den in den Steckbriefen auf *Ideenseite* **97** genannten Persönlichkeiten oder der Behandlung des Themas Widerstand gegen den Nationalsozialismus auf *Infoseite IV* **104-105**.
Projekt: Ausgehend von *Infoseite V* **106-107** kann das im Schulbuch vorgeschlagene Projekt »Lebensraum Kirche« daran angeschlossen und so eine Art »Theologie des Kirchenraumes« mit Sch erarbeitet werden.

Verbindungen mit anderen Fächern

Unter dem allgemeinen pädagogischen Leitthema der 9. Klasse »Lebensperspektiven entwickeln« wird unter den fakultativen fächerverbindenden Unterrichtsvorhaben explizit die »Orientierung an Vorbildern« genannt. Dazu bieten die in Kapitel 6 enthaltenen Steckbriefe und Informationen über Personen des kirchlichen Widerstandes reichhaltiges Material.
Evangelische Religionslehre: Judentum: Achtung vor dem Verwandten und doch Anderen (9.3). Dieser Themenbereich fordert die Behandlung des religiösen Antisemitismus sowie des Nationalsozialismus und lässt sich so insbesondere mit *Infoseite I* **98-99** und *Infoseiten* **103-105** verknüpfen.
Geschichte: Totalitäre Herrschaft, Zweiter Weltkrieg und die Folgen (9.5).

Kirche in bewegten Zeiten

Titelseite (93)

1. Hintergrund

Oliviero Toscani/Fabrica
Oliviero Toscani, geboren in Mailand, studierte Fotografie und Design in Zürich. Er gilt als einer der international bekanntesten Werbefotografen und arbeitete für zahlreiche namhafte Magazine und Firmen. In den Jahren 1982-2000 war er verantwortlich für die Werbekampagnen der Firma Benetton und revolutionierte in ihnen das Verständnis von Werbung. So war er der führende Kopf hinter den aufsehenerregenden, teilweise höchst umstrittenen Plakaten in denen die Werbung die Themen AIDS, Tod, Krieg und Sexualität aufgriff.
1993 gründete er Fabrica, eine Werbeakademie und Kreativzentrale, die jungen Künstlerinnen und Künstlern aus aller Welt die Möglichkeit gibt, neue Möglichkeiten der Kommunikation mit den Medien Fotografie und Grafik, Design und Video auszuprobieren und auf dem Gebiet der neuen Medien zu arbeiten. Eines der Projekte von Fabrica ist das Bildbändchen »Beten«, aus dem die vorliegende Fotografie entnommen wurde. Das Buch zeigt eine große Bandbreite von Ausdrucksweisen heutiger Spiritualität. Vorangegangen war eine breit angelegte Umfrage unter Jugendlichen: »Betest du? Wenn ja, wie?« im Internet und in verschiedenen Zeitschriften. Die Ergebnisse wurden in diesem Buch zusammengestellt und im Jahr 2000 in allen großen Kultursprachen der Menschheit veröffentlicht.

Oliviero Toscani/Fabrica: »Kruzifix«, 2000
Das Foto spielt mit drei Gestaltungselementen: Renaissance-Bogen, Kruzifix und Gerüst. Es regt den Betrachter an, vielfältige Bezüge und Widersprüche zwischen ihnen zu entdecken.
Das Bild zeigt zunächst einen prächtigen Renaissance-Bogen im Vatikan. Vier blaugrau schimmernde Marmorsäulen tragen den äußeren Bogen; sie werden von mit Blattornamenten verzierten, farblich abgesetzten Kapitellen aus weißem Marmor abgeschlossen. In dem äußeren Bogen befindet sich ein aufgesetzter innerer Bogen, in den ein Kruzifix eingebaut ist. Den Hintergrund bildet wiederum eine glatte Fläche aus dunkelblauem Marmor. Der innere Bogen wird von einer Gemme gekrönt; darüber spannt sich der ebenfalls mit Ornamenten verzierte äußere Bogen. In dessen Mitte schwebt ein Putto, der eine Schriftrolle in Händen hält.
Das Kreuz im inneren Bogen hebt sich als Relief vom dunkelblauen Hintergrund ab, daran hängt eine plastisch ausgeformte Figur Jesu. Sie hängt an ausgestreckten Armen vom Kreuz herab. Kopf und Oberkörper sind zur Seite geneigt, die Beine ebenfalls leicht gebeugt und fallen zur Seite hin. Die Details des Körpers, Muskeln, Gelenke und Knochen erscheinen überdeutlich und lebensecht, das Gesicht ist nicht schmerzverzerrt oder verkrampft, sondern friedlich und entspannt. Die Augen sind geschlossen. Jesus scheint eben verstorben, von seinem Todeskampf findet sich keine Spur mehr.
Dieser Körper Jesu wird gestützt von einer Holzbal-

ken-Konstruktion. Die vertikalen Balken des Gerüstes stützen das Kreuz, während die horizontal verlaufenden Balken den Körper Jesu abstützen. Sie verlaufen unter den leicht gebeugten Knien des Körpers hindurch bzw. über der Magengegend. Füße und Arme Jesu werden ebenfalls von vertikalen bzw. diagonal verlaufenden Balken abgestützt.

Der Ort der Fotografie, der Vatikan, ist Symbol für die Kirche schlechthin. Dies gilt sowohl für die Kirche als Gebäude, als auch für die Kirche im eigentlichen Sinn als Gemeinschaft der Glaubenden. Der Begriff »Vatikan« weckt Assoziationen an Rom, den Papst und die Amtskirche mit ihren Hierarchien, aber auch an Weltkirche und Katholizität im eigentlichen Wortsinne.

Das Foto evoziert damit sofort den Gedanken an die »Baustelle Kirche« im übertragenen Sinn. Dies in zweierlei Hinsicht: Zum einen stützt das Gerüst das aus dem 15. Jahrhundert stammende Kreuz. Ist die Kirche im eigentlichen Sinn nicht auch etwas 2000-Jähriges, Überholungsbedürftiges? Ist Renovierung überhaupt möglich und wie müsste sie aussehen oder durchgeführt werden? Was kann von der »alten Bausubstanz« erhalten, was muss entfernt werden?

Zum anderen kann das Foto als ein durchaus hoffnungsvoller Hinweis auf die immerwährende Kraft zur Wandlung und Erneuerung in der Kirche verstanden werden im Sinne einer *ecclesia semper reformanda*. So, wie die Bauwerke der Kirche immer wieder umgebaut und den neuen Erfordernissen des Gemeindelebens und der Liturgie angepasst wurden, erneuert sich auch die Kirche als Glaubensgemeinschaft immer wieder.

Ein anderer ins Auge springender Aspekt des Fotos ist die Frage nach dem Verhältnis zwischen Jesus und der Kirche. Jesus scheint auf dem Foto eingezwängt, nicht nur in den Rahmen des Gerüstes, sondern auch in den Rahmen des prächtigen Renaissance-Bogens. Hier lässt sich ein Bezug zur Karikatur auf der *Ideenseite 97* herstellen.

Im übertragenen Sinne wäre zu fragen: Was ist das Eigentliche und Unverzichtbare der jesuanischen Botschaft in der Kirche und was ist – wie der prunkvolle Rahmen des Kruzifix – liebgewordene und über die Jahrhunderte gewachsene Zutat zu dieser Botschaft? Widerspricht der prunkvolle Rahmen gar der ursprünglichen Botschaft Jesu?

2. Einsatzmöglichkeiten im RU

Das Bild betrachten

- Sch beschreiben im Unterrichtsgespräch das Foto und beobachten, welche Assoziationen es im Rahmen des Kapitelthemas hervorruft. L informiert gegebenenfalls über Ort und Entstehungszeit des Bauwerks:
– Betrachtet das Foto in Ruhe und notiert euch alle Details, die euch auffallen.
– In welche Epoche würdet ihr das Bauwerk auf dem Foto kunstgeschichtlich einordnen?
– Achtet auf die Kontraste der Aufnahme (Bauwerk für die Ewigkeit – Baustelle, Jesus am Kreuz – prunkvoller Rahmen ...)
– Welche Assoziationen ruft das Foto im Rahmen des Kapitelthemas »Kirche« bei euch hervor?
- Alternativ können Assoziationen zum Kapitelthema auch in einem Schreibgespräch rund um eine Kopie mit dem Kapiteleingangsbild notiert werden. Dies ermöglicht eine Verlangsamung des Denkprozesses und verhilft insbesondere lebhaften Klassen zu einer weniger oberflächlichen Deutung des Fotos.

Das Bild verfremden

Sch trennen Kruzifix und Rahmen voneinander (siehe Kopiervorlage **AB 9.6.1, Lehrerkommentar S. 161**). Sie füllen den leeren Rahmen oder stellen das Kruzifix in einem anderen Rahmen auf (z. B. Menschenmenge, Wiese etc.). Dies kann zu einem vertieften Nachdenken darüber führen, was Kirche ausmacht bzw. wo Gott oder die Kirche zu finden sind.

Themenseite 94 95

1. Hintergrund

Die *Themenseite* sammelt unterschiedliche Momentaufnahmen der Kirche. Es finden sich einerseits traditionelle Bilder, wie z. B. den Papst über dem Petersplatz, andererseits aber auch ungewohnte und für Sch verblüffende Aspekte des Themas wie z. B. tanzende Menschen im Kirchenraum.

Das Bild vom **Papst über dem Petersplatz** ist den Sch vermutlich aus den Medien bekannt: Hoch über dem Petersplatz segnet der Heilige Vater von einem Balkon aus die Menschenmenge.

Ein durchaus ambivalentes Bild, das bei Sch widersprüchliche Emotionen auslösen dürfte. Das Bild verdeutlicht die Autorität des Papstes in der Kirche, der mit den Insignien seines Amtes weit über den Menschen auf dem Platz steht. Vermutlich werden sich hieran die Fragen nach dem Verhältnis zwischen

Amtskirche und Laien, die Frage nach Hierarchien in der Kirche und Kritik am Papst entzünden. Die Menschenmenge auf dem Platz weist positiv auf die große Zahl der Christen hin, die sich zur Kirche bekennen und vertritt die Weltkirche.

Auf dem zweiten Foto sind Jugendliche beim **Weltjugendtreffen** in Rom im Jahr 2000 ebenfalls auf dem Petersplatz zu sehen. Der Blickwinkel des Bildes ist deutlich verändert, es zeigt die Kirche nicht von oben, sondern auf gleicher Höhe mit den Menschen unten auf dem Platz. Jugendliche halten ein Plakat mit den zentralen Anliegen des konziliaren Prozesses von Frieden, Gerechtigkeit und Bewahrung der Schöpfung mit dem Symbol der Friedenstaube – Werte, mit denen Sch sich zum Großteil wohl auch identifizieren können. Erstaunen dürfte Sch die große Anzahl junger Menschen, die sich beim Weltjugendtreffen versammelt haben.

Das dritte Bild zeigt **afrikanische Jugendliche**, die so im Kreis zusammensitzen, dass ihre Füße einen Innenkreis ergeben. Dieses auf den ersten Blick völlig »unkirchliche« Foto lenkt den Blick auf den Aspekt von Kirche als Gemeinschaft, in der alle gleich sein sollen. Es weitet den Blick über die europäische Kirche hinaus auf die Weltkirche.

Auf dem vierten Bild erklärt eine **Ordensschwester** einer südamerikanischen Frau mit Kind das Nähen mit einer Nähmaschine. Nur durch das Ordenskleid der Schwester wird der Bezug zum Thema Kirche klar. Die Kirche und ihre Mitarbeiterinnen und Mitarbeiter werden zu Helfenden in praktischen Lebensfragen, bei der Berufsausbildung und Verbesserung der Lebenschancen der Armen. Für das Thema Mission ist dieses Bild ein guter Einstieg.

Tanzen während des Gottesdienstes im Altarraum einer Kirche – für Sch vermutlich ein ungewohntes Bild, zählt doch die Unverständlichkeit der als abgehoben und lebensfremd empfundenen Liturgie der Kirche zu den häufigsten Kritikpunkten von Sch an der Kirche. Wünsche der Sch an die Liturgie und Diskussionen über Sinn und Gestaltungsmöglichkeiten in der Liturgie lassen sich hier anknüpfen.

Das Bild der **Punkerin vor der Kirche** zeigt eine Jugendliche, die auf den Stufen vor einer geschlossenen Kirchentüre sitzt und raucht. Die eine Seite ihres Haares ist kurz geschnitten und rot, die andere Seite ist schwarz gefärbt und fällt ihr halblang ins Gesicht. Eine Sonnenbrille verdeckt ihre Augen. Ihre Kleidung will den Rahmen des Üblichen und Bürgerlichen sprengen, vielleicht auch schocken und ist doch auch wieder typisch und normal für die Jugendkultur der Punks. Sie trägt schwere Springerstiefel, einen kurzen Rock, dazu an mehreren Stellen zerrissene Netzstrümpfe und einen langen roten Ledermantel. Um den Hals hat sie ein Stachelhalsband gelegt. Ihre ganze Haltung strahlt Coolness aus. Von der Kirche selbst scheint sie keine Notiz zu nehmen. Die Kirchentüre wirkt durch ihre schweren Eisenbeschläge abweisend und wie vergittert.
Das Bild – ein Symbol für die Distanz heutiger Jugendlicher zur Kirche? Ausdruck des Gegensatzes zwischen traditioneller Frömmigkeit und den Werten von Jugendlichen? Was müsste geschehen, damit Jugendliche wie diese junge Frau den Schritt hinein in diese Kirche wagen?

Kirchenasyl wird auf dem letzten Bild thematisiert: Eine junge Frau mit dunklen Augen und schwarzem Haar steht mit ihren zwei kleinen Kindern im Kirchenraum und blickt den Betrachtenden an. Das kleinere der beiden Kinder auf ihrem Arm trägt Hausschuhe. Für Sch vielleicht nicht auf den ersten Blick erkennbar, wird hier das Thema Kirchenasyl und somit die Frage nach politischer Stellungnahme der Kirche aus der Botschaft des Evangeliums heraus angeschnitten. Kirche wird zum Ort des Schutzes, zum Asyl im eigentlichen Sinne.

Jürgen ist von kirchlichem Hintergrund geprägt, hat jedoch den Bezug zur Kirche verloren. Wie viele Jugendliche formuliert er im Wesentlichen »Glaube Ja – Kirche Nein«. Im Einzelnen kritisiert er die Weltferne der Kirche in Liturgie und Verkündigung und die Unglaubwürdigkeit vieler Sonntagschristen, für die Glaube nicht persönliche Entscheidung, sondern Tradition ist. Wenn im Handeln der Christen Christus nicht sichtbar wird, verliert die Kirche seiner Meinung nach ihre Daseinsberechtigung.
Petra ist in einer kirchlichen Jugendgruppe aktiv. Wie viele kirchlich engagierte Jugendliche steht sie der Amtskirche, dem Papsttum und dem Zölibat kritisch gegenüber. Dennoch findet sie in der Gemeinschaft der Jugendgruppe ein Stück zuhause in der Kirche und ist bereit, sich aktiv für ihre Anliegen in der Kirche einzusetzen.

2. Einsatzmöglichkeiten im RU

Momentaufnahmen sammeln   IDEENSEITE (96)
- Sch beschreiben die Fotos der *Themenseite* und deuten sie im Zusammenhang mit dem Kapitelthema. Sie erweitern die genannten Aspekte des Themas durch ein Brainstorming zum Thema Kirche.
– Beschreibt, welche Aspekte der Kirche auf diesen Fotos angesprochen werden.

Elemente des Titelbildes

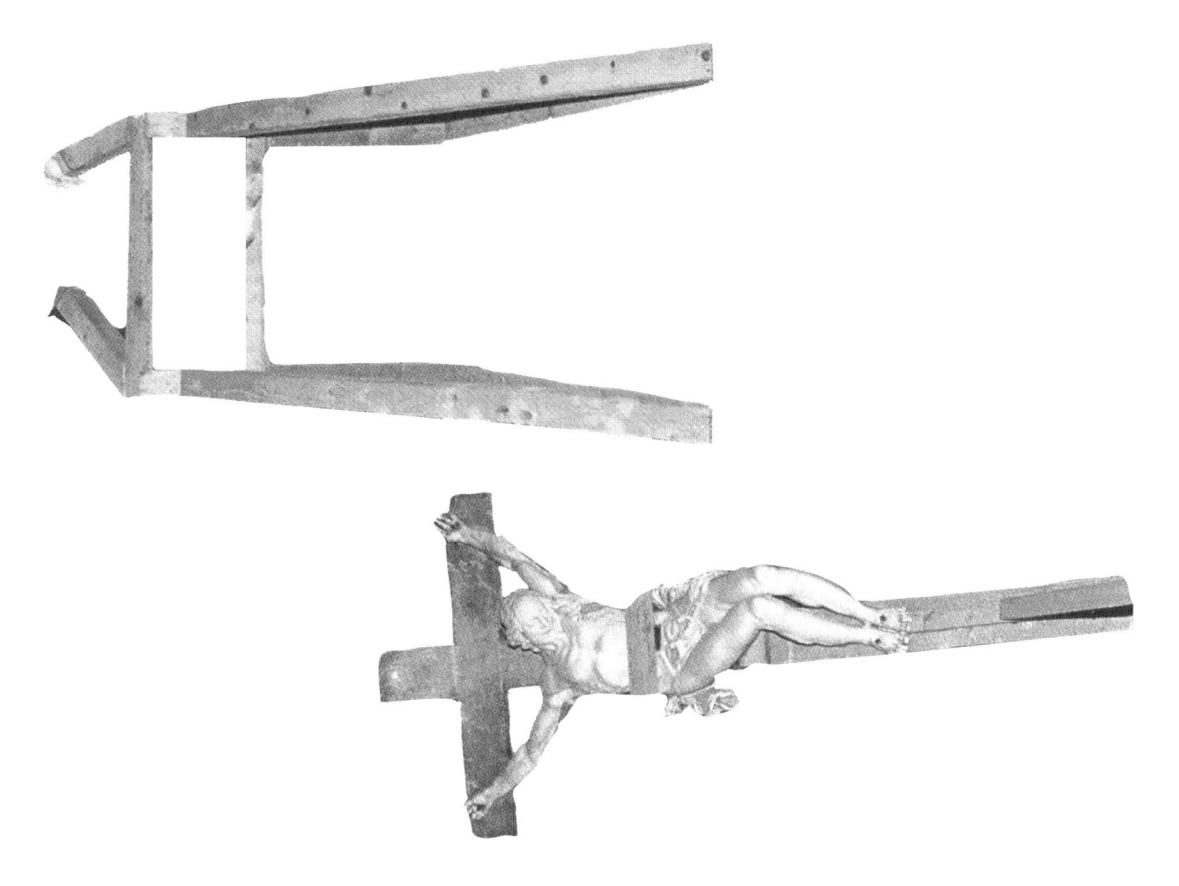

- Was davon ist für euch ungewohnt oder überraschend?
- Ergänzt diese Momentaufnahmen durch weitere Fotos, Interviews und anderes Material zum Thema Kirche.

Jürgens und Petras Haltung zur Kirche vergleichen/Momentaufnahmen sammeln — IDEENSEITE 96

- Die Texte über Jürgen und Petra werden zunächst gelesen und in eigenen Worten von Sch zusammengefasst. Dabei sollen die Hauptaussagen von Jürgens aber auch Petras Kirchenkritik herausgearbeitet und durch eigene kritische Anmerkungen der Sch ergänzt werden.
- Fasst die Hauptaussagen von Jürgens und Petras Kirchenkritik zusammen.
- Nehmt Stellung zu ihren Aussagen und ergänzt sie, wo dies eurer Meinung nach nötig ist.
- Warum kommen Jürgen und Petra zu unterschiedlichen Haltungen zur Kirche, trotz ihrer zum Teil ähnlichen Kritik an der Kirche?
- Beschreibt, wie die Kirche sich ändern müsste, damit sie für Jürgen oder für euch attraktiv wird.
- Was unternehmen die Jugendlichen aus Petras Jugendgruppe um die Kirche zu verändern?
- Zum Abschluss bietet der Impuls der *Ideenseite* 96, einen Brief an Jürgen und Petra zu schreiben, Möglichkeiten zur Stellungnahme und zur selbstständigen Auseinandersetzung mit den Statements dieser *Themenseite*.

Sich gegen Unrecht einsetzen — IDEENSEITE 97

- Ausgehend von dem Foto der *Themenseite* führen Sch eine Internet-Recherche im Archiv großer Zeitungen durch (z. B. www.sueddeutsche.de, www.zeit.de) und informieren sich über Fälle von Kirchenasyl.
- Ist dies aus organisatorischen Gründen nicht möglich, kann der L das entsprechende Material bereitstellen und von Sch bearbeiten lassen.
- Anschließend wird eine Diskussion zum Thema Kirchenasyl geführt.

Interviews führen — IDEENSEITE 96

- Als Einstieg wird das Foto der Punkerin mit Denkblasen versehen und von Sch ausgefüllt:
- Was könnte dem Mädchen auf den Stufen der Kirche wohl durch den Kopf gehen?
- Daran anschließend erarbeiten Sch Fragen zum Thema »Kirche« und stellen einen eigenen Fragebogen zusammen. Die Bearbeitung und Auswertung des Fragebogens kann je nach Zeitplan mehr oder weniger aufwändig von der Befragung der engsten Familienmitglieder bis zum öffentlichen Interview und der entsprechenden Präsentation der Ergebnisse ausfallen.

Missionieren? — IDEENSEITE 97

Anknüpfend an die geschichtliche Auseinandersetzung mit dem Thema Mission, wie sie im Impuls der *Ideenseite* angeregt wird, informieren Sch sich über kirchliche Hilfs- und Missionswerke heute (www.missio.de, www.adveniat.de, www.misereor.de, www.kindermissionswerk.de).

Kirche lebt an verschiedenen Orten — IDEENSEITE 97

Das Foto des Weltjugendtreffens lädt ein, sich im Internet über solche und ähnliche Treffen zu informieren, wie im Impuls der *Ideenseite* 96 angegeben (z. B. www.wjt2005.de; www.weltjugendtreffen2005.de, www.oekt.de).

Ein Schreibgespräch führen

Das auf der *Themenseite* angegebene Zitat: »Ich glaube, dass Christus immer bei seiner Kirche sein wird« wird in die Mitte eines Plakates notiert. In KG schreiben Sch schweigend ihre Gedanken und Assoziationen zum Zitat auf. Anschließend werden die entstandenen Schreibgespräche gemeinsam gelesen und miteinander verglichen. Interessant wäre eine Verknüpfung des Zitats mit der Karikatur auf *Ideenseite* 97 und dem *Titelbild* 93 unter dem Aspekt »Jesus und die Kirche«.

Ideenseite (96) (97)

Einige Impulse der *Ideenseite* erschließen die *Themenseite*. Sie werden dort besprochen:
Interviews führen: S. 162
Kirche lebt an verschiedenen Orten: S. 162
Momentaufnahmen sammeln: S. 160, 162
Missionieren?: S. 162
Sich gegen Unrecht einsetzen: S. 162

Andere Anregungen konkretisieren *Infoseite IV* **110** am Beispiel der eigenen Pfarrei und des eigenen Bistums und sind dort zu finden:
Aufgaben und Dienste einer Pfarrei skizzieren: S. 96
Das eigene Bistum besuchen: S. 189 f.
Um verschiedene Aspekte des Selbstverständnisses von Kirche am Beispiel der Kirchenarchitektur geht es auf *Infoseite V* **106-107**. Die Idee »Lieder zum Thema Kirche befragen« ist deshalb dort eingeordnet (Lehrerkommentar S. 182).

Das Verhältnis von Jesus und der Kirche, wie es auch im Verlauf des Kapitels immer wieder angesprochen wird, (vgl. *Titelseite, Themenseite*) wird thematisiert in der Anregung »Eine eigene Gestaltung finden« (siehe unten).

Der Impuls »Steckbriefe: Menschen der Kirche für die Menschen« stellt dem Unterricht weiteres Material für den biografischen Zugang zum Thema Kirche, dem der Lehrplan besonderes Gewicht gibt, über das Kapitel hinaus zur Verfügung.

Eine eigene Gestaltung finden

Dieser Impuls zeigt eine Karikatur, die das Verhältnis zwischen Jesus und der Kirche überspitzt und provokativ darstellt. Ein bärtiger Jesus, nackt bis auf Dornenkrone und Lendentuch, mit Wundmalen an Füßen und Händen, steht in halb gebückter Haltung da. In einer bittenden Geste hält er einem Pfarrer die geöffnete Hand hin. Dieser wendet ihm die Schulter zu und bedenkt ihn mit einem abschätzig-misstrauischen Blick. In den Händen hält er eine prächtige gotische Kirche, an deren Gewicht er schwer zu tragen hat. Er bewacht sie jedoch eifersüchtig und scheint sie ängstlich in Sicherheit bringen zu wollen. Offensichtlich fürchtet er den Bettler, der an seine »schöne« Kirche Ansprüche stellt und einfach nicht dort hineingehört. In der Angst des Pfarrers und seinem Misstrauen weist der Zeichner auf die Angst der Kirche vor neuen Herausforderungen und vor dem Anspruch des Evangeliums hin und kritisiert die Besitzstandswahrung in der Kirche. Der Gegensatz zwischen der offenen, vertrauenden Haltung Jesu und der verschlossenen, ängstlichen Haltung der Kirche wird deutlich.
Die Frage nach dem Verhältnis von Kirche und Anspruch Jesu wird an verschiedenen Stellen im Kapitel aufgegriffen, wie z. B. bereits auf der Titelseite mit dem abgestützten Kruzifix im Vatikan. Auf der *Themenseite* **95** ist zu den Momentaufnahmen der Kirche der Satz beigefügt »Ich glaube, dass Christus immer bei seiner Kirche sein wird«, der klar mit Jürgens Äußerungen »Jesus und Glaube ja – Kirche nein« kontrastiert.

- Beschreibt die Karikatur. Achtet dabei vor allem auch auf Haltung und Gestik der beiden Gesprächspartner. Was wollen sie wohl damit zum Ausdruck bringen?
- Lasst Jesus und den Pfarrer miteinander ins Gespräch kommen. Schreibt in Ich-Form auf, was sie zueinander sagen könnten.
- Was sagt Jesus zum Thema Kirche? Lest einige Worte Jesu zum Thema »Gemeinde« im NT nach und bringt die Aussagen in Bezug zur Karikatur (Joh 13,1-20; Mt 18,1-5).
- Versucht selbst das Verhältnis Jesu zur Kirche darzustellen. Fertigt eine Collage dazu an oder wählt euch eine andere Gestaltungsform, die euch angemessen erscheint.

Krieg im Namen des Evangeliums — Infoseite I 98 99

1. Hintergrund

Die Doppelseite informiert über die mittelalterliche Kreuzzugsbewegung und verknüpft sie mit einer Darstellung des christlichen Antijudaismus. Sie stellt die Frage nach dem Umgang der Kirche mit ihrer Vergangenheit und weist darauf hin, den Maßstab des Evangeliums an das Handeln von Christen anzulegen.

Der **Infotext** beschreibt Verlauf und Ursachen der Kreuzzugsbewegung. Der christliche Westen hatte die kriegerische Ausbreitung des Islam und die Unterwerfung vieler ehemals christlicher Länder durch die Araber erlebt; Palästina befand sich bereits seit 637 in arabischer Hand. Die muslimischen Türken bedrohten zum Ende des 11. Jahrhunderts Byzanz, worauf der oströmische Kaiser Papst Urban II. um Hilfe bat. Dieser sah darin die Chance, die oströmische Kirche durch seine Hilfe wieder zur Unterordnung unter seine Herrschaft zu bringen und rief 1095 zu einem Kreuzzug auf. Mit dem von den Kreuzfahrern begeistert aufgegriffenen Schlachtruf »Gott will es!« forderte er zur Befreiung der heiligen Stätten in Palästina und zur Sicherung der Pilgerwege ins Heilige Land auf. Schließlich kam es zur im Text beschriebenen Eroberung Jerusalems. Im weiteren Verlauf bildeten sich Kreuzfahrerstaaten, zu deren Verteidigung zwei weitere Kreuzzüge unternommen wurden. Insbesondere der Hl. Bernhard von Clairvaux rief dazu mit begeisternden Worten vor allem auch deutsche Ritter auf. Diese Kreuzzüge scheiterten kläglich und stellten die Kreuzzugsidee infrage. Dem Staat Venedig gelang es, den vierten Kreuzzug für die eigenen Zwecke umzulenken und den großen Rivalen Byzanz im Mittelmeerhandel auszuschalten. Byzanz wurde vom Kreuzfahrerheer erobert und geplündert. Auch späteren Kreuzzügen war kein bleibender Erfolg beschieden; gegen Ende des 13. Jahrhundert mussten die letzten Ritter Palästina verlassen.

Der Text nennt einige Ursachen der Kreuzzugsbewegung, die neben dem religiösen Motiv der Befreiung der heiligen Stätten eine große Rolle spielten: Abenteuerlust, die Flucht aus einer desolaten wirtschaftlichen Situation sowie die Hoffnung auf reiche Beute. Hinzu kam ein neu erwachtes Interesse an der irdischen Stadt Jerusalem als historischem Ort des Lebens Jesu. Für den Ritterstand waren die Kreuzzüge eine Möglichkeit, die Ideale des ritterlichen Lebens und das Modell eines kriegerischen Lebens mit religiöser Hingabe und Begeisterung zu verbinden.

Dass die religiöse Idee der Kreuzzugsbewegung jedoch von Anfang an für machtpolitische Interessen instrumentalisiert wurde, verdeutlicht in besonderer Weise der schon erwähnte Kreuzzug gegen Konstantinopel.

Pogrome im Gefolge der Kreuzzüge zeigen, dass die Kreuzzugsidee auf den Kampf gegen andere Ungläubige wie Juden oder auch Ketzer (Ketzerkreuzzüge gegen Albigenser und Waldenser in Südfrankreich) übertragen wurde. Zu erwähnen sind hier insbesondere die Massaker an der jüdischen Bevölkerung in Köln, Mainz, Worms und Speyer auf dem Weg des ersten Kreuzzugs 1096. Als Begründung dieser Untaten wurde meist die Rache für die Kreuzigung Jesu durch die Juden aufgeführt.

Diese und andere Elemente antijüdischer christlicher Propaganda werden im **Bild** auf *Infoseite 99* dargestellt und fordern zu einer kritischen Betrachtung heraus. Der Ausschnitt aus dem so genannten »Wasserburger Lebensbaum« ist Teil eines Wandgemäldes an der Außenfassade von St. Jakob in Wasserburg/Inn. Es entstand in der zweiten Hälfte des 15. Jahrhunderts und zeigt in volkstümlicher Weise Bilder der Heilsgeschichte. Der hier abgebildete Teil des Gesamtwerks kontrastiert *ecclesia* und *synagoga* miteinander unter dem Kreuz.

Die Mitte der Darstellung bildet ein »lebendes« Kreuz, aus dessen Querbalken zwei Hände wachsen. Während die rechte Hand sich segnend zur Kirche neigt, hält die linke Hand ein Schwert über die Synagoge.

Am Kreuz hängt Christus mit einem Heiligenschein, den Blick nach oben gerichtet. Aus den Wundmalen seiner Hände und Füße und aus der Seite fließt Blut.

Auf der rechten Seite Jesu (also vom Betrachtenden aus links gesehen) unter dem Kreuz steht die Kirche in Gestalt einer jungen Frau. Sie reitet auf einem *Tetramorph*, einem Fabeltier nach Offb 4,6f. mit vier Köpfen und vier verschiedenen Beinen. Die vier Köpfe symbolisieren die vier Evangelisten: Löwe (Markus), Mensch (Matthäus), Stier (Lukas) und Adler (Johannes). Die Frauengestalt trägt eine Königskrone auf dem Haupt. Sie ist in Purpur und Gold gekleidet und hält einen Stab mit einem juwelengeschmückten Kreuz in der rechten Hand. Die linke Hand fängt in einem Kelch das aus der Seite Jesu herabfließende Blut auf. Ihr Blick ist nach oben zu ihrem Herrn gerichtet.

Die linke Seite ist dazu parallel kontrastierend aufgebaut. Auch die Synagoge erscheint als Frauengestalt, jedoch nicht in prunkvolle Gewänder, sondern in ein einfaches gelbes Kleid gehüllt. Sie sitzt auf einem Esel und trägt in ihrer Rechten ein zerbrochenes Banner mit einem Skorpion als Wappentier. In der linken Hand hält sie den Kopf eines Bockes. Ihre Augen sind mit einer weißen Binde verbunden und Blick und Körperhaltung gehen nach unten, weg vom Kreuz. Die Krone fällt ihr vom Kopf, während das gezogene Schwert des Gerichts über ihr schwebt.

Links und rechts wird die Darstellung umrahmt von Propheten des AT, Evangelisten und Gestalten des NT. Die Spruchbänder des Gemäldes kommentieren und erklären das Dargestellte. Rechts über dem Bild der Ecclesia steht der Spruch: »Durch den Glauben der Kirche wird der Name Gottes in Ewigkeit gepriesen« *(Per fidem ecclesiae in aeternum est nomen dei benedictum)*, während auf der Seite der Synagoge zu lesen ist: »Dies ist der alte Bund, der in das Geheimnis der Verdammung stürzt« *(Haec est lex vetus, quae in mysterium damnationis decidit)*. Weitere Spruchbänder am rechten Rand zitieren aus der Schrift, wie z. B. »Ich sah vier Tiere« *(Vidi quatuor animalia; Dan 7,3-12, vgl. Offb 13,1-18)* über der Darstellung von Johannes dem Evangelisten ganz links unten (im Buch nur noch als Heiligenschein sichtbar) und »Freue dich Tochter Zion, denn dein König kommt« *(Exulta filia Sion, quia rex tuus venit)* über der Darstellung des Ezechiel. Darüber ein neutestamentliches Zitat: »Heute noch wirst du in meinem Paradies sein« *(Hodie eris in paradiso meum)*.

Die Darstellung von Ecclesia und Synagoge, wie sie sich im Wasserburger Lebensbaum findet, folgt einer langen ikonografischen Tradition, deren Wurzeln bereits in die ersten christlichen Jahrhunderte zurückreichen. In Abgrenzung zu den jüdischen Wurzeln des Christentums entstand in der frühen Kirche das theologische Paradigma von der Ablösung des verstockten Volkes Israel durch die Kirche als neue, von Gott erwählte Heilsträgerin. Der darin implizierte Antijudaismus gehört somit gleichsam zum »Geburtstrauma des Christentums« (Herbert Jochum in: Eröffungsvortrag am 3. Mai 1994 zur Eröffnung der Ausstellung »Ecclesia und Synagoga« in St. Sebald, Nürnberg).

Die Kirche und die Synagoge werden dabei allegorisch als Frauengestalten im Streitgespräch dargestellt, in dem die Kirche ihren Anspruch wie folgt formuliert: »Daher bin ich jetzt die Königin, die dich deiner Herrschaft enthebt. Ich bin die Braut des Herrn, der mein Haupt gekrönt und mir den Purpurmantel umgehängt hat.« *(Altercatio, 4. Jh.)*

Weite Verbreitung in der bildenden Kunst fand das Motiv seit dem 9./10. Jahrhundert. Beide Frauengestalten stehen sich unter dem Kreuz gegenüber, zunächst noch fast gleichberechtigt, später mehr und mehr die Synagoge verunglimpfend.

Während die Hoheit und moralische Reinheit der Kirche auf der einen Seite immer weiter gesteigert wird, bekommt die Synagoge mehr und mehr Symbole des Lasters und der Verderbtheit, der Ausschweifung (Bockskopf) und Prostitution (gelbes Gewand).

Dass der Hetze durch Bilder dann auch Taten folgten, zeigen Pogrome wie die Zerstörung der jüdischen Gemeinden von Mainz, Worms und Speyer 1096 während des ersten Kreuzzuges, Ritualmordbeschuldigungen wie z. B. 1147 in Würzburg, die Judenverfolgungen unter dem Vorwurf der Brunnenvergiftung während der Pestwelle 1347-50, die Vertreibung und Ermordung der jüdischen Gemeinde in Nürnberg 1495 und viele andere mehr.

Die Bildelemente des Wasserburger Lebensbaums zitieren weitgehend bekannte Motive dieser Gegenüberstellung von Kirche und Synagoge. Beide sind als Frauengestalten dargestellt und treten hier an die Stelle von Maria und Johannes unter dem Kreuz. Dadurch liegt die Anspielung auf Maria als Mutter der Kirche nahe. Während die Kirche sich auf der »richtigen« d. h. der rechten Seite Jesu befindet, steht die Synagoge auf der linken – nach Mt 25,33 die Seite der Verstoßenen. Der Kelch in der Hand der Ecclesia verweist auf das sakramentale Heilsgeschehen der Eucharistie in der Kirche. Der Tetramorph, auf dem sie reitet, steht für die vier Evangelisten Markus, Matthäus, Lukas und Johannes und verweist auf die Tradition und Autorität des Wortes Gottes in der Kirche. Ihr Stab ist sowohl herrschaftliches Szepter als auch das Banner der Kirche. Ihre Herrscherinsignien und die Farben Purpur und Gold – Farben der Päpste und Kaiser – zeigen ihre königliche Würde als Braut des Königs Christus.

Analog dazu wird das Gegenbild der Synagoge entworfen. Auch sie trug einst eine Krone, die ihr jetzt vom Kopf fällt – Symbol für die einstige Erwählung und jetzige Verstoßung des Volkes Israel. Ihre Augenbinde signalisiert Blindheit, weshalb sie die Gottessohnschaft Jesu nicht erkennt. Der mehrfach zerbrochene Lanzenschaft trägt auf der Fahne als Wappentier einen Skorpion – Zeichen für Widerspenstigkeit und Falschheit. Auch der Kopf des Bocks in ihrer Linken ist in gleicher Weise zu deuten: er ist das Opfertier des AT, jetzt aber Symbol für Unkeuschheit. Ihr Reittier, der Esel, verweist auf den gleichen Vorwurf: »Und Jerusalem entbrannte in Lust zu den Buhlen, die in ihrer Geilheit Eseln und Hengsten glichen« (Ez 23,20). In ihrer Körperhaltung ist sie von dem Gekreuzigten abgewandt. Das Gelb ihres Gewandes war in Antike und Mittelalter die Farbe von Neid und Missgunst, die Farbe der Verbrecher und Dirnen, daher auch das Gelb des Judensternes im Mittelalter. Es ist also ein doppelter Vorwurf, der der Synagoge gemacht wird: Sie ist verstockt, da sie den wahren Messias nicht erkennen will und begeht Ehebruch, indem sie den Bund mit Gott bricht. Dafür wird sie verstoßen, sie »stürzt in das Geheimnis der Verdammung« wie im Spruchband oder noch deutlicher in dem 1976 übermalten Spruchband » ... während das blinde Judentum verstoßen wird« unter der Darstellung.

Hier wird ein äußerst problematischer und verhängnisvoller Gegensatz zwischen Altem und Neuem

Bund, zwischen Kirche und Synagoge vermittelt, der Ausdruck des in der Frömmigkeit des Spätmittelalters weit verbreiteten religiös motivierten Antisemitismus ist. So wird das Judentum zum Feindbild eines christlichen Mobs, der die Ungläubigen wie in einem Kreuzzug ausrotten will.

2. Einsatzmöglichkeiten im RU

Sich informieren

- Sch bearbeiten den Text anhand der AA auf der Doppelseite.
- Fasst den Text in eigenen Worten stichpunktartig zusammen. Gebt dabei den zeitlichen Rahmen, Verlauf und Ursachen der Kreuzzüge an.
- Informiert euch in einem Lexikon über die Kreuzzüge. Verfolgt den Weg der Kreuzzüge auf einer Karte.
- Sucht nach Bildmaterial über die Kreuzzüge wie z. B. Kreuzfahrerburgen oder Darstellungen von Kreuzrittern u. Ä. in Geschichtsbüchern, Lexika oder Reiseführern (Karten- und Bildmaterial z. B. in: Welt und Umwelt der Bibel. Die Kreuzzüge, Nr. 29, Heft 3/2003).
- Arbeitet anhand Mt 5,9; Mt 5,38-42; Mt 26,51-54 die biblische Sichtweise eines Krieges im Namen Gottes heraus.

Ein historisches Beispiel für Friedensliebe kennen lernen

Bereits zur Zeit der Kreuzzüge gab es Menschen, die sich mit der Kreuzzugsidee kritisch auseinander setzten. Der Hl. Franz von Assisi begleitete 1219 ein Kreuzfahrerheer nach Ägypten, um auf friedliche Weise in das Kreuzzugsgeschehen einzugreifen. Es kam zu einer Begegnung mit Sultan Melek el-Kamil, den er bekehren wollte. Darüber berichtet der zeitgenössische Chronist Bonaventura (vgl. **AB 9.6.2, Lehrerkommentar S. 167**).

- Sch lesen den Text des AB und beantworten die Fragen.

Die Bildaussage erschließen

- Sch beschreiben das Bild, sie werden aufmerksam auf einzelne Details und bekommen Hintergrundinformationen um diese Einzelheiten des Bildes deuten zu können. Dabei kann folgender TA erarbeitet werden (s. u.).
- Beschreibt das Bild. Achtet auf Einzelheiten der Darstellung von Ecclesia und Synagoge und versucht sie zu deuten.
- Formuliert die Gesamtaussage des Bildes in einer Schlagzeile.
- Lasst beide Frauen in Ich-Form miteinander ins Gespräch kommen.
- Anschließend wird der Bezug zwischen Text und Bild hergestellt:
- Was sagt das Bild über die damalige Vorstellung vom Judentum aus?
- Welche Vorurteile gegenüber Juden sind in dem Bild zu finden?
- Der Text zeigt, dass der Verunglimpfung des Judentums auf Bildern wie dem abgebildeten Taten folgten. Inwiefern haben solche Bilder zur Verfolgung von Juden beigetragen?

TA:

Ecclesia und Synagoge

Ecclesia: Personifikation der Kirche	Lebendes Kreuz	Synagoge: Personifikation des Judentums
Hand segnet die Kirche		Hand führt das Schwert gegen die Synagoge

Die Kirche:
- Sie steht auf der rechten = richtigen Seite Jesu.
- Sie ist dargestellt als junge Frau mit einer Krone auf dem Kopf als Braut des Christuskönigs.
- Sie reitet auf einem Tetramorph (Fabeltier nach Offb 4,6) mit den Symbolen der vier Evangelisten.
- In der rechten Hand hält sie einen Kreuzstab als Banner und Szepter.
- In der linken Hand hält sie einen Kelch, mit dem sie das Blut aus der Seite Christi auffängt; ein Hinweis auf das sakramentale Geschehen in der Kirche.
- Ihr Gewand hat die Farben Purpur und Gold; dies sind die Farben der Päpste im Mittelalter.
- Sie blickt nach oben, zum Kreuz.

Die Synagoge:
- Sie steht auf der linken = falschen Seite Jesu.
- Sie ist dargestellt als gestürzte Königin, die Krone fällt ihr vom Kopf.
- Sie reitet auf einem Esel, Sinnbild für Verstocktheit und Geilheit.
- Sie trägt eine weiße Augenbinde, Symbol für Blindheit, weil sie Jesus als Sohn Gottes nicht erkennt.
- In der rechten Hand trägt sie einen zerbrochenen Stab mit einem Skorpion – Zeichen für Widerspenstigkeit und Hinterlist.
- In der linken Hand hält sie einen Bockskopf, das Opfertier des AT – Zeichen für Unkeuschheit.
- Sie trägt ein gelbes Kleid; Gelb ist die Farbe der Prostitution, Missgunst und des Verbrechens.
- Ihre Körperhaltung ist vom Kreuz abgewandt.

Vorwurf der Verstocktheit und des Ehebruchs;
Ein polemisches, bösartiges Bild des Judentums wird gezeichnet.

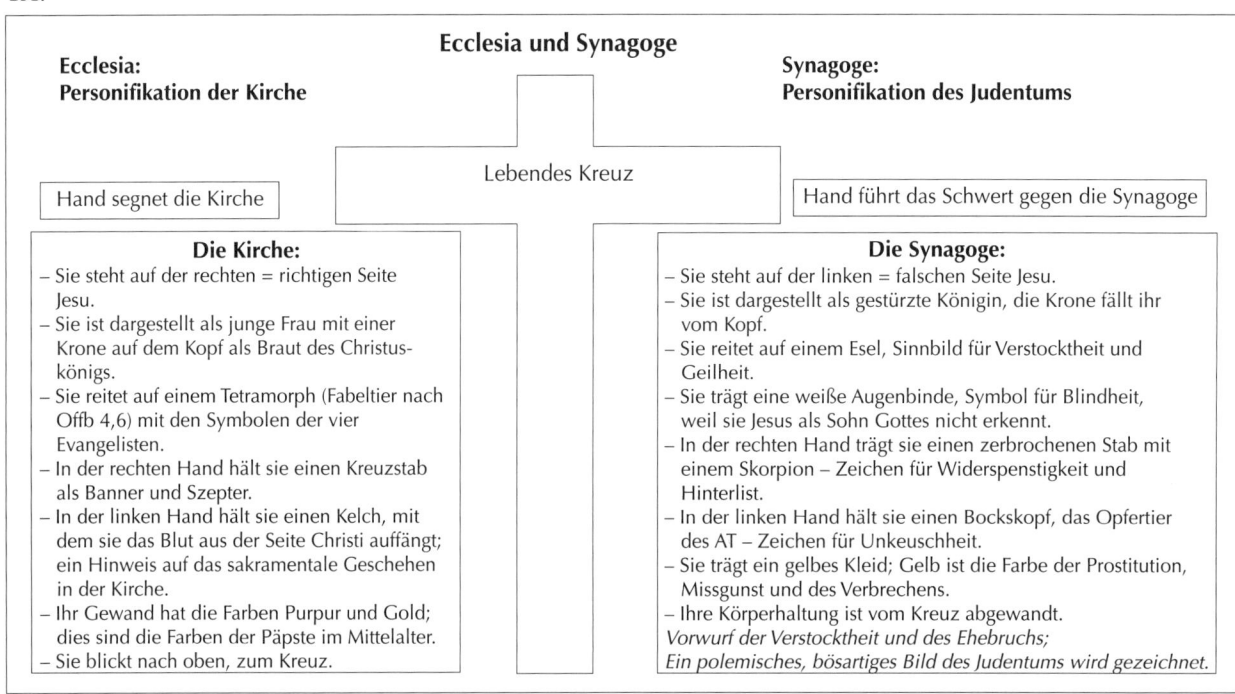

Der heilige Franziskus
vor dem Sultan von Ägypten

Da die Glut seiner Liebe Franziskus zum Martyrium drängte, zog er im dreizehnten Jahr nach seiner Bekehrung in das Land Syrien und nahm mutig große Gefahren auf sich, um vor den Sultan von Ägypten zu gelangen. In Begleitung des Bruders Illuminatus machte er sich auf den Weg und predigte dem Sultan mit Unerschrockenheit, Geisteskraft und Begeisterung den einen, dreifaltigen Gott und Erlöser aller Menschen, Jesus Christus. Der Sultan sah die wunderbare Glut und Kraft des Geistes bei dem Gottesmann und bat ihn inständig, bei ihm zu bleiben. Von Gott erleuchtet, gab Franziskus ihm zur Antwort: »Wenn du dich mit deinem Volk zu Christus bekehren willst, will ich aus Liebe zu ihm gern bei euch bleiben. Solltest du aber Bedenken haben, für den Glauben an Christus das Gesetz des Mohammed zu verlassen, so lass ein großes Feuer anzünden. Ich werde dann mit deinen Priestern ins Feuer hineingehen, damit du dadurch erkennen kannst, welchen Glauben du annehmen musst, weil er größere Sicherheit und Heiligkeit besitzt.« Da erwiderte der Sultan: »Ich glaube nicht, dass sich einer meiner Priester bereit findet, zur Verteidigung seines Glaubens diese Feuerprobe zu wagen.« Denn er hatte gesehen, wie sich einer seiner Priester, ein Mann von hohem Ansehen und Alter, bei den Worten des Franziskus aus dem Staube gemacht hatte. Da sagte der Heilige: »Versprichst du mir, für dich und dein Volk den Glauben an Christus anzunehmen, wenn ich unversehrt durchs Feuer gehe, dann will ich allein hineingehen.« Doch der Sultan wagte nicht eine solche Probe anzunehmen, weil er einen Aufruhr seines Volkes fürchtete.

Wie hat Franziskus die Kreuzzugsidee umgedeutet?
Beschreibe, welcher Geist aus der berichteten Begebenheit spricht.
Bringe dies mit anderen Aussagen über Franziskus (Lexikon S. 119) in Verbindung.

3. Weiterführende Anregung

Jüdisches Leben in Bayern aufspüren
An vielen Orten gibt es Spuren jüdischen Lebens in Bayern: Synagogen, Friedhöfe, Museen.

- Sch erkundigen sich nach solchen Zeugnissen in ihrer Umgebung. Außerdem kann ein Wandertag bzw. ein Klassenausflug mit dem Besuch einer Stätte jüdischen Lebens in Bayern verbunden werden.

Mutig gegen den Hexenwahn

Infoseite II (100)(101)

1. Hintergrund

Zu den Hexenverfolgungen im Spätmittelalter, dieser dunklen Epoche der europäischen Kirchen- und Profangeschichte, wird mit einem **Text** über die Persönlichkeit des Friedrich Spee von Langenfeld ein Zugang ermöglicht.
Der Text beginnt mit der Geschichte der Tochter des kaiserlichen Postmeisters in Köln, die als Hexe verbrannt wurde, und beschreibt die historische Situation zu Anfang des 17. Jahrhunderts. Darin eingebettet erzählt er vom Leben des Jesuitenpaters.
Das **Adventslied** »O Heiland, reiß die Himmel auf« bekommt vor diesem Hintergrund einen ganz neuen Klang. Die vielen Metaphern in diesem Lied treten aus dem Bereich des nur Religiösen und der adventlichen Frömmigkeit heraus und werden zu Sehnsuchts- und Hoffnungsbildern in einer schrecklichen Zeit.

> **Friedrich Spee von Langenfeld (1591-1635)**
> Der Jesuitenpater Friedrich Spee von Langenfeld wandte sich in seinem 1631 anonym veröffentlichten Buch *Cautio Criminalis* gegen die Hexenprozesse, besonders gegen die Anwendung der Folter. Sein Engagement stieß auf Unverständnis und Widerstand. Man erwog die Entlassung aus dem Jesuitenorden, doch wurde er »nur« strafversetzt. Dennoch trug sein Buch maßgeblich dazu bei, dass die Hexenprozesse zunehmend kritischer betrachtet wurden. Zu Lebzeiten konnte sich Friedrich Spee nur wenig Gehör verschaffen, ja er musste selbst um sein Leben fürchten. Erst Jahre nach seinem Tod zeigten seine Schriften breitere Wirkung und es dauerte noch fast hundertfünfzig Jahre, bis keine Strafbestimmungen mehr gegen so genannte »Hexen« angewandt wurden.
> Das letzte Menschenfeuer auf deutschem Boden loderte 1775 im katholischen Kempten; den Schlusspunkt in Europa setzte 1782 der reformierte Schweizer Kanton Glarus (mit dem Tod der Anna Göldin).

Es zeigt sich, dass oft im mutigen Zeugnis Einzelner, die sich gegen den allgemeinen Wahn und die Irrungen der Mächtigen stellen, der Anspruch des Evangeliums und der Auftrag der Kirche deutlich wird. Wie so oft haben erst spätere Generationen die Bedeutung des Jesuitenpaters erkannt und ihn als wahren Zeugen des Evangeliums beglaubigt. Er steht für Mitleid in einer Welt des religiösen Wahns, in der Menschen im Namen eines pervertierten Glaubens gnadenlos verfolgt, gequält und grausam ermordet wurden. In finsterer Zeit leuchtete in Friedrich Spee von Langenfeld das Licht einer Kirche für die Menschen.
Im Ganzen ist das Kapitel Hexenverfolgung und Hexenwahn in der Kirchengeschichte und vor allem im Bewusstsein der Gläubigen noch nicht angemessen aufgearbeitet. Für viele Zeitgenossen leidet darunter die Glaubwürdigkeit der Kirche. Dabei geht es vor allem um den Umgang mit historischer Schuld. Erst am Ende des zwanzigsten Jahrhunderts deutet sich ein Wandel an: 1994 forderte Papst Johannes Paul II., die Kirche müsse »aus eigenen Antrieben die dunklen Seiten ihrer Geschichte überprüfen und im Lichte des Evangeliums bewerten« (*Infoseite II* **101**). 1998 ließ er die vatikanischen Archive öffnen und gab 4500 Aktenbände frei. Am 12. März 2000 sprach er in seinem Schuldbekenntnis der Sünden der Kirche in der Vergangenheit von »Methoden der Intoleranz, die dem Evangelium widersprechen und das Antlitz der Kirche entstellt haben«. Bereits 1996 legte die Synode der evangelischen Landeskirche in Bayern ein »Schuldanerkenntnis« ab: »Auch durch die Theologen und die Kirchen der Reformation ist Anstiftung zur Hexenverfolgung, Beteiligung an Hexenverfolgung und das Geschehenlassen von der Hexenverfolgung erfolgt.«

Viele Dokumente der Hexenverfolgung sind aus dem 17. Jahrhundert erhalten. So der Brief des Bamberger Bürgermeisters Junius (1614-1628). Er wurde als »Drudenmeister« (Hexenmeister) denunziert und so lange gefoltert, bis er ein Geständnis seiner angeblichen Verbrechen wider die christliche Religion ablegte. Wie seine Frau wurde er mit einem Schwert gerichtet und verbrannt. Kurz vor seinem Tod schrieb er aus dem Gefängnis an seine Tochter Veronika. Das Original ist erhalten und zählt zu den erschütterndsten Dokumenten des Hexenwahns (Behringer, 305 ff.): In **AB 9.6.3, Lehrerkommentar S. 169** liegt eine gekürzte und ins heutige Deutsch übertragene Fassung vor. Auch in Diözesan- und Gemeindearchiven, in

Ich bin kein Drudner, sondern ein Märtyrer!

Der Bamberger Bürgermeister Johannes Junius wurde im Jahre 1628 als »Drudnermeister« (Hexenmeister) angezeigt und so lange gefoltert, bis er ein erfundenes Geständnis ablegte. Danach wurde er in der alten Hofhaltung mit dem Schwert gerichtet und verbrannt. Kurz vor seinem Tod schrieb er aus dem Gefängnis an seine Tochter Veronika.

Herzliebste Veronika,
unschuldig bin ich in das Gefängnis gekommen, unschuldig bin ich gemartert worden, unschuldig muss ich sterben. Denn wer in das Hexenhaus kommt, der muss ein Drudner werden, oder er wird so lange gemartert, bis er sich etwas in seinem Kopf ausdenkt, dass es Gott erbarme.
Das erste Mal wurde ich von Doktor Braun befragt: »Schwager, wie kommt ihr hierher?« Ich antworte: »Durch Falschheit und Unglück.« »Hört ihr«, sagt er, »ihr seid ein Drudner. Gesteht es gutwillig. Wenn nicht, so wird man euch Zeugen herstellen mit dem Henker an der Seite.« Ich sag: »Ich bin kein Drudner, ich hab ein reines Gewissen. Wenn gleich tausend Zeugen wären, ich sorge mich nicht ...« Und dann kam leider, Gott erbarm es in höchstem Himmel, der Henker und hat mir Daumenschrauben angelegt, beide Hände zusammengebunden, dass das Blut zu den Nägeln herausgegangen ist und ich die Hände vier Wochen nicht mehr gebrauchen konnte, wie du das auch an meiner Schrift sehen kannst. So habe ich mich Gott befohlen und alle diese Marter und Pein in seine fünf Wunden gelegt. Er wird mir meine Schmerzen lindern, dass ich sie aushalten kann ... Danach hat man mich erst ausgezogen, die Hände auf den Rücken gebunden und in die Höhe auf die Folter gezogen. Da dachte ich, Himmel und Erde gehen unter. Sie haben mich acht Mal raufgezogen und wieder fallen lassen, dass ich unselige Schmerzen empfand.
Dies alles ist fasernackt geschehen, denn sie haben mich fasernackt ausziehen lassen. Als mir unser Herrgott geholfen hat, hab ich zu ihnen gesagt: »Verzeih euch Gott, dass ihr einen ehrlichen Mann so unschuldig angreift. Ihr wollt ihn nicht allein um Leib und Seele, sondern auch um Hab und Gut bringen.« Doktor Braun antwortete: »Du bist ein Schelm.« Ich sagte: »Ich bin kein Schelm. Ich bin ehrlich, wie ihr alle seid. Wenn es so zugeht, wird kein ehrlicher Mann in Bamberg mehr sicher sein; ihr so wenig wie ich und jeder andere ... Denn ihr lasst keinen weg, auch wenn er gleich alle Marter aushält.« Das ist am 30. Juni geschehen und ich hab mit Gott die Marter aushalten müssen.
Als mich nun der Henker in das Gefängnis hinwegführte, sagte er zu mir: »Herr, ich bitte euch um Gottes willen, bekennt etwas, ob es wahr ist oder nicht. Denkt euch etwas aus, denn ihr könnt die Marter nicht aushalten, die man euch antut. Und auch wenn ihr sie aushaltet, so kommt ihr doch nicht hinaus, selbst wenn ihr ein Graf wärt. Eine Marter fängt nach der anderen an, bis ihr sagt, ihr seid ein Drudner. Eher lässt man euch nicht zufrieden.«
Danach wurde mir gesagt, dass mein Herr (Bischof Johann Georg II.) ein solches Exempel an mir statuieren wolle, dass alle darüber staunen sollten ...

Mittelalterliche Gerichtsstube. Der Angeklagte wird gebunden und aufgezogen. Im Vordergrund so genannte Beschwerdesteine.

Junius erklärt seiner Tochter in dem langen Brief, dass er diesen Rat schließlich befolgen musste, weil er die Folter nicht mehr aushalten konnte. Gegen die Wahrheit sagte er »unsinniges Zeug« aus und musste schließlich noch weitere Bamberger Bürger als Schuldige benennen. Er rät seiner Tochter, die Stadt zu verlassen und den Brief niemandem zu zeigen.

Nun herzallerliebstes Kind, jetzt weißt Du alles und hast auch alle meine Aussagen, aufgrund derer ich sterben muss. Es sind lauter Lügen und erfundene Sachen, so wahr mir Gott helfe ... Liebes Kind, dieses Schreiben halt verborgen, damit es nicht unter die Leute kommt, sonst werde ich dermaßen gemartert, dass es zum Erbarmen ist, und die Wächter würden geköpft ... Du darfst mutig für mich schwören, dass ich kein Drudner, sondern ein Märtyrer bin. Ich sterb hiermit gefasst. Gute Nacht, denn dein Vater Johannes Junius sieht dich nimmer mehr.

24. Juli anno 1628

Hexenverfolgung in Deutschland und Europa
Der renommierte Historiker Wolfgang Behringer kommt zu dem Schluss, dass die vermutlich größte deutsche Hexenverfolgung, vielleicht sogar die größte Europas überhaupt, in den fränkischen Hochstiften Würzburg und Bamberg in den Jahren 1626 bis 1630 stattfand (vgl. Behringer, 188). Er kennzeichnet die geschichtliche Situation: »Mit den Missernten des Jahres 1624 und 1626 begann ... eine bis 1629 anhaltende Dauerkrise, die nach nur drei ›billigen‹ Jahren in die Katastrophe der Jahre 1632 bis 1636 mündete.« Der Getreidepreis stieg ins Unermessliche. »Die Pest hielt in diesem Krisenjahrzehnt eine Ernte wie nie zuvor, die Bevölkerung sank in manchen Regionen auf die Hälfte ab. Das Signum der Jahre waren extreme Hungersnot und Pestepidemien, denen gegenüber die gleichzeitigen Kriegsgeschehnisse beinahe belanglos erschienen. Genau in diesen extremen Krisenjahren erreichten die Hexenverfolgungen in Deutschland ihren Höhepunkt« (Behringer, 188).
Der systematischen Hexenverfolgung fielen in Europa viele Tausende Menschen zum Opfer. Zu 80 Prozent waren es Frauen, insgesamt aber auch Männer und Kinder. Behringer weist darauf hin, dass in der Sekundärliteratur über das tatsächliche Ausmaß teilweise fantastische Vorstellungen verbreitet sind. »Die Anzahl der Opfer wurde bis auf 9 Millionen hochgerechnet, was allein schon angesichts der Bevölkerungszahlen absurd erscheint.« Er schätzt die Zahl der Hexenhinrichtungen in ganz Europa auf unter 60 000 (vgl. Behringer, 192ff.):

Deutschland: 20 000 bis 30 000

Bayern (Franken): über 4 000
Hochstift Würzburg: über 1 200
Hochstift Bamberg: 900
Hochstift Eichstätt: über 600
Freigericht Alzenau: über 139
Sachsen Coburg: über 100

Bayern (Altbayern, Schwaben): über 1 000
Fürstentum Bayern: 300
Hochstift Augsburg: 200
Hochstift Freising: 100
Pfalz-Neuburg: 100

Heimatvereinen bzw. Heimatbüchern finden sich Zeugnisse der Hexenverfolgung in Bayern. Ebenso lassen sich in vielen Ortschaften an Straßennamen oder an anderen Relikten Spuren dieser Zeit erkennen. In solchen Fällen eignet sich das Thema für eine geschichtliche Erschließung der eigenen Region (vgl. Halbfas 1989).

Im protestantischen Bereich waren vor allem die Städte Nördlingen, Ansbach und Coburg Hochburgen der Hexenverfolgung.

Der **Holzschnitt** zeigt verschiedene Szenen: Auf einem Platz links vorne sehen wir drei Frauen in Feuerflammen. Die Frau ganz außen ist um Hals und Hüfte an einen Pfahl gebunden; ihre Hände sind gefesselt; ihr Haar ist mit einem Tuch verhüllt; den Kopf hält sie gesenkt. Daneben steht eine kleinere Frau mit Kopftuch in den Flammen; sie schaut geradeaus. Eine dritte Frau, ebenfalls gefesselt, wird von einem Ungeheuer, das von oben auf sie zuschwebt, an den offenen Haaren und am Mund in die Höhe gezogen. Das Ungeheuer hat spitze Flügel, einen langen schlangenartigen Schwanz, Brüste einer Frau, Tatzen mit spitzen Krallen und einen Drachenkopf mit dem Rüssel eines Ebers.
In der Mitte des Bildes stehen zwei Männer mit Hüten. Der rechte schaut ins Feuer und schiebt mit einer langen Stange Holzscheite hinein. Der linke blickt zu seinem Kumpan und richtet die spitzen Finger seiner offenen Hand auf die drei Frauen im Feuer.
Dazwischen stehen im Hintergrund drei Herren mit Hüten und vornehmen Gewändern; sie schauen auf das Geschehen in den Flammen; einer deutet darauf.
Rechts sehen wir den Türbogen eines Hauses. Im Inneren tanzen zwei Frauen um ein großes Feuer. Vor der Tür liegt ein kleiner Mensch auf dem Boden.
In Hintergrund links neben der Hausmauer kniet ein Gefesselter mit nacktem Oberkörper. Über ihm steht der Henker mit Hut und hebt das Schwert zur Hinrichtung. Fast am Horizont steht eine weitere Gruppe in vornehmen Kleidern; sie blickt auf die Hinrichtung.
Das Bild stammt von einem Flugblatt aus dem Jahre 1555 und hat den Titel: »Eine erschröckliche Geschicht«. Es berichtet, wie man in Derneburg in der Grafschaft Reynstein im Harz am Dienstag nach Michaelis (1. Oktober) zwei Zauberinnen verbrannt hat, die Gröbische und Gißlerische genannt. »Die Gröbische hat bekannt, dass sie elf Jahre mit dem Teufel gebuhlt habe. Wie man sie zum Scheiterhaufen geführt und sie in Ketten geschlagen und das Feuer angezündet hat, ist ihr Buhle, der Satan gekommen und hat sie, für jedermann sichtbar, in die Lüfte entführt. Am Donnerstag, dem 3. Oktober, sind beide Frauen in das Haus der Gißlerischen gekommen, haben deren Mann zur Tür hinausgestoßen, dass er niedergefallen und gestorben ist. Die beiden Weiber haben, so hat es ein Nachbar durch die Türe gesehen, mit feurigen Leibern um das Feuer getanzt. Am Sonntag, dem 12. Oktober, ist der Mann der Gröbischen hingerichtet worden, weil er bei der Schwester seiner Frau geschlafen hat.«
Der Holzschnitt ist ein so genanntes Simultanbild, wie es im Mittelalter oft vorkommt: Verschiedene Szenen,

die zeitlich auseinander liegen, werden auf ein und demselben Bild dargestellt.

Auf solchen Flugblättern wurde über Naturkatastrophen, Kriegsereignisse, Missgeburten und andere »erschröckliche« Begebenheiten berichtet. Dabei wurden nicht nur Informationen weitergegeben, sondern sie dienten vor allem zur moralischen Belehrung. Oft heizten solche Flugblätter die Hysterie und den Verfolgungswahn noch an. Hier sieht man, so schließt die »zeytung«, wie sich der Teufel an einen Ort eingenistet hat, wie er zu regieren beginnt und wie wüst er mit seinem Gift um sich sticht und wieviel Personen in wenigen Tagen umgekommen sind (vgl. Regina Gröger, Hexen auf dem Scheiterhaufen, S. 5f., Folie mit Begleittext in: DKV-Materialbrief Folien 2/97: Zwischen Hexe und weiser Frau).

Der Holzschnitt vermittelt in seinen stilisierten Formen etwas vom Schrecken des Hexenwahns. Er wirft auch ein Licht auf den Geschlechtsaspekt in der Hexenverfolgung. Frauen erscheinen auf dem Bild ausschließlich als Hexen auf dem Scheiterhaufen und als »Weiber« mit »feurigen Leibern«; selbst der Teufel hat Frauenbrüste. Die rechtschaffenen Zuschauer ebenso wie die Ausführer der Hinrichtung sind allesamt Männer. »Also schlecht ist das Weib von Natur«; Frauen sind »unvollkommene Tiere« heißt es im »Hexenhammer«. Diese 1487 erschienene Schrift der Dominikaner Heinrich Institoris und Jakob Sprenger hatte großen Einfluss auf die Verfolgungen des 16. und 17. Jahrhunderts. »Es war das Machwerk einer wahnsinnigen Fantasie, die die ganzen Gräuel des Hexenwesens und der Hexenverfolgung erst schuf, indem sie verworrene Vorstellungen finstersten Aberglaubens in eine Art von System brachte.« (Engelhard, 7). Auch im Holzschnitt wird deutlich, wie in den Vorstellungen des Hexenwahns sexuelle Fantasien auf die Betroffenen projiziert wurden. Prozessakten und Abhandlungen über das Hexenwesen lassen in anschaulicher Weise die Lust der Verfolger an sexueller Demütigung, Folterung, ja Vergewaltigung erkennen.

Der **Sachtext** zur Hexenverfolgung beschreibt das Phänomen des Hexenwahns im ausgehenden Mittelalter sowie die schreckliche Logik der Hexenprozesse, welche den Beschuldigten fast keine Chance ließ. Des Weiteren stellt er Gründe zusammen, die aus heutiger Sicht diese Geschehnisse erklärbar machen. Deutlich wird dabei: Hexenwahn und Hexenverfolgung lassen sich nicht auf ein Motiv reduzieren; ein vielfältiges und komplexes Motivationsgefüge liegt dem Ganzen zugrunde. Neuere Forschungen haben zudem ergeben, dass »europäischer und außereuropäischer Hexenglaube ... sich als stärker vergleichbar erweisen als früher angenommen. Folter und Tötung von Hexen gab es auch außerhalb des christlichen Kulturkreises. Hexerei und Hexenverfolgung sind Themen, welche die ganze Menschheit betreffen.« (Behringer, 8). Leider auch heute noch, wenn auch nicht als Massenphänomen wie am Beginn der Neuzeit.

2. Einsatzmöglichkeiten im RU

Mutig gegen Hexenwahn

- Aus dem Text lässt sich folgendes Tafelbild erarbeiten:

TA:

> Friedrich Spee (1591-1635)
> – er gehörte dem Jesuitenorden an;
> – er war Lehrer an der Kölner Jesuitenschule;
> – er begleitete als »Hexen« Verurteilte zum Scheiterhaufen;
> – er protestierte und verfasste eine Mahnschrift gegen Folter und Hexenprozesse;
> – er schrieb Lieder und Gedichte, z. B.: »O Heiland, reiß die Himmel auf«;
> – er starb im Alter von 44 Jahren bei der Pflege von pestkranken Soldaten.

- Wenn möglich, sollte das Lied »O Heiland, reiß die Himmel auf« in der Klasse gesungen werden.
  - Denkt während des Singens an die Situation der damaligen Zeit.
  - Wählt eine Metapher aus dem Lied aus und malt ein Bild, in dem ihr diese Metapher in Verbindung mit der historischen Situation des Hexenwahns bringt.
  - Sucht weitere Lieder von Friedrich Spee von Langenfeld im Gotteslob (z. B. GL 140: »Zu Betlehem geboren«, GL 606: »Unüberwindlich starker Held«, GL 608: »Ihr Freunde Gottes allzugleich«).

Den Sachtext erarbeiten

Vorschlag für TA:

> **Gründe für den Hexenwahn**
> Viele Gründe führten im 16. und 17. Jahrhundert zu Hexenwahn und Hexenverfolgung:
> – Menschen glaubten an Zauber und Gegenzauber, schwarze und weiße Magie;
> – Hexenverdächtigungen prägten den Alltag;
> – extreme Hungersnöte, Pestepidemien, Krieg;
> – Angst vor dem Zerfall der Lebensordnung;
> – Bosheit, Verleumdung, Dummheit;
> – Interessen der Mächtigen;
> – wirtschaftliche Gewinnsucht;
> – abschätzige Meinungen über Frauen.

Den Holzschnitt selbst kolorieren

- Den Holzschnitt auf einem weißen Papier (u. U. etwas vergrößert) für jede/n Sch kopieren.
- Verändert das Bild so, dass das Unrecht deutlich wird, das den Verurteilten angetan wurde. Ihr könnt dazu Bunt- und Filzstifte, aber auch Schere und Klebstoff verwenden. Gebt dem so neu entstandenen Bild zum Schluss eine eigene Überschrift.

Ich bin kein Drudner

- Sch erhalten das **AB 9.6.3, Lehrerkommentar S. 169**.
- Sch erlesen den Text und formulieren ihren Eindruck.
- Sch erzählen die Geschehnisse nach.
- Wie kam das Geständnis zustande?
- Welche Chancen hatte Johannes Junius, der Folter zu entkommen?
- Wie breitete sich der Hexenwahn aus?
- Nicht die Folterszene, sondern das Ringen um einen Ausweg kann in einem Rollenspiel dramatisiert werden: Johannes Junius, geschwächt von Verhör und Folter, wird vom Henker auf dem Weg ins Verlies beraten. Weitere mögliche Rollen: Wächter, der den Brief weiterleitet; Tochter Veronika, die in ihrer Angst mit einer Nachbarin spricht.

Wichtig: Eine bewusste Rollenübernahme vor dem Spiel und nach dem Spiel ein deutliches Entlassen aus der Rolle und von der Bühne sowie die bewusste Rückkehr an den eigenen Platz und zum eigenen Namen.

- Im Rahmen eines Projekttages zur (Heimat-)Geschichte kann die Szene vorgeführt werden.

3. Weiterführende Anregungen

Hexen und Hexenglaube heute

Wie wird heute über Hexen, Hexenglaube und Magie gesprochen? Sammelt in Zeitschriften Artikel und Bilder. Sucht Lieder, in denen »Hexen« vorkommen. Gestaltet mit den Materialien ein Plakat.

Ein Jugendbuch lesen

Ingeborg Engelhardt: Hexen in der Stadt (dtv Junior, Reihe »Erzählte Geschichte« 7196, München ²²1992). Eine süddeutsche Bischofsstadt (gemeint ist Würzburg, auch wenn die Stadt nie benannt wird) ist um 1626 Schauplatz einer der größten Hexenverfolgungen der frühen Neuzeit. Geschildert wird, wie es zu einer Massenhysterie kommt, der Hunderte von Frauen, Männern und Kindern, darunter auch angesehene Bürger und Geistliche, zum Opfer fallen und wie diese furchtbare Prozess-Serie plötzlich zu einem Ende kommt. Die fiktive Familie Reutter verkörpert verschiedene Formen des Widerstands gegen die Hexenprozesse, neben Friedrich Spee (der allerdings nichts mit den Ereignissen in Würzburg zu tun hatte). Durch die Einarbeitung historischer Quellen, u. a. des »Würzburger Verzeichnisses der Hexenleut«, und historischer Persönlichkeiten gewinnt der Roman beklemmende Authentizität.

Weitere Materialien und Vorschläge für eine Unterrichtseinheit in: Materialbrief RU 4/95: Hexen in der Stadt, erarbeitet von Claudia Schönwald, hg. v. Deutschen Katecheten-Verein, Preysingstr. 83c, 81667 München, Fax: 089/48092-237, e-Mail: Katecheten-Verein@t-online.de.

Kirche im Nationalsozialismus

Infoseite (102) (103)

1. Hintergrund

Das Thema »Kirche und Nationalsozialismus« wird im Rahmen dieses Kapitels auf zwei Doppelseiten behandelt. Liegt bei *Infoseite III* **102-103** der Schwerpunkt eher auf der Haltung der Kirchenleitung zum Nationalsozialismus und dem Abschluss des Reichskonkordats, so stehen auf *Infoseite IV* **104-105** eher der einzelne Christ und die einzelne Christin mit ihren Möglichkeiten des zivilen Ungehorsams und Widerstandes gegen das nationalsozialistische Regime im Mittelpunkt.

Leider wird der gesamte Themenbereich Weimarer Republik (9.4) und Nationalsozialismus (9.5) im Geschichtsunterricht der 9. Klasse erst relativ spät am Ende des Schuljahres aufgegriffen, sodass sich anbietet, den gesamten Themenkomplex »Kirche im Nationalsozialismus« auch eher am Ende des Schuljahres zu bearbeiten. Zudem sollte L darauf vorbereitet sein, geschichtliche Hintergrundinformationen einzuflechten und nicht auf allzu viel Vorwissen der Sch zurückgreifen zu können.

Dennoch kommen Sch auf unterschiedlichste Weise mit der Vergangenheit des Nationalsozialismus in Berührung: Sie erfahren davon aus Filmen, aus Gesprächen innerhalb der Familie und aus tagespolitischen Auseinandersetzungen. Seit einigen Jahren hat sich unter einem Teil von Jugendlichen eine Neonaziszene entwickelt, deren Verhältnis zu Hitler und dem Nationalsozialismus nicht durch Erschrecken und Ablehnung, sondern durch Faszination und Identifikation bestimmt ist. Es wird deshalb bei der Behandlung dieses Themas sicher nicht nur um die Vermittlung historischer Fakten gehen, sondern vor allem auch darum, verantwortlich Stellung zu diesem in vielen Fällen emotionsgeladenen und jedenfalls nicht abgeschlossenen Kapitel der deutschen Vergangenheit zu beziehen.

Dabei ist im Letzten immer noch unbegreiflich, wie die Vernichtung von sechs Millionen Männern, Frauen und Kindern mit solch grausamer Perfektion und kalter »Gründlichkeit« vollzogen werden konnte. Der Holocaust wurde von Deutschen und im Namen der Deutschen begangen. Die Täter waren Christen, getauft auf den Namen Jesu Christi, der selbst Jude war. Die Rolle der Kirche im Nationalsozialismus ist ein wichtiger Aspekt im Gesamtkomplex dieser Vergangenheit. Zu ihm gehört vor allem auch das Verhältnis der Christen zu den Juden, das durch die Jahrhunderte immer wieder von Antisemitismus, ja Judenhass geprägt war (vgl. *Infoseite I* **99**). Es hat lange gedauert, bis ins Bewusstsein trat, dass Antisemitismus »eine Sünde gegen Gott und die Menschen« (Papst Johannes Paul II.) ist. Die deutschen Bischöfe haben am 25. Januar 1995, zum 50. Jahrestag der Befreiung von Auschwitz, nach einem Schuldeingeständnis erklärt: »In der Kirche darf es keinen Platz für und keine Zustimmung zur Judenfeindschaft geben«.

Das **Foto** zeigt eine Straße, den Prinzipalmarkt, in der Innenstadt von Münster. Es ist Nacht. Gebäude und Fenster sind unterschiedlich beleuchtet. Die breite Straße führt auf die gotische Lambertikirche zu, die im Hintergrund in die Höhe ragt. Rechts und links erheben sich Geschäftshäuser mit erleuchteten Bogengängen im Erdgeschoss. Dazwischen sind marschierende Menschenmassen zu erkennen, etwas verzerrt durch die ungünstigen Belichtungsverhältnisse des Fotos.

Die Kamera ist auf die rechte Häuserfront gerichtet. Fast in der Bildmitte hängt eine große, hell erleuchtete Hakenkreuzfahne an einem Geschäftshaus herunter. Auch andere Häuser sind mit Hakenkreuzen und sonstigen Fahnen beflaggt. Zwischen den ersten beiden Arkadenbögen im Geschäftshaus rechts ist ein Reichsadler mit Hakenkreuz zu erkennen.

Solche Aufmärsche der NSDAP am 1. Mai 1933 hat es nicht nur in Münster, sondern in vielen anderen deutschen Städten gegeben. Drei Monate zuvor, am 30. Januar 1933, war Hitler zum Reichskanzler ernannt worden. Der Nationalsozialismus hatte die Massen erfasst; nun ziehen sie durch die Straßen. Das mittelalterliche Kirchengebäude, die Bürgerhäuser der Stadt, die in Bewegung geratenen Massen und die NSDAP zusammen sind Thema dieses Bildes. In welchem Verhältnis steht das Kreuz der Kirche zum Hakenkreuz? Wie verhalten sich die Massen der Straße und die Gläubigen im Gottesdienst? Tritt die Kirche dieser »Bewegung« entgegen? Fügt sie sich ein? Stimmt sie zu? Spricht sie dagegen? Duckt sie sich? Erhebt sie ihre Stimme? Schweigt sie?

In groben Zügen beschreibt der **erste Text** die historische Situation, in der sich der Nationalsozialismus erheben konnte. Aus ihrem Geschichtsunterricht ist es Sch evtl. möglich, weitere und detailliertere Aspekte zusammenzutragen.

Die Anfangsphase im Verhältnis der Kirche zum nationalsozialistischen Staat wird in dem Text »**Darf ein Christ Mitglied der NSDAP sein?**« beschrieben: Zunächst herrschte Skepsis und Misstrauen vor. Dann bestimmte jedoch das Zustandekommen des Reichskonkordats die Beziehung.

Das Reichskonkordat

Dieser Staatskirchenvertrag zwischen dem Deutschen Reich und dem Vatikan wurde am 20. Juli 1933 unterzeichnet. Schon seit 1921 hatte die katholische Kirche immer wieder versucht ein entsprechendes Abkommen abzuschließen, jedoch ohne Erfolg. Entsprechend beeindruckt waren viele Bischöfe, dass bereits ein halbes Jahr nach Hitlers Kanzlerschaft ein Vertrag unter Dach und Fach gebracht war. Das Telegramm von Kardinal Faulhaber an Hitler gibt Zeugnis davon: »Was die alten Parteien in 60 Jahren nicht fertig gebracht haben, hat Ihr staatsmännischer Weitblick in sechs Monaten weltgeschichtlich verwirklicht. Für Deutschlands Ansehen nach Osten und Westen und vor der ganzen Welt bedeutet dieser Handschlag mit dem Papsttum, der größten sittlichen Macht der Weltgeschichte, eine Großtat von unermesslichem Segen.« (Zitat in: Winfried Blasig/Wolfgang Bohusch, Von Jesus bis heute, Kösel-Verlag, München 1973, 168.)

Das Reichskonkordat stellte das Verhältnis zwischen Staat und Kirche auf eine neue Grundlage. Es enthielt weit reichende Zugeständnisse an die katholische Kirche:
– die öffentliche Ausübung des katholischen Bekenntnisses,
– den Fortbestand der katholisch-theologischen Fakultäten an den Hochschulen,
– den katholischen RU an den Schulen.

Als Gegenleistung verpflichtete sich die katholische Kirche den Geistlichen und Ordensleuten die Mitgliedschaft in politischen Parteien zu untersagen.

Nach dem Beschluss des Bundesverfassungsgerichts aus dem Jahr 1957 bildet das Reichskonkordat auch heute noch die Basis für das Verhältnis der katholischen Kirche zur Bundesrepublik Deutschland. Entscheidend für das Zustandekommen des Reichskonkordats war die Hoffnung Hitlers, auf diese Weise internationales Prestige zu gewinnen. Schon kurz nach der Unterzeichnung des Abkommens brach jedoch Streit über die Auslegung der getroffenen Vereinbarungen aus.

Der Nationalsozialismus zeigte sein wahres Gesicht und die anfängliche Euphorie auf Seiten der Kirche wich sehr schnell einer »**brennenden Sorge**«. Stichworte in diesem Prozess sind: Vertragsbruch, die Verdrängung der Kirche aus dem öffentlichen Leben, Abstand der Kirche zum Regime, Schauprozesse gegen Geistliche, Konzentrationslager, Widerstand einzelner Christen.

2. Einsatzmöglichkeiten im RU

Fragen zur Kirche im Nationalsozialismus

- Ausgehend von dem Foto und dem darunter stehenden Text werden folgende Fragen im Plenum diskutiert:
- In welchem Verhältnis steht das Kreuz der Kirche zum Hakenkreuz?
- Wie verhalten sich die Massen der Straße zu den Gläubigen im Gottesdienst?
- Tritt die Kirche der NSDAP entgegen? Fügt sie sich ein? Stimmt sie zu? Spricht sie dagegen? Duckt sie sich? Erhebt sie ihre Stimme? Schweigt sie?
- Nennt Ursachen für den Aufstieg der NSDAP.
- Tragt zusammen, welche weiteren Informationen über den Aufstieg Hitlers ihr aus dem Geschichtsunterricht oder anderen Quellen ergänzen könnt.

Informationen zum Reichskonkordat sammeln

Was wäre gewesen, wenn ...

- Sch erarbeiten aus dem Text »Mit brennender Sorge« gemäß dem 2. Arbeitsauftrag auf *Infoseite III* 103 den latenten Antisemitismus in der Kirche als einen Grund für das öffentliche Schweigen angesichts der Judenvernichtung heraus (vgl. dazu auch *Infoseite I* 99).
- Sie überlegen, was ein Protest der Kirchen und Kirchengemeinden zugunsten der Juden hätte bewirken können und warum dieser Protest nicht stattgefunden hat.

Vorschlag für TA:

Vom Misstrauen zum Reichskonkordat

Nach zunächst ablehnender Haltung der Kirchen gegenüber der nationalsozialistischen Ideologie bietet Hitler den Kirchen den Abschluss eines Konkordats (Konkordat: Vertrag zwischen Kirche und Staat) an.

(Vermeintliche) Vorteile für die Kirchen	Vorteile für Hitler
■ Hitler garantiert katholische Schulen, Vereine, Organisationen ■ Freie Religionsausübung ■ Sichere Rechtsbasis	■ Außen- und innenpolitisches Ansehen wächst durch moralische Autorität der Kirchen

Das Konkordat wurde in der Folge systematisch missachtet; die Nationalsozialisten versuchen katholische Presse, Schulen, Organisationen und Vereine aufzulösen

Reaktion der Kirche:

- Papst-Enzyklika (Rundschreiben) »Mit brennender Sorge«; Warnung vor Nationalsozialismus
- Amtskirche versucht auf Distanz zum NS-Staat zu gehen, findet aber keine deutlichen Worte der Kritik
- Kein Einsatz für verfolgte Juden
- Widerstand einzelner Christen
- Widerstand gegen das Euthanasieprogramm (Tötung von Behinderten) der Nazis

Widerstehen

Infoseite 104 105

1. Hintergrund

Infoseite IV **104-105** berichtet über das Potenzial an Verweigerung, das trotz des fehlenden Widerstands in der Kirche vorhanden war. **Hitler** wusste davon. Die Pfarrer blieben ihm immer suspekt und er wollte mit ihnen, so in der zitierten Tischrede, »abrechnen ohne langes Federlesen«. Dieses Verweigerungspotenzial konnte sich in offenem Unmut und Protest entladen; so im Frühjahr 1941 beim Versuch der Nationalsozialisten das Schulgebet abzuschaffen und die Kreuze aus den Klassenzimmern zu entfernen. An vielen Orten kam es zu ähnlichen Ereignissen wie dem spontanen Widerstand von Frauen im mittelfränkischen **Herzogenaurach**.

Widerstand ergibt sich auch als moralische Verpflichtung aus der Rückschau auf das schuldhafte Versagen der Kirche gegenüber der jüdischen Bevölkerung. Die deutschen Bischöfe haben diese Verpflichtung 1995 zum 50. Jahrestag der Befreiung von Auschwitz hervorgehoben. Die Pflicht zum Widerstand ist eine der Lehren aus dieser dunklen Epoche der deutschen Geschichte.

Die Erinnerung nicht nur der Mitläufer- und der Stillhaltegeschichte, sondern auch der Widerstandsgeschichte ist deshalb für die Behandlung des Nationalsozialismus im Unterricht von großer Bedeutung. War diese Widerstandgeschichte auch noch so vereinzelt und zaghaft, so verkörpert sich in ihr doch das humane und letztlich auch das christliche Erbe jener Zeit. In der Erinnerung an die Frauen und Männer des Widerstandes zeigen sich gleichsam Orientierungsmodelle des Handelns. Sie haben die Herausforderung des Evangeliums angenommen. Von diesen Menschen zu wissen, ein Bild von ihnen zu verinnerlichen und an ihrem Verhalten zu lernen, darin liegen wichtige Ziele der Beschäftigung mit dem Nationalsozialismus im Unterricht.

Die katholische Kirche bekam Repressionen zu spüren. Sie stand zwar geschlossener als die evangelische Kirche dem NS-Staat gegenüber, leistete jedoch keinen offenen Widerstand. Ihr Verhältnis zum Nationalsozialismus war von Beginn an in einem sehr starken Maße von der eigenen Bestandssicherung bestimmt. Als die Judenfeindschaft in Verfolgung und schließlich in Vernichtung überging, regte sich kein offizieller Protest. Eine lange Tradition des Antijudaismus wirkte in der Kirche nach (vgl. *Infoseite I* **99**). Er wurde damit gerechtfertigt, dass die Juden Christus getötet hätten. Durch die Jahrhunderte hindurch führte dieser christliche Antijudaismus zu Ausgrenzung und Gettoisierung; er entfachte immer wieder Hass und entlud sich in Pogromen gegenüber der jüdischen Bevölkerung.

In dieser Tradition gefangen, setzte die Kirche dem antisemitischen Rassenwahn der Nazis nichts entgegen.

Auch die mutige Stimme des Bischofs von Münster, Clemens August von Galen, der in seinen Predigten das so genannte Euthanasieprogramm der Nazis anprangerte, d. h. die Tötung von Behinderten und Kranken, erwähnte mit keinem Wort die Ermordung der deutschen und europäischen Jüdinnen und Juden. Auch in der Kirche herrschte vor, was für die Mehrheit der Deutschen bestimmend war: Indifferenz, ja Unempfindlichkeit gegenüber dem Leid der jüdischen Nachbarn, die von SS und Gestapo abgeholt wurden. Die Kirche blieb gefangen in ererbten Vorurteilen; hinzu kam die wiederholt erfahrene Ohnmacht gegenüber dem NS-Staat. Es waren tatsächlich mutige Einzelne, die Widerstand leisteten. Sie hatten keine Institution im Rücken. Nur der Instanz ihres Gewissens verpflichtet, taten sie es auf eigenes Risiko. Der Text **Mutige Menschen leisten Widerstand** stellt in Kurzbiografien drei mutige Einzelne vor. Alle drei mussten ihr Zeugnis mit dem Leben bezahlen:

Bernhard Lichtenberg, der sich als einer der Wenigen öffentlich mit der jüdischen Bevölkerung solidarisierte. Er starb im oberfränkischen Hof, auf dem Weg ins KZ Dachau. In der Hofer Marienkirche befindet sich eine Büste von Bernhard Lichtenberg;

Franz Jägerstätter, ein einfacher Bauer, der aus seinem Gewissen heraus den Dienst in der Wehrmacht verweigerte; seine Frau Franziska hat zu ihm gehalten und sein Schicksal mit ihm durchgestanden (vgl. Konrad Haberger, Begegnungen. Geschichten von Menschen mit einer Botschaft, Winzer 1999);

Dietrich Bonhoeffer, evangelischer Pastor und Mitglied der Bekennenden Kirche, der Widerstand gegen Hitler zu organisieren versuchte und 1945 im KZ Flossenbürg ermordet wurde.

2. Einsatzmöglichkeiten im RU

Widerstehen am eigenen Ort

Der Arbeitsauftrag *Infoseite IV* **104** richtet sich auf die Erkundung der regionalen Mitläufer-, Stillhalte- und Widerstandsgeschichte.
- Wenn möglich befragen Sch ihre Großeltern (z. B. mit Kassettenrekorder oder Video).
- Vielleicht können sogar Zeitzeugen in den Unterricht eingeladen werden.
- In vielen Städten und Gemeinden gibt es Stadtarchive, Geschichtsvereine oder die Archive von Zeitungen, die Material zur Regionalgeschichte der Nazi-Zeit anbieten.

Mutige leisten Widerstand

- Sch stellen aus einem der drei Porträts die Lebensdaten zusammen und formulieren mit eigenen Worten das Anliegen und die Art des Widerstandes der betreffenden Person.
- Ggf. sammeln sie weitere Informationen. So gibt es z. B. Informationen im Internet zu Dietrich Bonhoeffer. Die Ergebnisse lassen sich auf einem Plakat oder in einem Kurzreferat präsentieren.
- Gab es ChristInnen in eurer eigenen Diözese, die Widerstand gegen Hitler leisteten? Erkundigt euch im Diözesanarchiv.
- In diesem Zusammenhang sei auch auf Johann Maier, Domprediger in Regensburg, hingewiesen. Nähere Hinweise finden sich im *Lexikon* **121**.

3. Weiterführende Anregungen

Einen Film zum Thema ansehen

In den diözesanen Medienzentralen kann der Film »Die letzte Stufe« über das Leben Bonhoeffers entliehen werden. Als Spielfilm gestaltet und dramatisch verdichtet, ist er historisch sorgfältig recherchiert und vermittelt in packender Weise die Beweggründe von Bonhoeffers Widerstand gegen die NS-Diktatur. Die DVD enthält weiteres Material und Arbeitsblätter zum Leben und zur Theologie Bonhoeffers.

Ein Lied und ein Gedicht kennen lernen

Die beiden Texte von Dietrich Bonhoeffer »Von guten Mächten« und »Wer bin ich?« (**AB 9.6.4, Lehrerkommentar S. 177**) runden die Beschäftigung mit der Person Bonhoeffers ab. Sie vermitteln etwas von dem tragenden Grund seines Engagements und seiner Hoffnung, aber auch von Identitätskrisen und Zweifeln, in denen sich Sch gut wiederfinden können.

- Das bekannte und in den meisten Sammlungen des neueren geistlichen Liedes zugängliche Lied Bonhoeffers »Von guten Mächten« bekommt vor dem Hintergrund seines Schicksals eine ganz neue Tiefe und spricht Sch unmittelbar an. Es kann und soll im Unterricht gesungen werden.
- Sch wählen eines seiner sprachlichen Bilder aus und gestalten es malend nach. Sie schreiben den Text dazu in ihr Heft.
- In dem Gedicht »Wer bin ich?« wiederum können Sch sich selbst mit ihren Identitätskrisen wiederfinden. Es führt also weit über die Beschäftigung mit der Kirche in der NS-Zeit hinaus und gibt Sch die Möglichkeit, sich in der Auseinandersetzung mit einer historischen Persönlichkeit ansprechen zu lassen und eigene existenzielle Fragestellungen weiterzuentwickeln.
- Das Gedicht wird vom L ausdrucksvoll vorgetragen.
- Anschließend erhalten Sch Gelegenheit sich in einem Prozess des kreativen Weiter- und Umschreibens mit dem Gedicht und der in ihm formulierten Frage nach der eigenen Identität auseinander zu setzen.

Nicht von ungefähr regt das Bonhoeffer-Gedicht Sch zu sehr ausdrucksstarken Texten an, denn Bonhoeffer bearbeitet in seinem Gedicht Identitätsfragen, die sich in der Pubertät plötzlich mit Macht zu stellen beginnen: Wer bin ich? Bin ich so, wie meine Mitmenschen mich sehen, oder bin ich ganz anders? Dabei stehen bei Bonhoeffer viel stärker die Fragen im Vordergrund als die Antworten, die weithin als Fragen formuliert sind. Diese Fragehaltung trifft die Situation der Neuntklässler. Darüber hinaus wird deutlich, dass alle Antworten im Bereich der Identität letztlich immer nur vorläufig sein können, eben weil der Mensch ein unabgeschlossenes, sich entwickelndes Wesen ist. Im Grunde kommt darin auch zum Ausdruck, dass die Fragen des Menschen im Bereich seiner Identität immer größer sind als die Antworten, die er sich geben kann. Und so endet Bonhoeffer mit der Formulierung:

»Wer ich auch bin, du kennst mich, dein bin ich, oh Gott!« Vielleicht erschließt sich hier für einen gläubigen Menschen die tiefste Antwort auf die Frage seiner Identität: Der Mensch ist von Gott erkannt. Gott weiß von ihm. Er weiß mehr von ihm, als er selbst von sich weiß (vgl. Ps 139,1). Gott ist sein großes Gegenüber, das ihn immer begleitet und ihm zeigt, wer er ist. Letztlich ist es allein Gott, der die Frage nach seiner Identität beantworten kann. Gott selbst ist die Antwort.

- Der Gedicht-Abschluss Bonhoeffers wird Sch als Möglichkeit angeboten. Manche werden diese Möglichkeit für sich ergreifen, manche werden in anderer Weise ihren Text beenden.
- Sch werden ermutigt, ihre Texte vorzutragen oder in anderer Weise zu präsentieren. Unter Umständen kann L die Texte anonym vorlesen.

Solche von Sch geschriebene Texte sagen in religionspädagogischem Sinne weithin mehr über heutige Jugendliche aus als viele Ergebnisse der sozialwissenschaftlichen Jugendforschung. Sie können nicht nur dazu verhelfen, einen angemessenen Blick für Sch zu bekommen, sie helfen auch Sch selber, sich besser zu verstehen.

Querverbindungen ziehen

Gerade die Behandlung der Themen Widerstand und Nationalsozialismus regt dazu an, Querverbindungen zum Thema »Gewissen und Verantwortung« zu ziehen. Hier ist hinzuweisen auf *Infoseite III* **54-55** zum Thema Zivilcourage, auf den in *Ideenseite* **45** erwähnten Film »Der Schwarzfahrer« und den in diesem Zusammenhang in Lehrerkommentar S. 90 erwähnten Film des Menschenrechtsfilmpreises »Das Thema«.
Alle diese Materialien thematisieren die heutige Auseinandersetzung mit Vorurteilen, Rassismus und Neonazis und wollen Sch dazu ermutigen, Position zu beziehen und sich – wo nötig – einzumischen.

Steven Spielbergs Holocaust-Projekt: »Shoa Foundation« im Internet nutzen

Der Regisseur Steven Spielberg (Schindlers Liste, Jurassic Park etc.) hat ein Dokumentationsprojekt über den Holocaust begonnen. Möglichst viele Überlebende sollen interviewt werden, sodass ihre Zeugnisse für die Öffentlichkeit erhalten bleiben. Bisher wurden mehr als 50 000 Überlebende zu ihrer Lebensgeschichte befragt und ihre Antworten auf Video aufgezeichnet. Die Interviews sollen in einem Multimedia-Archiv im Internet über Mausklick abrufbar sein. Unter anderem ist eine CD-ROM über den Holocaust für deutsche Schulen geplant. Nähere Hinweise sind unter dem Stichwort »Shoa Foundation« bzw. »Steven Spielberg« im Internet zu finden.

Dietrich Bonhoeffer: Wer bin ich?

Wer bin ich? Sie sagen mir oft,
ich träte aus meiner Zelle
gelassen und heiter und fest
wie ein Gutsherr aus seinem Schloss.

Wer bin ich? Sie sagen mir oft,
ich spräche mit meinen Bewachern
frei und freundlich und klar,
als hätte ich zu gebieten.

Wer bin ich? Sie sagen mir auch,
ich trüge die Tage des Unglücks
gleichmütig, lächelnd und stolz,
wie einer, der Siegen gewohnt ist.

Bin ich das wirklich, was andere von mir sagen?
Oder bin ich nur das, was ich selbst von mir weiß?
unruhig, sehnsüchtig, krank, wie ein Vogel im Käfig,
ringend nach Lebensatem, als würgte mir einer die Kehle,
hungernd nach Farben, nach Blumen, nach Vogelstimmen,
dürstend nach guten Worten, nach menschlicher Nähe,
zitternd vor Zorn über Willkür und kleinlichste Kränkung,
umgetrieben vom Warten auf große Dinge,
ohnmächtig bangend um Freunde in endloser Ferne,
müde und leer zum Beten, zum Denken, zum Schaffen,
matt und bereit, von allem Abschied zu nehmen?

Wer bin ich? Der oder jener?
Bin ich denn heute dieser und morgen ein andrer?
Bin ich beides zugleich? Vor Menschen ein Heuchler
und vor mir selbst ein verächtlich wehleidiger Schwächling?
Oder gleicht, was in mir noch ist, dem geschlagenen Heer,
das in Unordnung weicht vor schon gewonnenem Sieg?

Wer bin ich? Einsames Fragen treibt mit mir Spott.
Wer ich auch bin, Du kennst mich, Dein bin ich, o Gott!

Dietrich Bonhoeffer, Widerstand und Ergebung.
© Christian Kaiser/Gütersloher Verlagshaus GmbH, Gütersloh

Schreibe ein Gedicht mit sechs Versen. Die Verse sollen jeweils mit den Worten Dietrich Bonhoeffers beginnen:

Wer bin ich? Sie sagen mir oft _____
Wer bin ich? Sie sagen mir oft _____
Wer bin ich? Sie sagen mir auch _____
Bin ich das wirklich, was die anderen von mir sagen? _____
Wer bin ich? Der oder jener? _____
Wer bin ich? _____

Wenn du willst, kannst du das Gedicht mit den letzten Zeilen von Dietrich Bonhoeffer beenden:

**Wer ich auch bin, du kennst mich,
dein bin ich, oh Gott!**

Du kannst aber auch einen ganz anderen Abschluss finden.

Neue Wege – sprechende Gebäude

Deuteseite (106)(107)

1. Hintergrund

Ziel dieser Doppelseite ist es, »Aspekte des Selbstverständnisses von Kirche« (LP 9.6, Abs. 2) auf der Basis des II. Vatikanum zu beleuchten. Dies wird konkretisiert am Beispiel des modernen Kirchenbaus, in dem sich die liturgische Erneuerung und das neue Selbstverständnis der Kirche widerspiegeln.

Die Seite bietet vielfältige Anknüpfungspunkte an das *Projekt* (Lehrerkommentar S. 193 ff.) sowie das *Lexikon*, in dem sich die Hintergrundinformationen zu den kunstgeschichtlichen Epochen der Romanik, der Gotik und des Barock finden.

Das II. Vatikanische Konzil (11.10.1962-8.12.1965)

Das II. Vatikanum wurde von Papst Johannes XXIII. einberufen und nach seinem Tod 1963 von seinem Nachfolger Paul VI. weitergeführt. Anliegen des Konzils war eine grundlegende Neuorientierung im Selbstverständnis der Kirche angesichts der Herausforderungen der modernen Gesellschaft.

Kern des Kirchenverständnisses des Konzils ist die Neuformulierung der Rolle der Kirche für die Welt, wie sie das Konzil in den Konstitutionen *Gaudium et Spes* und *Lumen Gentium* beschreibt. Die Kirche ist das Sakrament des Heils für die Welt bzw. das Zeichen und Werkzeug des Reiches Gottes. Kirche bewegt sich also nicht in einem geschichtslosen und weltfernen Raum, sondern will auf die Nöte und Anliegen des modernen Menschen Antwort aus dem Glauben geben. Die Kirche selbst wird im Bild des »Volk Gottes unterwegs« (Karl Rahner) beschrieben; das Konzil greift damit die Exodustradition des AT auf. Dies fordert einerseits alle Kirchenmitglieder auf sich gemeinsam auf den Weg zu machen und Jesus Christus nachzufolgen. Andererseits weist dieses Bild auf die geschichtliche und fehlbare Dimension von Kirche hin, die immer in einer bestimmten Zeit und Gesellschaft existiert. Die Kirche muss sich deshalb immer wieder den Herausforderungen ihrer Zeit stellen und sich aus dem Geist des Evangeliums für die Würde des Menschen und für die Armen und Entrechteten in der Gesellschaft einsetzen.

Konkret erfahrbar wird diese Erneuerung des Kirchenverständnisses in der Liturgiereform und der Reform der Verkündigung. Damit einher geht eine grundlegende Neubewertung der Ökumene als Chance und Notwendigkeit für die christlichen Kirchen und eine neue Beschreibung des Verhältnisses zu den nichtchristlichen Religionen.

Der Infotext zum **II. Vatikanischen Konzil** vermittelt in sch-gerechter Sprache Absicht und Anliegen der Zusammenkunft. Im Bild des geöffneten Fensters zur Welt beschreibt der Text die Öffnung des Konzils zur konkreten Gesellschaft und ihrer geschichtlichen Situation. Auch das **Zitat Pauls VI.** fordert Jugendliche auf, das Licht des Evangeliums in die Welt zu tragen und aktiv an ihrer Verbesserung mitzuarbeiten. Die Liturgie des Gottesdienstes erhält ihre heutige Form der Eucharistiefeier in der Landessprache mit der Hinwendung des Priesters zur Gemeinde. Die Gemeinsame Synode der Bistümer der Bundesrepublik Deutschland (1971-75) setzt Anliegen des Konzils in konkrete Veränderungen der Struktur der Pfarrgemeinden vor Ort um, so wie sie Sch aus ihrer Pfarrgemeinde bekannt sein dürften.

Das **Bild** zeigt Papst Johannes XXIII. im Gespräch mit einem Jugendlichen, der an Krücken geht. Der Papst erhebt sich halb von seinem Thron um sich zu dem kranken Jungen hinunterzubeugen. Er wendet sich ihm freundlich und mit echter Anteilnahme zu. Das Foto vermittelt etwas vom Charisma des Papstes und von seiner den Menschen zugewandten Art. Johannes XXIII. bleibt nicht auf seinem Thron sitzen und lässt sich verehren, sondern wirkt wie ein Hirte, der sich um jeden einzelnen Menschen zu sorgen scheint.

In großer Dichte und dogmatischer Begrifflichkeit formuliert das **Zitat aus der Kirchenkonstitution des II. Vatikanum** das veränderte Selbstverständnis der Kirche (LG 1,4,8, zit. nach Rahner/Vorgrimler, Kleines Konzilskompendium, Freiburg 1966). Die Kirche ist das Werkzeug der Vereinigung Gottes mit dem Menschen und der Einheit der Menschen untereinander. Sie ist vom Geist Gottes geprägt und geleitet und dieser Geist Gottes ist in jedem Glaubenden wirksam. Im Bild vom Volk Gottes steht die Kirche in der Nachfolge Israels. Die Kirche ist – in Abkehr von einem ungeschichtlichen Verständnis ihres Wesens – keine *societas perfecta*, sondern trägt gleichermaßen göttliche wie menschliche Züge. Sie ist damit geschichtlich verortet, ja sogar fehlbar und doch göttliches Mysterium und das Zeichen Gottes in der Welt.

Der Text **Sprache in Wort und Stein** erläutert den Satz: »Der liturgische Raum prägt den Glauben und bringt diesen Glauben durch seine Gestaltung zum Ausdruck« (Klemens Richter, zit. nach Kirchenräume – Kirchenträume, Freiburg 1998, 2). Infolgedessen erfordert ein gewandeltes Selbstverständnis der Kirche eine entsprechende Architektur des Kirchenraums.

Bilder für die Kirche

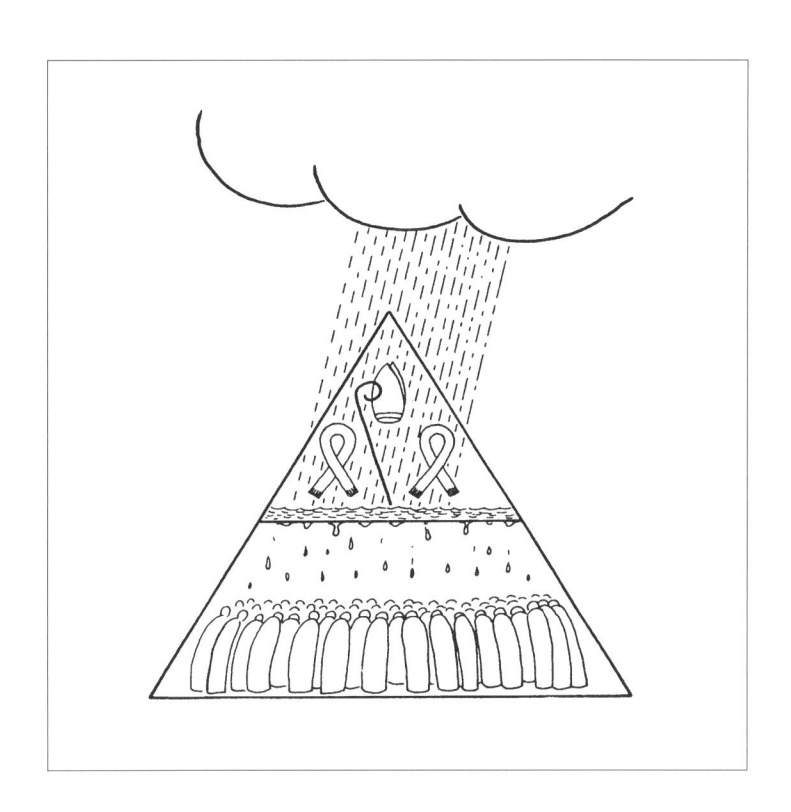

Der Kirchenbau der Moderne zeigt, wie sich dieses neue Selbstverständnis der Kirche ausdrückt. Die liturgische Bewegung der Zwanzigerjahre unter maßgeblicher Beteiligung von Romano Guardini suchte nach neuen Ausdrucksformen des Glaubens und entwickelte ein verändertes Verständnis der Liturgie. Die Feier des Gottesdienstes wurde mehr und mehr wieder begriffen als gemeinsames Tun der versammelten Gemeinde, nicht mehr nur als priesterliches Handeln. Dies bringt auch die Verwendung des Begriffes »Eucharistie« statt »Messe« zum Ausdruck. Diese Besinnung auf die Gemeinde als Subjekt der Liturgie erforderte eine Umgestaltung des Kirchenraumes. Der traditionelle Langhaustyp wurde zunächst beibehalten, der Chorraum jedoch immer weiter zur Gemeinde hin geöffnet und der Altar – oft als Tisch gestaltet – weiter in die Mitte des Kirchenraumes gerückt. Dies ermöglicht es dem Priester auch, sich bei der Eucharistiefeier der Gemeinde zuzuwenden, statt ihr den Rücken zuzukehren.

Nach 1945 wurde dieser Langhaustyp auch weiterhin gebaut um das Unterwegssein der Kirche in der Geschichte zu unterstreichen. Zusätzlich suchte man jedoch nach Grundrisstypen, die dem Selbstverständnis von Kirche als Volk Gottes entsprachen und eine intensive Gemeinschaftserfahrung ermöglichten, wie z. B. kreisförmige, sechseckige oder quadratische Grundrisse. Sie greifen biblische Bilder für die Kirche auf, etwa das Bild vom »Zelt Gottes unter den Menschen« oder vom »Leib Christi«, wie dies auch das II. Vatikanum tut.

Auch das Verhältnis von Kirche und Welt wurde im Kirchenbau neu definiert: Auf kirchliche Machtansprüche, wie sie in einem monumentalen Kirchenbau und hoch aufragenden Kirchtürmen zum Ausdruck kommen, wurde mehr und mehr verzichtet zugunsten einer Eingliederung des Kirchenbaues in seine Umgebung.

Kirche und Gemeinde sind mehr als nur Gottesdienst. Die Kirche ist eingebettet in ein – in manchen Fällen ökumenisches – Gemeindezentrum, das einen Ort des Gesprächs und der Begegnung bildet und den vielfältigen anderen Handlungsfeldern der Kirche Raum gibt.

Die abgebildeten Zeichnungen der **Grundrisse zweier Kirchen** sind eine didaktische Reduktion der Vielfalt individueller Gebäudetypen auf den idealtypischen Gegensatz von Langhaustyp und Zentralbau. St. Norbert in Höchberg ist ein Zentralbau, dessen Raum wie in einem Theater zum Altar hin leicht abfällt. Seinen Grundriss bildet ein nicht ganz regelmäßiges Achteck, an dessen Westseite rechts vom Haupteingang sich Sakristei und Werktagskapelle anschließen. Der Altar kommt so in die südöstliche Seite des Achtecks und ist auf drei Seiten von je einem Block Sitzbänken umgeben. Auf der gegenüberliegenden Seite befindet sich die Taufkapelle. Die ganze Kirche ist in Klinkersteinen gemauert; die Decke bildet eine Holzkonstruktion in Form eines Zeltes. Die Anordnung der Sitzreihen in drei Blöcken um den Altar ermöglicht die Nähe der Gemeinde zum Geschehen am Altar und betont den Gemeinschaftscharakter der Liturgie. In ihre Umgebung fügt sich die Kirche unaufdringlich ein; ein freistehender Campanile weist auf sie hin. Auf der Homepage der Pfarrei www.st-norbert-hoechberg.de findet sich eine anschauliche Beschreibung der Kirche.

Im Gegensatz dazu ist der abgebildete Grundriss der karolingischen Einhardsbasilika in Steinbach im Odenwald ein klassischer Langhaustyp. Die Kirche ist dreischiffig angelegt und der Altar liegt wie üblich in der Apsis im Osten. Auf der Westseite sind Eingang und zwei Seitenkapellen von dem eigentlichen Kirchenraum abgetrennt.

2. Einsatzmöglichkeiten im RU

Den Text erschließen

- Sch erschließen im gemeinsamen Unterrichtsgespräch die zentralen Anliegen des II. Vatikanum.
- Beschreibt die zentralen Anliegen des Konzils.
- Erklärt, welche konkreten Veränderungen sich daraus in der Pfarrgemeinde vor Ort und der Liturgie ergeben.

Die Person Johannes XXIII. kennen lernen

- Beschreibt das Foto. Achtet dabei vor allem auf die Art und Weise, wie der Papst sich dem Jugendlichen mit der Krücke zuwendet.
- Bringt das Foto mit der Metapher vom Konzil als »geöffnetem Fenster, durch das der frische Wind in die Kirche hineinblasen soll« in Verbindung. Im Internet (www.heiligenlexikon.de) findet ihr weitere Informationen über Johannes XXIII. Interessante Einblicke in die Persönlichkeit und Spiritualität vor dem Hintergrund der Zeit bietet auch der Spielfilm »Ein Leben für den Frieden – Papst Johannes XXIII.«.

Aspekte des Selbstverständnisses von Kirche herausarbeiten

- Das Zitat der Kirchenkonstitution ist in seiner dogmatischen und dichten Sprache für Sch nicht ohne weiteres verständlich. Hier gilt es, Sch Satz für Satz die Aussagen des abgedruckten Zitats »übersetzen« und paraphrasieren zu lassen. Dabei könnte folgendes Tafelbild erarbeitet werden:

Der Leib Christi

Denn wie der Leib eine Einheit ist, doch viele Glieder hat, alle Glieder des Leibes aber, obgleich es viele sind, einen einzigen Leib bilden: so ist es auch mit Christus. Durch den einen Geist wurden wir in der Taufe alle in einen einzigen Leib aufgenommen, Juden und Griechen, Sklaven und Freie; und alle wurden wir mit dem einen Geist getränkt. Auch der Leib besteht nicht nur aus einem Glied, sondern aus vielen Gliedern. Wenn der Fuß sagt: Ich bin keine Hand, ich gehöre nicht zum Leib. Und wenn das Ohr sagt: Ich bin kein Auge, ich gehöre nicht zum Leib, so gehört es doch zum Leib. Wenn der ganze Leib nur Auge wäre, wo bliebe dann das Gehör? Wenn er nur Gehör wäre, wo bliebe dann der Geruchssinn? Nun aber hat Gott jedes einzelne Glied so in den Leib eingefügt, wie es seiner Absicht entsprach. Wären alle zusammen nur ein Glied, wo bliebe dann der Leib? So aber gibt es viele Glieder und doch nur einen Leib. Das Auge kann nicht zur Hand sagen: Ich bin nicht auf dich angewiesen. Der Kopf kann nicht zu den Füßen sagen: Ich brauche euch nicht. Im Gegenteil, gerade die schwächer scheinenden Glieder des Leibes sind unentbehrlich. Denen, die wir für weniger edel ansehen, erweisen wir umso mehr Ehre und unseren weniger anständigen Gliedern begegnen wir mit mehr Anstand, während die anständigen das nicht nötig haben. Gott aber hat den Leib so zusammengefügt, dass er dem geringsten Glied mehr Ehre zukommen ließ, damit im Leib kein Zwiespalt entstehe, sondern alle Glieder einträchtig füreinander sorgen. Wenn darum ein Glied leidet, leiden alle Glieder mit; wenn ein Glied geehrt wird, freuen sich alle anderen mit ihm. Ihr aber seid der Leib Christi, und jeder einzelne ist ein Glied an ihm.

1 Kor 12,12-27

TA:

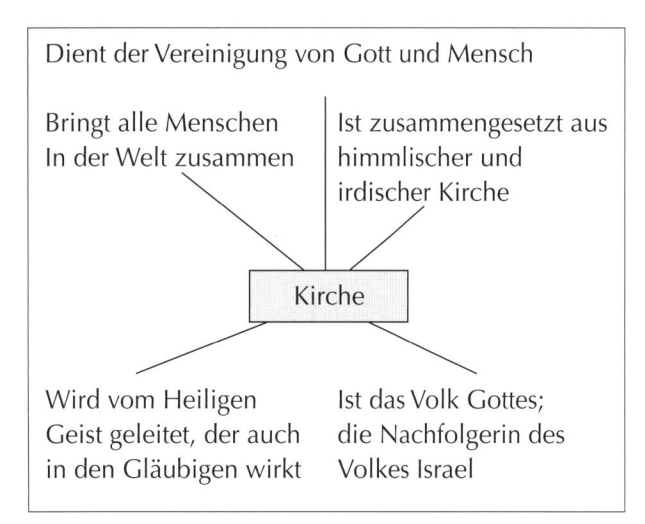

```
                    Dient der Vereinigung von Gott und Mensch

      Bringt alle Menschen          Ist zusammengesetzt aus
      In der Welt zusammen          himmlischer und
                                    irdischer Kirche
                          ┌─────────┐
                          │ Kirche  │
                          └─────────┘
      Wird vom Heiligen             Ist das Volk Gottes;
      Geist geleitet, der auch      die Nachfolgerin des
      in den Gläubigen wirkt        Volkes Israel
```

Dazu versuchen Sch die herausgearbeiteten Inhalte in Piktogramme umzusetzen und zeichnen sie zu ihrem Hefteintrag dazu.

- In **AB 9.6.5, Lehrerkommentar S. 179** finden Sch zwei weitere Zeichnungen, die das Selbstverständnis von Kirche veranschaulichen.
- In der ersten Zeichnung bildet die Kirche eine Pyramide mit klaren Rangordnungen und Hierarchien in der die göttliche Gnade gefiltert auf die Gläubigen »herabregnet«.
- Die zweite Zeichnung veranschaulicht das konziliare Verständnis vom »Volk Gottes unterwegs«, einer pilgernden Kirche, die den Leib Christi bildet und von ihm geführt wird. Bischöfe und Priester sind Teil dieses Volkes; die Kirche wird geleitet durch das Wort Gottes und das sakramentale Geschehen in der Kirche.
- Beschreibt das unterschiedliche Kirchenbild, das in beiden Zeichnungen zum Ausdruck kommt; achtet insbesondere auf das Verhältnis von Klerikern und Laien in der Kirche.

Biblische Bilder für die Kirche kennen lernen

- Sch lesen 1 Kor 12,12-27 (die Kirche als Leib Christi, **AB 9.6.6, Lehrerkommentar S. 181**) und notieren sich die wichtigsten Aussagen des Textes.
- Anschließend versuchen sie die Aussagen des Textes in einer Zeichnung umzusetzen und entwerfen den Grundriss einer Kirche, der dieses Bild vom Leib Christi zum Ausdruck bringt.

Lieder zum Thema »Kirche« befragen IDEENSEITE (96)

- Ergänzend zum Hinweis auf *Ideenseite* 96 steht auf **AB 9.6.7, Lehrerkommentar S. 183** ein Lied zur Verfügung, das ein unterschiedliches Bild der Kirche zeichnet:

Ein Schiff, das sich Gemeinde nennt
Dieser Klassiker des neueren geistlichen Liedes verwendet einprägsame, griffige Bilder, die das Kirchenverständnis des II. Vatikanum zum Ausdruck bringen. Kirche wird verglichen mit einem Schiff, unterwegs auf einer langen Reise zum Hafen Gottes.
Kirche ist also kein Selbstzweck, sondern das Mittel, mit dem Menschen zu Gott kommen können. Als solche bleibt sie »Kirche unterwegs«, die sich ihrem Auftrag entsprechend immer wieder mit den Fragen und Nöten der Menschen ihrer Zeit auseinander setzen muss. Verfehlt die Kirche ihr Ziel, d. h. scheut sie den Aufbruch und die damit verbundenen Risiken, so wird sie nutz- und wertlos.
Das Bild der Seefahrt weckt Assoziationen an vielfältige Bedrohungen, die dem Schiff Kirche gefährlich werden können (vgl. Mk 4,35-41). Wie auf jedem Schiff hängt der erfolgreiche Kampf gegen diese Bedrohungen vom Zusammenhalt der Mannschaft ab. Die Mannschaft muss sich dem gemeinsamen Ziel unterordnen um erfolgreich bestehen zu können. In ihrer Bedeutung für das Ganze der Kirche gibt es keinen Unterschied zwischen Klerikern und Laien. Diese Mannschaft soll vom Heiligen Geist geführt werden und erfährt den richtigen Kurs im Hören auf Gottes Wort und seine Forderungen, nicht durch eigene Klugheit. Herr des Schiffes und seiner Mannschaft ist Jesus, der seine Kirche durch die Zeit begleitet und immer wieder auf den rechten Kurs bringt.

- Dem wird ein typisches Kirchenlied des 19. Jahrhunderts gegenübergestellt:

Ein Haus voll Glorie schauet (GL 639)
Die Kirche erscheint hier nicht dynamisch, wie im Bild des Schiffes, sondern statisch als Haus. Ihr »ewiger Stein« verleiht ihr Unzerstörbarkeit und Unvergänglichkeit. Sie ist von Gott selbst gebaut, also kein Menschenwerk, sondern das Haus Gottes auf Erden. Dies macht sie zum Ort der Geborgenheit für Christen innerhalb einer feindlichen Welt.
Die Kirche ist die heilige Stadt Gottes, das endzeitliche »neue Jerusalem«. Ihr einziger Maßstab ist Christus, der »Eckstein« (Apg 4,11) auf den sie gegründet ist. Hoch ragt sie auf dem Zionsberg auf und ist so das sichtbare Zeichen Gottes in der Welt. Wie die Kirche sind die Christen aufgerufen, Zeugen Gottes in der Welt zu sein. Kirche wird zum Gegenentwurf der Welt und unterscheidet sich in Maßstäben und Werten deutlich von ihr.
Die Kirche ist schließlich der Ort, an dem Gott nahe und erfahrbar in Sakramenten und Liturgie wird. Das Bild vom »Zelt Gottes« greift die Ex-Tradition auf. Gott, der Herr der Kirche, zeigt uns in der Kirche jetzt schon das Abbild des künftigen Hauses Gottes.

Ein Schiff, das sich Gemeinde nennt

T/M: Martin Gotthard Schneider 1960

1. Ein Schiff, das sich Gemeinde nennt, fährt durch das Meer der Zeit. Das Ziel, das ihm die Richtung weist, heißt Gottes Ewigkeit. Das Schiff, es fährt, vom Sturm bedroht durch Angst, Not und Gefahr, Verzweiflung, Hoffnung, Kampf und Sieg, so fährt es Jahr um Jahr. Und immer wieder fragt man sich: Wird denn das Schiff bestehn? Erreicht es wohl das große Ziel? Wird es nicht untergehn?

Ref.: Bleibe bei uns, Herr, bleibe bei uns Herr! Denn sonst sind wir allein auf der Fahrt durch das Meer. Oh, bleibe bei uns, Herr!

Das Schiff, das sich Gemeinde nennt, liegt oft im Hafen fest.
Weil sich's in Sicherheit und Ruh' bequemer leben lässt.
Man sonnt sich gern im alten Glanz vergang'ner Herrlichkeit,
und ist doch heute für den Ruf zur Ausfahrt nicht bereit.
Doch wer Gefahr und Leiden scheut, erlebt von Gott nicht viel.
Nur wer das Wagnis auf sich nimmt, erreicht das große Ziel.

Refrain

Im Schiff, das sich Gemeinde nennt, muss eine Mannschaft sein,
sonst ist man auf der weiten Fahrt verloren und allein.
Ein jeder stehe, wo er steht und tue seine Pflicht!
Wenn er sein Teil nicht treu erfüllt, gelingt das Ganze nicht.
Und was die Mannschaft auf dem Schiff ganz fest zusammenschweißt
In Glaube, Liebe, Zuversicht, ist Gottes guter Geist.

Refrain

Im Schiff, das sich Gemeinde nennt, fragt man sich hin und her:
Wie finden wir den rechten Kurs zur Fahrt im weiten Meer?
Der rät wohl dies der andre das, man redet lang und viel
Und kommt – kurzsichtig, wie man ist – nur weiter weg vom Ziel.
Doch da, wo man das Laute flieht und lieber horcht und schweigt,
bekommt von Gott man ganz gewiss den rechten Weg gezeigt.

Refrain

Ein Schiff, das sich Gemeinde nennt, fährt durch das Meer der Zeit.
Das Ziel, das ihm die Richtung weist, heißt Gottes Ewigkeit.
Und wenn uns Einsamkeit bedroht, wenn Angst uns überfällt:
Viel Freunde sind mit unterwegs, auf gleichen Kurs gestellt.
Das macht uns wieder neuen Mut, wir sind nicht mehr allein.
So läuft das Schiff nach langer Fahrt in Gottes Hafen ein.

Refrain

- Anhand der Texte erarbeiten Sch die darin zum Ausdruck kommenden Bilder von Kirche. Hintergrundinformationen des L über die Situation der Kirche im 19. Jahrhundert und über das II. Vatikanum führen zu einem vertieften Verständnis der Kirchenbilder vor ihrem jeweiligen zeitgeschichtlichen Hintergrund. Besondere Beachtung sollte bei dieser Erarbeitung der Frage nach dem Verhältnis von Kirche und Welt geschenkt werden.
- In einer Schreibübung finden Sch Metaphern für die Kirche und kommentieren sie. (Die Kirche ist wie ...)
- Sch diskutieren die Rolle des einzelnen Christen und das Verhältnis zwischen Klerikern und Laien im jeweiligen Kirchenbild.
- Natürlich können und sollen beide Lieder auch im Unterricht mit Sch gesungen werden.

Grundrisse zeichnen
- Sch zeichnen aus dem Gedächtnis den Grundriss der Kirche ihrer Heimatgemeinde. Dann vergleichen sie die Grundrisse untereinander und beschreiben, wie die unterschiedlichen Grundrisse aus der Perspektive der Gemeinde bzw. des Pfarrers wirken.
- Anschließend zeichnen sie einen aus ihrer Sicht idealen Grundriss für eine »Wohlfühl-Kirche«.
- In **AB 9.6.8, Lehrerkommentar S. 185** finden Sch weitere Grundrisse verschiedener Kirchen und vergleichen sie mit den von ihnen gezeichneten. Sie entdecken, wie sich der Grundriss der eigenen Heimatkirche einordnen lässt und welche Vorstellung von Kirche er zum Ausdruck bringen will.

3. Weiterführende Anregung

Projekt: Lebensraum Kirche
Soll der Aspekt einer Theologie des Kirchenraumes noch weiter vertieft werden, so bietet sich an, die Anregungen des *Projekts* S. 193 ff. an dieser Stelle aufzugreifen und eine Kirchenerkundung vorzubereiten und durchzuführen (vgl. **AB 9.7.4, Lehrerkommentar S. 199**).

MOBS – da bin ich Mensch

Deuteseite (108)(109)

1. Hintergrund

Die *Deuteseite* **108-109** beschreibt die »**M**obile **O**bdachlosen und **B**edürftigen **S**peisung« – das Projekt einer Erlanger Pfarrgemeinde und macht so die diakonischen und caritativen Aufgaben der Kirche an einem Beispiel deutlich. Sie gehören zum Wesenskern einer Kirche auf dem Weg der Nachfolge Jesu, der sich selbst den Armen und Rechtlosen zugewandt und ihnen das Erbarmen Gottes verkündet hat (Lk 4,18-21). Dieses Erbarmen Gottes wird im Handeln Jesu konkret und individuell erfahrbar, wie sich z. B. in den zahlreichen Heilungsgeschichten des NT zeigt.
Schließlich hat sich Jesus selbst mit den Armen und Leidenden identifiziert (Mt 25,35-40). Der Dienst an den »geringsten Brüdern« ist der Dienst an Gott selbst und der Maßstab auch für das Handeln der Kirche.
Gerade Jugendliche reagieren sehr sensibel auf das Fehlen von Nächstenliebe in der Kirche und Hartherzigkeit im Umgang mit Hilfesuchenden. Umgekehrt sind sie bereit anzuerkennen »dass die Kirchen noch immer eine Kultur der Mitmenschlichkeit pflegen, in der das Zusammenleben und der Umgang mit Menschen, die im Alltag vieler Menschen nicht vorkommen und nicht gesehen werden, wenigstens denkbar ist.« (Kuld 2003, 21)

Der **Infotext** erklärt Hintergründe und Arbeitsfelder des Sozialprojektes MOBS. Es ist ein Projekt, das von jungen Erwachsenen und Jugendlichen aus der Pfarrgemeinde Heilig Kreuz in Erlangen getragen wird. Sie engagieren sich in ihrer Freizeit ehrenamtlich und bieten Obdachlosen und Bedürftigen eine warme Mahlzeit, einen Raum zum Aufwärmen und die Möglichkeit für Gespräche und Begegnung. So vermittelt MOBS den Gästen auch ein Stück »Normalität« in ihrem Leben.

Unterschiedliche Motive bewegen die Mitarbeiter von MOBS dazu, sich in diesem Projekt zu engagieren. Das zeigen die **Zitate** der Mitarbeiter und Gäste von MOBS
Es geht ihnen darum, über den eigenen kleinen Kreis der Familie und Pfarrgemeinde hinauszublicken und die Augen vor sozialer Not in der eigenen Umgebung nicht zu schließen. Der konkrete Einsatz für den Nächsten in Not ist die Verwirklichung von Jesu Auftrag zur Nächstenliebe. Darüber hinaus schenkt der Einsatz bei MOBS auch einen anderen Blickwinkel auf den eigenen Alltag und macht dankbar für die eigenen Chancen und Möglichkeiten. Die Gäste wiederum schätzen nicht nur die praktische Hilfe, die ihnen hier zukommt, sondern darüber hinaus vor allem das Gefühl, als Mensch mit einer eigenen Würde behandelt zu werden.

Mt 25,40 stellt die Arbeit von MOBS in einen weiteren Zusammenhang. Der Kontext dieser Bibelstelle beschreibt das Weltgericht und die Maßstäbe, die Je-

Kirchenarchitektur im Wandel der Zeiten

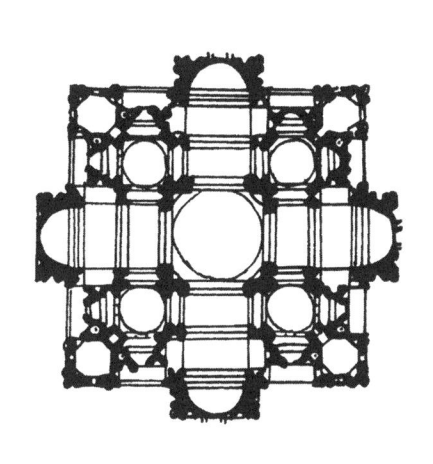

Zentral-Kuppelbasilika der Renaissance

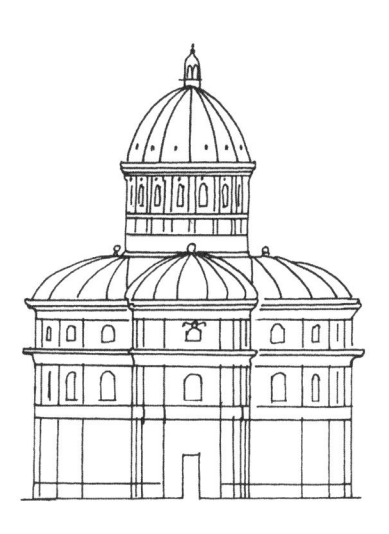

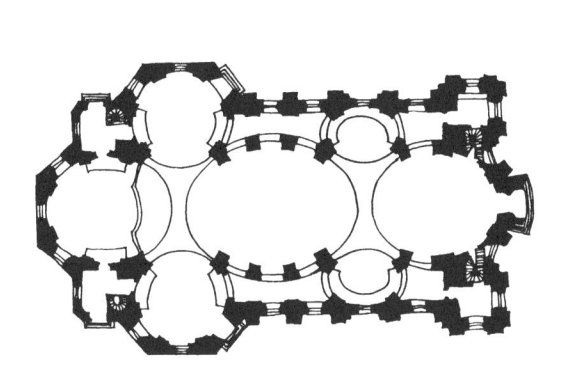

Wallfahrtskirche Vierzehnheiligen
in Oberfranken

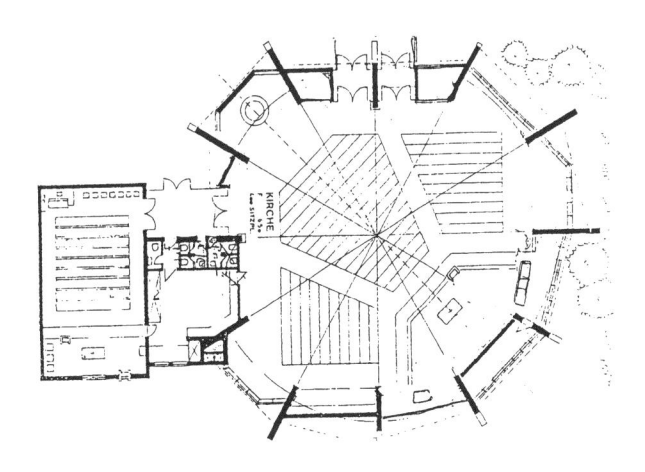

St. Norbert, Höchberg

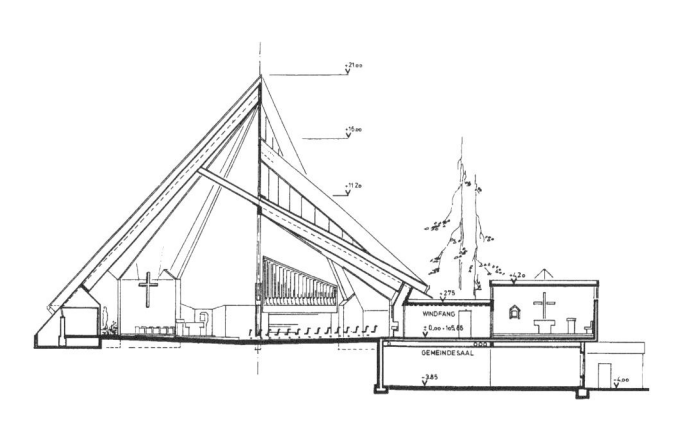

sus an das Verhalten der Menschen anlegt. Diese Maßstäbe sind nicht Frömmigkeit, Einsatz für den Glauben oder sonstige »religiöse« Leistungen, sondern der Einsatz für die Armen oder ganz am Rand der Gesellschaft Stehenden. Jesus identifiziert sich mit eben diesen Ärmsten und Geringsten, weshalb der Dienst an ihnen im wahrsten Sinne des Wortes »Gottesdienst« ist.

»Mein Name ist Fritz
Obdachlos
AIDSkrank
Arbeitslos
Möchte nicht kriminell werden
Danke für ihr Verständnis.«

Dies ist auf dem Karton zu lesen, den der Obdachlose auf dem **Bild** in der Hand hält. Er steht irgendwo in der Fußgängerzone einer Innenstadt, vor sich eine kleine Obstkiste, in der er Almosen sammelt. Hinter sich eine zerknautschte Sporttasche, die seine Habseligkeiten enthält. Es ist Herbst oder Winter, er trägt eine Strickmütze, eine gefütterte Jacke und abgetragene Jeans und Schuhe. Eine Passantin mit einem vielleicht vier- oder fünfjährigen Kind an der Hand unterhält sich mit ihm. Auch sie ist eher schlicht gekleidet, zweckmäßig mit warmer Jacke ohne eine Spur von Eleganz. Sie wendet sich freundlich dem Obdachlosen zu und scheint ihn mit echtem Interesse an seiner Person anzublicken.

Ein alltägliches Bild auf unseren Straßen: Armut, die uns zwischen den Hochglanzfassaden der Einkaufspassagen begegnet. Wie gehen wir mit der Bitte des Obdachlosen um? Gehen wir schnell vorüber und wenden den Blick ab um ja nicht Stellung nehmen zu müssen angesichts fremden Elends? Bringt uns unser schlechtes Gewissen dazu, hastig im Vorübergehen ein paar Münzen in seine Kiste zu werfen? Denken wir »selbst schuld« und verlassen uns ansonsten auf den Sozialstaat, der sich um solche Probleme kümmern soll? Und rechnen wir überhaupt damit, dass hinter der Pappe mit der Bitte um Unterstützung ein Mensch steckt, mit dem wir sprechen könnten?

Das **Gebet aus Afrika** formuliert die Bitte um eine Haltung des Mitgefühls (Compassion s. u.), die uns dazu drängt, uns für die Ärmsten der Armen einzusetzen. Dies bedeutet nicht, kluge Worte über die Armut zu machen, Situationen zu analysieren und wortgewandt darzustellen, ohne selbst aktiv zu werden. Vielmehr geht es um eine Bekehrung der Herzen, die uns persönlich von fremdem Elend betroffen macht und zum Handeln bewegt.

Es sind nach unseren westlichen Maßstäben selbst »Arme«, die in diesem Gebet um die Haltung des Mitgefühls bitten, anstatt um eine Verbesserung der eigenen Situation. Die Bitte um Solidarität öffnet den Blick für den Nächsten und führt zur Bereitschaft zu teilen und nicht nur Almosen abzugeben. Aus dieser Solidarität sind nicht einmal die offensichtlich Reichen ausgeschlossen, die alles zu haben scheinen. Das Mitgefühl erkennt ihre innere Armut und die egoistische Beschränktheit hinter ihrem Reichtum.

Sie alle, Arme wie Reiche, werden in dieser Haltung zu Schwestern und Brüdern. So zeigt das Gebet auch etwas von der umfassenden Geschwisterlichkeit, die aus der christlichen Haltung des Mit-Leidens wächst.

2. Einsatzmöglichkeiten im RU

Sich über MOBS informieren

- Sch lesen den Infotext über MOBS und die Zitate von Mitarbeitern und Gästen.
- Fasst den Text in eigenen Worten zusammen.
- Welche Gründe bewegen die Mitarbeiter von MOBS, sich in ihrer Freizeit für Obdachlose einzusetzen?
- Beschreibt, was sie aus ihrer Arbeit bei MOBS gewinnen könnten. Könntet ihr euch vorstellen, weshalb eine solche Arbeit auch Spaß machen kann?
- Gibt es ähnliche Projekte in eurer Stadt oder eurer Pfarrgemeinde? Sammelt Informationen darüber.
- Weitere Infos über MOBS findet ihr unter www.heilig-kreuz.de.

Die Bibelstelle Mt 25,40 nachlesen

- Sch lesen den Kontext der Stelle nach und bringen die Aussage des Zitats in Zusammenhang mit der Arbeit von MOBS.
- Beschreibt, nach welchen Maßstäben Jesus die Menschen beurteilt.
- Deutet die Aussage des Zitats Mt 25,40 im Zusammenhang mit der Arbeit von MOBS.

Das Foto betrachten

- Sch beschreiben und deuten das Foto auf *Deuteseite* 109
- Deckt die rechte Seite des Bildes ab, sodass nur noch der Obdachlose zu sehen ist. Welche Gedanken gehen euch bei seinem Anblick durch den Kopf?
- Lest das Plakat, das er in der Hand hält. Was könnte er sich angesichts der vorbeieilenden Menschen denken?
- Deckt das Bild ganz auf und beschreibt die Situation. Achtet besonders auf Haltung und Kleidung der Frau mit dem Kind.
- Vergleicht das Verhalten der Frau mit euren eigenen Gedanken angesichts des Obdachlosen.
- Verfasst ein Gespräch zwischen der Frau mit dem Kind und dem Obdachlosen. Was könnten sie einander zu sagen haben?

Aus einem *Compassion*-Bericht einer Schülerin

Oh nein, wie soll ich das nur zwei Wochen hier aushalten? Dies waren meine ersten Gedanken, als wir die Pflegestation 3 betraten. Ungefähr zwanzig alte Menschen, die meisten im Rollstuhl, saßen im Gemeinschaftsraum an ihren Tischen und wir wurden allen persönlich vorgestellt. Das Abschreckende dabei war, dass fast alle teilnahmslos ohne miteinander zu reden oder sonst was zu tun auf ihren Stühlen saßen und ins Leere starrten. Das ist schon erst Mal ein komisches Gefühl ... Mir wurde schnell klar, dass diese Menschen, auch wenn sie sich zum Teil nicht mehr verständigen können, trotzdem ganz normale Bedürfnisse haben und sich freuen, wenn sich mal jemand zu ihnen setzt, sich mit ihnen unterhält, ihnen aus der Zeitung vorliest, mit ihnen spielt oder sie auch mal in den Arm nimmt.

Natürlich konnten wir in der kurzen Zeit nicht zu jedem Bewohner eine Vertrauensbeziehung aufbauen. Da wir aber darauf vorbereitet worden sind, nicht zuviel zu erwarten und kleine Missverständnisse nicht persönlich zu nehmen, gab es in dieser Hinsicht eigentlich kaum Probleme.

Unsere eigentliche Hauptaufgabe war bei der Tagesbetreuung bzw. bei der Aktivierung zu helfen. Alzheimer Erkrankten muss man Anregungen anbieten, die sie an ihre Vergangenheit erinnern, denn die ist häufig noch als einziges in den Gedächtnissen vorhanden. Meistens sind dies Kindheitserinnerungen, über die man sich dann auch gut mit den Menschen unterhalten kann. Des Weiteren werden ihnen kleine Aufgaben gestellt, wie zum Beispiel Wäsche zusammenlegen, Kleider bügeln und leichte Küchenarbeiten, die ihnen das Gefühl vermitteln, noch gebraucht zu werden.

Da auf unserer Station die meisten Bewohner Pflegestufe 3 [also sehr schwer pflegebedürftig] waren, habe ich außerdem auch einige Male bei der Körperpflege der Bewohner zugesehen, oder auch mal leicht geholfen. Ganz ehrlich: es hat mich schon viel Überwindung gekostet beim Wickeln zu helfen und mir wurde ganz deutlich klar, was mein früherer Religionslehrer meinte, als er einmal gesagt hat: »Im natürlichen Prozess des Alterwerdens wird man immer mehr wieder zum Kleinkind, aber anders als bei Kleinkindern ist die Pflege von alten Menschen in unserer heutigen Gesellschaft ein Tabuthema, vor dem sich viele sogar ekeln.« Dem ist wirklich so und obwohl ich sicherlich genau weiß, dass Altenpflegerin kein Beruf für mich wäre, muss ich sagen, dass ich mich daran gewöhnt habe.

Dies waren aber nicht die einzigen schwierigen Situationen, die zu bewältigen waren. Besonders schwer war es für mich, wenn eine Bewohnerin immer wieder so stark deprimiert war, weil es mit dem Selberessen nicht mehr gut klappte und natürlich noch aus Gründen, die ich nicht kannte, dass sie immer wieder von Selbstmord sprach. In solchen Situationen ist es schwer richtig zu reagieren und ich war danach total betroffen.

Meine schönsten Erinnerungen hängen an den Personen, mit denen ich mich besonders gut verstanden habe. Das war zum einen eine Frau, die sich sehr gefreut hat, weil sie mir erfolgreich das Stricken beibringen konnte und mit der ich auch gerne Zeit verbracht habe. Zum anderen war es ein 80-jähriger Mann, der geistig noch total fit war und mit dem ich wirklich viel Spaß hatte, aber auch tolle Gespräche über Religion, den Zweiten Weltkrieg und über sein Lieblingsthema, die Liebe, geführt habe.

Toll war auch zu sehen, dass Menschen, die sich nicht mehr verständig machen können und den ganzen Tag in ihren Betten liegen, sich richtig freuten wenn ich mich mit ihnen beschäftigt habe und sie mich mit der Zeit auch wiedererkannten.

Abschließend möchte ich sagen, dass mir diese zwei Wochen persönlich sehr viel Spaß gemacht haben und ich auch sicher viel gelernt habe. Wir wurden von dem ganzen Team sehr freundlich aufgenommen, unterstützt und auch gelobt. Unsere Arbeit war sehr vielfältig und ich fand es sehr gut, dass wir auch Verantwortung übernehmen konnten.

Mir fiel der Abschied, vor allem von den Bewohnern, sehr schwer.

Im Internet nach caritativen Einrichtungen der Kirchen suchen
- Sch informieren sich im Internet über professionelle caritative Einrichtungen der Kirche. Geeignete Adressen sind z. B. www.caritas.de oder www.diakonie.de. Von diesen Adressen ausgehend können Sch sich über die Arbeit von Caritas und Diakonie an ihrem Heimatort kundig machen.

Ein Gebet formulieren
- Ausgehend von der Erschließung des Gebets aus Afrika auf *Deuteseite* **109** werden Sch dazu angeregt, selbst ein Gebet zu schreiben. Die Gebete werden anschließend gemeinsam vorgetragen.
– Beschreibt das Anliegen dieses Gebets. Was bedeutet der Satz »Rühre unsere Herzen an« konkret? Findet Beispiele.
– Worum könntet ihr selbst Gott für andere bitten? Versucht selbst ein ähnliches Gebet zu schreiben.

Ein Gebet gestalten
- Sch suchen nach Bildern, die zu dem Gebet aus Afrika passen oder zeichnen selbst. Sie gestalten daraus das Gebet in Wort und Bild:
– Das Gebet aus Afrika verwendet sehr viele konkrete Bilder. Schreibt sie heraus.
– Sucht Fotos, die diese Bilder umsetzen oder zeichnet selbst und gestaltet damit das Gebet als Plakat in Wort und Bildern.

3. Weiterführende Anregung

Ein *Compassion*-Projekt durchführen
Compassion – der englische Begriff für Mitgefühl oder »Mit-Leidenschaft« (Kuld 2003, 8), den die Initiatoren des Projekts statt des missverständlichen deutschen Begriffs »Mitleid« verwenden, meint eine Haltung der engagierten Solidarität gegenüber dem Anderen, Schwächeren, der meine Hilfe braucht.
Doch gerade diese unmittelbare Bereitschaft, die Not anderer Menschen wahrzunehmen und selbst aktiv zu werden, wie sie auch Jesus im Gleichnis vom Samariter fordert (Lk 10,25-37) schwindet in unserer sich zusehends entsolidarisierenden Gesellschaft.
Ziel des Compassion-Projektes ist es, dem in der Erziehungsarbeit der Schule entgegenzusteuern: »Unsere Schule soll erfahrbar werden als Ort der Solidarität und Nächstenliebe, an dem untereinander und für andere die je eigene Verantwortung bejaht und praktiziert wird« (aus dem Sozialwort EKD und Deutsche Bischofskonferenz 1998, zit. nach: Kuld 2000, 21). Es geht zurück auf die Initiative der Arbeitsgruppe Innovation der Freien Katholischen Schulen, die dieses »Praxis- und Unterrichtsprojekt sozialen Lernens« (ebd.) entwickelte.

Während eines verpflichtenden zwei- bis dreiwöchigen Praktikums in einer Sozialeinrichtung wie Alten-Pflegeheim, Behinderteneinrichtung, Krankenhaus, Kindertagesstätte u. Ä. begegnen Sch den Menschen »denen sie in der Schule (und weiterhin auch sonst in ihrem Leben) real nicht begegnen: Kranken Menschen, Behinderten, alten Menschen, kleinen Kindern, Flüchtlingen, Obdachlosen usw.« (ebd.) Das Praktikum wird in den regulären Unterricht eingebettet, vorbereitet und reflektiert. Während des Projekts stehen die begleitenden Lehrkräfte als Ansprechpartner zur Verfügung. Es bietet sich in der Realschule die 9. Jahrgangsstufe zur Durchführung an.
Ziel des Compassion-Projekts ist die Veränderung sozialer Einstellungen und Haltungen hin zu mehr Mitmenschlichkeit und Solidarität mit Menschen am Rand der Gesellschaft, verbunden mit dem Bewusstsein der eigenen Verantwortung. Sch lernen mit Menschen, die »anders« sind umzugehen und sie in ihrer individuellen Eigenheit wahrzunehmen. Sie werden unter Umständen auch mit eigenen Grenzen konfrontiert und machen die Erfahrung, für andere wichtig zu sein und gebraucht zu werden. Gerade hier erleben Jugendliche, dass das Helfen ihnen persönlich einen Zugewinn an Leben bringt. Ein dem Compassion-Projekt zunächst eher kritisch gegenüberstehender Jugendlicher beschreibt seine Erfahrungen wie folgt:
»Wissen Sie, ich will Banker werden, da brauche ich solche sozialen Sachen nicht. Ich ging also in einen Kindergarten, weil ich dachte, das ist leicht. Nicht so hart wie ein Behinderten- oder Altenheim. Nach drei Tagen warteten jeden Morgen drei Kinder auf mich. Ich bekam die den ganzen Vormittag nicht mehr los. Andere kamen hinzu. Ich war ganz schön gestresst. Mit der Erzieherin habe ich dann abgemacht, dass sie mir die Kinder abnimmt, wenn ich den Arm hebe und mal raus muss zu einer Zigarettenpause. Ich habe im Kindergarten zwei Dinge gelernt: Erstens: Die Erzieherinnen sind für ihre Arbeit unterbezahlt. Zweitens: Zum ersten Mal in meinem Leben hat jemand morgens auf mich gewartet. Das habe ich weder in der Schule noch zu Hause je so erlebt.« (Kuld 2003, 28)

Der in **AB 9.6.9, Lehrerkommentar S. 187** beigefügte Erfahrungsbericht einer Sch der Klasse 11 des Studienkolleg St. Johann in Aulendorf-Blönried weckt die Neugier auf solche und ähnliche Formen des sozialen Engagements und lädt Sch ein zu entdecken, welche Aufgaben und Probleme ein solches Praktikum mit sich bringt, aber auch, wie Helfen und für andere Dasein den Helfenden bereichern kann.

Wie sich die Kirche organisiert

Infoseite IV 110 111

1. Hintergrund

Die *Infoseite VI* **110-111** beschäftigt sich mit Struktur, Aufbau und Organisation der Katholischen Kirche, wie sie sich im Gang der Jahrhunderte bis heute herausgebildet haben. Dazu gehört auch das System der Kirchensteuer, das für die bundesrepublikanische Kirche kennzeichnend ist. Auch wenn viele Eltern der Sch nicht zur Kerngemeinde gehören und regelmäßig am Gemeindeleben teilnehmen, sind sie als Getaufte doch in das Kirchensteuersystem integriert und kommen mit der Organisation Kirche regelmäßig über die Lohn- und Einkommensteuer in Berührung. Dabei wächst in der Kirche zunehmend das Bewusstsein, welch beachtlichen Dienst auch diejenigen für die Kirche tun, die ihr zwar fern stehen, jedoch Monat für Monat und Jahr für Jahr ihren Kirchensteuerbetrag entrichten und so die finanzielle Grundlage dafür schaffen, dass die Kirche ihre vielfältigen Aufgaben erfüllen kann. Von daher erhält diese Doppelseite in lebensweltlicher Hinsicht eine wichtige Bedeutung im Zusammenhang dieses Kapitels.

Die **Grafik zur Kirchenstruktur** ist als Kreisbild, d. h. als Mandala gestaltet: Der innere Kreisbereich symbolisiert die Universal- bzw. die Weltkirche mit Papst/Bischofssynode, Konzil und Kurie. Um diesen inneren Bereich ist die Ebene der Bistümer angeordnet mit Bischof/Pastoralrat, Synode und Ordinariat. Die Pfarrgemeinde bildet die dritte, äußere Ebene mit Pfarrer/Pfarrgemeinderat, Gemeindeversammlung und Pfarrbüro. Dabei unterscheidet die Grafik auf allen drei Ebenen die Bereiche Leitung, Versammlung und Verwaltung. Im Kern des Kreisbildes befindet sich das Christusmonogramm XP. Deutlich soll werden: Im Zentrum des Mandalas Kirche steht der auferstandene Christus. Er ist der eigentliche Herr. Alle Ämter, Dienste, Strukturen und Gremien sollen sich um diesen Mittelpunkt gruppieren. Die Grafik betont deshalb den konziliaren Charakter der Kirche: Alle Dienste sind aufeinander verwiesen und ergänzen sich. Sicherlich ließe sich der Aufbau der Kirche grafisch auch ganz anders darstellen, etwa indem das hierarchische Prinzip stärker betont wird.

Der **dazugehörige Sachtext** vertieft und differenziert die drei Ebenen der Kirche: Pfarrei, Bistum, Universalkirche. Den breitesten Raum nimmt dabei die Pfarrei mit ihren verschiedenen Ämtern, Diensten und Gremien ein. Weiterhin benennt er das Dekanat als Ebene zwischen Pfarrei und Diözese. Ohne die Erfahrung eines pfarrlichen Lebens können die Zusammenhänge dieses Textes für Sch sehr komplex erscheinen. Eine grafische Veranschaulichung kann das Verständnis erleichtern.

Der **Text** und die **Grafik zur Kirchensteuer** trägt dem Tatbestand Rechnung, dass auch die katholischen Sch der 9. Klasse schon ab dem Beginn ihres Erwerbslebens, z. B. dem ersten Jahr ihrer Lehre, Kirchensteuer bezahlen werden. Deshalb erscheint es im RU erforderlich über die Höhe, das Zustandekommen, die Verwendung sowie über die Entstehung der Kirchensteuer zu informieren und mit den Jugendlichen in einen Dialog zu treten.

2. Einsatzmöglichkeiten im RU

Wie sich die Kirche aufbaut/   IDEENSEITE 96
Aufgaben und Dienste ...

- Nach der Erschließung übertragen Sch die Mandalagrafik vom Aufbau der Kirche in ihr Heft.
- Stellt die Informationen im Sachtext über eine Pfarrei grafisch dar. Zeichnet in die Mitte ein Symbol für die Pfarrkirche; ordnet die Ämter, Dienste und Gremien um diesen Mittelpunkt.

TA:

> Kirchensteuer
> - Je nach Verdienst beträgt die Kirchensteuer 8 bis 10 % der Lohnsteuer.
> - Die Kirchensteuer erlaubt der Kirche ihre Aufgaben zu erfüllen: Gottesdienste, Seelsorge, Jugendarbeit, Kindergärten, Krankenhäuser, Altenheime, Jugendhäuser, Bahnhofsmission, Arbeitslosenprojekte usw.
> - Die Kirchensteuer ist die Nachwirkung der Säkularisation: Kirchengüter gingen in Staatsbesitz über, der Staat führte deshalb die Kirchensteuer ein.

- Auch die Grafik über die Kirchensteuer lässt sich zur Vertiefung in das Heft übertragen.

Haushaltspläne erkunden/   IDEENSEITE 97
Das eigene Bistum erkunden

Die bayerischen Diözesen sind inzwischen alle mit einer Homepage im Internet präsent. Dort können die Haushaltspläne direkt unter »Finanzen« eingesehen werden. Die Adressen lauten:
Augsburg: www.bistum-augsburg.de;
Bamberg: www.erzbistum-bamberg.de;
Eichstätt: www.bistum-eichstaett.de;

München: www.erzbistum-muenchen.de;
Passau: www.bistum-passau.de;
Regensburg: www.bistum-regensburg.de;
Würzburg: www.bistum-wuerzburg.de.

Kirchensteuer in anderen Ländern?
Der dritte Impuls *Infoseite VI* **111** ist auf der Homepage der Diözese Augsburg zu verfolgen. Dort sind Informationen über die Regelung der Kirchensteuer in anderen europäischen Ländern zugänglich.

Totgesagte leben länger — Stellungnahmen (112)

1. Hintergrund

Diese Seite fordert dazu auf, Position zu beziehen und über die eigene Rolle und das Verhältnis zur Kirche nachzudenken.

Auf bildhaft-anschauliche Weise provoziert der **Text** dazu, die Frage »Wer ist Kirche?« unter einem neuen Blickwinkel zu sehen und die Perspektive des Zuschauers aufzugeben. Durchaus drastisch wird der Tod der Kirche veranschaulicht. Der Sarg ist aufgebahrt, die Trauerfeier vorbereitet. Der Spiegel im Sarg der Kirche führt jedem Gemeindemitglied deutlich vor Augen, dass Tod oder Lebendigkeit der Kirche von jedem einzelnen Christen abhängen. Die Botschaft des Textes lautet: »Wir alle sind die Kirche und ohne unseren gemeinsamen Einsatz geht sie zugrunde.«

Die Arbeitsaufträge des **Fragebogens** und der Plakatgestaltung für die **Öffentlichkeitsarbeit** der Kirche stellen den Bezug zur eigenen Pfarrgemeinde wieder her. Sch sind aufgefordert, die Aufgaben und Ziele ihrer eigenen Pfarrgemeinde zu reflektieren und über ihre Rolle in der Pfarrei nachzudenken. Auch hier ist der Appell hörbar, die Position distanzierter Beobachtung aufzugeben und persönlich Stellung zu beziehen. Der Auftrag, in einem Plakat über die Kirche zu informieren, gibt Sch die Möglichkeit, das im Rahmen des bisherigen Unterrichts Erarbeitete noch einmal zu überdenken, zu gewichten und das für sie Wichtige subjektiv zu verdichten.

Die beiden Impulse **Bekenntnisse eines Kirchenliebhabers** und **Ich liebe ...** runden schließlich die Seite ab, indem sie provozierend Partei für die Kirche ergreifen als Ort, an dem Gott zu finden ist und im Handeln der Kirche konkret sichtbar wird. Die Kirche steht für die christlichen Werte der Mitmenschlichkeit und Solidarität, die sie lebt und verkündet. Sie ist damit nicht primär Objekt kritischer Betrachtung, sondern fordert zu Identifikation und persönlicher Stellungnahme heraus.

2. Einsatzmöglichkeiten in RU

Über den Tod der Kirche nachdenken
- L kopiert die Todesanzeige der Kirche auf Folie.
– Was könnte mit dem »Tod« der Kirche gemeint sein? Stellt Vermutungen über die Todesursachen an.
- Anschließend liest L die Geschichte vor und lässt den letzten Satz weg. Sch schreiben die Geschichte zu Ende. Sie vergleichen ihre Schlüsse mit dem originalen Schluss des Textes im Buch.
– Welche Antwort gibt der Text auf die Frage nach dem »Tod« der Kirche und seinen Ursachen?
– Erklärt, weshalb viele Leute wieder in die Kirche zurückkommen, nachdem sie in den Sarg der Kirche geblickt haben.
– Formuliert die Antwort des Textes auf die Frage »Wer ist Kirche?«.

Argumente für die Kirche suchen
In **AB 9.6.10, Lehrerkommentar S. 191** finden Sch einen Brief des Bischofs Kamphaus, der in eindrücklicher Weise zusammenfasst, weshalb es sich trotz aller Missstände und Enttäuschungen lohnt, in der Kirche zu bleiben und mitzuarbeiten.
- Sch unterstreichen seine Argumente, setzen sich kritisch mit ihnen auseinander und ergänzen sie.
- Auf einem Plakat fassen sie die gemeinsam gefundenen Argumente zusammen unter der Überschrift »Ich liebe die Kirche, weil ...«

Brief von Bischof Kamphaus

Lieber Michael!
Du hast mir geschrieben, was du von der Kirche hältst: offenbar nicht sehr viel. Du siehst schwarz, was ihre Zukunft angeht. Einige Wörter in deinem Brief habe ich unterstrichen, sie kehren immer wieder: unbeweglich, verholzt, starr, bürokratisch, veraltet, konservativ, Macht, Geld ... Das alles verbindest du mit Kirche. Und am Ende fragst du ganz direkt, weshalb ich mich noch in dieser Kirche und für sie engagiere. Das hat mir zu denken gegeben. Wenn man von seinem Amt her immer für die Kirche geradesteht, kommt man leicht in Gefahr, alles zu verteidigen und Kritik gleich abzuwürgen. Aber die Kirche macht mir ja selbst zu schaffen. Vieles wünschte ich mir anders. Trotzdem bin ich mit Leib und Seele in der katholischen Kirche und habe nie nach einer Alternative Ausschau gehalten. Warum? Ich verdanke der Kirche den Glauben. Ohne die Menschen, die vor mir geglaubt haben und mit mir glauben, wäre ich nicht der, der ich bin und sein will. Nie wäre ich so herausgefordert worden, mich dem Evangelium zu stellen. Ohne die Kirche wäre ich wahrscheinlich ein religiös blasser und im Grunde atheistischer Zeitgenosse. Verstehst du, weshalb mir die Kirche wichtig ist? Natürlich erfahre ich Tag für Tag, wie allzu menschlich es in der Kirche zugehen kann, unter dem Niveau des Evangeliums. Ich frage mich, ob die Kirche hierzulande ihrem Auftrag in unserer Gesellschaft gerecht wird. Ich spüre die Last all dessen, was in der Kirchengeschichte nicht im Sinne Jesu gelaufen ist und die Kirche bis heute in den Augen vieler um ihre Glaubwürdigkeit gebracht hat. Das macht mir zu schaffen. Ich habe daran zu tragen – wie die Kirche ja auch an mir zu tragen hat!

Je näher und genauer ich meine eigenen Grenzen wahrnehme, desto wichtiger wird mir die Kirche (»Schau nicht auf unsere Sünden, sondern auf den Glauben deiner Kirche ...«, beten wir in der Messe). Schließlich sage ich mir: Wenn die Kirche nur ein x-beliebiger Zweckverband wäre, von Menschen erfunden, dann hätten die Christen, nicht zuletzt die Bischöfe und Priester, sie längst zugrunde gerichtet. Das Wunder ist, dass sie nach zweitausend Jahren besteht trotz aller Menschlichkeit und Ärgernisse mit der Institution und den Christen im Alltag, trotz aller fragwürdigen Päpste und Bischöfe und Priester. Offenkundig steckt mehr dahinter: Jesus Christus!

Die Kirche ist uralt, sagst du. Ist die lange Geschichte nur eine Last? Ich möchte den Schatz an Erfahrungen aus dieser Geschichte nicht missen, die vielen unterschiedlichen Begabungen, die heiligen Frauen und Männer. Sie bürgen für die Treue zum Ursprung. Es ist nicht so leicht, über Jahrhunderte das Feuer des Aufbruchs am Brennen zu halten. Viele Bewegungen unseres Jahrhunderts, die mit großem Elan an den Start gegangen sind, sind schon nach einigen Jahrzehnten veraltet und abgewirtschaftet.

In den vergangenen Jahren bin ich mehrere Wochen in Südamerika und Asien gewesen. Die Kirche dort ist jung, die Jugendlichen prägen ihr Gesicht. Das ist auch katholische Kirche. Du darfst sie nicht allein von Deutschland her beurteilen. Wenn nicht alles täuscht, wird die Kraft der Kirche sich von Europa zu den anderen Kontinenten verlagern. Ist das nicht großartig, dass die Kirche in allen Ländern der Erde da ist und mitarbeitet an der Entwicklung der Völker? Kennst du eine andere Institution, die das so entschieden tut?

Wir dürfen unsere besten Kräfte und unsere Hoffnungsenergie nicht dafür verschwenden, unser privates Wohlbefinden zu pflegen – auch nicht in der Kirche. Wir haben eine Botschaft für die Welt. Und wir haben diese Botschaft nicht zuerst durch schöne Worte, sondern durch die Tat zu bezeugen. Ich habe eingangs schon Papst Johannes XXIII. erwähnt: Wir müssen in dem alten Gebäude Kirche die Fenster öffnen und frische Luft hereinlassen, selbst auf die Gefahr hin, dass es zieht und manche ins Flattern geraten. Nicht Abriss des Gebäudes, sondern Erneuerung, Umkehr, Aufräumen im Inneren und Äußeren. Ob wir auf diesem Weg schon weit genug gegangen sind? Er ist mühsam und geht an die Kräfte. Man muss einen langen Atem haben. Wünsche an die Kirche dürfen nicht nur Erwartungen an andere sein. Wenn's um die Kirche geht, dann geht's immer auch um uns. Die Frage, wie lebendig, wie gläubig, wie engagiert die Kirche ist, ist immer auch eine Frage an dich und mich.

Versuche, dort mitzumachen, wo du bist, in deiner Pfarrei. Warte nicht, bis ideale Voraussetzungen gegeben sind.

Sei herzlich gegrüßt!

Dein † Franz Kamphaus

Literatur

Behringer, Wolfgang (Hg.), Hexen und Hexenprozesse in Deutschland, dtv dokumente 2957, München 1993

Ders., Hexen, Glaube, Verfolgung, Vermarktung. Becksche Reihe, München 1998

Blasig, Winfried/Bahnsch, Wolfgang, Von Jesus bis heute, München 1973

Biser, Eugen/Hahn, Ferdinand/Langer, Michael (Hg.), Der Glaube der Christen. Band I: Ein ökumenisches Handbuch, München, Stuttgart 1999

Engelhard, Ingeborg, Hexen in der Stadt. Erzählte Geschichte, dtv junior, München ^{22}1999

Engelhard, Ingeborg, Hexen in der Stadt. Ein Jugendbuch im RU. Materialien und Vorschläge für eine Unterrichtseinheit ab Klasse 8. Materialbrief RU 4/95 erarbeitet von Claudia Schönwald, hg. v. Deutschen Katecheten-Verein, München 1995

Goecke-Seischab, Margarete Luise/Ohlemacher, Jörg, Kirchen erkunden, Kirchen erschließen, Lahr 2002

Halbfas, Hubertus, Was allen in der Kindheit scheint und worin noch niemand war. Entwurf einer regionalen Religionsdidaktik, in: ders., Wurzelwerk. Geschichtliche Dimensionen der Religionsdidaktik, Düsseldorf 1989

Ders., Religionsbuch für das 9./10. Schuljahr, Düsseldorf 1991

Kuld, Lothar, Compassion – raus aus der Ego-Falle. Münsterschwarzach 2003

Ders., Das Compassion-Projekt, in: ru ökumenische Zeitschrift für den Religionsunterricht, 30. Jg., Heft 1/2000, 21f.

Moll, Helmut, Die katholischen Märtyrer. Ein Verzeichnis, Paderborn 1999 (Das Werk listet, den Diözesen zugeordnet, tabellarisch alle erfassten Blutzeugen auf.)

Projekt: Lebensraum Kirche

Titelseite (113)

1. Hintergrund

Das Foto zeigt eine Gruppe Erwachsener, die in der romanischen Klosterkirche Bursfelde tanzen. Man sieht zwei Kreise: Die im äußeren Kreis stehenden Männer und Frauen haben ihre Arme nach oben ausgestreckt und bilden so eine Schale. Der innere Kreis steht dichter beieinander, die Tänzer strecken die durchgefassten Hände zum Himmel, einige schauen nach oben. Hier wird das Gloria innerhalb eines Gottesdienstes mit Leib und Seele gestaltet. Dabei wird die Freude durch die erhobenen Arme und die beschwingten Bewegungen verdeutlicht.

Das gleiche Foto findet sich auch auf *Themenseite* 95 und soll dort ein Teil des breiten Spektrum dessen, was Kirche ausmacht, darstellen.

2. Einsatzmöglichkeiten im RU

Die Besonderheit der dargestellten Situation erspüren

Sch betrachten das Bild und erarbeiten anhand von Fragen die Besonderheiten der dargestellten Szene.
- Um was für einen Raum handelt es sich? Wie bewegt ihr euch gewöhnlich in diesem Raum?
- In dieser Kirche stehen keine Stühle. Was würdet ihr mit einer Gruppe von Jugendlichen in einem leeren Kirchenraum gern tun?

Der Körperhaltung nachspüren

Sch machen sich ihre eigenen Gebetsgebärden (knien, stehen, gefaltete Hände usw.) bewusst und spüren sich in die dargestellten Haltungen ein. Sie versuchen dann die Symbolik dieser Gebärde zu deuten.
- Zeigt einmal, wie ihr betet! Welche Haltungen nehmt ihr dazu ein?
- Nehmt nun eine Haltung der Menschen ein, die ihr auf dem Foto seht. Hört einen Augenblick in euren Körper hinein. Was bringt diese Körperhaltung zum Ausdruck?

3. Weiterführende Anregungen

Das Vaterunser mit Gebärden beten

- Sch machen eigene Erfahrungen mit bewegtem Gebet. Dazu wird zunächst ein bekanntes Gebet, z. B. das Vaterunser, ohne den Einbezug des Körpers gebetet.
- In einem zweiten Schritt werden dann die Gebärden (**AB 9.7.1, Lehrerkommentar S. 195**) während des Betens eingenommen.
- Anschließend tauschen sich Sch über die Unterschiede der beiden Gebetsformen aus.

Selbst tanzen

Wenn die Lerngruppe aufgeschlossen ist, kann ein Tanz mit einer einfachen Schrittfolge eingeübt werden. Der Tanz sollte durch seine Gestaltung eine für Sch erkennbare Aussage haben. Hierzu eignet sich z. B. »Oh Signore«, ein Friedenstanz (**AB 9.7.2, Lehrerkommentar S. 197**).

Projekt (114) (115)

1. Hintergrund

Das Projekt für die 9. Jahrgangsstufe greift unterschiedliche Aspekte des Schulbuchs auf und führt sie weiter, z. B. die Überlegungen zum Kirchenbau und dem damit verbundenen Gemeindebild (*Infoseite V* **106-107**). Es soll den Sch einen neuen Blick auf den Kirchenraum vermitteln, damit sie so bereits bekannte und neue Kirchenräume als Lebensräume untersuchen und erspüren. Das Projekt hat zum Ziel möglichst nahe an den Erfahrungen der Sch zu sein.

2. Einsatzmöglichkeiten im RU

Ein eigenes Kirchenmodell bauen

Diese Arbeitsanregung spricht vor allem handwerklich begabte Sch an. Dabei ist es möglich das Modell aus festem Papier, aus Fotokarton oder sogar aus Holz – ggf. in Zusammenarbeit mit dem Werkunterricht – zu gestalten. Sch wird durch dieses handelnde Nachvollziehen der Aufbau und die architektonischen Besonderheiten der abgebildeten Kirche bewusst.

Sitzordnung und Gesprächsmöglichkeiten

Diese Anregung greift Erfahrungen der Sch aus dem unmittelbaren Unterricht auf. Er weist darauf hin, dass Sitzordnungen für bestimmte Gesprächssituationen eher geeignet sind als andere. Dadurch werden Sch auch für die Sitzordnung innerhalb eines Kirchenraumes sensibilisiert, denn die Sitzordnung in Kirchen zeigt u. a. das Bild von Gemeinde, das dahinter steht. Hier kann auch noch einmal auf die *Infoseite V* **107** verwiesen werden.

Ein Stück von dir

Sch werden hier darauf vorbereitet, dass innerhalb eines Kirchenraumes einzelne Gegenstände liturgische Bedeutungen haben und auch bewusst an ihrem Platz stehen. Dies kann ihnen an der Einrichtung des eigenen Zimmers verdeutlicht werden.
Falls für eine Lerngruppe das zeichnerische Darstellen nicht geeignet ist, können auch fünf Gegenstände aus dem eigenen Zimmer aufgeschrieben werden. Reizvoll ist dann, wenn die anderen erraten, zu welchem Mit-Sch welche Einrichtungsgegenstände passen.

Gotteshäuser anderer Religionen besuchen

Interessant bei dieser Anregung ist vor allem die Untersuchung der Inneneinrichtung. So finden Sch Parallelen (z. B. Sitzordnung in einer Synagoge) zur eigenen Religion und entdecken Unbekanntes (keine Bestuhlung in Tempel oder Moschee). Dabei geht es vor allem darum, das Fremdartige nicht abzuwerten, sondern Sch für die Bedeutung und die Funktion innerhalb des Brauchtums zu öffnen.

- Wird ein Gotteshaus einer anderen Religion besucht, empfiehlt sich der Besuch einer Kirche im Anschluss, da durch das Fremde auch der Blick für das Bekannte geschult wird.
- Als Alternative zur Exkursion werden Fotos und Folienbilder eingesetzt.

Den Kunstunterricht einbeziehen

Hier bietet sich das fächerübergreifende Arbeiten besonders an, da die Kunstkolleg(inn)en weitere Informationen über Bauepochen und ihre Hintergründe geben können. Auch das Nachgestalten von Stilelementen der einzelnen Epochen ist eine reizvolle Aufgabe.

Zitat: Joachim Kardinal Meisner

Der Arbeitsauftrag umfasst unterschiedliche Schwerpunkte:

- Sch sind eingeladen sich an die Kirche ihrer Kindheit zu erinnern. Sie vergleichen dann ihre Erinnerungen mit denen von Joachim Meisner. Um Sch einen eigenen Zugang zu der Kirche ihrer Kindheit zu geben, wird eine Fantasiereise (**AB 9.7.3, Lehrerkommentar S. 198**) unternommen.
- Tauscht euch in Gruppen über eure Erinnerungen aus oder fertigt eine Skizze zu euren Erinnerungen an.
- Bringt eure eigenen Erfahrungen der Fantasiereise in Zusammenhang mit den Beobachtungen von Kardinal Meisner.
- Sch denken über die Sitzordnung innerhalb des Kirchenraumes nach und untersuchen das Gemeindeverständnis, das ihm zugrunde liegt. Hier kann auf die Anregung »Sitzordnung und Gesprächsmöglichkeit« auf *Infoseite V* **107** verwiesen werden.
- Sch intensivieren ihre Kenntnisse über die Bauepochen mit Hilfe des *Lexikons*, des Internets oder in Zusammenarbeit mit ihrem Kunstlehrer.

Dein Lieblingsbild finden

Hier sollte L helfen, damit die Sch zwischen Motiv und Art der Darstellung unterscheiden lernen. So kann es sein, dass z. B. entweder das Motiv »Der Gekreuzigte« oder aber die Darstellung »gotischer Stil« von Sch abgelehnt wird.

Die Umgebung einbeziehen

- Sch nehmen die Kirche in ihrer Gesamtkonzeption und ihrer Umgebung wahr. Dabei können auch Fragen wie: Von wo aus ist die Kirche sichtbar? Prägt sie das Stadtbild? usw. hilfreich sein.

Das Vaterunser mit Gebärden gebetet

Vater unser im Himmel ...
Hände liegen gekreuzt – rechts über links – vor der Herzensmitte, dabei berühren die Daumen leicht die Schlüsselbeine.

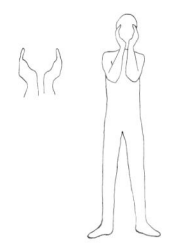

geheiligt werde dein Name ...
Die Hände formen einen Kelch, indem die Handwurzelknochen sich berühren und die Hände zueinander geöffnet sind – auf der Höhe des Gesichts.

dein Reich komme, dein Wille geschehe, wie im Himmel ...
Die Hände umfassen die Weltkugel, dabei schiebt sich die rechte Hand vom Kelch nach oben und die linke bildet unten eine offene Schale – auf der Höhe des Gesichts.

so auf Erden.
Die Gebärde der umfassten Weltkugel wird abgesenkt bis vor den Bauchnabel, der Leibesmitte.

Unser tägliches Brot gib und heute ...
Hände öffnen zur bittenden Schale vor der Leibesmitte.

und vergib uns unsere Schuld ...
Hände mit den Handflächen zum Gesicht, vor das Gesicht halten wie einen Spiegel, in dem ich mich selbst anschaue.

wie auch wir vergeben unseren Schuldigern ...
Kopf nach vorn neigen, dabei ist der geneigte Kopf eine Geste des Bereuens, die segnenden Hände können als Geste des Vergebens gedeutet werden.

und führe uns nicht in Versuchung ...
Linke Hand auf das Herz legen, den rechten Arm ausstrecken, dabei die rechte Hand zu einer Schale formen.

sondern erlöse uns von dem Bösen.
Beide Arme hängen nach vorn geöffnet, Hände zeigen zur Mitte.

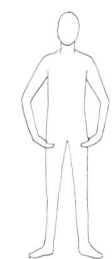

Denn dein ist das Reich ...
Arme werden an beiden Seiten langsam nach oben geführt.

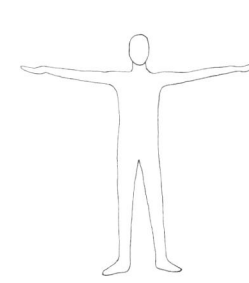

und die Kraft ...
Arme sind nun auf Schulterhöhe und werden nach oben geführt.

und die Herrlichkeit ...
Fingerspitzen berühren sich über dem Kopf, die Arme sind dabei rund.

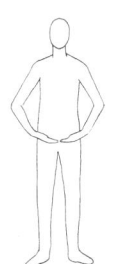

in Ewigkeit.
Die Arme senken sich wieder über die Seiten und die Fingerspitzen berühren sich unten.

Amen.
Arme vor Herzensmitte gekreuzt schließen.

- Aufschlussreich ist auch eine historische Abbildung, die zeigt, wie herausragend Kirchenbauten in früheren Jahrhunderten waren.

Sich ergehen und einen Lieblingsplatz suchen

Bei diesem Auftrag wird vor allem die eigene Sinneserfahrung der Sch angesprochen. Nachdem analytische Untersuchungen vorangingen, sollen Sch hier ihren subjektiven Lieblingsplatz erspüren und sich dort niederlassen. Es kann sich ein Austausch darüber anschließen, was an den eingenommenen Plätzen so anziehend ist.

Eure Arbeitsaufträge selbst bestimmen

- Hier sind Sch zum selbstständigen Arbeiten aufgefordert. Fällt dies schwer, kann **AB 9.7.4 Lehrerkommentar S. 199** eine Kirchenerkundung strukturieren.
- Nehmt einmal die Position des Priesters ein. Wo steht er in der Kirche? Welche Perspektive hat er? Wie unterscheidet sich diese von der der Gemeinde?
- Betrachtet die Lichtverhältnisse der Kirche. Wenn es möglich ist, kommt zu verschiedenen Tageszeiten und notiert, wie sich die Stimmung innerhalb des Raumes verändert.

Getanztes Friedensgebet

Die Handgelenke überkreuzt vor der Herzensmitte.

O Signore (O Herr)
Herz und Hände öffnen –
die Arme rund in den Raum vor sich weiten
und sinken lassen. – Wie eine leere Schale da sein.

Musik:
Cantiones sacrae
Sacred Songs in many
harmonies for Singing in
Community
Recorded 94-95 Findhorn
Foundation
Directed bei Barbara Swetina
fon/fax 0044/1309690623

Fa di me (mache mich)
Die Arme weiten sich in den Raum
zu beiden Seiten. –
Umarme die Schöpfung.

*Un Istrumento
(zum Werkzeug)*
Die Handflächen
nach oben drehen
und die Hände
heben. – Werkzeug
sein, durchlässig
wie eine Rohrflöte
zwischen Himmel
und Erde.

Aufstellung:
Einzeln verteilt im Raum oder im Kreis.
Zur Kreismitte gewendet.

Die Reihenfolge der Gebetsgebärden tanzen wir: Fünfmal zur Kreismitte gewendet, fünfmal in jede Himmelsrichtung. – (Jeweils am Ende der Strophe über die rechte Schulter eine Vierteldrehung in die jeweilige Himmelsrichtung wenden.) – Fünfmal zum Altar oder zur Kreismitte.

De la tua (deines)
Die Handfläche zum
Gesicht drehen. – Hände
und Arme vor dem Gesicht.

Pace (Friedens)
... wieder zur Herzensmitte senken.

aus: Willigis Jäger/Beatrice Grimm, Der Himmel in dir. Einübung ins Körpergebet, München (Kösel) ³2003.

Fantasiereise: Die Kirche meiner Kindheit

Setze dich bequem hin und schließe die Augen. Nimm deine Umgebung um dich herum wahr, was hörst du?

Dann verabschiede dich von diesen Geräuschen und stelle dir die Kirche deiner Kindheit vor. Lass den inneren Bildern und Erinnerungen Zeit.

Erinnere dich zuerst an das Äußere dieser Kirche ... an ihr Dach, das Kirchenschiff, den Turm. Welche Farben hat deine Kirche, wie ist das Kirchenäußere gestaltet? Wie hat diese Kirche von außen auf dich gewirkt?

Dann gehe langsam auf die Tür zu. Erinnere dich an das Material der Tür, besonders an die Türklinke ... Langsam öffnest du die Tür und trittst in die Kirche ein.

Bleibe einen Augenblick so stehen. Erinnere dich an das Licht der Kirchenfenster ... an die Gestaltung der Wände ... an die Anordnung der Bänke ... Erinnere dich an den Geruch der Kirche ... Kerzen ... Weihrauch ...

Ist es warm oder fröstelst du?

Langsam gehst du durch den Gang, du spürst unter deinen Füßen den Kirchenboden ...

Dann setzt du dich auf deinen Lieblingsplatz in dieser Kirche ... und betrachtest den Altarraum ...

Du siehst den Ambo ... den Zelebrationsaltar ... den Hochaltar ... den Blumenschmuck ... das Kreuz ... einzelne Bilder ...

Gehe deinen inneren Bildern langsam und ausführlich nach ...

Wenn deine Erinnerungen verblassen, dann steh auf und verlasse leise deine Kirche ...

Nimm wieder die Geräusche um dich herum wahr, öffne die Augen ...

Fragebogen zur Kirchenerkundung

1. Schreite den Weg vom Eingang der Kirche bis zum Altar ab. Wie verändert sich dabei deine Perspektive? Setze dich in die erste und in die letzte Reihe der Kirchenbänke. Wo fühlst du dich wohler?

2. Welche Bilder fallen dir in der Kirche auf? Beschreibe sie genau, achte auf Farben, Formen und Gestaltung.

3. Wer/was wird auf diesen Bildern dargestellt? Wird dabei ein bestimmtes Bild von Gott vermittelt?

4. Wähle ein Bild aus, das dich sehr oder gar nicht anspricht und tausche dich mit anderen darüber aus.

5. Welche anderen Einrichtungsgegenstände findest du? Beschreibe, wozu sie im Gottesdienst verwendet werden und welche Bedeutung diese Handlung hat.

6. Wie riecht es in dieser Kirche? Beschreibe möglichst genau.

7. Was ist zu hören?

8. Nehmt einmal die Position des Priesters ein. Wo steht er in der Kirche? Welche Perspektive hat er? Wie unterscheidet sich diese von der der Gemeinde?

9. Achte auf die Wirkung von Licht und Schatten, beobachte auch welche Wirkung durch farbiges Licht durch Glasfenster erzielt wird. Falls dir ein Grundriss der Kirche zur Verfügung steht, trage den Lichteinfall dort ein.

10. Betrachtet die Lichtverhältnisse der Kirche. Wenn es möglich ist, kommt zu verschiedenen Tageszeiten und notiert, wie sich die Stimmung innerhalb des Raumes verändert.

11. Führt euch gegenseitig blind im Raum umher. Könnt ihr mit verbundenen Augen Licht- und Schattenwirkungen unterscheiden?

12. Lasst euch gegenseitig mit verbundenen Augen verschiedene Materialien in der Kirche fühlen und versucht sie zu erkennen.

Quellenverzeichnis

9.1.1 Toyen, Die Schläferin, 1937 © VG Bild-Kunst, Bonn 2004

9.1.3 Gesa Herbst, Mein Körper war ein Kunstwerk, in: Carl Leibl/Gislind Leibl, Wenn die Seele hungert, © Verlag Herder, Freiburg im Breisgau ²2001

9.1.4 in: Gernot Candolini, Labyrinthe. Ein Praxisbuch zum Malen, Bauen, Tanzen, Spielen, Meditieren und Feiern © 1999 Pattloch Verlag GmbH & Co. KG, München, Nr. 21 »Stolp«

9.1.5 nach: Wolfgang Hund, »Gibt's das wirklich?« – Okkultismus und Esoterik in Fragen und Antworten. Ein Ratgeber für Schule und Jugendarbeit, Bd 1 (Pendeln, Gläserrücken, Heilende Hände), Care-Line-Verlag, Neuried 2004

9.1.7 Ralf Thenior, Die Fliegen des Beelzebub © 1993 by Ravensburger Buchverlag Otto Maier GmbH, Ravensburg (gekürzt)

9.1.8 in: Annet van der Voort, Leben im Hospiz, Münster 2000, S. 53-56 (bearbeitet)

S. 34 in: Hoffnung auf Partnerschaft. Informationen für Freunde und Förderer des DAHW, Nr. 3/Sept. 1999

S. 36 in: Miteinander. Zeitschrift des Deutschen Aussätzigen-Hilfswerks, 2/99, S. 12

S. 37 nach: Benedikta Hintersberger, Mit Jugendlichen meditieren, München ⁵1991

S. 40 Paul Klee, Scheidung Abends, 1922, 79, Aquarell und Bleistift auf Papier, oben und unten Randstreifen mit Aquarell und Feder, auf Karton 33,5 x 23,2 cm, Schenkung LK, Klee-Museum, Bern © VG Bild-Kunst, Bonn 2004

9.2.1 Umrisszeichnung Paul Klee, Scheidung Abends, s. o. © VG Bild-Kunst, Bonn 2004

9.2.2 Quelle unbekannt

9.2.3 Wolfdietrich Schnurre, Das Begräbnis, in: Ders., Die Erzählungen, Walter Verlag, Olten/Freiburg 1966

9.2.4 Quelle unbekannt

9.2.5 Magdalena Marx, in: Peter Rosien (Hg.), Mein Credo, Oberursel 1999, S. 35

9.2.6 Sigrid Berg

9.2.7 Jutta Boxhorn, In Gottes Hand – Elija (1 Kön 19,4-8), 1995

9.2.8 GL 244

9.2.9 Irische Segen, in: Hermann Multhaupt, Möge der Wind immer in deinem Rücken sein – Alte irische Segenswünsche, Bergmoser + Höller Verlag AG Aachen – Wanderweg bei Köttweinsdorf, Foto: Thomas Hansmann, Bamberg

9.3.1 Wolfgang Mattheuer, Zwiespalt, 1979, Holzschnitt, 55x45 cm © VG Bild-Kunst, Bonn 2004

9.3.2 Ivan Steiger, München

9.3.3 in: Louise van Swaaij/Jean Klare, Atlas der Erlebniswelten © Eichborn AG, Frankfurt am Main 2000 © Originalausgabe Volcano Publishers, 1999, Holland, Karte 3

9.3.4 Quelle unbekannt

9.3.5 T: Alois Albrecht/M: Ludger Edelkötter, in: Weißt du wo der Himmel ist © KiMu Kinder Musik Verlag, 42555 Velbert

9.3.6 Quelle unbekannt

9.3.7 Franz W. Niehl, nach: Emmanuel ben Gorion

9.3.8 T/M: Marius Müller-Westernhagen © MORE MUSIC Musikverlag GmbH

9.4.1 in: Rudolf Schäfer, Der ewige Schlaf. visages des morts, Hamburg 1989

9.4.2 Wondreber Totentanz, Bilder 5, 15 und 16, Fotos: Hermann Kirchhoff, Grub, Bild 11, Foto: Fotostudio Huebner, Weiden

9.4.4 nach: RL. Zeitschrift für Religionsunterricht und Lebenskunde 19 (1990), Themenheft 2 »Friedhöfe erzählen«

S. 110 nach: Eckart Peterich/Pierre Grimal, Götter und Helden. Die Mythologie der Griechen, Römer und Germanen, © Patmos Verlag GmbH & Co., KG/Artemis & Winkler Verlag Düsseldorf/Zürich

S. 112 Quelle nicht zu ermitteln

S. 114 in: Notizblock 30/2001 © Bischöfliches Ordinariat der Diözese Rottenburg-Stuttgart, HA IX. S. 19

9.4.8 Elisabeth Kübler-Ross, in: Kinder und Tod, Zürich 1984, S. 232f.

9.4.10 Josef M. Werle (Hg.), Seneca für Zeitgenossen: Ein Lesebuch zur philosophischen Lebensweisheit, München 2000

S. 126 Pablo Picasso, Schwimmende Frau, 1929 © VG Bild-Kunst, Bonn 2004

9.4.11 Quelle unbekannt

9.5.1 in: Eva Zeller, Ein Stein aus Davids Hirtentasche © Verlag Herder, Freiburg im Breisgau 1992, S. 18

9.5.3 in: Sigrid Berg, Biblische Bilder und Symbole erfahren, München/Stuttgart 1996, S. 102

9.5.4 in: Sigrid Berg, a. a. O., S. 118 (bearbeitet)

9.5.7 nach: Günter Lange, Kunst zur Bibel, München 1988, S. 10

9.5.8 Anne Seifert, Lea und Rachel, Batik, 42 x 55 cm © Albert Höfer, Graz

9.6.1 Foto: Guillermo Tragant © Edizioni San Paolo, Cinisello B:/Mailand, in: Oliviero Toscani/Fabrica, Beten, Pattloch, München 2000 (bearbeitet)

9.6.2 nach: Walter Nigg, mit freundlicher Genehmigung des Diogenes Verlag, Zürich

9.6.3 in: Wolfgang Behringer (Hg.), Hexen und Hexenprozesse in Deutschland © 1988 Deutscher Taschenbuch Verlag, München – Quelle unbekannt

9.6.4 Dietrich Bonhoeffer, Widerstand und Ergebung. Briefe und Aufzeichnungen aus der Haft, München 1949 © Christian Kaiser/Gütersloher Verlagshaus GmbH, Gütersloh

9.6.5 Bibel teilen. Werkheft für Gruppen in der Gemeinde, missio Aachen, ²1988, S. 28, 32

9.6.7 T/M: Martin Gotthard Schneider 1960

9.6.8 in: Marie-Luise Goecke-Seischab, Kirchen erkunden, Kirchen erschließen © Verlag Ernst Kaufmann, Lahr/Butzon & Bercker, Kevelaer, S. 95, 98

9.6.9 Bericht einer Schülerin des Studienkollegs St. Johann in Blönried

9.6.10 in: Franz Kamphaus, Briefe an junge Menschen © Verlag Herder, Freiburg im Breisgau ¹⁰1996, S. 60-63

9.7.2 in: Willigis Jäger/Beatrice Grimm, Der Himmel in dir. Einübung ins Körpergebet, München ³2003, S. 167-170, Fotos: Fotodesign Gerd Aumeier, Fuldatal

Alle Bibeltexte gemäß der Einheitsübersetzung © Katholisches Bibelwerk, Stuttgart.

Alle namentlich nicht gekennzeichneten Beiträge stammen von den Autorinnen und Autoren und sind als solche urheberrechtlich geschützt. Trotz intensiver Recherche konnten einzelne Rechtsinhaber nicht ermittelt werden. Für Hinweise sind wir dankbar. Sollte sich ein nachweisbarer Rechtsinhaber melden, bezahlen wir das übliche Honorar.